新世纪土木工程专业系列教材

隧 道 工 程

主 编 陶 津 邓温妮 何 磊

东南大学出版社
SOUTHEAST UNIVERSITY PRESS
·南京·

内容简介

本书根据《公路隧道设计规范》《铁路隧道设计规范》等相关现行规范,结合编写人员的多年教学和实践经验编写而成。本书系统阐述了隧道工程领域的核心理论、设计方法与施工技术,内容包括绪论、隧道工程地质勘察、隧道选线设计、隧道主体和附属建筑结构、隧道围岩分级与围岩压力、隧道衬砌结构计算、新奥法、新意法、隧道掘进机法、盾构法、沉管法及隧道运营和养护等。书中配套数字化教学资源(PPT课件、动画及现场施工视频、慕课资源),可供师生使用。

本书可作为高等院校土木工程、交通工程、地下工程等专业本科生及研究生的教材,亦可供隧道工程设计、施工及科研人员参考。

图书在版编目(CIP)数据

隧道工程/陶津,邓温妮,何磊主编. —南京:
东南大学出版社,2025.8. —(新世纪土木工程专业系
列教材). — ISBN 978-7-5766-2114-3

Ⅰ. U45

中国国家版本馆 CIP 数据核字第 2025AZ8734 号

策划编辑:张 莺   责任编辑:戴 丽   责任校对:咸玉芳
封面设计:顾晓阳   责任印制:周荣虎

隧道工程 SUIDAO GONGCHENG

主　　编	陶 津 邓温妮 何 磊
出版发行	东南大学出版社
社　　址	南京市四牌楼 2 号　邮编:210096
出 版 人	白云飞
网　　址	http://www.seupress.com
电子邮件	press@seupress.com
经　　销	全国各地新华书店
印　　刷	广东虎彩云印刷有限公司
开　　本	787 mm×1092 mm　1/16
印　　张	17.75
字　　数	432 千字
版　　次	2025 年 8 月第 1 版
印　　次	2025 年 8 月第 1 次印刷
书　　号	ISBN 978-7-5766-2114-3
定　　价	50.00 元

(本社图书若有印装质量问题,请直接与营销部联系,电话:025-83791830)

前　言

近年来,我国铁路、公路、城市轨道交通建设发展迅速,隧道工程的建设也蓬勃发展,隧道工程已成为支撑现代基础设施的核心技术领域,其复杂性、综合性与创新性日益凸显。随着新一代信息技术和人工智能技术的发展,隧道修建技术也越来越智能化,因此编写一本反映我国隧道修建新技术的教材十分必要。

本书面向土木工程、地下工程、城市地下空间等专业的本科生及研究生,同时也可为设计院工程师、施工项目管理人员提供技术参考。本书的编写立足于隧道工程学科的完整知识体系,深度融合理论探索与工程实践,部分章节引入二维码链接至三维施工动画及现场实录视频,虚实结合,塑造了展现时代特征的新形态教材。

全书共分为12章,内容涵盖隧道选线、围岩分级与支护设计、钻爆法与 TBM 施工技术、盾构法施工、沉管法施工等核心主题,并附有国内外典型工程案例。本书的具体编写分工如下:第1章至第6章、第12章由陶津编写,第7章至第11章由邓温妮编写,二维码链接视频由何磊编写。陶津提供了本书的编写提纲并负责全书的统稿与审定工作,陶津和邓温妮进行了全书的校稿。

本书在编写过程中,参考了部分国内外已有教材、专著、论文、规范等内容,部分资料来源于网络和隧道科研成果,在此向文献作者及相关人士表示感谢,还要感谢所有为本书的编写提供帮助的老师。

由于编者的水平有限,不妥之处在所难免,敬请各位读者批评指正,联系人邮箱:lily8033@163.com。

结合新形态教材的建设,请有需要的读者扫描二维码查阅相关 PPT 与视频资料。

编者

与本书配套的数字课程资源使用说明

一、"隧道工程"MOOC课程资源

与本书配套的"隧道工程"MOOC发布在中国大学MOOC在线学习平台（https://www.icoursel63.org/），请登录网站后开始课程学习。

1）选课步骤

（1）访问中国大学MOOC在线学习平台（电脑端/手机端）；

（2）通过手机号/邮箱/爱课程账号等方式登录平台；

（3）搜索课程"隧道工程"，选择本课程，进入课程主页；

（4）选择最新的开课轮次并点击"立即参加"，完成课程选择工作。

2）证书申请

每轮开课结束后学习平台开放"申请认证证书"功能，在完成并通过本课程的理论学习、测试考试后可申请本课程的认证证书（附带授课老师的电子签名与学校LOGO），作可信且关联实名信息的学习凭证。

二、课程数字教学资源

本书配套了课程数字教学资源，包括各章授课课件、思考题答案、现场施工（动画）视频，可供学生自学与辅助教师教学之用。配套数字资源以二维码形式放在书中每章思考题之后，扫描即可查阅观看，供拓展提升学习之用。

数字资源目录

目 录

1 绪 论

1.1 隧道的概念及分类

1.1.1 隧道的概念

隧道是一种修建在地下,两端有出入口,供车辆、行人、水流及管线等通行的工程建筑物。1970年,经济合作与发展组织(OECD)隧道会议从技术方面将隧道定义为:以任何方式修建,最终使用于地表以下的条形建筑物,其空洞内部净空断面在 2 m² 以上者均为隧道。

隧道工程包含两方面的含义:一方面是指从事研究和建造各种隧道及地下工程的规划、勘察、设计、施工和养护的一门应用科学和工程技术,是土木工程的一个分支;另一方面是指在岩体或土层中修建的通道和各种类型的地下建筑物。

以交通为用途的隧道,其两端将自地面引入。隧道端部外露面,一般都修筑为保护洞口和排放流水的挡土墙式结构,称为"洞门"。此外,为了保证隧道的正常使用,还需设置一些附属建筑物,如为工作人员在隧道内进行维修或检查时,能及时避让驶来的列车而在隧道两侧开辟的"避车洞";为了保证车辆正常运行而设置的照明设施;为了排除隧道内渗入的地下水而设置的防水设备及排水设备;为了净化隧道内车辆排出的烟尘和有害气体而设置的通风系统等。

1.1.2 隧道的分类

隧道的种类繁多,从不同角度有不同的分类方法。

1) 按隧道所处地质条件分类

隧道按所处地质条件可以分为土质隧道和石质隧道两类。

2) 按隧道埋置的深度分类

隧道按埋置深度可以分为浅埋隧道和深埋隧道。由于深和浅是相对的概念,因此具体定义在各种规范中有明确规定,一般以载荷等效高度为原则进行确定。近年来随着特大山岭隧道增多,也可以把山岭隧道划分为浅埋隧道、深埋隧道和超深隧道三大类。

3) 按隧道断面面积分类

按国际隧道协会(ITA)定义的隧道断面面积划分标准,隧道可以分为超小断面隧道($S \leqslant$ 3 m²)、小断面隧道($3 < S \leqslant 10$ m²)、中等断面隧道($10 < S \leqslant 50$ m²)、大断面隧道($50 < S \leqslant$ 100 m²)和超大断面($S > 100$ m²)。

4) 按隧道长度分类

对于铁路隧道,隧道按长度分为:短隧道($L \leqslant 500$ m)、中长隧道(500 m $< L \leqslant 3\ 000$ m)、长隧道($3\ 000$ m $< L \leqslant 10\ 000$ m)和特长隧道($L > 10\ 000$ m)。

对于公路隧道,隧道按长度分为:短隧道($L \leqslant 500$ m)、中隧道(500 m$<L \leqslant 1\ 000$ m)、长隧道(1 000 m$<L \leqslant 3\ 000$ m)和特长隧道($L > 3\ 000$ m)。

5)按隧道所处位置分类

隧道按所处位置可以分为:山岭隧道、水下隧道和城市隧道。

6)按隧道用途分类

按隧道用途可以分为:交通隧道、水工隧洞、市政隧道、矿山隧道。

交通隧道是一种常见的隧道形式,包括铁路隧道、公路隧道、公路铁路两用隧道、地铁隧道、航运隧道和人行隧道等。

水工隧洞是水利工程中的一个重要组成部分,根据用途可以分为引水、输水隧洞,导流、泄洪隧洞,尾水隧洞和排沙隧洞。

市政隧道是修建在城市地下,用作敷设各种市政设施的地下管线,如自来水、污水、暖气、煤气、通信、供电等的隧道。

矿山隧道是为矿山采掘工作在含矿层或岩层中开凿的地下通道,包括运输巷道、通风巷道、给水巷道等。

7)按隧道跨度分类

我国结合近年来的铁路隧道建设经验,提出了一个隧道开挖跨度(隧道开挖横断面的水平最大宽度)划分的类别,见表1-1所示。

表1-1 我国铁路隧道跨度分级表

跨度分级	小跨度	中等跨度	大跨度	特大跨度
开挖跨度 l /m	$5 \leqslant l \leqslant 8.5$	$8.5 < l \leqslant 12$	$12 < l \leqslant 14$	$l > 14$
对应的开挖断面面积 S/m^2	$30 \leqslant S \leqslant 70$	$70 < S \leqslant 110$	$110 < S \leqslant 140$	$S > 140$

1.2 隧道工程发展概况

我国隧道工程的建设历史较长,最早有文字记载的地下人工建筑物出现在东周初期,《左传》中有"若阙地及泉,隧而相见"的记载。最早用于交通的隧道为"石门"隧道,位于今陕西省汉中市褒谷口内,建成于东汉明帝永平九年,是供马车和行人通行的。用作通道的还有安徽亳州城内的古地下道,建于东汉末年,是我国最早的城市地下通道。

1889年在台湾省台北市至基隆市修建的窄轨铁路线上修建了狮球岭隧道,长261 m,是我国第一座铁路隧道。此后在京汉、中东等铁路上修建了一些隧道。1903年建成第一座长度超过3 km的兴安岭隧道。1908年,京张铁路关沟段建成了4座隧道,这是我国通过自己的技术力量修建的第一批铁路隧道,其中,八达岭隧道长1 091 m,如图1-1所示。自20世纪50年代后期,我国开始了隧道的大量建设,铁路隧道、公路隧道、输水隧道、城市地铁等各种隧道相继建设,隧道的设计和施工水平也达到了世界先进水平。目前我国是世界上铁路隧道最多的国家。我国第一条水底公路隧道是1970年建成的上海打浦路隧道,如图1-2所示。

图 1-1 八达岭隧道　　　　　　　　　　　图 1-2 打浦路隧道

20 世纪 80 年代以来,我国在隧道勘察、设计、施工、运营管理等方面都取得了很多重大突破。当今,我国是世界上隧道建设规模最大、数量最多、地质条件及结构形式最复杂、修建技术发展最快的国家,我国的隧道施工技术及建设成就已经走在了世界前列。

在铁路隧道方面,截至 2023 年底,共建成高速铁路隧道 4 561 座,总长 7 735 km;运营的铁路隧道有 18 573 座,运营长度为 23 508 km。已投入运营的特长铁路隧道共 286 座,总长约 3 869 km,其中,长度 20 km 以上的特长铁路隧道有 13 座,长约 312 km(表 1-2)。2023 年新增开通运营铁路隧道 622 座,总长约 1 292 km,其中 10 km 以上的特长隧道 23 座,长约 320 km。

表 1-2 已投入运营的长度 20 km 的特长铁路隧道

名称	长度/m	线路	单洞/双洞	设计单位	施工单位
新关角隧道	32 645	西格线	双洞	铁一院	中铁隧道局、中铁十六局
中天山隧道	22 449	南疆铁路	双洞	铁一院	中铁隧道局、中铁十六局
乌鞘岭隧道	20 050	兰武二线	双洞	铁一院	中铁一局、中铁二局、中铁五局、中铁十二局、中铁十六局、中铁十七局、中铁十八局、中铁隧道局
西秦岭隧道	28 236	兰渝铁路	双洞	铁一院	中铁隧道局、中铁十八局
当金山隧道	20 100	敦格铁路	单洞	铁一院	中铁十七局、中铁十九局
太行山隧道	27 839	石太线	双洞	中国铁设	中铁十二局、中铁十六局、中铁十七局、中铁五局、中铁隧道局
吕梁山隧道	20 785	太中银线	双洞	中国铁设	中铁三局、中铁十二局
燕山隧道	21 153	张唐线	双洞	中国铁设	中铁隧道局
青云山隧道	22 175	向莆铁路	双洞	铁四院	中铁二十三局
崤山隧道	22 751	蒙华铁路	双洞	铁四院	中铁十六局
南吕梁山隧道	23 443	瓦日铁路	双洞	铁六院	中铁十一局、中铁隧道局
平安隧道	28 426	成兰铁路	双洞	中铁二院	中铁隧道局,中铁十六局
小相岭隧道	21 775	新成昆铁路	单洞	中铁二院	中铁隧道局

目前铁路运营最长的山岭隧道是新关角隧道,长 32 645 km,位于青藏铁路西(宁)至格(尔木)段的青海天峻县境内,平均海拔超过 3 600 m。进口段水文地质极其复杂,存在连续砂层段、长大段岩溶、断层,地下涌水量日涌水最大可达 32 万 m^3。新关角隧道正洞进口有 550 m 的风积砂层段,覆盖层 2～23 m,如此长距离连续、浅埋风积砂层段施工在国内尚属首次,如图 1-3 和图 1-4 所示。

图 1-3 新关角隧道线路图

图 1-4 新关角隧道洞内

在建的最长的山岭铁路隧道为高黎贡山隧道(大理至瑞丽线,世界第七长大隧道),长 34.548 km,计划工期为 10 年,出口段 14 km,TBM 施工,如图 1-5 所示。隧道最大埋深 1 155 m,在长大斜井及深竖井施工中存在极高的风险。地质条件具有"三高""四活跃"特征,三高:高地热、高地应力、高地震烈度。四活跃:活跃的新构造运动、活跃的地热水环境、活跃的外动力地质条件、活跃的岸坡浅表改造过程。隧道穿越 19 条活动断裂带,遭遇高温热害、断层破碎带、突水突泥、岩爆、放射性、有害气体、高地应力软岩大变形等技术难题。

图 1-5 高黎贡山隧道洞口

图 1-6 秦岭终南山隧道洞口

在公路隧道方面,截至 2022 年底,运营的公路隧道有 24 850 座,总长 2 675.43 km。其中特长公路隧道(3 km 以上)有 1 752 座,总长 795.11 km;长隧道(1～3 km)有 6 715 座,总长 1 172.82 km。最长的公路隧道为秦岭终南山隧道,全长 18.02 km,如图 1-6 所示。

在地铁隧道方面,截至 2024 年 12 月 31 日,54 个城市开通城市轨道交通线路 362 条,总长度 12168.77 km。2022 年全年,新增城市轨道交通运营线路 21 条,长度 847 km。

1.3 隧道工程的前景及发展趋势

随着我国经济的持续发展,综合国力不断增强,高新技术不断发展,铁路、公路、地铁等交通隧道的建设将继续保持高速增长的势头,我国隧道工程的发展前景非常广阔,随着"一带一路"倡议的提出,我国与周边各国的联系日益紧密,各国间的交通联系也将加强。其中,亚欧大陆桥使得我国中西部地区与中东、东南亚、欧洲等地区的运输距离较之以前缩短几倍,而这些连接邻国的国际大通道都会遇到高山阻挡,需要修建大量的隧道,这也为各国隧道的发展提供了新的机遇和挑战。

1.3.1 隧道工程取得的成就

近年来,我国隧道工程取得了较大的成就。

1)隧道工程勘察技术

目前,随着高分辨率航空遥感技术等先进勘察手段的逐步引入应用,以及勘察技术水平的快速提升,在隧道工程勘察技术方面逐渐形成了"空、天、地"三位一体的综合勘察技术。通过应用空基系统[包括全球定位系统(GPS)卫星、北斗卫星、遥感卫星等]、天基系统(包括邻近空间浮空器和近地无人机搭载的高清摄像机、雷达、激光扫描仪等)及地基系统(包括隧道旁灾害监测、综合视频监控等),建立了新型勘察体系,解决了复杂艰险地区勘察工作难度大、效率低的难题。

2)隧道建设的建筑信息模型技术

建筑信息模型(building information modeling,BIM)技术是建筑学、工程学及土木工程的新工具,其核心是通过建立虚拟建筑工程三维模型,利用数字化技术,为其提供完整的、与实际情况一致的建筑工程信息库。目前 BIM 技术在隧道工程领域得到了广泛应用,其平台整合多源数据,以数字化、信息化和可视化的方式提升了规划、设计阶段的精度和深度,实现了施工阶段的动态模拟和信息化管理水平,并为运营维护阶段实现信息化、精细化资产管理提供技术支持。

3)隧道机械化及智能化建设技术

隧道建造机械化和智能化是目前的发展方向,三臂液压凿岩台车、三臂拱架安装机、湿喷机械手、全液压自行式仰拱栈桥、新型隧道衬砌台车、衬砌自动养护台车等一系列隧道专业设备的开发与应用,推进了我国隧道施工机械化发展,明确了智能化发展方向。

4)盾构/隧道掘进机制造及再制造技术

在盾构及隧道掘进机再制造方面,首台再制造隧道掘进机已经应用到高黎贡山隧道的施工中,并通过了多个不良地质段。在盾构国产化方面,我国自主制造的盾构已达到 15 m 级,例如,应用于汕头苏埃通道的"中铁海湾号"盾构直径达 15.03 m,应用于深圳春风隧道的"中铁春风号"盾构直径达 15.80 m(图 1-7、图 1-8)。目前,我国的盾构/隧道掘进机制造水平已迈入国际前列。

图1-7 "春风号"盾构机

图1-8 春风隧道

5）沉管隧道修建技术

2017年7月7日，港珠澳大桥主体工程贯通，标志着我国沉管隧道修建技术达到国际领先水平。在沉管隧道的修建过程中突破了包括自稳式巨型钢制圆筒海上围护结构、半刚性管节接头、"三明治"钢-钢筋混凝土倒梯形接头等在内的数个世界级难题，港珠澳隧道入口如图1-9所示，管节预制如图1-10所示。

图1-9 港珠澳隧道入口

图1-10 港珠澳隧道管节预制

6）双线铁路马蹄形盾构隧道修建技术

在深埋山岭隧道中，圆截面需要在底部进行预制仰拱块铺设等处理，造成了开挖空间的浪费，而空间利用率较好的矩形盾构隧道在结构形式方面又存在受力较差的缺点，难以满足大埋深大断面山岭隧道的受力要求。在结合矩形与圆形隧道技术优势的前提下，我国研制了马蹄形盾构，解决了系列关键技术，主要包括低扰动多刀盘多驱动协同开挖技术、多曲率管片拼装技术、双螺旋输送机联合排渣技术、马蹄形盾体设计及姿态控制技术等。已成功应用于蒙华铁路白城隧道施工，标志着我国盾构与盾构工程技术向多元化方向发展。

7）隧道大数据平台建设技术

现代信息技术的积累与突破性发展，为隧道行业构建大数据平台奠定了技术基础。目前我国已开发了多个基于多维海量信息构建的隧道大数据平台，利用平台的深度挖掘与自学习能力，提高工程决策水平，可促进隧道智能化建设的发展。

1.3.2 发展趋势

1）跨海隧道修建技术

根据我国交通和经济发展需要，中长期规划在琼州海峡、渤海海峡以及台湾海峡修建三座海峡通道，采用隧道形式修建的长度分别达到 28 km、126 km、147 km。海峡环境水深大，地质复杂，海峡通道的长度前所未有，目前的工程技术在工程勘察、设备性能、隧道运维等诸多方面还难以完全满足建设需要。

2）复杂条件下超长隧道修建技术

目前在建的川藏铁路隧道总长 789 km，隧线比约为 82%，如图 1-11 所示，将会有 16 座长度 20 km 以上的隧道，其中 5 座隧道长度在 30 km 以上，1 座隧道长度将达到 42.5 km，隧道修建面临着高地震烈度、高应力、高落差、高地温、强活动断层等技术挑战，如图 1-12 所示。除了众多技术挑战外，川藏铁路以其复杂恶劣的修建环境给隧道领域在修建理念上提出重大挑战，从隧道修建技术的深远发展来看，必须彻底摒弃"长隧短打"的修建思想，尽快将提升单作业面的施工效率作为今后的技术发展方向，也是解决地形对辅助坑道设置的制约、工程活动对自然与生态环境保护的需要。

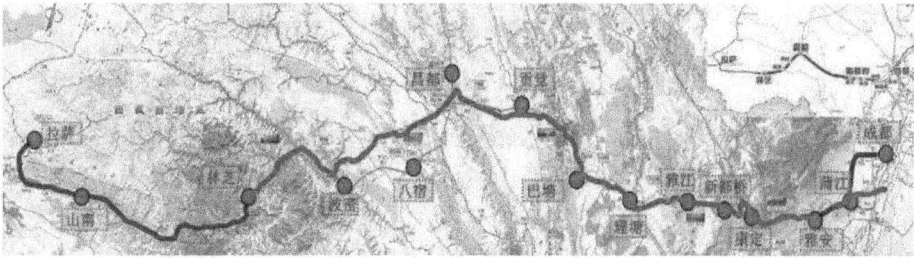

图 1-11 川藏铁路路线图

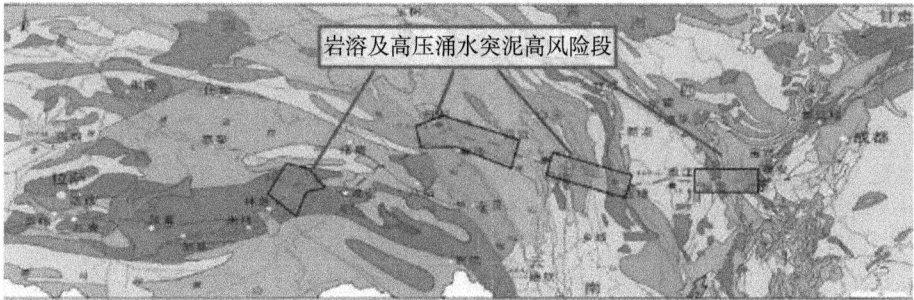

图 1-12 不良地质条件

3）生态脆弱区隧道施工环保技术

在今后一个时期内，我国穿越脆弱生态区的隧道将越来越多，动物与植物资源保护、水土资源保护等问题日益突出，如何考虑隧道施工阶段和全寿命运营周期内的隧址区域环境保护问题已成为迫切需求。

4）高寒环境新材料研发

随着我国在极端环境条件下施工的隧道日益增多，如图 1-13 所示，传统建筑材料难以满足要求,研发适应高寒环境、长距离运输的新材料,保障隧道结构质量安全,提高服役年限,是未来的一大需求(图1-13)。

5)隧道病害智能诊断与快速修复技术

我国各领域运营隧道已超过5万km,已进入建维并重时期,隧道老龄化问题日渐凸显,迫切需要开发隧道病害智能诊断、快速修复与自修复技术,隧道健康监测系统如图1-14所示。

图1-13 高寒隧道

图1-14 隧道健康监测系统

6)超长复杂隧道及地下工程智能防灾技术

当超长复杂隧道及大规模地下工程发生火灾时,人员疏散救援困难,如何设置工程设施,发展信息化及数字化方法,实现火灾防护及疏散救援的智慧化是未来的重大课题(图1-15)。

7)环保与低碳

为了响应国家"碳达峰、碳中和"的政策,隧道在规划、勘察、设计、施工、运营与维护等各个阶段,在满足安全与经济的情况下,都逐步兼顾环保与低碳,在低碳发展方面已取得了一些进步,如生态选

图1-15 隧道火灾

线、洞口"零开挖"及生态修复、低碳照明、低碳通风等。国内外学者们正深入探索着隧道施工碳排放的关键影响因素、排放量预测方程和计算方法。多数研究并未对隧道提出统一的碳排放核算界定与计算模型,目前,相关的隧道碳排放计算标准正在制定中。

思考题

1. 隧道的定义是什么?
2. 隧道按用途划分可以分为哪几种类型?
3. 隧道工程的发展分为哪几个历史阶段?
4. 隧道工程的发展趋势有哪些方面?

1-1 绪论课件   1-2 思考题答案

2 隧道工程地质勘察

隧道工程勘察的目的是查明隧道所处位置的工程地质条件和水文地质条件,以及隧道施工和运营对环境保护的影响,为规划、设计、施工提供勘察资料,并对存在的岩土工程问题、环境问题进行评价,提出合理的设计方案和施工措施,从而使隧道工程经济合理和安全可靠。

2.1 隧道勘察的阶段

公路隧道勘察可分为四个阶段:预可行性研究阶段工程地质勘察(预可勘察)、工程可行性研究阶段工程地质勘察(工可勘察)、初步设计阶段工程地质勘察(初步勘察)和施工图设计阶段工程地质勘察(详细勘察)。铁路隧道的勘察阶段和要求与公路隧道大致相同,本节以公路隧道为对象,介绍隧道勘察相关的要求和内容。

2.1.1 预可勘察

预可勘察了解建设项目所处区域的工程地质条件及存在的工程地质问题,充分收集区域地质、地震、气象、水文、采矿、灾害防治与评估等资料,采用资料分析、遥感工程地质解译、现场踏勘调查等方法,对工程地质条件进行研究,完成下列各项工作内容:

(1)了解地形地貌、地层岩性、地质构造、水文地质条件、地震动参数、不良地质和特殊性岩土的类型、分布范围、发育规律。

(2)了解当地建筑材料的分布状况和采购运输条件。

(3)评估工程地质条件及主要工程地质问题。

(4)编制预可行性研究阶段工程地质勘察报告。

遥感解译及踏勘调查应沿拟定的路线及其两侧的带状范围进行,工程地质调查的比例尺为 1∶50 000～1∶100 000,调查宽度应满足方案比选的需要。

2.1.2 工可勘察

工可勘察初步查明沿线的工程地质条件和对建设规模有影响的工程地质问题,以资料收集和工程地质调绘为主,辅以必要的勘探手段,对项目建设各工程方案的工程地质条件进行研究,完成下列各项工作内容:

(1)初步查明控制路线及工程方案的不良地质和特殊性岩土的类型、性质、分布范围及发育规律。

(2)初步查明长隧道及特长隧道隧址的地层岩性、地质构造、水文地质条件、隧道围岩分级、进出口地带斜坡的稳定性、不良地质和特殊性岩土的类型、性质、分布范围及发育规律。

(3)对控制路线方案的越岭地段、区域性断裂通过的峡谷、区域性储水构造,初步查明其地层岩性、地质构造、水文地质条件及潜在不良地质的类型、规模、发育条件。

(4)初步查明筑路材料的分布、开采、运输条件以及工程用水的水质、水源情况。

（5）评价工程地质条件，分析存在的工程地质问题。

（6）编制工程可行性研究阶段工程地质勘察报告。

工程地质调绘应符合下列规定：

（1）对区域地质、水文地质以及当地采矿资料等进行复核，区域地层界线、断层线、不良地质和特殊性岩土发育地带、地下水排泄区等应进行实地踏勘，并做好复核记录。

（2）工程地质调绘的比例尺为 1∶10 000～1∶50 000，范围应包括各路线走廊或通道所处的带状区域。

遇有下列情况，当通过资料收集、工程地质调绘不能初步查明其工程地质条件时，应进行工程地质勘探：

（1）控制路线及工程方案的不良地质和特殊性岩土路段。

（2）特长隧道、地质条件复杂的长隧道等控制性工程。

（3）控制路线方案的越岭路段、区域性断裂通过的峡谷、区域性储水构造。

2.1.3　初步勘察

初步勘察是在初步选定的路线内进行勘察，其任务是满足初步设计对资料的要求。根据工程地质条件，优选路线方案，在路线基本走向范围内，对可能作为隧道线位的区间进行初勘，重点勘察不良地质地段，以明确隧道能否通过或如何通过。

初步勘察工作可按收集资料、工程地质选定隧道线位、工程地质调绘、勘探、试验、资料整理等顺序进行。

1）收集资料

初步勘察收集已有资料，包括可行性研究报告，取得隧道所在位置的初步总平面布置地形图及有关工程性质和规模的文件。

2）工程地质选定隧道线位

初步勘察工作的任务是选择经济合理、技术可行的最优隧道位置方案。当测区内的工程地质条件比较复杂，如区域地质的稳定条件差，有不良地质现象，尤其应注意工程地质选线工作。首先应从工程地质观点来选定隧道线位的概略位置，然后充分研究并掌握沿线的工程地质条件，尽可能提出有比较价值的方案进行比较，将隧道选定在地质情况比较好的区间内，以避免在详细勘察时因工程地质问题发生大的方案变动。

2.1.4　详细勘察

隧道详细勘察应根据现场地形地质条件和隧道类型、规模制定勘察方案，查明隧址的水文地质及工程地质条件，为确定隧道位置的施工图设计提供详细的工程地质资料。详细勘察工作可按准备工作、沿线工程地质调绘、勘探、试验、资料整理等顺序进行。

勘探测试点应在初步勘察的基础上，根据现场地形地质条件，及水文地质、工程地质评价的要求进行加密。

隧道勘探以钻探为主，结合必要的物探、挖探等手段进行综合勘探。

2.2 隧道勘察的主要方法

隧道勘察的方法主要有收集与研究既有资料,调查与测绘、勘探、试验、长期观测等。

2.2.1 收集资料

收集的资料一般包括以下几个方面的内容:

(1)地域地质资料,如地层、地质构造、岩性、土质等。

(2)地形、地貌资料,如区域地貌类型及主要特征,不同地貌单元与不同地貌部位的工程地质评价等。

(3)区域水文地质资料,如地下水的类型、分带及分布、埋藏深度、变化规律等。

(4)各种特殊地质地段及不良地质现象的分布情况、发育程度与活动特点等。

(5)地震资料,如沿线及其附近地区的历史地质情况,地震烈度、地震破坏情况及其与地貌、岩性、地质构造的关系等。

(6)气象资料,如气温、降水、蒸发、湿度、积雪深度、冻土深度及风速、风向等。

(7)其他有关资料,如水文、植被、土壤等。

(8)工程经验,区内已有公路、铁路等其他土建工程的工程地质问题及其防治措施等。

2.2.2 调查与测绘

调查与测绘是工程地质勘察的主要方法。通过观察和访问,对隧道通过地区的工程地质条件进行综合性的全面研究,将查明的地质现象和获得的资料,填绘于有关的图表与记录本中,这种工作统称为调查测绘(调绘)。隧道工程地质测绘,一般可在沿线两侧带状范围内进行,通常采用沿线调查的方法,对不良地质地段及地质条件复杂的路段,应扩大调绘范围,以提出完整可靠的地质资料。

1)工程地质调查

工程地质调查主要是用直接观察和访问当地群众的方法,需要时可配合适量的勘探和试验工作。

直接观察是工程地质调查最重要和最基本的方法。它主要利用自然迹象和露头,进行由此及彼、由表及里的观察分析工作,以达到认识路线隧道通过地带工程地质条件的目的。

在隧道工程地质调查中,常采用地貌学和地植物学的方法观察分析有关自然现象。前者根据地貌的形态特征,推断其形成原因和条件,并评价其工程地质条件;后者根据植物群落的种属、分布及其生态特征,推断当地的气候、土质及水文地质等条件。有些对土质、水分、盐分等条件要求特别严格的植物,可以作为指示植物加以利用。地植物学的方法在潮湿茂密的林区是十分必要的,而在植物缺少的沙漠地区则是足够准确的。

2)工程地质测绘

工程地质测绘与工程地质调查的不同之处是:工程地质测绘的范围往往比较大,并且要求把调查研究结果填绘在一定比例尺的地形图上,以编制工程地质图。测绘范围以能满足工程技术要求为前提,并应包括与工程地质环境有关的范围。

无航摄资料时,工程地质测绘主要依靠野外工作,主要有路线法、布点法和追索法。有航摄资料时,可采用多种遥感手段和方法进行,利用现有遥感影像资料进行判释。

2.3 隧道勘察的主要手段

在隧道工程勘察中，当需查明岩土的性质和分布，采取岩土样供室内试验测定岩土的物理力学性质时，可采用挖探、钻探、地球物理勘探等方法进行。

2.3.1 挖探

挖探是地质勘探中广泛采用的一种方法，优点是能取得详尽的直观资料和原状土样，但勘探深度有限，而且劳动强度大。挖探主要为坑探和槽探。

1）坑探

用机械或人力垂直向下掘进的土坑或者称为试坑，深者称为探井。坑探断面根据开口形状可分为圆形、椭圆形、方形、长方形等。坑探深一般为 2～3 m。坑探适用于不含水或地下水量微小的稳固地层，主要用来查明覆盖层的厚度和性质、滑动面、断层、地下水位及采取原状土样等。

2）槽探

挖掘成狭长的槽形，其宽度一般为 0.6～1.0 m，长度视需要而定，深度通常小于 2 m，槽探适用于基岩覆盖层不厚的地方，常用来追索构造线，查明坡积层、残积层的厚度和性质，揭露地层层序等，槽探一般应垂直于岩层走向或构造线布置。

2.3.2 简易钻探

简易钻探是工程地质勘探中经常采用的方法。其优点是工具轻、体积小、操作方便、进尺较快、劳动强度较小。缺点是不能采取原状土样或不能取样，在密实或坚硬的地层内不易钻进或不能使用。常用的简易钻探工具有小螺纹钻、钎探、洛阳铲等。

2.3.3 钻探

钻探可以获得深部地层的可靠地质资料。一般是在挖探、简易钻探不能达到目的时采用。根据钻进时破碎岩石的方法，钻探可分为冲击钻进、回转钻进、冲击回旋钻进以及振动钻进等。

1）冲击钻进

冲击钻进是将钻具提升到一定高度，利用钻具的重力和冲击力，使钻头冲击孔底以破碎岩石（土层），随着钻孔的延伸可以用钢丝绳或用钻杆连接钻头。这种方法能保持较大的钻孔口径。人力冲击钻进适用于黄土、黏性土、砂性土等疏松的覆盖层，但劳动强度大，难以完整取样。机械冲击钻进适用于砾、卵石层及基岩，不能取得完整岩芯。

2）回转钻进

回转钻进是利用钻具回转，使钻头的切削刃或研磨材料削磨岩石，可分孔底全面钻进与孔底环状钻进（岩芯钻进）两种。工程地质勘探广泛采用岩芯钻进，这种方法能取得原状土和比较完整的岩芯。人力回转钻进适用于沼泽、软土、黏性土、砂性土等松软地层，在黏性土层中常使用螺纹钻或勺形钻，设备简易，但劳动强度较大。机械回转钻进有多种钻头和研磨材料，可适应各种软硬不同的地层。

3）冲击回旋钻进

冲击回旋钻进过程是在冲击与回转综合作用下进行的，它适用于各种不同的地层，钻进效率高,能采取岩芯,在工程地质勘探中应用也较广泛。

4) 振动钻进

振动钻进是利用机械动力所产生的振动力,通过连接杆及钻具传到钻头周围的土层中,由于振动器高速振动的结果,使土层的抗剪强度急剧降低,借振动器和钻具的重量,切削孔底土层,达到钻进的目的。

2.3.4 地球物理勘探

地球物理勘探简称物探。以各种岩土物理性质的差别为基础,采用专门的仪器,观测天然或人工的物理场变化,来判断地质情况的方法,统称为物探。

物探的优点是效率高、成本低、仪器和工具比较轻便。物探的方法是地层在自然状态、各种物理力学指标均未受到破坏的情况下进行的一种比较好的原位测试方法。

物探按其所利用的岩、土物理性质的不同可分为电法勘探、电磁法勘探、地震勘探、声波探测、重力勘探、磁力勘探与放射性勘探等。在隧道工程地质中,较常用的有电法勘探、地震勘探、地质雷达勘探等。

电法勘探是通过仪器测定岩、土导电性的差异来判断地下地质情况。当地层间具有一定的导电性差异,所测地层具有一定的长度、宽度和厚度,相对的埋藏深度不太大,地形较平坦,游散电流与工业交流电等干扰因素不大时,电法勘探能取得较好的效果。

地震勘探是根据岩、土弹性性质的差异,通过人工激发的弹性波的传播,来探测地下地质情况的一种物探方法。地震勘探直接利用岩石的固有性质(密度与弹性),较其他物探方法准确,且能探测很大深度。

地质雷达(电磁法勘探)是利用高频电磁脉冲波的反射,探测地层构造和地下埋藏物体的电磁装置,故又称探地雷达。

2.4 隧道超前地质预报

隧道超前地质预报,是指利用钻探和现代物探等手段,探测隧道的岩土体开挖面前方地质情况,施工前掌握前方岩土体结构、性质以及地下水、瓦斯等的赋存情况、地应力等信息,为进一步施工提供指导,以避免施工及运营过程中发生涌水、瓦斯、岩爆、大变形等地质灾害,从而保证施工的安全和顺利进行。

隧道超前地质预报应达到以下目的:① 进一步查清隧道工作面前方工程地质和水文地质条件,指导工程施工顺利进行;② 降低地质灾害发生的概率和危害程度;③ 为优化工程设计提供地质依据;④ 为编制竣工文件提供基础资料。

隧道超前地质预报主要包括下列内容(表2-1):

表 2-1 隧道超前地质预报的主要内容

项 目	重 点
地层岩性预测预报	软弱夹层、破碎地层、煤层及特殊岩土
地质构造预测预报	断层、节理密集带、褶皱轴等影响岩体完整性的构造发育情况

项　目	重　　点
不良地质预测预报	岩溶、人为坑洞、瓦斯等发育情况
地下水预测预报	岩溶管道水及富水断层、富水褶皱轴、富水地层中的裂隙水等发育情况

按预报长度,隧道超前地质预报可以分为以下三种类型(表 2-2)。

表 2-2　隧道超前地质预报长度划分及预报方法选择

项　目	预报长度/m	重　　点
长距离预报	>100	地质调查法、地震波反射法及 100 m 以上的超前钻探等
中距离预报	30~100	地质调查法、弹性波反射法及 30~100 m 的超前钻探等
短距离预报	<30	地质调查法、电磁波反射法(地质雷达探测)及小于 30 m 的超前钻探等

2.4.1　超前地质预报方法

隧道超前地质预报可以采用地质调查法、超前钻探法、物探法和超前导坑预报法。

1)地质调查法

地质调查法是根据隧道已有勘察资料、地表补充地质调查资料和隧道内地质素描,通过地层层序对比、地层分界线及构造线分析、地下和地表相关性分析、断层要素与隧道几何参数的相关性分析、邻近隧道内不良地质体的前兆分析等,利用常规地质理论、地质作图和趋势分析,推测开挖工作面前方地质情况的一种超前地质预报方法。

地质调查法是隧道超前地质预报中最早使用的方法,具有不占用开挖工作面施工时间、不干扰施工,设备简单、操作方便、提交资料及时,可随时掌握隧道开挖工作面的地层、岩性、地质构造、地下水等地质条件的变化等优点。这种方法在隧道埋深较浅、构造不太复杂的情况下有很高的准确性。

地质调查法包括隧道地表补充地质调查和隧道内地质素描。

(1)隧道地表补充地质调查是在研究区域地质及已有勘察资料的基础上,对隧道所处区域的地质条件进行的进一步调查与核实,贯穿于整个施工期间。当施工中遇到重大地质异常时,为了进行地下与地面对照,也需要进行地表补充地质调查。

(2)隧道内地质素描是将隧道所揭露的地层岩性、地质构造、结构面产状、地下水出露点位置及出水状态和出水量、煤层、溶洞等准确记录下来并绘制成图表,包括开挖面地质素描和洞身地质素描。隧道内地质素描示例如图 2-1 所示。

2)超前钻探法

超前钻探是在隧道开挖工作面或其侧洞沿开挖前进方向施作超前地质钻孔,以探明开挖工作面前方地质条件。超前钻探包括超前地质钻探法和加深炮孔探测两种方法:超前地质钻探是利用钻机在隧道开挖工作面进行钻探获取地质信息的一种超前地质预报方法;加深炮孔探测是利用风钻或凿岩台车等在隧道内开挖工作面钻小孔径浅孔获取地质信息的一种方法。

(1)超前地质钻探法适用于各种地质条件下的隧道超前地质预报,富水软弱断层破碎带、富水岩溶发育区、煤层瓦斯发育区、重大物探异常区等地质条件复杂地段必须采用。该方法能比较直观地探明钻孔所经过部位的地层岩性、岩体完整程度、岩溶及地下水发育情况等,必要时应测

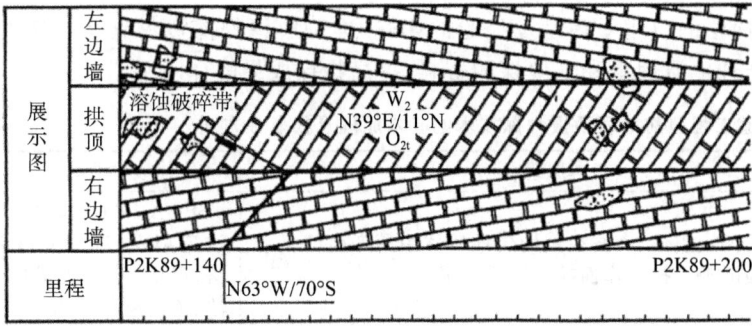

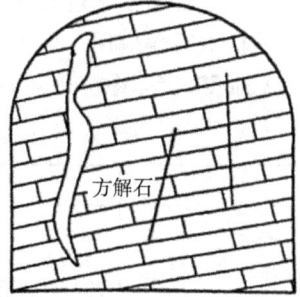

图 2-1 隧道内地质素描示例

试水压、取样、进行室内试验,且对煤系地层可进行孔内煤与瓦斯参数测定。它具有直观性、客观性,不存在物探手段经常发生的多解性、不确定性。超前钻探虽直观,但也有费用高、速度慢、占用隧道施工时间长的缺点,并有"一孔之见"的不足,对断层等面状构造一般不会漏报,但是对溶洞有漏报的可能。某隧道开挖面超前地质钻孔情况如图 2-2 所示。

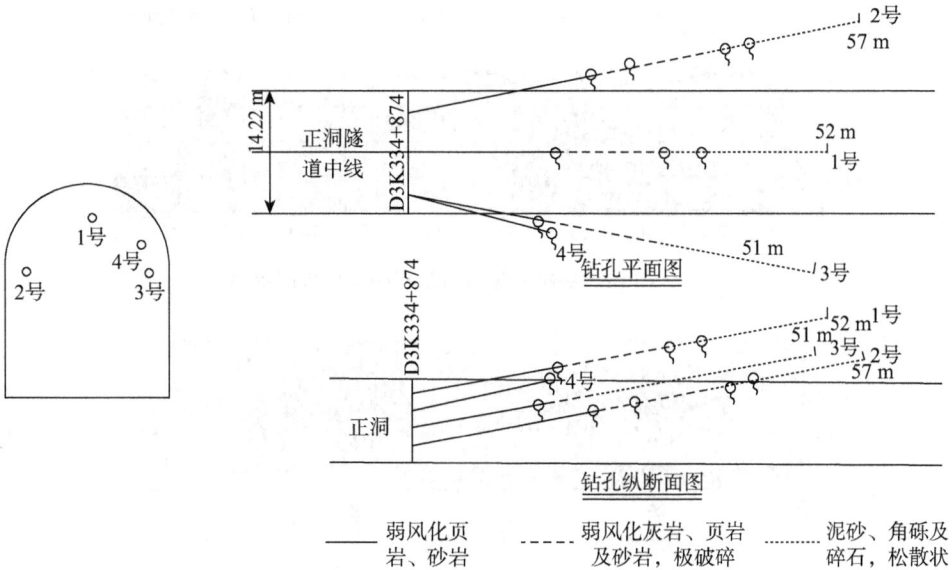

图 2-2 某隧道开挖面超前地质钻孔情况

(2)加深炮孔探测适用于各种地质条件下隧道的地质超前探测,尤其适用于岩溶发育地区。该方法是地质超前钻探的一种重要补充,因其数量多,在岩溶发育区大大增加揭示溶洞的概率,效果非常明显。与地质超前钻探相比,具有设备移动灵活、操作方便、费用低、占用隧道施工时间短的特点,可与爆破孔同时施作。但是也存在钻孔浅且不能取岩芯的缺点。

3)物探法

目前在隧道工程超前地质预报中应用的主要物探技术的基本原理及代表性方法见表 2-3 所示,部分物探方法的结果示例如图 2-3 至图 2-5 所示。

采用物探技术进行超前地质预报的优点是快速、超前探测距离大、对施工干扰相对小、可多种技术组合应用。但是物探法的应用受环境及经验的影响,准确解译物探资料具有一定的技术难度,实际中应进一步结合地质理论和其他探测资料,提高物探成果解译水平。

表 2-3 隧道工程超前地质预报物探技术的基本原理及代表性方法

类型	基本原理	代表性方法
弹性波反射法	利用人工激发的地震波、声波在不均匀地质体中所产生的反射波特性来预报隧道开挖工作面前方地质情况	TSP 法、TRT 法、地震波反射法、陆地声纳法、跨孔声波 CT 成像法、负视速度法
电磁波反射法	利用电磁波在隧道开挖工作面前方岩体中的传播及反射,根据传播速度和反射脉冲波走时进行超前地质预报	地质雷达法
高分辨直流电法	以岩石的电性差异(即电阻率差异)为基础,电流通过布置在隧道内的供电电极时,在围岩中建立起全空间稳定电场,通过研究电场或电磁场的分布规律,预报开挖工作面前方储水、导水构造分布和发育情况	瞬变电磁法
红外探测法	通过接收地质体的红外辐射强度,根据红外辐射场强的变化来判断开挖面前方、洞壁四周或隧底是否存在隐伏的含水构造	红外探水法

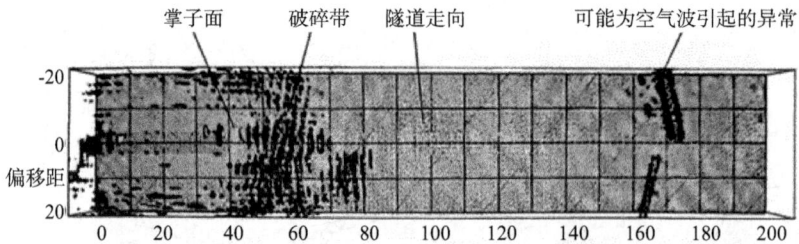

图 2-3 地质层析成像超前预报探测成果图示例

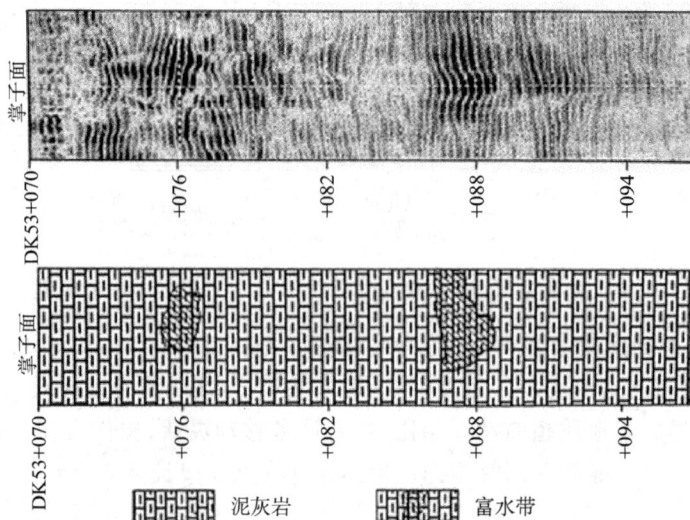

图 2-4 隧道内地质素描示例图

4）超前导坑预报法

超前导坑预报法是以超前导坑中揭示的地质情况,通过地质理论和作图法预报正洞地质条件的方法。超前导坑法可以分为平行超前导坑法和正洞超前导坑法。平行超前导坑法是在隧道正洞左边或右边一定距离开挖一个平行的断面较小的导坑,以导坑中的地质情况通过地质理论和作图法预报正洞地质条件的方法;正洞超前导坑法是在隧道正洞某个部位开挖一个断面较小的导坑以探明地质情况的方法。线间距较小的两座隧道可互为平行导坑,以先行开挖的隧道预报后开挖的隧道地质条件。超前导坑预报法如图 2-5 所示。

超前导坑预报法适用于各种地质情况,但因为费用高、工期长,通常只在隧道长、埋深大、地质条件复杂且设计有超前导坑(施工期间增加工作面加快施工速度、施工和运营期间作为通风及防灾救援通道等)的环境下使用。为探测前方地质条件而专门进行超前探洞施工的情况在实际工程中很少见。

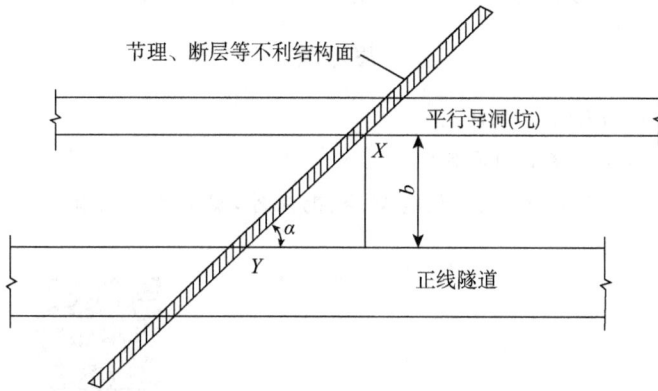

图 2-5　平行超前导坑预报法

2.4.2　综合超前地质预报方法

要推动隧道超前地质预报水平,提高预报准确度,就必须将地质调查方法与多种物探方法有机结合起来,对地质物探资料进行系统处理和综合分析。

1）综合超前地质预报原则

目前已开始注重采用综合分析方法对隧道开展超前地质预报工作,所遵循的原则为"以地质分析为核心,综合物探与地质分析结合,洞内外结合,长短预测结合,物性参数互补":

（1）"以地质分析为核心"是指以地面和开挖面地质调查为主要手段(必要时开展超前钻孔),并将地质分析作为超前预报的核心,贯穿于整个预报工作的始终。

（2）"综合物探与地质分析结合"是指在开展 TSP（Tunnel Seismic Predition）法、地质雷达法、瞬变电磁法等综合物探工作的同时,必须将物探解译与地质分析紧密结合。

（3）"洞内外结合"是指洞内、洞外预报相结合,并以洞内预报为主,如地面地质调查是洞外预报,开挖面素描、超前钻探和各种物探方法是洞内预报。

（4）"长短预测结合"是指在长距离预报的指导下,进行短距离精确预报,如地面地质调查和 TSP 法是长距离预报,开挖面素描、地质雷达、超前钻探等是短距离预报。

（5）"物性参数互补"是指选取的物探预报方法其预报物性参数应相互补充配合。TSP

法、地质雷达法、瞬变电磁法、电法超前监测(BEAM)等物探方法不一定同时同等使用,应在地质分析的基础上,考虑"长短预测结合"等综合预报原则和物探方法适宜性,选取适宜的方法进行预报。

2)综合超前地质预报工作路线

在上述综合预报原则的指导下,建立隧道综合超前地质预报工作路线。首先对隧址区勘察设计资料进行详细研究,利用地面地质调查等方法,确定断层和其他不良地质体与隧道轴线交点的大概位置,估测岩层、断层和其他重要地质界面的产状,预测地下水富存段。在此基础上,根据宏观地质分析预测成果和开挖面地质调查,结合各种物探方法的适宜性,有针对性地选择一种或者几种物性参数互补的物探方法,进行超前探测与预报解译,了解开挖面前方一定距离的详细地质特征信息。通过上述地质分析和物探预报解译,对开挖面前方的基本地质条件,包括断层、岩体破碎情况、溶洞、地下水情况、岩体软硬程度等,进行综合分析预报,判断是否存在不良地质体和施工地质灾害,并采取相应的措施指导施工。

思考题

1. 隧道调查的目的和意义是什么?

2. 初步勘察和详细勘察有何异同?

3. 隧道调查方法除了收集资料、调查测绘、勘探外,据你所知还有哪些新科技手段和方法可用于隧道调查?

2-1 隧道工程
地质勘察课件

2-2 思考题答案

3 隧道选线设计

山区公路线形设计根据地形条件有绕行方案、路堑方案和隧道方案等,与前两种方案相比,隧道方案能使线路平缓顺直、病害少、维修简单、缩短线路、节省运输时间,能最大限度地减少道路修建对自然植被的破坏。

公路隧道应设计为永久性的构造物。隧道设计应满足公路规划、公路功能、土地资源、生态环境、可持续发展的要求,平纵线形、建筑限界、净空断面、通风、照明和交通监控等设施与公路等级相适应。隧道总体设计应遵循以下原则:

(1)隧道位置应满足公路功能和发展的需要,符合路线总体要求。

(2)在地形、地貌、地质、气象、社会和人文环境等调查的基础上,综合比选隧道各轴线方案的走向、平纵线形、洞口位置、洞外接线条件等,提出推荐方案。

(3)根据公路等级和设计速度确定建筑限界,在满足隧道功能和结构受力要求的前提下,确定经济合理的隧道内轮廓。

(4)隧道洞内外平、纵线形应协调顺畅,满足行车安全和舒适要求。

(5)根据隧道长度、平面布置、交通量及其组成、环境保护和安全运营要求等,选择合理的通风方式,确定通风、照明、交通监控、防灾救援等设施的设置规模。

(6)应结合公路等级、隧道长度、施工方法、工期和运营要求,对隧道内外防排水系统、辅助通道、弃渣处理、交通工程设施、管理设施、环境保护等进行综合设计。

(7)应考虑隧道与相邻既有建筑物和规划建筑物的相互影响。

(8)隧道总体设计应考虑节能降耗、方便维修和养护。

3.1 隧道位置的选择

隧道具体位置的选择与区域工程地质条件、水文地质条件、地形地貌条件、工程难易程度、投资的数额、工期的要求,以及现有的施工技术水平和今后运营条件等因素有关,同时与线路也互为相关。一般情况下,当线路的方案比选确定以后,隧道的位置依从于线路的位置,最多是在上、下、左、右很小幅度内移动。但是,如果隧道很长,工程规模很大,技术上也有一定困难,属于本区段的重点控制工程,那么这一区段的线路依从于隧道所选定的最优位置。所以,隧道位置的选定与线路的选定是同时考虑的。要选好隧道线路位置,应对沿线的地形、地质条件做详尽的了解,并处理好近期与远期、隧道工程与其他工程的关系,从而选择出较为理想的隧道线路位置和恰当的隧道进出口位置。

3.1.1 越岭隧道位置的选择

当路线跨越高程很大的分水岭时,必要时需要横穿山岭,这段线路称为越岭线,往往在越岭线上需要设置越岭隧道。

在越岭线路的选线中,应以路线纵断面为主导,结合水文和地质情况处理好垭口选择、越岭隧道高程和展线三者之间的关系。

1）垭口选择

当线路跨越分水岭时，分水岭的山脊线上总会有高程较低处，称之为垭口，如图 3-1 所示。从地形上考虑，隧道宜选在山体比较狭窄的垭口附近的底部通过，因为垭口处的山体相对较薄，从垭口穿越，隧道的长度较短，有利于降低工程投资。但从地质角度考虑，垭口地段的地质条件往往较差，遇到断层破碎带和软弱岩层的概率增大。因此，除了地形条件比选外，还必须对可能穿越的垭口，进行地质条件的比较，在较大范围地质测绘和综合地质勘探的基础上分析比较、选定最为理想的垭口。

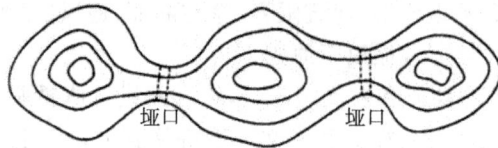

图 3-1　垭口

成昆线从大渡河水系的牛日河进入安宁河水系的孙水河，需穿越小凉山分水岭，该岭与两侧高差约大于 900 m，线路需克服越岭的巨大高差。越岭地段有沙马拉达、瓦吉木、小相岭、阳糯雪山四个垭口。沙马拉达垭口隧道长度最短，但远离线路航空直线方向；瓦吉木垭口越岭隧道长 14.5 km，但偏离线路方向较远；小相岭垭口位于航空方向上，线路比较顺直，但此处需采用 19.5 km 的越岭隧道；阳糯雪山垭口虽位于线路航空方向附近，而越岭隧道长达 25.75 km。沙马拉达垭口最低，而其两侧沟谷较长，地势开阔，线路沿沟谷台地有展线的条件，经过技术和经济的比较，最后选定了沙马拉达隧道方案，如图 3-2 和图 3-3 所示。这一方案是比较切合当时具体情况和工期要求的，但按现在的经济条件和技术水平，则选择小相岭更为合适，如图 3-4 所示，成昆复线中修建的小相岭隧道。

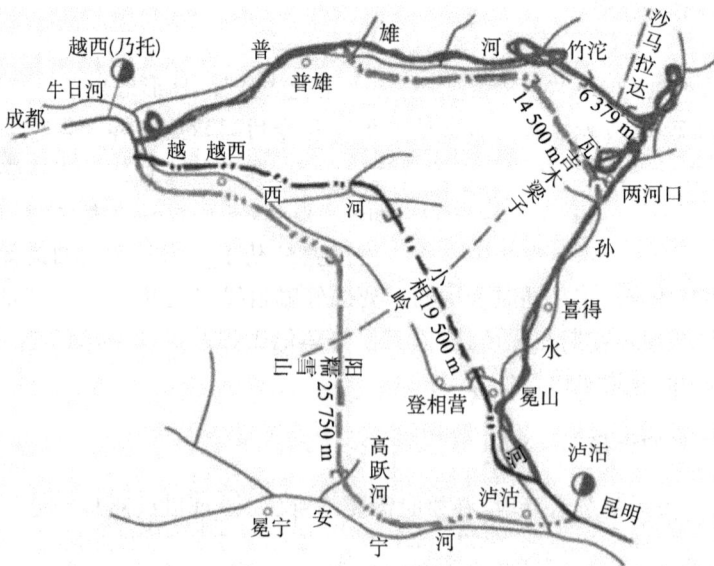

图 3-2　沙马拉达隧道位置选择

图 3 - 3　沙马拉达隧道

图 3 - 4　小相岭隧道

2）高程选择

一般隧道高程越高，隧道长度越短，相应施工工期也短，但两端展线长度增加，且线路拔起高度大，运营条件差，线路通过能力降低；低高程隧道与之相反，隧道高程越低，隧道将越长，工程规模要大一些，但是无需太多的引线，线路顺直平缓，技术条件好，对今后运行有利。因此，在选择越岭隧道高程时，要进行地形、地质、施工、运营、经济技术等多种因素综合比较来确定最佳方案。

凉风垭隧道位于贵州桐梓县境内，穿越娄山山系支脉凉风垭的分水岭。隧道周围山势险峻，穿过的主要地层为志留纪和奥陶纪石灰岩，断层构造发育，岩层破碎，裂隙水丰富。

凉风垭垭口地形陡峻，分水岭两侧地面高差较大。选了三个主要方案：马鞍山隧道长2 810 m，洞口位置最高，线路需克服较大高差，隧道短，展线长，运营条件相对较差；雷神坡隧道长 3 490 m，其高程较马鞍山方案为低，线路条件有所改善，但该处为一大断层，地质条件不利；凉风垭隧道长 4 270 m，高程较前两方案低，线路顺直，展线最短，但隧道最长，运营条件好。经比选后采用了越岭隧道最长的凉风垭方案，如图 3 - 5 和图 3 - 6 所示。

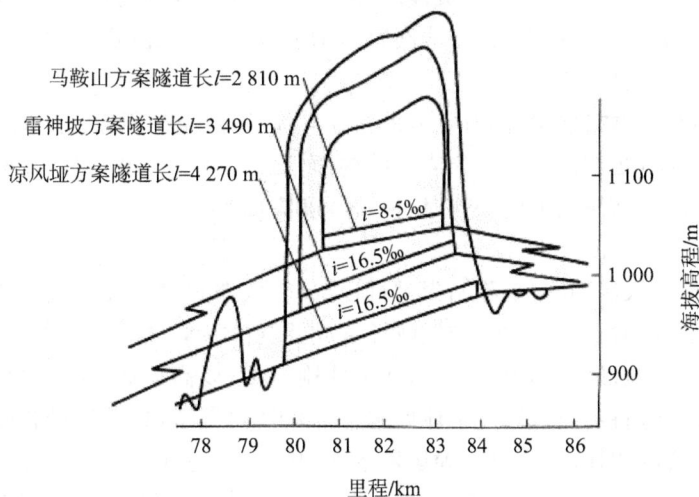

图 3 - 5　越岭隧道高程的选择

图 3-6 凉风垭隧道

穿越山岭的长、特长隧道,应在较大范围地质测绘和综合地质勘探的基础上,拟订不同的越岭高程及其相应的展线方案,结合两端路线接线条件及施工、运营条件等因素,进行全面技术经济比较后,确定路线走向和隧道平面位置。

3.1.2 河谷线隧道位置的选择

线路沿河傍山时称为河谷线。河谷地形受到地质构造和水流冲刷的影响,往往出现地形和地质均较复杂的情况,特别是在山区河谷地区,往往河流弯曲、沟谷发育、支沟密布,河谷两岸常有对称或不对称的台地和陡峭的山坡,并常伴有崩塌、错落、岩堆、滑坡、泥石流、河岸冲刷等不良地质现象,常采用隧道通过。

当设置隧道时,必须遵循一些原则,尽量避免隧道受到不良地质条件和水流冲刷的危害。

1) 宁里勿外

河谷地段往往山坡险峻,岩体风化破碎,线路势必随之弯转,有可能受到河水的冲刷,并常伴随着不良地质现象。设计线路位置时,如果偏河流一侧,线路位置落在山体的风化表层内,易引起塌方落石;如果偏靠山一侧,形成浅埋,洞顶覆盖太薄,将受到山体的偏压力,对施工和结构的受力状态十分不利。因此,河谷线路宜向山侧内移,避免隧道外侧岩体过薄、河流冲刷和不良地质对其稳定的影响。

为了使隧道顶上(洞口段除外)有足够的覆盖岩体,隧道结构不致受到侧压,还能形成自然拱,洞顶以上外侧应有足够的厚度。当岩层结构面倾向山体一侧时,岩层比较稳定,覆盖厚度可以酌减;当岩层结构面倾向河流一侧时,覆盖厚度应加大。

2) 截弯取直

线路受河谷地形限制,其位置除两岸进行比选外,线路移动幅度不大,隧道经常是沿河的浅埋隧道和隧道群,应对长隧道方案与短隧道群或桥隧群方案、高边坡与棚洞方案进行技术经济比较。如山嘴地段地形陡峻,地质复杂,河岸冲刷严重,以高边坡路堑或短隧道通过难以长期保证运营安全时,应将隧道线路往山体内偏移,尽可能"截弯取直"以较长隧道方案通过,避免隧道短而多,或桥隧相连情况,以改善运营条件,减小施工便道对河谷环境的破坏。

关村坝隧道(图 3-7)位于金口河至道林子间,原设计沿大渡河绕行,线路迂回曲折,长达16.6 km,其间有隧道 8 座,总长 4.2 km(最长的隧道不足 2 km),通过长达 8 km 的不良地质地段,且要占用不少农田。后经过比选,考虑截弯取直,以 6 107 m 长的关村坝隧道方案通过,与绕行方案相比,缩短线路 10.1 km,减少了 25 个弯道和车站一处,避开不良地质地段,占用农田显著减少,工程单一,还可节约大量运营费用,为安全行车创造了良好条件。

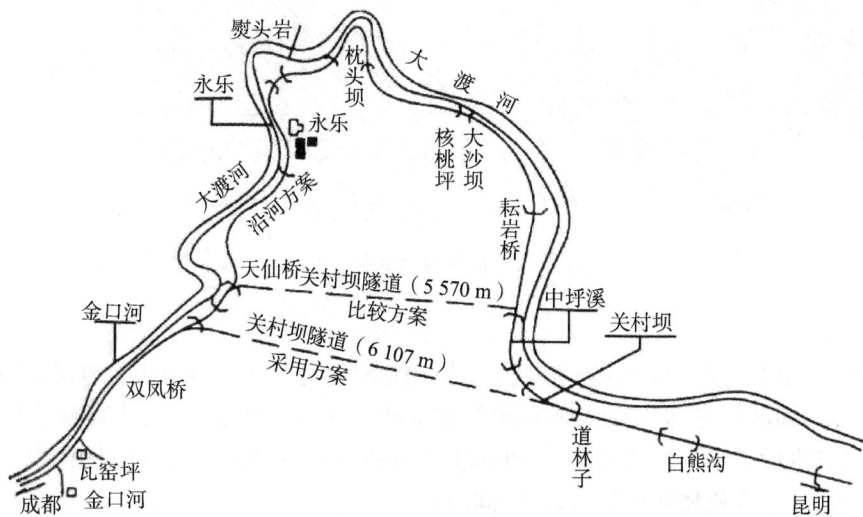

图 3-7 关村坝隧道方案比选

3.1.3 地质构造的影响

隧道位置应选择在稳定的地层中,避免穿越工程地质和水文地质极为复杂以及严重不良地质地段。必须通过时,应采取切实可靠的工程技术措施。

1)单斜构造

在单斜构造中,常见的工程地质问题为不均匀的地层压力、偏压、顺层滑动等现象,因此,隧道中线以垂直方向穿越最为有利。按岩层倾角的不同,可以分为下列三种情况。

(1)水平或缓倾岩层

当隧道通过坚硬的厚层岩层时,较为稳定。若通过很薄的岩层,则施工时顶部易产生掉块现象,此时以不透水的坚硬岩层作顶板,如图 3-8 所示。

(2)陡倾角岩层

陡倾角岩层一般有偏压和不均匀压力存在,当有软弱夹层伴以有害节理切割时,易产生塌方和顺层滑坡。当隧道中线可能沿两种不同岩性的岩层走向通过时,应避免将隧道置于两种岩性不同的岩层软弱构造带中,而宜将隧道置于岩性较好的单一岩层中,如图 3-9a 所示。隧道轴线以垂直于岩层走向穿越

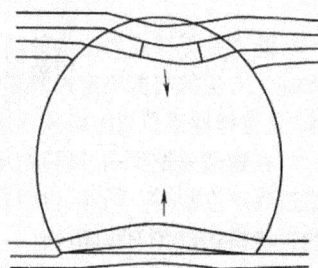

图 3-8 隧道穿越水平
(缓倾)岩层

最为有利,不要把隧道轴线设计成与层理面平行,特别不要与软弱结构面的走向一致,至少要形成一定的交角,如图 3-9b 所示。如果隧道有某一段位于软弱地段中,当地层产生顺层滑动时,可能压迫该段发生相对于隧道主体的错动,而与相邻段断开,后期隧道衬砌设计时应予以加强。

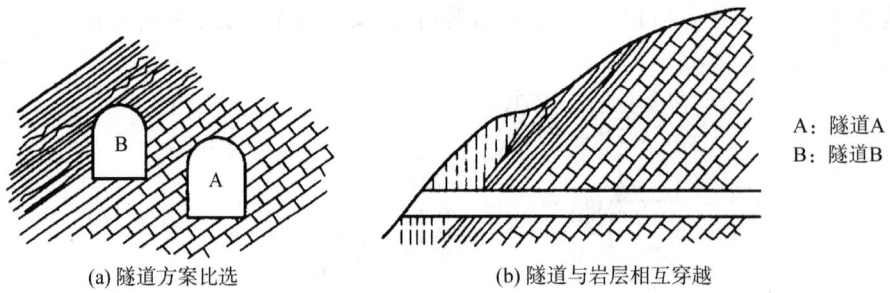

(a) 隧道方案比选　　　　　　　(b) 隧道与岩层相互穿越

A：隧道A
B：隧道B

图3-9　隧道穿越陡倾岩层

（3）直立岩层

隧道通过直立岩层时,其中线宜垂直于岩层的走向穿过。如隧道中线与岩层走向一致,如图3-10a所示,如前所述,仍应避开不同岩层接触带。尤其应注意的是：当层状岩层较薄,并有软弱夹层,伴有微量地下水活动时,亦可产生不对称压力,在隧道开挖过程中,产生塌塌,甚至会导致大的塌方,致使地面形成"天窗",如图3-10b所示。

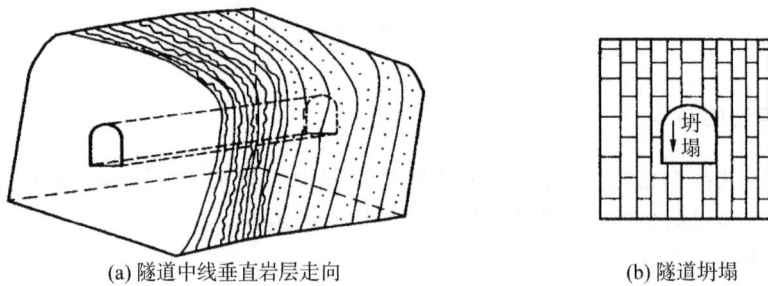

(a) 隧道中线垂直岩层走向　　　　　　(b) 隧道坍塌

图3-10　隧道穿越直立岩层

2）褶皱构造

当隧道通过褶皱构造时如图3-11所示,应尽量避免将隧道置于向斜或背斜的轴部,因背斜或向斜的轴部岩层均比翼部破碎,节理裂隙发育,施工时可能发生坍塌。

当对隧道通过向斜和背斜轴部做比较时,背斜较向斜略好;若向斜轴部位于含水层中,洞身开挖所出的涌水将比背斜严重。若将隧道置于翼部,则隧道所处的地质条件为单斜构造,将受到侧压力,需加强结构。

背斜构造　　　　　　　向斜构造

图3-11　隧道穿越褶皱岩层

24

3）断层构造

在断层构造的地区,断层带中的岩体呈破碎状态,强度很低,而且往往是地下水的通道。施工时遇到这种地质条件将十分困难。在选择隧道位置时,应尽可能避开。不得已时,也要与断层带隔开足够的安全距离,隧道中线与断层方向一致,尽量垂直通过(图3-12),同时应避开严重破碎带,并应使通过断层的地段最短。施工时,还应做好各种支护及防水措施。

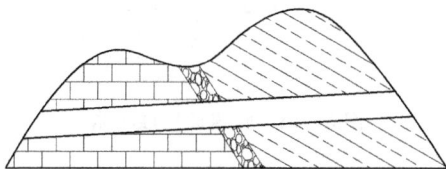

图3-12 隧道正交穿越断层

3.1.4 不良地质条件的影响

按地质条件进行隧道位置选择时,最重要的影响因素是不良地质。不良地质是指滑坡、崩塌、岩堆、泥石流、岩溶、瓦斯等。在线路难以绕避或绕避而有损线路的总体性时,在技术条件许可和经济合理的条件下,也可因地制宜采取相应工程措施通过。

1）滑坡

隧道通过滑坡、错落地区时,必须查明滑坡类型、范围、深度、滑动方向、发生发展原因和规律、地下水情况等。一般应避开滑坡体或错动体。如果对滑坡面的位置了解清楚,可以把隧道置于滑坡面以下一定厚度的稳定岩体中如图3-13所示。如果确知滑坡是多年静止的滑坡或古滑坡,在不得已时,也可以把隧道置于滑坡体之内,但要在上部减载、下部支挡,设置抗滑桩,地表及地下加强排水。

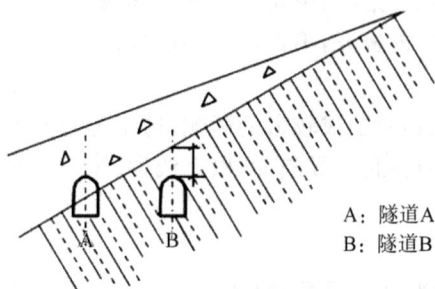

A：隧道A
B：隧道B

图3-13 滑坡地区隧道位置的选择

2）岩堆、崩塌、松散堆积层及危岩落石

这类地段一般多呈松散状态,隧道开挖后容易引起坍塌,对隧道施工威胁很大。选择隧道位置时,应查明工程地质及水文地质情况,原则上应避免从不稳定的岩堆、崩坍堆积层地区中通过,应将洞身置于岩堆以下的稳定岩体之中,并具有足够的安全厚度,如图3-14中A位置所示。当隧道必须通过上述不良地质地区时,首先应分析并确认其具有稳定性,且一定要采取有效可靠的工程措施,以图3-14中B、C方案通过。另外,在运营期间,危岩、落石常常危害行车安全,可采用明洞确保安全。

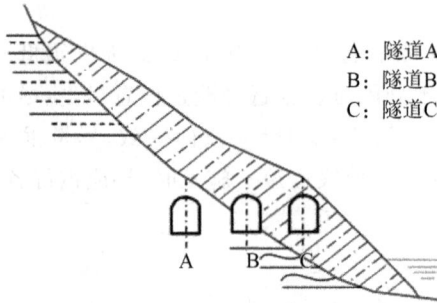

A：隧道A
B：隧道B
C：隧道C

图 3-14　隧道通过堆积体

3）泥石流

当线路通过泥石流地区时，首先应充分预计和判明泥石流的成因、规模、发展趋势和冲淤变化规律，并判定工程安全度，以决定隧道方案的可行性。当将隧道与明洞方案比较时，一般以隧道方案通过较为安全可靠，在决定隧道位置时，应使洞身置于基岩中或稳定的地层内，其顶板覆盖厚度应充分考虑对隧道产生的最不利影响，且不可把隧道洞口设置在洪积扇范围以内。

4）岩溶

选择隧道位置时，应尽量避开岩溶地区。如无法避开时，应探明溶洞的规模、性质和与隧道的位置关系，隧道位置优先选择岩溶及岩溶水发育相对较弱的区域，尽量选择高线位通过，避开岩溶水发育带，力求避免穿越岩溶严重发育的网状洞穴区、巨大空洞区及有利于岩溶发育的构造带，并尽量避免将洞身置于碳酸盐岩与非碳酸盐岩的接触带。当不可能避开时，应选择在较狭窄地段，以垂直或大角度穿过，使通过岩溶的地段最短。

5）瓦斯

在瓦斯赋存的地层中开挖隧道时，甲烷等有害气体逸出轻则使人窒息，重则引起爆炸，危害甚大。选择隧道位置时最好能避开，不得已时，应采取通风稀释和防爆等安全措施。

6）高地温

高地温会对隧道的施工、运营造成较大的影响，隧道通过高地温地区时，应尽量选在地温相对较低的地层，不得已时，应优化平纵断面，以高线位、短距离方式通过。

3.1.5　特殊地质条件的影响

特殊地质条件是指膨胀岩(土)、含盐地层、煤系地层、黄土、多年冻土、地震地区及水库坍岸区等。选择隧道位置时一般应尽量绕避。难以绕避时，在技术条件许可和经济合理的条件下，因地制宜采取相应工程措施通过。

1）膨胀岩(土)

当隧道通过膨胀岩(土)地区时，应在确认膨胀性围岩的范围后，以通过地段最短、地下水含量最少者为宜。同时应根据支撑变形情况，顶、底板隆起及侧帮的凸出等程度，来分析和测定膨胀力的大小和开挖不同部位相应的变化规律，以便采取相应的施工方法和加强衬砌结构的工程措施。

2）含盐地层

当隧道通过含盐地层时，宜选择在干燥无水或地下水位低、含盐量最小的地段通过，并应对衬砌结构采取相应的加强措施。

3）煤系地层

当隧道通过煤系地层时,要注意有害气体、煤窑采空区以及地层膨胀等影响隧道安全的问题。在选择隧道位置时,应设法避开有害气体含量较高和煤窑采空密集地段。当不可避免时,应选择影响最小的方案通过,同时保证底部隔层有足够厚度或预留煤柱,以减少其对隧道工程的威胁,确保施工安全和结构稳定。

4）黄土

黄土具有干燥时坚固,遇水容易剥落和遭受侵蚀的特征。在黄土地区常见有冲沟、陷穴、滑坡及泥石流等不良地质现象,对隧道的危害是不容忽视的。特别是在有地下水活动和陷穴密集的地段,在隧道施工中极易发生坍塌,产生较大的围岩压力,导致支撑变形、基础下沉及衬砌开裂等。因此,选择隧道位置时应避开沟壑及有地下水活动和地面陷穴密集的地区。

5）多年冻土

多年冻土地区修建的隧道,在洞口地段及衬砌背后会形成一个冻融交替的融化圈,因冻融循环的交替作用,洞门易遭到破坏,融化圈内的围岩强度则有所降低。在冻结时产生的冻胀力,不同程度地影响着衬砌结构的安全。针对上述情况,当隧道在多年冻土地区通过时,应注意选择好隧道位置和洞口位置,防止隧道病害的发生,减少施工和运营养护的困难。

6）地震区

地震的破坏作用,由地表向地下随隧道深度增加而迅速减弱,故一般对深埋隧道影响较小、对浅埋、偏压的隧道及明洞和洞门等结构的影响较大。另外,一般在松散的山体堆积层或滑坡地段、断层破碎带、泥石流发育地区、不稳定的悬崖深谷、易坍陷的地下空洞等处,由于地震波的冲击作用,抗震性差。因此,在选择隧道位置和洞口位置时,应特别注意地形、地质及洞身埋置深度等问题,不宜穿越活动断裂带、易液化砂(粉)土地层,对土质疏松或地层破碎及地质构造不利的傍山隧道,更应注意采取必要措施,以保证洞身稳定和洞口工程的安全。

7）水库地区

水库蓄水后,改变了岸边的工程地质和水文地质条件,岸壁将受库水的浸润和波浪的冲刷,形成水库坍岸。在水库坍岸地区修建隧道时,隧道应置于牢固的基岩中,或坍岸范围以外具有一定覆盖厚度并足以保证洞身稳定的土层上。隧道设置高程一般均在水库设计正常高水位以上规定高度,如因特殊原因需要设于正常高水位以下时,应根据工程地质、水文等情况采取有效的防护工程措施,并有足够的技术经济比选依据。

3.2　隧道洞口位置的选择

隧道进出口是隧道建筑物唯一的暴露部分,也是整个隧道的薄弱环节。通常洞口覆盖层厚度较薄,地质条件较差,多为严重风化的堆积体,地形倾斜时又易造成浅埋偏压。在隧道开挖扰动和地表雨水冲刷的作用下,容易造成山体失稳,产生滑动和坍塌现象。洞口位置选择是否合理,将对隧道的施工工期、造价、运营安全等产生重大的影响。所以在隧道线路设计中,应综合考虑洞口地形、地质条件,洞外有关工程及施工条件、营运要求和周围环境保护,通过技术、经济等因素比较后确定。同时,对洞口的边、仰坡的稳定性应着重考虑,以免造成难以整治的病害,甚至危及施工和营运安全。

3.2.1 "早进晚出"

根据我国隧道工程实践经验,总结出"早进晚出"的原则。在决定隧道洞口位置时,为了施工及运营的安全,隧道宜长不宜短,即宁可早一点进洞,晚一点出洞,尽量避免大挖大刷边坡,破坏山体稳定,确保洞口边坡及仰坡的稳定安全。当然,所谓早和晚都是相对的,并不意味着进洞越早越好,出洞越晚越好,不应当盲目地把隧道定得很长,而是应当从科学合理的角度选择洞口位置。

3.2.2 洞口位置选择的具体要求

在贯彻"早进晚出"的原则时,洞口位置的确定应注意以下要求,全面综合地分析确定。

(1)洞口位置应设在山坡稳定、地质条件较好、地下水不太丰富及排水有利处。尽量避开滑坡、崩塌、岩堆、岩溶、流砂、泥石流、雪崩、冰川等不良地质地段。

(2)洞口不宜设在垭口沟谷的中心或沟底低洼处,如图 3-15 中的 A 线。一般情况下,垭口沟谷在地质构造上是最薄弱的环节,常会遇到断层带、坍方、冲积土等不良地质。此外,地表流水都汇集在沟底,再加上洞口路堑开挖,破坏了山体原有的平衡,更容易引起坍方,甚至不能进洞。所以,洞口最好选在沟谷一侧,如图 3-15 中的 B 线。

(3)洞口位于悬崖陡壁下时,不宜切削原山坡,避免扰动坡面、破坏地表植被及暴露风化破碎岩层。因为山体经过若干年的地质构造运动,内力已经自行达到了稳定的平衡。若洞口岩壁稳定,基本不会出现崩塌或落石时,可以采用贴壁式,如图 3-16 所示。若存在坍方可能时,应采用接长明洞的办法,将洞口延伸至危险范围以外 3~5 m 处,如图 3-17 所示。

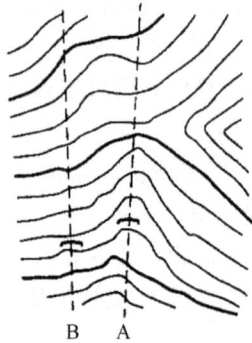

图 3-15　沟底附近洞口平面位置　　图 3-16　贴壁进洞时洞口纵断面示意图

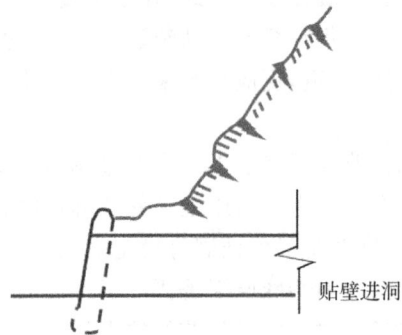

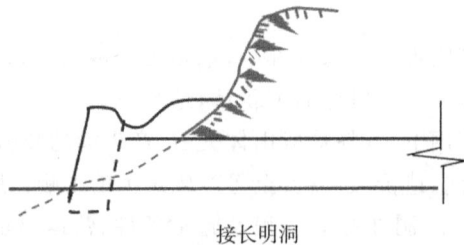

图 3-17　悬崖陡壁下接长明洞示意图

（4）洞口线路宜与等高线正交,使隧道正面进入山体(图3-18),洞口结构物不致受到偏侧压力。对于河谷线隧道因限于地形,有时无法与等高线正交,只能斜交进洞(图3-19),此时,其交角不应太小(不小于45°),并根据具体情况,采取斜交洞门、台阶式正交洞门或修建一段明洞。

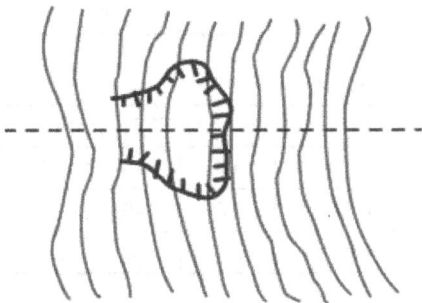

图3-18　正交洞门

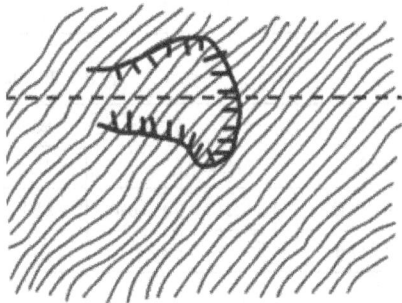

图3-19　斜交洞门

（5）隧道洞口应考虑防洪、防淹。当隧道洞口位于可能被洪水淹没地带、水库回水影响范围、受山洪威胁地段时,其路肩高程应高出设计水位加波浪侵袭高度,且壅水高度不小于0.5 m。城市地区的隧道采用"V"形坡时,洞门及敞开段边墙顶高程应高出内涝水位0.5 m。

（6）为了确保洞口的稳定和安全,边坡及仰坡均不宜开挖过高。

（7）减少洞口路堑段长度,延长隧道提前进洞。对处于漫坡地形的隧道,其洞口位置变动范围较大,一般应采取延长隧道的办法,以解决路堑弃土及排水的困难。

（8）当洞口附近遇有水沟或水渠横跨线路时,可设置拉槽开沟的桥梁或涵洞,排泄水流。如水量较大,上述方法仍不能满足要求,则应修建明洞接长隧道把水流引到洞顶水沟中排走。

总之,隧道洞口位置的选择,应根据地形、地质条件,考虑边坡、仰坡的稳定,结合洞外相关工程及施工难易程度,本着"早进晚出"的指导思想,全面综合地分析确定。

3.3　隧道平、纵断面线形设计

隧道平面线形是指隧道中心线在水平面上的投影,隧道纵断面线形是指隧道中心线展直后在垂直面上的投影。隧道平、纵断面线形设计确定了隧道的空间位置。以公路隧道为例,介绍相关内容。

3.3.1　公路隧道平面线形设计

公路隧道平面线形应根据地质、地形、路线走向、通风等因素确定隧道平面线形。超长、特长隧道往往控制路线总体走向,一般宜采用直线。当隧道设曲线时,不宜采用设超高和加宽的圆曲线。隧道不设超高的圆曲线最小半径应符合表3-1的规定。隧道平面线形需采用设超高的圆曲线时,其超高值不宜大于4.0%。当设计速度为20 km/h时,圆曲线半径不宜小于250 m。隧道内每条车道的视距均应符合现行《公路路线设计规范》(JTG D20)的视距要求,如表3-2所示。

表 3 - 1   不设超高的圆曲线最小半径   单位:m

路拱	设计速度/(km/h)					
	120	100	80	60	40	30
≤2.0%	5 500	4 000	2 500	1 500	600	350
>2.0%	7 500	5 250	3 350	1 900	800	450

表 3 - 2   停车视距与会车视距

公路等级	高速公路、一级公路				二、三、四级公路				
设计速度/(km/h)	120	100	80	60	80	60	40	30	20
停车视距/m	210	160	110	75	110	75	40	30	20
会车视距/m	—	—	—	—	220	150	80	60	40

3.3.2 公路隧道纵断面线形设计

隧道内线路纵断面设计是选定隧道内线路的坡道形式、坡度大小、坡段长度和坡段间的衔接等。

隧道内坡道可以采用单面坡或人字坡,如图 3 - 20 所示。

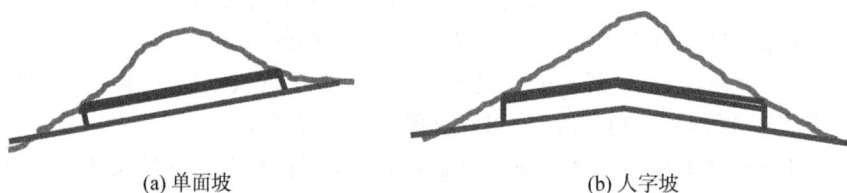

(a) 单面坡   (b) 人字坡

图 3 - 20   坡道形式示意图

从行驶舒适性和运营通风效率来看,公路隧道宜采用单面坡,地下水发育的长隧道、特长隧道可采用人字坡。隧道内纵坡变化处应设置大半径竖曲线平缓过渡,以保证驾驶员有足够的视线。变坡点的凸、凹竖曲线的最小半径和最小长度应符合表 3 - 3 的规定。

表 3 - 3   竖曲线最小半径和最小长度   单位:m

设计速度/(km/h)	120	100	80	60	40	30	20
凸形竖曲线最小半径	17 000	10 000	4 500	2 000	700	400	200
凹形竖曲线最小半径	6 000	4 500	3 000	1 500	700	400	200
竖曲线最小长度	100	85	70	50	35	25	20

隧道内纵断面线形应考虑行车安全、运营通风规模、施工作业和排水要求确定,最小纵坡不应小于0.3%,最大纵坡不应大于3%;短于100 m 的隧道可不受限制。高速公路、一级公路的中、短隧道,受地形等条件限制时,经技术经济论证、交通安全评价后,隧道最大纵坡可适当加大,但不宜大于4%。

隧道洞口外连接线应与隧道洞口内线形相协调,隧道洞口内外侧各3 s 设计速度行程长度范围的平、纵断面线形应一致。特殊困难地段,经技术经济比较论证后,洞口内外平曲线可以采用缓和曲线,但应加强线形诱导设施。

间隔 100 m 以内的连续隧道,宜整体考虑其平、纵线形技术指标。

3.3.3 公路隧道最小净距

高速公路、一级公路隧道应设计为上、下行分向行驶的双洞隧道,双洞隧道宜按分离式隧道布置。洞口地形狭窄、桥隧相连、连续隧道群、周边建筑物限制或为减少洞外占地的短隧道、中隧道,可按小净距隧道布置。洞口地形狭窄、周边建筑物限制展线特别困难的短隧道,可按连拱隧道布置。桥隧相连、洞口地形狭窄或有特殊要求的长隧道、特长隧道的洞口局部地段,可按分岔隧道布置。

分离式隧道间的净距,宜按两洞结构彼此不产生有害影响的原则,并应结合隧道洞口接线、围岩地质条件、断面形状和尺寸、结构设计、施工方法、工期要求等因素综合确定。两洞间净距宜取 0.8~2.0 倍开挖宽度,围岩条件总体较好时取较小值,围岩条件总体较差时取较大值。两洞跨度不同时,以较大跨度控制。

3.4 隧道横断面设计

3.4.1 隧道净空和建筑限界

隧道的横断面设计主要根据隧道安全运营功能的要求,考虑地质条件、施工方法等,确定隧道结构的断面形状与尺寸。

隧道净空是指隧道衬砌内轮廓线所包围的空间,包括隧道建筑限界、通风、照明及其他所需面积(图 3-21)。隧道断面形状和尺寸应根据围岩压力求得最经济值。

隧道建筑限界是为了保证隧道内各种交通的正常运行与安全,而规定在一定宽度和高度范围内不得有任何障碍物的空间范围。也就是说隧道建筑限界是指建筑物(包括衬砌、通风管道等)不能侵入的一种限界。隧道净空除包括建筑限界以外,还包括通风管道、照明设施、防灾设备、监控设备、运行管理等附属设备所需要的足够空间,以及富余量和施工允许误差等。

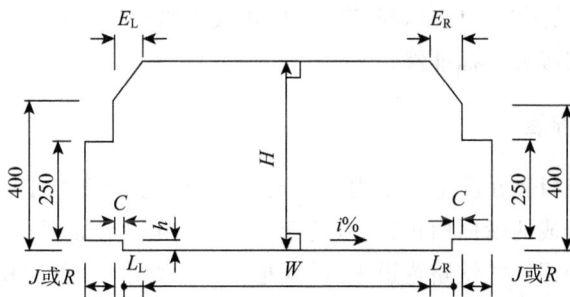

图 3-21 公路隧道建筑限界(cm)

H — 建筑限界高度;W — 行车道宽度;L_L — 左侧向宽度;L_R — 右侧向宽度;C — 余宽;
J — 检修道宽度;R — 人行道宽度;h — 检修道或人行道的高度;E_L — 建筑限界左顶角宽度,包含余宽;
E_R — 建筑限界右顶角宽度,包含余宽

注:当 $L_L \leqslant 1$ m 时,$E_L = L_L$;当 $L_L > 1$ m 时,$E_L = 1$ m。
当 $L_R \leqslant 1$ m 时,$E_R = L_R$;当 $L_R > 1$ m 时,$E_R = 1$ m。

公路隧道建筑限界由行车道宽度(W)、左侧向宽度(L_L)、右侧向宽度(L_R)、余宽(C)、人行道宽度(R)或检修道宽度(J)等组成如图3-21所示。相应基本宽度的数值规定可参见表3-4所示。为了消除或减少隧道边墙给驾驶员带来唯恐冲撞的心理效应("侧墙效应"),保证一定车速的安全通行,应在行车道两侧设置一定宽度的侧向宽度或余宽。

表3-4 两车道公路隧道建筑限界横断面组成及基本宽度 单位:m

公路等级	设计速度 /(km/h)	车道宽度 W	侧向宽度		余宽 C	检修道宽度 J 或人行道宽度 R		建筑限界基本宽度
			左侧 L_L	右侧 L_R		左侧	右侧	
高速公路一级公路	120	3.75×2	0.75	1.25	0.50	1.00	1.00	11.50
	100	3.75×2	0.75	1.00	0.25	0.75	0.75	10.75
	80	3.75×2	0.50	0.75	0.25	0.75	0.75	10.25
	60	3.50×2	0.50	0.75	0.25	0.75	0.75	9.75
二级公路	80	3.75×2	0.75	0.75	0.25	1.00	1.00	11.00
	60	3.50×2	0.50	0.50	0.25	1.00	1.00	10.00
三级公路	40	3.50×2	0.25	0.25	0.25	0.75	0.75	9.00
	30	3.25×2	0.25	0.25	0.25	0.75	0.75	8.50
四级公路	20	3.00×2	0.50	0.50	0.25			7.50

注:三车道、四车道隧道除增加车道数外,其他宽度同表3-4;增加车道的宽度不应小于3.5m。

建筑限界高度,高速公路、一级公路、二级公路取5.0m;三、四级公路取2.5m。设检修道或人行道时,检修道或人行道宜包含余宽;不设置检修道或人行道的应设不小于0.25m的余宽。隧道路面横坡,隧道为单向交通时,应设置为单面坡;隧道为双向交通时,设置为双面坡;横坡坡率可采用1.5%～2.0%,宜与洞外路面横坡坡率一致。路面采用单面坡时,建筑限界底边线与路面重合;采用双面坡时,建筑限界底边线应水平置于路面最高处。单车道四级公路的隧道应按双车道四级公路标准修建。

3.4.2 隧道衬砌内轮廓线

衬砌内轮廓线是指衬砌在隧道净空内的完成线,在内轮廓线之间的空间即为隧道的净空断面。该线应满足所围成的断面面积最小,适合围岩压力和水压的特点,以经济、安全、适用和合理为目的。在我国和国外的铁路隧道中,已在推动断面标准化,我国铁路隧道的建筑限界是统一固定的。因此,相同围岩级别情况下,铁路隧道衬砌结构的断面形状也是固定的,这些衬砌结构均有通用的设计标准图,一般不需做专门的设计。

衬砌外轮廓线为保持隧道净空断面的形状,衬砌必须有足够厚度(或称衬砌最小厚度)的外缘线。

十多年来,我国公路隧道建设规模不断扩大,各地在设计隧道横断面时标准不统一,隧道内轮廓有单心圆的、有三心圆的;既有尖拱又有坦拱,曲率不一。甚至同一条公路上出现几种不同的内轮廓断面,这既影响洞内各种设施的布置,又不利于施工时衬砌模板的制作。经过多年的工程实践和内力分析,《公路隧道设计规范》制定了隧道内轮廓统一标准,即拱部为单心圆拱,侧墙为大半径圆弧,仰拱与侧墙间用小半径圆弧连接。图 3-22 为两车道隧道标准内轮廓断面,图 3-23 为三车道隧道标准内轮廓断面。

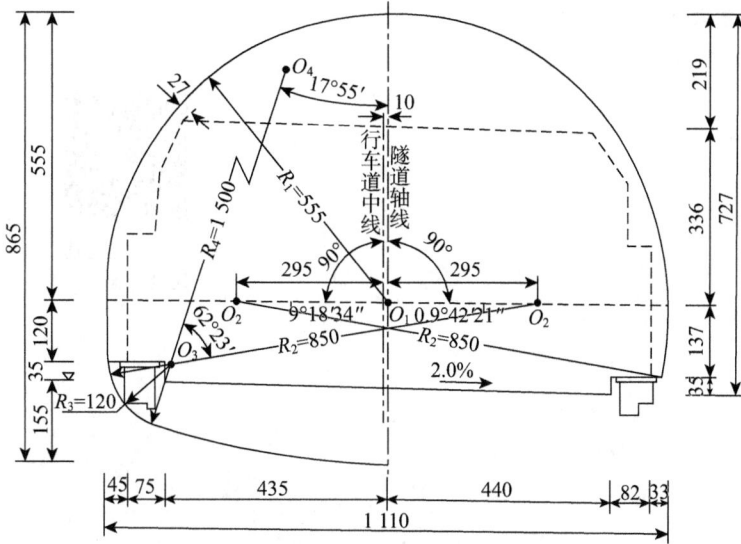

图 3-22 高速公路、一级公路两车道隧道内轮廓线图(80 km/h)(cm)

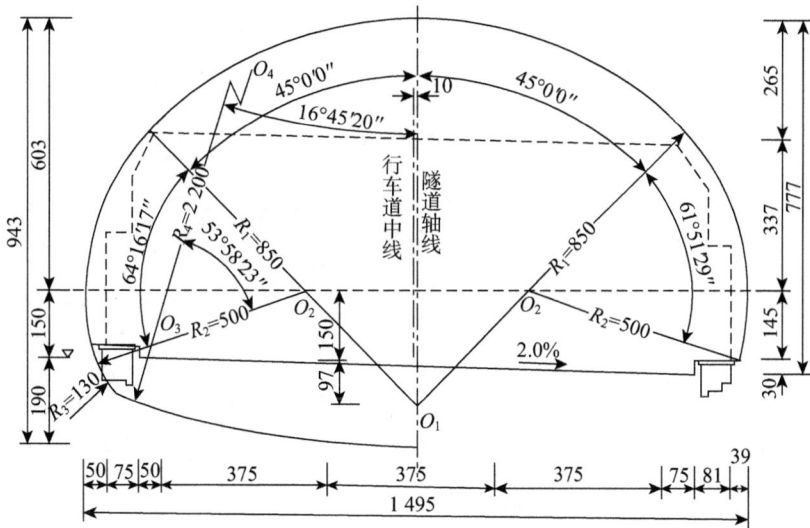

图 3-23 高速公路、一级公路三车道隧道内轮廓线图(80 km/h)(cm)

思考题

1. 如何确定越岭隧道和河谷线隧道的位置？
2. 隧道洞口位置选择的一般原则与要求是什么？
3. 简述地质构造对隧道位置选择的影响。
4. 简述公路隧道平、纵断面设计的要点。

3-1 隧道选线设计课件

3-2 思考题答案

4 隧道主体和附属建筑结构

隧道结构由主体建筑物和附属建筑物两部分组成。隧道的主体建筑物是为了保持隧道的稳定和行车安全,由洞身衬砌和洞门组成。在洞口地段容易坍塌或有落石危险时则需要加筑明洞。为了隧道能正常使用,还必须修建一些附属建筑物,包括通风照明、防排水等设施。

4.1 隧道衬砌结构

隧道开挖后,支护隧道围岩的结构体称为衬砌。隧道衬砌形式主要有喷锚衬砌、整体式衬砌、复合式衬砌和装配式衬砌。

公路隧道应设置衬砌,根据隧道围岩级别、施工条件和使用要求选择采用喷锚衬砌、整体式衬砌、复合式衬砌。高速公路、一级公路、二级公路的隧道应采用复合式衬砌;三级及三级以下公路的隧道洞口段、Ⅳ～Ⅵ级围岩洞身段应采用复合式衬砌或整体式衬砌,Ⅰ～Ⅲ级围岩洞身段可采用喷锚衬砌。

4.1.1 喷锚衬砌

喷锚衬砌是喷射混凝土支护、喷射混凝土＋锚杆支护、喷射混凝土＋锚杆＋钢筋网支护、喷射混凝土＋锚杆＋钢筋网＋钢架支护的统称(图4-1),是一种加固围岩,控制围岩变形,能充分利用和发挥围岩自承能力的支护衬砌形式,具有支护及时、柔性、紧贴围岩、与围岩共同变形等特点,对加快施工进度、节约劳力及原材料、降低工程成本等效果显著,能保证围岩的长期稳定。

喷射混凝土是以压缩空气为动力,将掺有速凝剂的混凝土拌合料和水汇合成浆状,喷射到坑道的岩壁上。喷锚衬砌作为柔性衬砌,与围岩合为一体,共同作用,调动或者发挥围岩的自稳能力。

锚杆支护是喷锚支护的主要组成部分。锚杆是一种锚固在岩体内部的杆状体钢筋,与岩体融为一体,以实现加固围岩、维护围岩稳定的目的。大量试验和工程实践表明,锚杆对保持隧道围岩稳定、抑制围岩变形发挥了很好的作用。利用锚杆的悬吊作用、组合拱作用、挤压加固作用,将围岩中的节理、裂隙串成一体,提高围岩的整体性,改善围岩的力学性能,从而发挥围岩的自承能力。锚杆支护不仅对硬质围岩,而且对软质围岩也能起到良好的支护效果。

但是,由于喷锚衬砌刚度较小,在围岩自稳能力较差的Ⅳ～Ⅵ级围岩中,长期稳定性和防止水侵蚀能力方面有一定的局限性,材料及施工工艺还有待进一步提高。因此,在Ⅳ～Ⅵ级围岩中应采用复合式衬砌或整体式衬砌,不单独采用喷锚支护作永久衬砌。

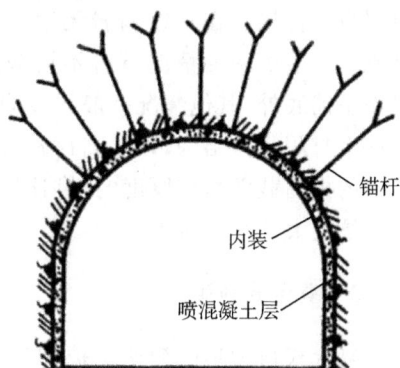

锚杆

内装

喷混凝土层

图4-1 喷锚衬砌示意图

4.1.2 整体式衬砌

整体式衬砌是传统的隧道衬砌结构形式,在新奥法(NATM)问世前广泛地应用于隧道工程中,它是隧道开挖后用模注混凝土或砌体修建的隧道衬砌结构。

整体式衬砌按照不同的工程类别、围岩级别采用不同的衬砌厚度,其形式有直墙式衬砌和曲墙式衬砌两种,而曲墙式衬砌又分为有仰拱和无仰拱两种。

1)直墙式衬砌

直墙式衬砌适用于地质条件较好,以垂直围岩压力为主而水平围岩压力较小的情况,主要适用于Ⅰ～Ⅲ级围岩。直墙式衬砌由上部拱圈、竖直边墙和下部铺底三部分组合而成。顶部拱圈可采用圆弧形拱或三心圆拱。拱圈是等厚的,所以外弧的半径是内半径增加了一个拱圈厚度的尺寸。由于内外弧是同心圆弧,所以内外半径的圆心是重合的,两侧边墙是与拱圈等厚的竖直墙,与拱圈平齐衔接。洞内一侧设有排出洞内积水的排水沟,所以有水沟一侧的边墙深度要大一些。整个结构是敞口的,并不闭合,只是以混凝土做成平槽,成为铺底,如图4-2所示。

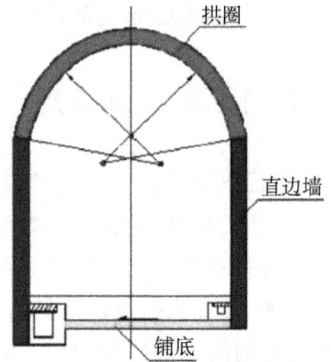

图4-2 直墙式衬砌

2)曲墙式衬砌

通常在围岩中水平压力较大,为了抵抗较大的水平压力把边墙做成曲线形状,即曲墙式衬砌。曲墙式衬砌适用于地质条件较差,有较大水平围岩压力的情况,主要适用于Ⅳ、Ⅴ、Ⅵ级的围岩,或Ⅲ级围岩双线,多线隧道也有采用曲墙有仰拱的衬砌。

曲墙式衬砌由顶部拱圈、侧面曲边墙和底板(或铺底)组成,如图4-3所示。当地基条件较差时,为防止衬砌沉陷,抵御底鼓压力,使衬砌形成环状封闭结构,可以设置仰拱。在Ⅳ级围岩无地下水,且基础不产生沉降的情况下可不设仰拱,可

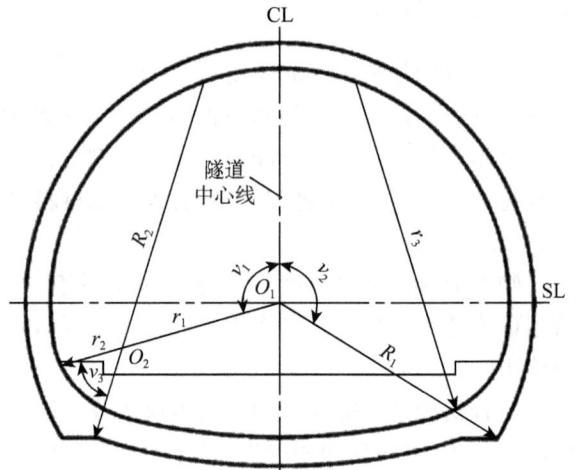

图4-3 曲墙式衬砌

只做平铺底外,其他情况一般均设仰拱,以抵御底部的围岩压力和防止衬砌沉降,并使衬砌形成一个封闭整体结构,以提高衬砌的承载能力。顶部拱圈的内轮廓与直墙式衬砌的拱部一样,但它的拱圈截面是变厚度的,拱顶处薄而拱脚处厚。边墙是变厚度的,做成向外拱的曲线形,以抵抗较大的水平压力。

4.1.3 复合式衬砌

复合式衬砌是由初期支护和二次衬砌及中间防水层组合而成的衬砌形式。我国高速公路、一级公路、二级公路隧道已全部采用复合式衬砌,三级公路隧道也大量采用。其结构稳定,

防水和衬砌外观均能满足公路隧道使用的基本要求,适合多种地质条件,技术较为成熟,是目前公路隧道最好的衬砌结构形式。复合式衬砌已成为公路隧道衬砌的标准结构形式。因此,一般情况下,应采用复合式衬砌(图4-4)。

初期支护多采用喷锚支护,具有支护及时、柔性的特点,并在一定程度上能够随着围岩的变形而变形,能很好地发挥围岩的自承能力。二次衬砌应采用刚度较大、整体性好和外观平顺的模筑(钢筋)混凝土衬砌,衬砌截面宜采用连接圆顺、等厚的衬砌截面,仰拱厚度宜与拱墙厚度相同。

围岩开挖暴露后会产生一定的变形。为了减小衬砌所承受的变形压力,允许围岩产生一定的变形,释放一定的能量,故在确定开挖尺寸时需预留一定的变形量。预留变形量可采用计算分析或工程类比法确定。

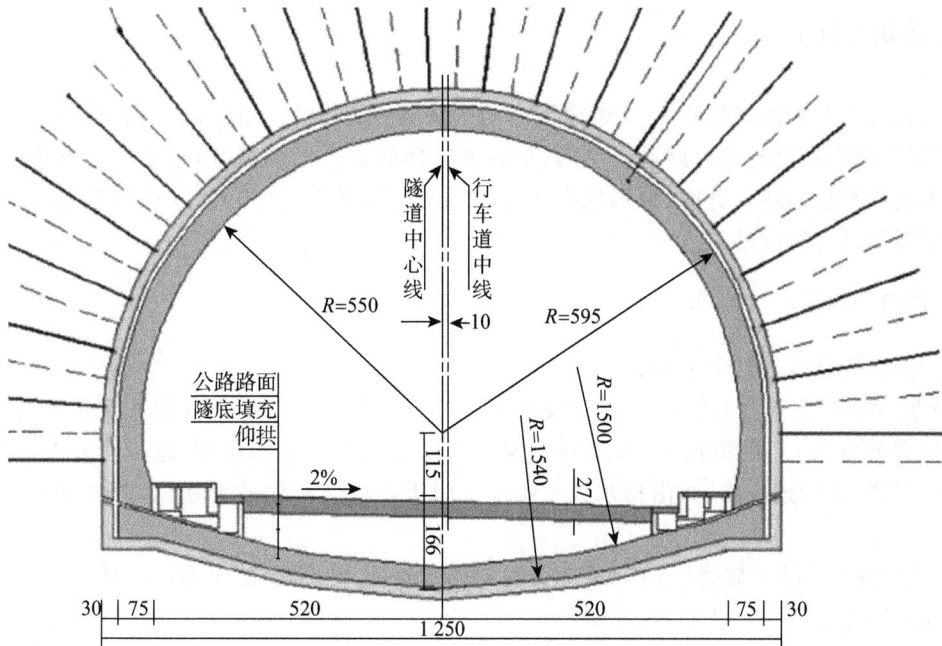

图4-4 复合式衬砌

4.1.4 装配式衬砌

整体式混凝土衬砌虽然在我国广泛应用,但是它在浇筑以后不能立即承受荷载,必须经过一个养护时期,施工进度受到一定的限制。装配式衬砌则不影响施工进度。这种衬砌由工厂或现场预先成批生产运入坑道内,用机械手将它们拼装成一环接着一环的衬砌。这种预制衬砌不需养护时间,一经装配即可承受围岩压力,缩短了工期,还有可能降低造价。装配式衬砌应满足足够强度和耐久性,能立即承受荷载和有防水设施等条件。但装配式衬砌需要坑道内有足够的拼装空间,制备构件尺寸上要求一定的精度,它的接缝多,防水较困难。目前装配式衬砌主要在盾构法施工的隧道中应用,如图4-5所示。

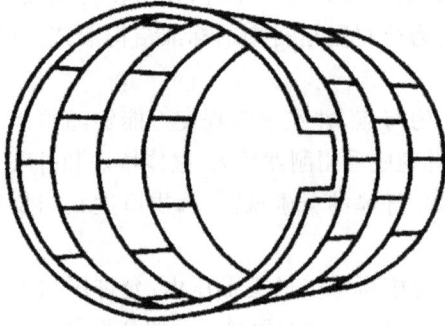

图 4-5　装配式衬砌

4.2　隧道洞门

洞门是为支挡和防护隧道洞口边仰坡岩土而设置的结构物。洞门是隧道唯一的外露部分,也是联系洞内衬砌与洞外路基的结构;是隧道结构的重要组成部分,也是标志隧道的建筑物。隧道洞门是根据隧道跨度、地形地质条件、水文条件、周围建(构)筑物以及当地自然景观和人文景观等进行设计的。

4.2.1　洞门的作用

洞门的作用有以下几个方面:

(1)减少洞口土石方开挖量。洞口段范围内的路堑是根据地质条件以一定坡率开挖的,当隧道埋置较深时,开挖量较大,设置隧道洞门可以起到挡土墙的作用,减少土石方开挖量。洞门可以拦截、汇集地表水,并沿排水渠道排离洞门进入道路两侧的排水沟,防止地表水沿洞门漫流。

(2)稳定边、仰坡。修建洞门可减小引线路的边坡高度,缩小正面仰坡的坡面长度,使边坡及仰坡得以稳定。

(3)引离地表水流。地表水流往往汇集在洞口,如不排除,不利于行车安全、修建洞门可以把水流引入侧沟排走,确保运营安全。

(4)装饰洞口。洞口是隧道唯一的外露部分,是隧道的正面外观。修建洞门可起装饰作用,特别在城市附近、风景区及旅游区内的隧道更应配合当地的环境,给予艺术处理,进行美化。

4.2.2　洞门的类型

1)端墙式洞门

端墙式洞门适用于地形开阔、岩层稳定的Ⅰ~Ⅲ级围岩地区,其作用在于支护洞口仰坡,保持其稳定,并将仰坡水流汇集排出。端墙的构造一般是采用等厚的直墙,直墙圬工体积比其他形式都小,而且施工方便。墙身微向后倾斜,斜度约为1:0.1,如图4-6所示。

正面　　　　　　　　侧面

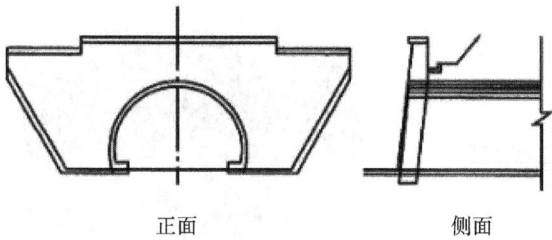

图 4 - 6　端墙式洞门

2）翼墙式洞门

当洞口地质较差，山体水平推力较大时，可以在端墙式洞门以外，增加单侧或双侧的翼墙，称为翼墙式洞门，如图 4 - 7 所示。翼墙与端墙共同作用，以抵抗山体水平向推力，增加洞门的抗滑动和抗倾覆的能力，翼墙式洞门适用于Ⅰ级及以下的围岩。翼墙的正面端墙一般采用等厚的直墙，微向后方倾斜，斜度为 1∶0.1。翼墙前面与端墙垂直，顶面斜度与仰坡坡度一致。

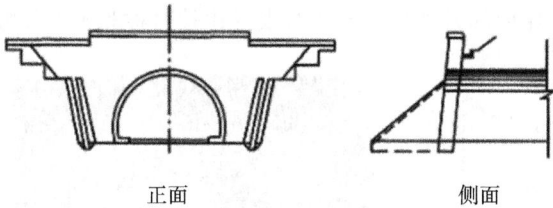

正面　　　　　　　　侧面

图 4 - 7　翼墙式洞门

3）台阶式洞门

当洞门处于傍山侧坡地区，洞门一侧边坡较高时，为减小仰坡高度及外露坡长，可以将端墙一侧顶部改为逐步升级的台阶形式，以适应地形的特点，减少仰坡土石方开挖量，这种洞门也有一定的美化作用，如图 4 - 8 所示。

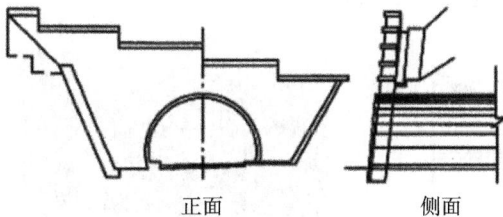

正面　　　　　　　　侧面

图 4 - 8　台阶式洞门

4）柱式洞门

当地形较陡，地质条件较差，仰坡有下滑的可能性，但又受地形或地质条件限制，不能设置翼墙时，可以在端墙中部设置两个断面较大的柱墩，以增加端墙的稳定性，如图 4 - 9 所示。这种洞门墙面有凸出线条，较为美观，适宜在城市附近或风景区内采用。对于较长大的隧道，采用柱式洞门比较壮观。

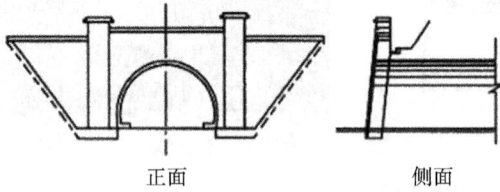

图 4-9 柱式洞门

5）削竹式洞门

当隧道洞口段有一节较长的明洞衬砌时，由于洞门背后一定范围内是以回填土为主，山体的推滑力不大，可采用削竹式洞门，由于结构形式类似竹筒被斜向削断的样子，故得其名，如图4-10所示。这种洞门结构近些年在公路隧道的建造中被普遍使用。

削竹式洞门的特点是：洞口边仰坡开挖量少，有利于山体的稳定，减少对植被的破坏和有利于保护环境，各种围岩级别均能适用。但其使用的条件是地形相对来说比较对称和不太陡峻。

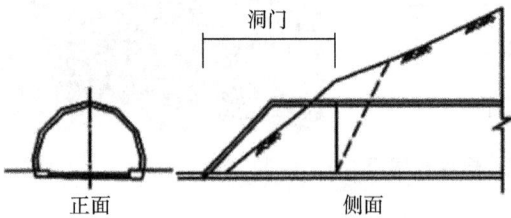

图 4-10 削竹式洞门

6）喇叭口式洞门

为减缓高速列车的空气动力学效应，一般设洞口缓冲段，同时兼做隧道洞门。缓冲段结构形式有喇叭口式、帽檐式，及在洞口段设置开天窗（图4-11）。

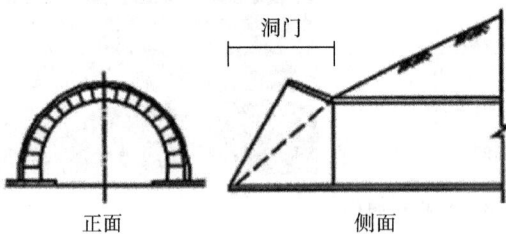

图 4-11 喇叭口式洞门

7）遮光棚式洞门

当洞外需要设置遮光棚时，其入口通常外伸很远。遮光构造物有开放式和封闭式之分，前者遮光板之间是透空的，后者则用透光材料将前者透空部分封闭。但由于透光材料上面容易沾染尘垢油污,养护困难,因此很少使用后者。遮光棚式洞门形状上又有喇叭式与棚式之分(图4-12)。

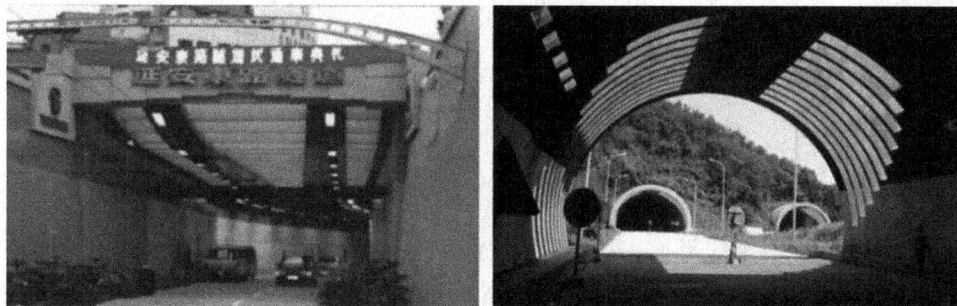

图4-12　遮光棚式洞门

8) 环框式洞门

当洞口岩层坚硬而稳定(Ⅰ级)围岩,地形陡峻又无排水要求时,可以设置一种不承载的简单洞口环框,如图4-13所示,它能起到加固洞口和减少雨后洞口滴水的作用。环框微向后倾,其倾斜度与顶上的仰坡一致。环框的宽度与洞口外观相匹配,一般不小于70 cm,突出仰坡坡面不少于30 cm,使仰坡上流下的水从洞口正面淌下。

图4-13　环框式洞门

4.2.3　洞门的构造

洞门端墙和翼墙应具有抵抗来自仰坡、边坡土压力的能力,应按挡土墙结构进行设计。洞门墙墙身最小厚度不应小于0.5 m,翼墙墙身厚度不应小于0.3 m。

洞顶仰坡与洞顶回填顶面的交线至洞门端墙墙背的水平距离不宜小于1.5 m,洞顶排水沟沟底至拱顶衬砌外缘的最小厚度不应小于1.0 m,洞门端墙墙顶应高出墙背回填面0.5 m。

洞门端墙应根据需要设置伸缩缝、沉降缝和泄水孔。

洞门端墙基础应置于稳固地基上,并埋入地面下一定深度。嵌入岩石地基的深度不应小于0.2 m,埋入土质地基的深度不应小于1.0 m。基底埋置深度应大于靠墙设置的各种沟、槽底的埋置深度。地基为冻胀土层时,基底高程应在最大冻结深度以下至少0.25 m。

地基承载能力不足时,应进行加固处理。

洞门结构设计应满足抗震要求。

4.3 隧道明洞

明洞是隧道的一种变化形式,一般修筑在隧道的进出口处。当洞顶覆盖层薄用暗挖法难以进洞、洞口路堑边坡上有落石而危及行车安全时,或铁路、公路、河渠必须在铁路上方通过且不宜做立交桥或涵渠等情况时,均需要修建明洞。明洞的结构形式常因地形、地质和危害程度的不同有多种形式,采用最多的为拱式明洞和棚式明洞两种,有时也采用箱形明洞。

4.3.1 拱式明洞

拱式明洞由拱圈、边墙和仰拱(或铺底)组成,它的内轮廓与隧道一致,但结构截面的厚度通常要比隧道衬砌大一些。拱式明洞可以分为以下几种形式:

1) 对称路堑式

对称路堑式适用于地面横坡较为平缓、两侧地形基本对称的情况。根据洞顶回填土厚度的不同,又分为浅埋式明洞和深埋式明洞。浅埋式明洞顶填土厚度小于3 m,深埋式明洞顶填土厚度为3~10 m。深埋式明洞主要适用于漫坡地形暗挖施工困难,且明挖后如填土不足又对环境影响较大的地段,此外在上软下硬地层也经常采用深埋式明洞。对称路堑式明洞断面如图4-14所示。

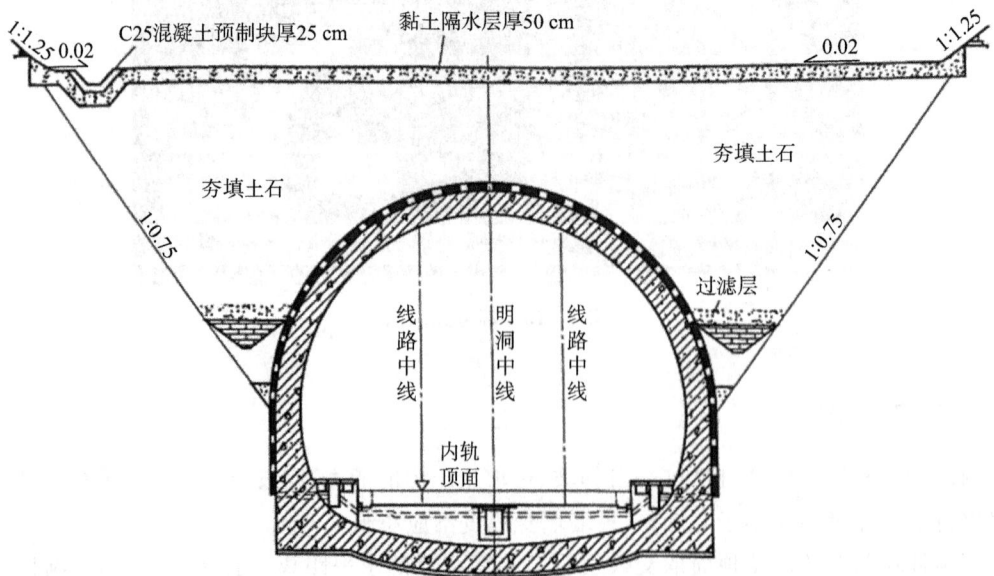

图4-14 对称路堑式明洞断面

2）偏压路堑式

偏压路堑式适用于地面横坡较大,但明洞外墙未露出地面,且外墙侧地层稳定的情况,明洞顶填土厚度一般小于 5 m。偏压路堑式明洞断面如图 4 - 15 所示。

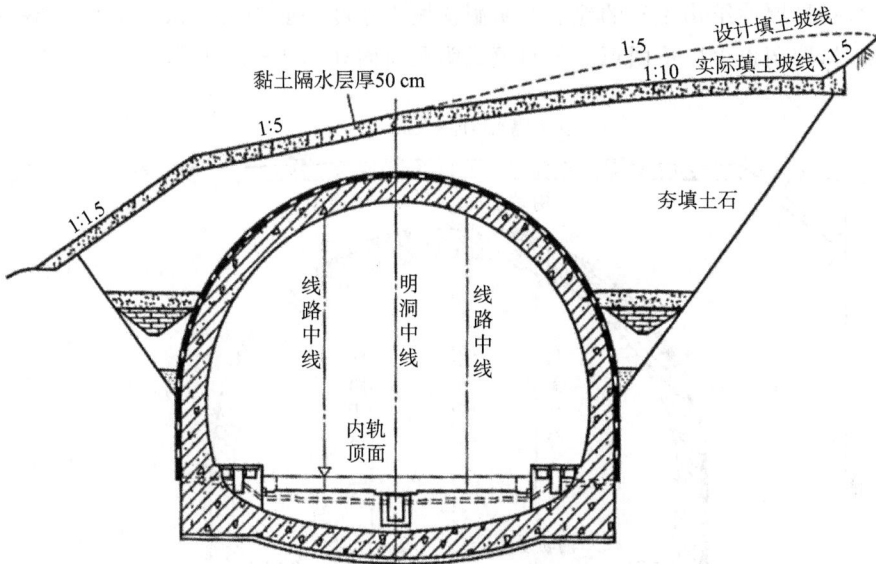

图 4 - 15　偏压路堑式明洞断面

3）单压路堑式

单压路堑式适用于地面横坡较陡、明洞外墙露出地面,或外墙虽未露出地面但外墙侧地层不稳定的情况,明洞顶填土厚度一般小于 3 m。单压路堑式明洞断面如图 4 - 16 所示。

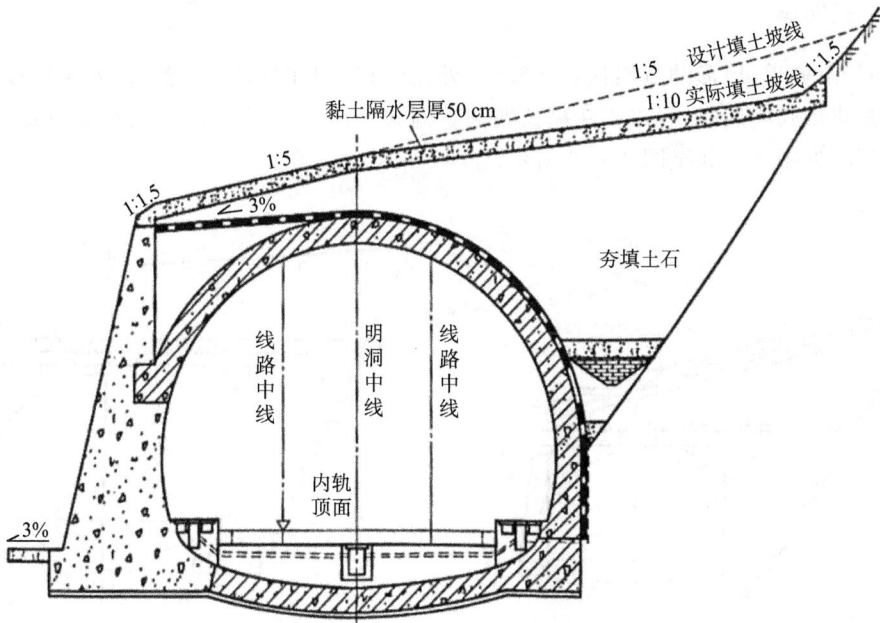

图 4 - 16　单压路堑式明洞断面

4）全回填式

全回填式适用于陡坎进洞，仰坡陡峻且有少量坍塌落石，需要接长明洞防落石的地段；需要隧道接长明洞以恢复地表环境、减少占地的地段；洞口存在少量不稳定坡体，需要接长明洞确保安全的地段；缓冲结构较长的地段。明洞顶填土厚度一般小于 4 m。此外，当仅为设置缓冲结构需要时，明洞也可以不回填。全回填式明洞断面如图 4-17 所示。

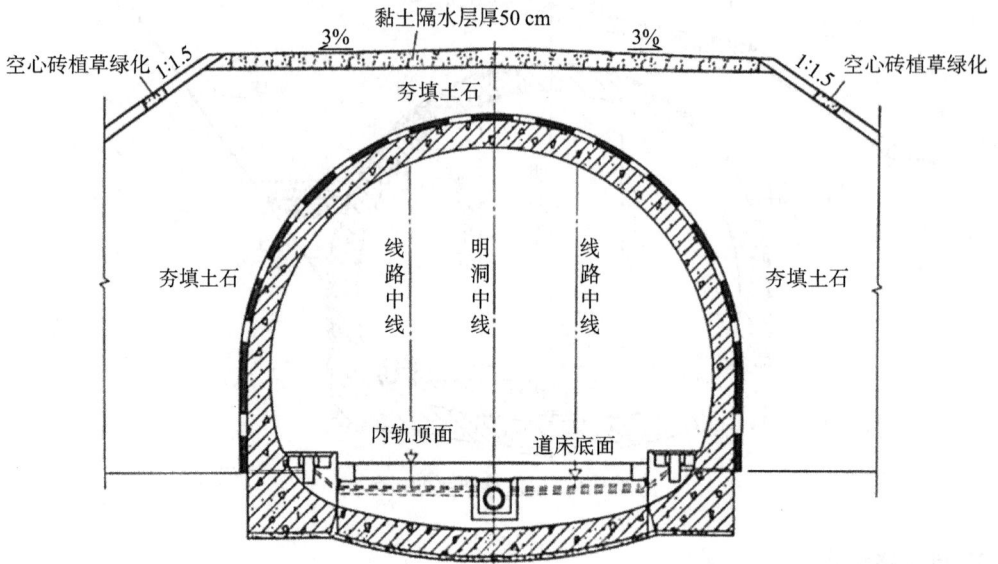

图 4-17 全回填式明洞断面

4.3.2 棚式明洞

有些傍山隧道，地形的自然横坡比较陡，外侧没有足够的场地设置外墙及基础或确保其稳定，难以修建拱式明洞时，可以采用棚式明洞。棚式明洞的常见结构形式有盖板式、刚架式和悬臂式三种，如图 4-18 至图 4-20 所示。

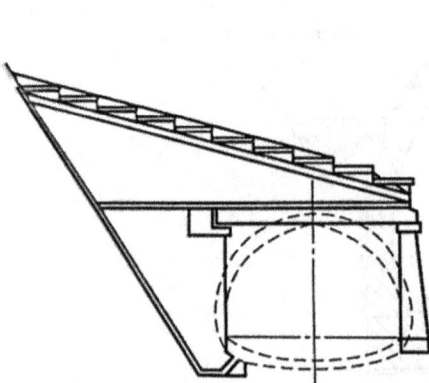

图 4-18 盖板式明洞

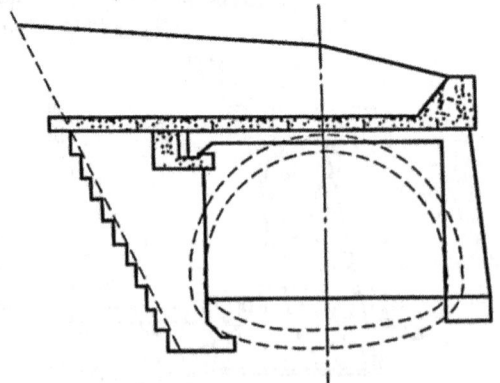

图 4-19 刚架式明洞

1）盖板式明洞

盖板式明洞由内墙、外墙及钢筋混凝土盖板组成简支结构,其上回填土石,以保护盖板不受山体落石的冲击。明洞的内侧应置于基岩或稳定的地基上,一般为重力式墩台结构,厚度较大,以抵抗山体的侧向压力。外墙只承受由盖板传来的垂直压力,厚度较薄,要求的地基承载力较小。

2）刚架式明洞

当地形狭窄、山体陡峻、基岩埋置较深而上部地基稳定性较差时,为了使基础置于基岩上而减少基础工程,可采用刚架式外墙,此时称明洞为刚架式明洞。该类明洞主要由外侧刚架、内侧重力式墩台结构、横顶梁、底横撑及钢筋混凝土盖板组成,并做防水层及回填处理。

3）悬臂式明洞

对于稳定而陡峻的山坡,外侧地形难以满足一般棚洞的地基要求,且落石不太严重的情况,可修建悬臂式棚洞。它的内墙为重力式,上端接悬臂式横梁,其上铺以盖板,同时为了保证棚洞的稳定性,要求悬臂必须伸至稳定的基岩内。

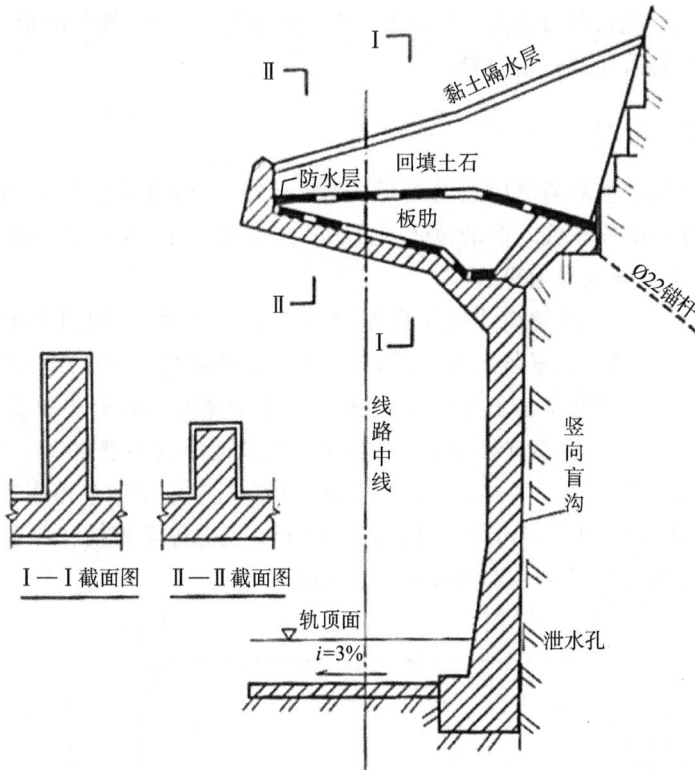

图 4-20 悬臂式明洞

4.3.3 箱形明洞

箱形结构建筑高度较小,对地基要求低,在建筑高度受到限制时,可采用箱形明洞,如图 4-21 所示。

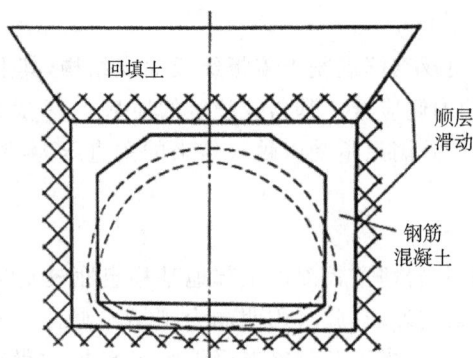

图 4-21 箱形明洞

4.4 隧道附属构筑物

为保证铁路、公路等隧道正常使用,安全运营,通常在隧道内还要修筑一些附属构筑物,包括安全避让设施、排水沟槽、电力通信信号沟槽、设备洞室等。其中,铁路隧道、公路隧道的附属构筑物类型和设置要求存在一定差异。

4.4.1 紧急停车带

隧道中行驶的车辆发生故障时应及时离开干道进行避让,以免发生交通事故,紧急停车带就是专供紧急停车使用的停车或转向的位置。尤其在长大隧道中,故障车必须尽快离开干道,以免引起交通阻塞,甚至导致交通事故。

公路特长、长隧道内不设硬路肩或硬路肩宽度小于 2.5 m 时,单洞两车道隧道应设置紧急停车带,单洞三车道隧道宜设置紧急停车带,单洞四车道隧道可不设紧急停车带。紧急停车带宽度为向行车方向右侧加宽不小于 3.0 m,且紧急停车带宽度与右侧侧向宽度(L_R)之和不应小于 3.5 m,紧急停车带长度不宜小于 50 m,其中有效长度不应小于 40 m。单向行车时,紧急停车带间距不宜大于 750 m,并不应大于 1 000 m。双向行车隧道紧急停车带应两侧交错设置,同一侧间距宜采用 800~1 200 m,并不应大 1 500 m。紧急停车带横坡可取 0~1.0%。紧急停车带建筑限界的构成如图 4-22 和图 4-23 所示。

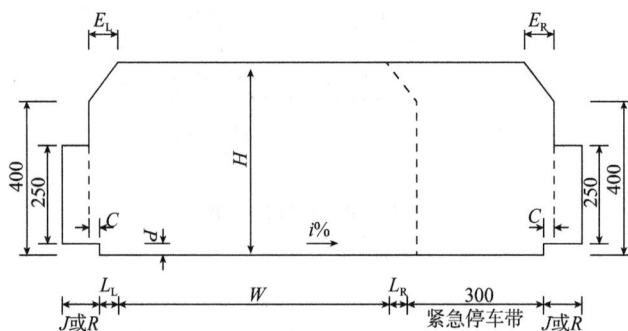

图 4-22 紧急停车带的建筑限界(cm)

H—建筑限界高度;W—行车道宽度;L_L—左侧向宽度;L_R—右侧向宽度;C—余宽;J—检修道宽度;
R—人行道宽度;E_L—建筑限界左顶角宽度,包含余宽;E_R—建筑限界右顶角宽度,包含余宽;
d—检修道或人行道的高度

46

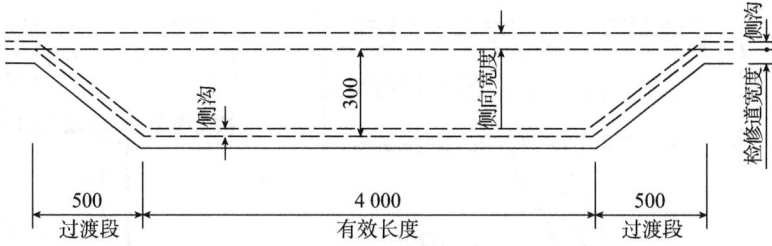

图 4-23　紧急停车带的平面构成(cm)

4.4.2　横通道

上、下行分离的独立双洞公路隧道,为满足紧急情况下救援及逃生需要,需设置人行或车行横通道。在双洞铁路隧道中,为满足巡查、维修、疏散救援等要求也应设置联络横通道。

(1)公路隧道横通道分为人行横通道和车行横通道。人行横通道限界宽度不得小于2.0 m,限界高度不得小于2.5 m;公路隧道车行横通道限界宽度不得小于4.5 m,限界高度应与主洞限界高度一致。横通道断面建筑限界规定如图4-24所示。

(2)公路隧道人行横通道设置间距宜为250 m,并不应大于350 m。

(3)公路隧道车行横通道设置间距宜为750 m,并不应大于1 000 m;中、短隧道可不设。

(4)公路隧道车行横通道路缘高度宜与隧道行车方向左侧检修道高度一致。公路隧道横通道的平面布置形式如图4-25所示。

(5)高速铁路隧道横通道断面尺寸不宜小于4.0 m×3.5 m(宽×高),高速铁路隧道典型横通道断面如图4-26所示。

(6)高速铁路隧道联络横通道间距应不大于500 m。

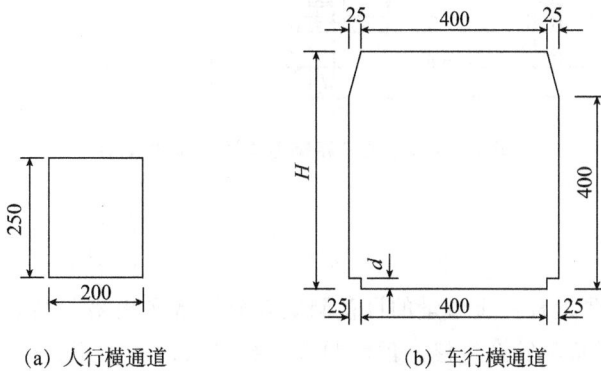

(a)人行横通道　　　(b)车行横通道

图 4-24　横通道的断面建筑限界(cm)

d—路缘高度　*H*—建筑限界高度

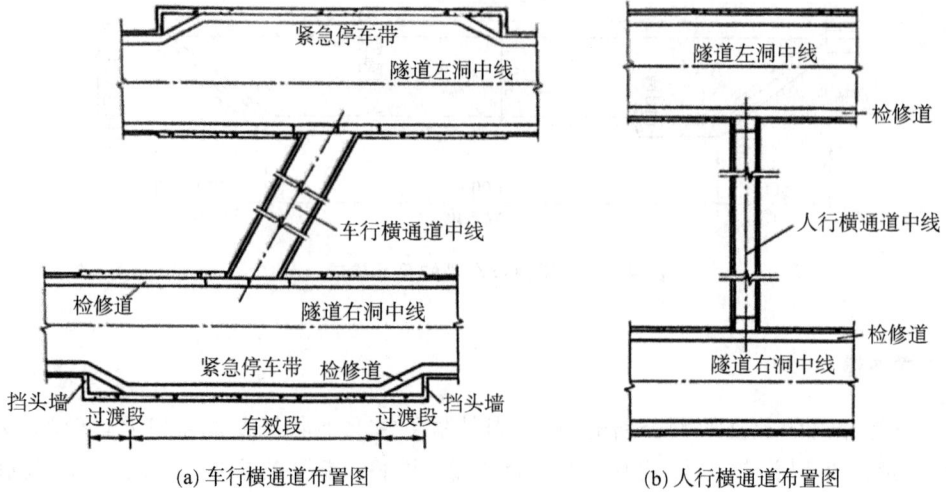

(a) 车行横通道布置图　　　　　　　　(b) 人行横通道布置图

图 4-25　公路隧道横通道布置图(cm)

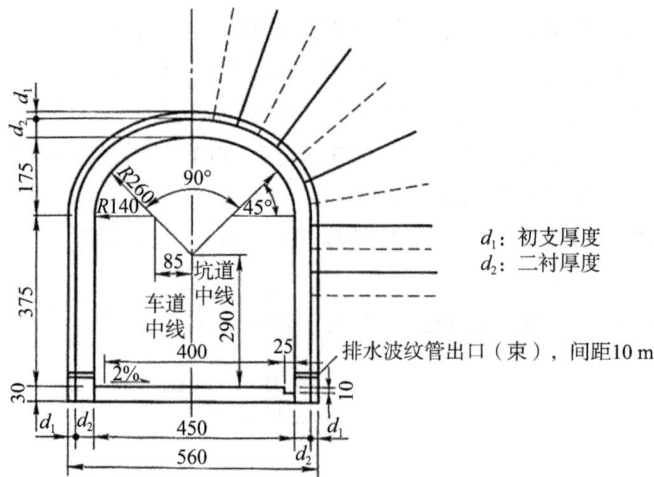

图 4-26　高速铁路隧道横通道断面(cm)

4.4.3　设备洞室

在隧道内通常需要设置一定数量的设备洞室来放置各种电器设备、通信设备和消防设备等,保证隧道的正常运营和安全维修。预留洞室需要根据设备类型和产品尺寸在衬砌结构上开孔,这可能改变隧道结构受力条件从而带来不利影响,需采取相应的结构和构造措施,保证隧道衬砌结构的承载能力。

1) 铁路隧道设备洞室

为保证电气化铁路隧道的正常运营和安全维修,在隧道内通常需要设置一批用于安放运营设备安装的洞室,包括绝缘梯车洞、余长电缆槽(腔)、信号继电器箱洞、无人增音站洞、变压器洞室、综合洞室等类型,如图 4-27 所示。另外还有部分设施设备需要安装在隧道主洞内局部区段,如风机段、下锚段,可通过局部扩大断面的方式安装相关设施设备。

　　2）公路隧道设备洞室

　　公路隧道通常需要设置一定数量的设备洞室来放置各种电器设备、通信设备和消防设备等,主要包括配电洞室、变压器洞室、灭火器洞室、紧急电话洞室等,如图4-28所示。

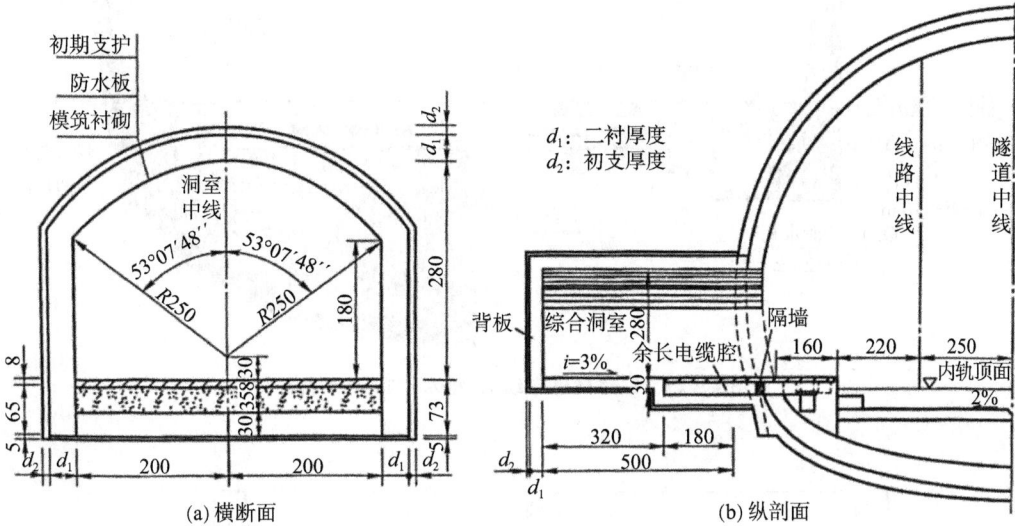

图 4-27　铁路隧道综合洞室断面(cm)

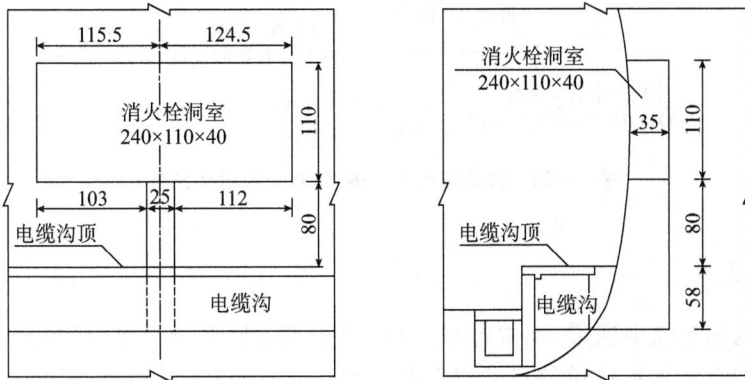

图 4-28　公路隧道消火栓灭火器洞室构造图(cm)

4.4.4　沟槽

　　当通信、信号电缆通过隧道时,为了避免电缆被损坏、腐蚀,以保证通信、信号工作的安全,应在隧道内设置电缆槽。同时,为满足隧道内排水的需要,通常在隧道两侧设侧沟,在隧道中线处设置中心排水沟。

　　隧道中电缆槽与洞内侧沟的布置形式较多,此处仅列举高速铁路隧道、高速公路隧道两侧及底部电缆槽、水沟的布置形式,如图4-29、图4-30所示。

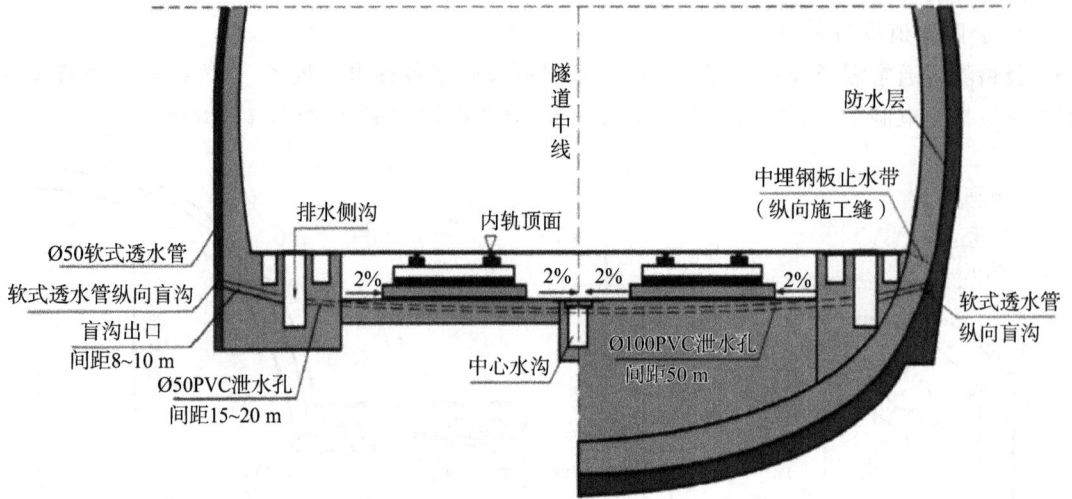

图 4-29 铁路隧道电缆槽、排水沟布置示意图

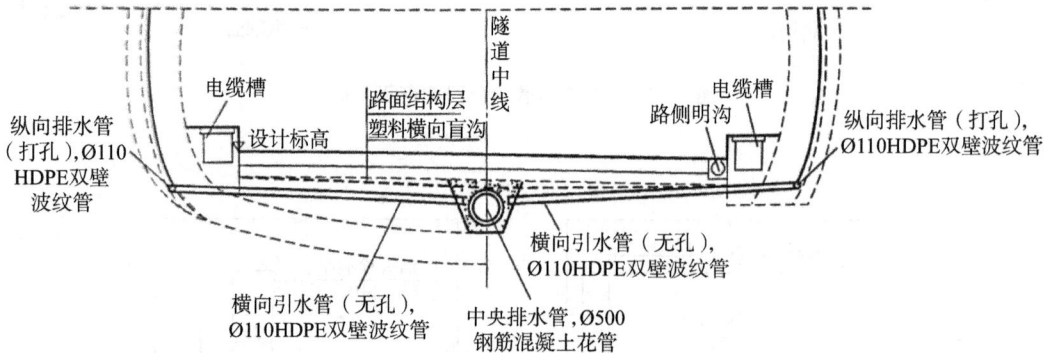

图 4-30 公路隧道电缆槽、排水沟布置示意图

4.4.5 辅助坑道

辅助坑道也称为辅助通道,通常包括竖井、斜井、横洞、平行导坑、横通道、风道、泄水洞等形式。隧道中设置辅助坑道的目的通常有两个:一是为满足隧道运营通风、救援、排水或防冻保温的需要,此类辅助坑道属于永久性建筑物,称为运营辅助坑道;二是为增加施工工作面,这类辅助坑道称为施工辅助坑道,属于临时工程,整个工程施工完成以后一般要求回填。

辅助坑道的类型、主要用途和适用条件如表 4-1 所示。

表 4-1　辅助坑道的类型、主要用途及适用条件

辅助通道类型		主 要 用 途	适 用 条 件
竖井	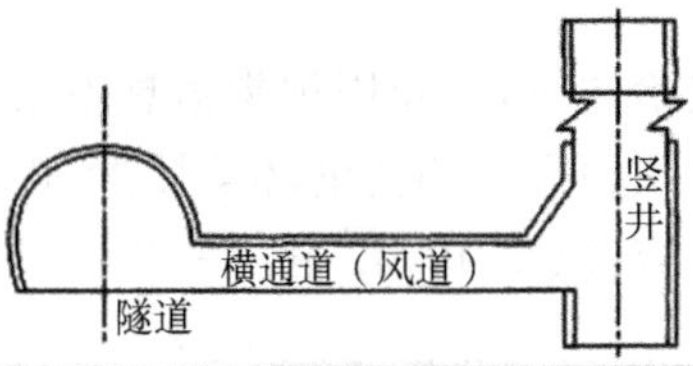	运营通风	特长隧道分段纵向式机械通风
		增加施工开挖面	长隧道、特长隧道，地质条件较好、无设置直通地面的横通道和斜井条件；洞顶局部地段覆盖层较薄
斜井	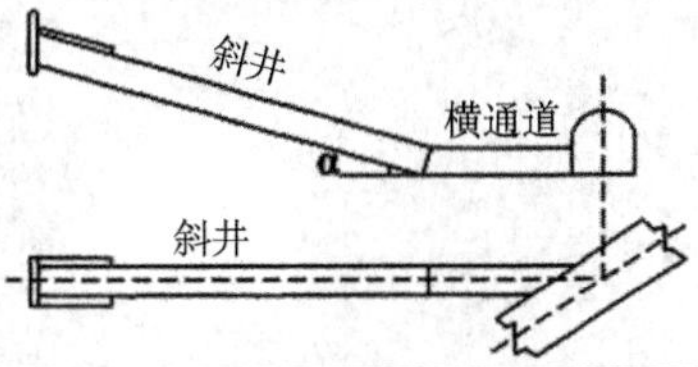	运营通风	特长隧道分段纵向式机械通风
		增加施工工作面	长隧道、特长隧道，地质条件较好、埋置不深、隧道旁侧有低注地形、傍山隧道
风道	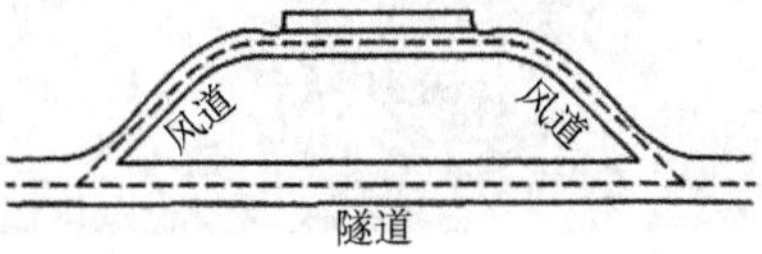	运营通风	竖井或斜井与隧道通风连接；风机房与隧道的连接
横通道		运营疏散、救援通道（车行横通道、人行横通道）	分离式隧道左右洞之间的连接
		施工联络道，增加施工工作面，便于出渣运输和施工通风	
疏散救援通道		运营疏散、救援通道（车行横通道、人行横通道）	单洞长隧道、特长隧道与疏散救援通道之间的连接；远期规划修建第二线隧道
		施工联络道，增加施工工作面便于出渣运输和施工通风	
		隧道排水通道	地下水量大，多用于岩溶高水地区
横通道	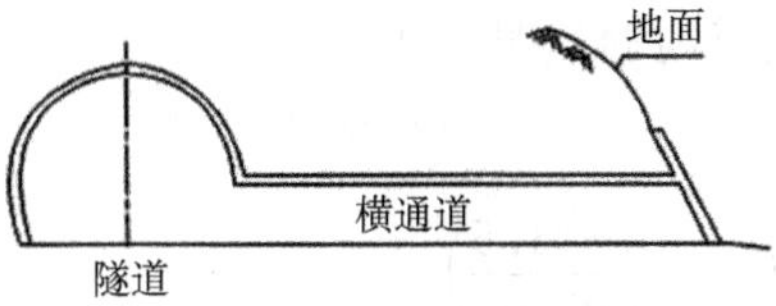	增加施工开挖面	傍山、沿河、隧道一侧地形低注地带，隧道横向与地面连接
泄水洞	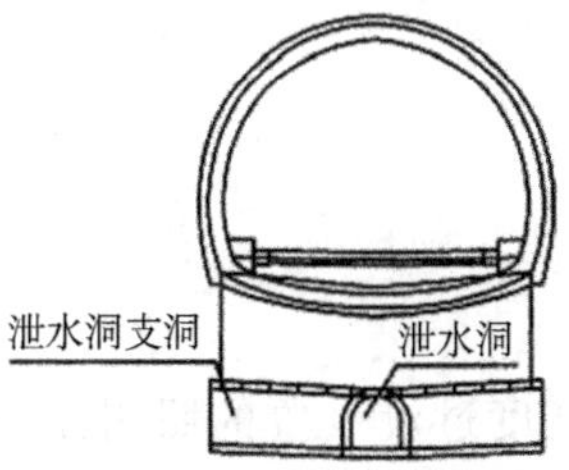	防冻、保温、排水	高寒地区，地下水特别大的地区

51

4.5 隧道运营照明设施

公路隧道的照明,是为了把必要的视觉信息传递给司机,防止因视觉信息不足而出现交通事故,提高驾驶上的安全性和增加舒适感。汽车司机在白天从明亮的环境接近、进入和通过隧道过程中,将产生黑洞效应、适应的滞后现象、白洞效应等(图4-31、图4-32)。

图 4-31　黑洞效应

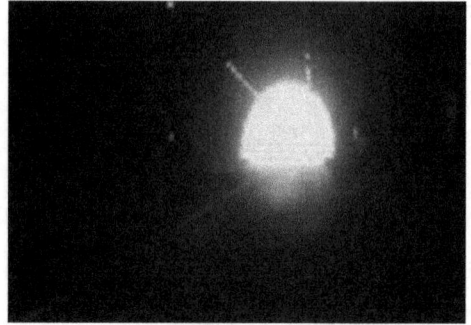

图 4-32　白洞效应

4.5.1 照明区段的划分

长隧道的照明沿纵向可以分为洞口接近段、入口段、过渡段、中间段、出口段五个区段。

1) 接近段长度

公路隧道各照明区段中,在洞口(设有光过渡建筑时,则为其入口)前,从注视点到适应点之间的一段道路,在照明上称为接近段。通常情况下,当汽车驶近隧道时,驾驶人的注意力会自然地集中在观察洞口附近情况上,开始注视之点称为注视点。继续接近洞口时,驾驶人视野中外界景物会逐渐减少,当行驶至某位置时,外界景物会全部消失,在驾驶人眼前看到的就是洞口,这时距洞口的距离约为 10 m,这点称为适应点。注视点至适应点之间的距离就称为接近段。

2) 入口段长度

入口段指进入隧道洞口的第一段,如设置了遮阳棚等光过渡建筑则其入口为该段的开始点。设置此段的目的是使驾驶人的视力开始适应隧道内的照明光线。

入口段 TH_1、TH_2 长度应按式(4-1)计算

$$D_{th1} = D_{th2} = \frac{1}{2}\left(1.154D_s - \frac{h-1.5}{\tan 10°}\right) \qquad (4-1)$$

式中　D_{th1}、D_{th2}——入口段 TH_1、TH_2 长度/m;

　　　　D_s——照明停车视距/m;

　　　　h——隧道内净空高度/m。

3) 过渡段长度

驾驶员视觉适应由隧道入口段的高亮度向洞内低亮度过渡设置的照明段,按照渐变递减原则将过渡段划分为 TR1、TR2、TR3 三个照明段。

$$D_{tr1} = \frac{D_{th1} + D_{th2}}{3} + \frac{v_1}{1.8} \qquad (4-2)$$

$$D_{tr2} = \frac{2v_1}{1.8} \qquad (4-3)$$

$$D_{tr3} = \frac{3v_1}{1.8} \qquad (4-4)$$

式中　　D_{tr1}——过渡段 TR_1 长度/m；

　　　　D_{tr2}——过渡段 TR_2 长度/m；

　　　　D_{tr3}——过渡段 TR_3 长度/m；

　　　　v_1——设计速度/(km/h)；

　　　　$\dfrac{v_1}{1.8}$——2 s 内的行驶距离。

4）中间段长度

过了过渡段，驾驶人已基本适应洞内的照明光线，中间段的基本任务就是保证行车照明，使驾驶人能保证停车视距。

5）出口段长度

在单向交通隧道中，应设置出口段照明，以缓和白洞效应带来的不利影响。出口段宜划分为 EX1、EX2 两个照明段，每段长度宜取 30 m。在双向交通隧道中，隧道的两端均为入口，同时也均为出口，照明情况完全相同，可不设出口段照明，都采用入口段的照明标准设计。

4.5.2　照明区段的亮度

单向交通隧道的照明区段及亮度曲线如图 4-33 所示。

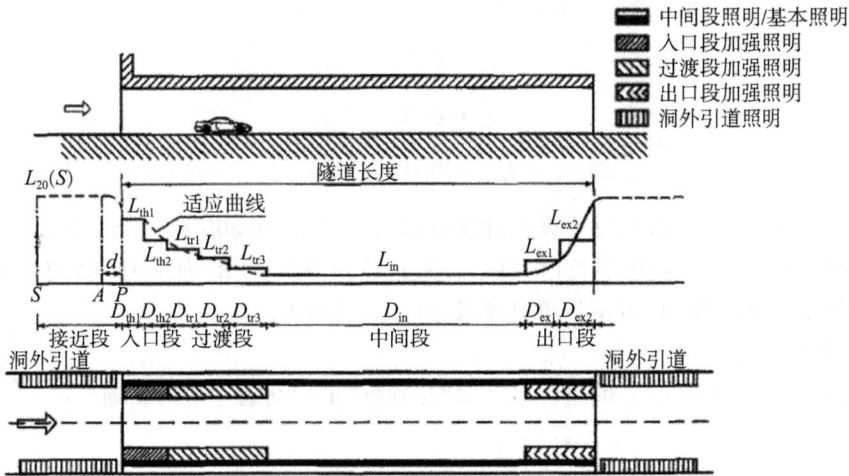

图 4-33　单向交通隧道照明区段

P—洞口；S—接近段起点；A—适应点；d—适应距离；$L_{20}(S)$—洞外亮度；L_{th1}、L_{th2}—入口段亮度；L_{tr1}、L_{tr2}、L_{tr3}—过渡段亮度；L_{in}—中间段亮度；L_{ex1}、L_{ex2}—出口段亮度；D_{th1}、D_{th2}—入口段 TH_1、TH_2 分段长度；D_{tr1}、D_{tr2}、D_{tr3}—过渡段 TR_1、TR_2、TR_3 分段长度；D_{in}—中间段长度；D_{ex1}、D_{ex2}—出口段 EX_1、EX_2 分段长度

1) 接近段亮度

公路隧道接近段可设可不设照明设施,但它的亮度(周围环境平均亮度)对于确定入口段、过渡段和中间段的亮度有很大影响,其取值将直接影响到照明设施造价和运营费用。

2) 入口段亮度

入口段 TH_1、TH_2 两个照明段的亮度分别按下式计算

$$L_{th1} = k \times L_{20}(S) \qquad (4-5)$$

$$L_{th2} = 0.5 \times k \times L_{20}(S) \qquad (4-6)$$

式中 L_{th1}——入口段 TH_1 的亮度/(cd/m^2);

L_{th2}——入口段 TH_2 的亮度/(cd/m^2);

k——入口段亮度折减系数,按表 4-2 取值;

$L_{20}(S)$——洞外亮度/(cd/m^2),如无实测资料,可按表 4-2 取值。

表 4-2 入口段亮度折减系数

设计交通量 $N[veh/(h \cdot ln)]$		k				
		设计速度 $v_t/(km/h)$				
单向交通	双向交通	20~40	60	80	100	120
≥1 200	≥650	0.012	0.022	0.035	0.045	0.070
≤350	≤180	0.010	0.015	0.025	0.035	0.050

注:当交通量为其中间值时,按线性内插取值。

3)过渡段亮度

过渡段三个照明段的亮度按式计算:

$$L_{tr1} = 0.15 \times L_{th1} \qquad (4-7)$$

$$L_{tr2} = 0.05 \times L_{th1} \qquad (4-8)$$

$$L_{tr3} = 0.02 \times L_{th1} \qquad (4-9)$$

长度 $L \leq 300$ m 的隧道,可不设置过渡段加强照明;长度 300 m$<L \leq 500$ m 的隧道,当在过渡段 TR_1 能完全看到隧道出口时,可不设置过渡段 TR_2、TR_3 加强照明;当 TR_3 的亮度不大于中间段亮度的 2 倍时,可不设置过渡段 TR_3 加强照明。

4)中间段亮度

中间段亮度宜按表 4-3 取值("单""双"分别指"单向交通""双向交通")。

表 4 - 3　中间段亮度　　　　　　　　　　　　　　　　单位:cd/m²

设计速度 v_t/(km/h)	L_{in}		
	单:$N \geqslant 1\ 200$ veh/(h·ln)	单:350 veh/(h·ln) $< N <$ 1 200 veh/(h·ln)	单:$N \leqslant 350$ veh/(h·ln)
	双:$N \geqslant 650$ veh/(h·ln)	双:180 veh/(h·ln) $< N <$ 650 veh/(h·ln)	双:$N \leqslant 180$ veh/(h·ln)
120	10.0	6.0	4.5
100	6.5	4.5	3.0
80	3.5	2.5	1.5
60	2.0	1.5	1.0
40	1.0	1.0	1.0

注:① 当 LED 光源(显色指数 Ra≥65,色温介于 3 300~6 000 K)用于隧道中间段照明时,设计亮度可按表 4-3 所列亮度标准的 50% 取值,但不应低于 1.0 cd/m²。

② 当单端无极荧光灯(显色指数 Ra≥65,色温介于 3 300~6 000 K)用于隧道中间段照明时,设计亮度可按表 4-3 所列亮度标准的 80% 取值,但不应低于 1.0 cd/m²。

③ 当中间段采用逆光照明方式时,设计亮度可按表 4-3 所列亮度标准的 80% 取值,但不应低于 1.0 cd/m²。

④ 当设计速度为 100 km/h 时,中间段亮度可按 80 km/h 对应亮度取值。

⑤ 当设计速度为 120 km/h 时,中间段亮度可按 100 km/h 对应亮度取值。

5) 出口段亮度

出口段两个照明段的亮度按式计算:

$$L_{ex1} = 3 \times L_{in} \tag{4-10}$$

$$L_{ex2} = 5 \times L_{in} \tag{4-11}$$

长度 $L \leqslant 300$ m 的直线隧道可不设置出口段加强照明;长度 300 m≤L≤500 m 的直线隧道可仅设置出口段 EX_2 加强照明。

4.6　隧道通风设施

公路隧道通风应主要对烟尘、一氧化碳和空气中的异味进行稀释。

公路隧道通风设计时应根据公路等级、隧道长度、设计速度、设计交通量、车道数、平纵线形、地形地质、隧道海拔高程、隧址区域自然条件等因素,进行技术经济综合分析,确定合理的通风方案。

公路隧道通风设计应分别针对正常交通工况和火灾、交通阻滞等异常交通工况进行系统设计,并应提出相应的通风设施运行方案。

4.6.1　通风标准

1) CO 设计浓度

CO 设计浓度应满足下列要求:

正常交通时,CO 设计浓度可按表 4-4 取值。

表 4-4　CO 设计浓度 δ_{co}

隧道长度/m	$\leqslant 1\,000$	$>3\,000$
$\delta_{co}/(cm^3/m^3)$	150	100

交通阻滞时,阻滞段的平均 CO 设计浓度可取 150 cm^3/m^3,同时经历时间不宜超过 20 min。长度大于 1 000 m 的隧道,阻滞段宜按每车道长度为 1 000 m 计算;长度不大于 1 000 m 的隧道可不考虑交通阻滞。

人车混合通行的隧道,洞内 CO 设计浓度不应大于 70 cm^3/m^3。

2) 烟尘设计浓度

采用显色指数 $33\leqslant Ra\leqslant 60$、色温 2 000～3 000 K 的钠光源时,烟尘设计浓度 K 如表 4-5 所示。

表 4-5　烟尘设计浓度 K

设计速度 $v_t/(km/h)$	$\geqslant 90$	$60\leqslant v_t<90$	$50\leqslant v_t<60$	$30<v_t<50$	$10\leqslant v_t\leqslant 30$
钠光源烟尘设计浓度 $K(m^{-1})$	0.006 5	0.007 0	0.007 5	0.009 0	0.012 0
荧光灯、LED 灯等光源烟尘设计浓度 $K(m^{-1})$	0.005 0	0.006 5	0.007 0	0.007 5	0.012 0

3) 设计风速

单向交通隧道的设计风速不宜大于 10 m/s,特殊情况不应大于 12 m/s;双向交通隧道的设计风速不应大于 8 m/s;行人与车辆混合通行的隧道设计风速不应大于 7 m/s。

公路隧道通风系统的排风口设计风速不宜大于 8 m/s;排烟口设计风速不宜大于 10 m/s;纵向式通风的顶部送风口设计风速宜取 25～30 m/s,送风方向应与隧道轴向一致。

排烟道内的设计风速不宜大于 15 m/s。

4) 排烟要求

长度 $L>1\,000$ m 高速公路和一级公路隧道,长度 $L>2\,000$ m 的二、三、四级公路隧道应设置机械排烟系统。隧道排烟宜按一座隧道全线同一时间内发生火灾设计。隧道火灾排烟系统宜与日常运营通风系统合用。

公路隧道火灾最大热释放率应按表 4-6 取值。

表 4-6　隧道火灾最大热释放率　　　　　　　　　　　　　　　　　单位:MW

通行方式	隧道长度 L/m	公路等级		
		高速公路	一级公路	二级、三级、四级公路
单向交通	$L>5\,000$	30	30	—
	$1\,000<L\leqslant 5\,000$	20	20	—
双向交通	$L>2\,000$	—	—	20

采用纵向排烟的公路隧道,排烟风速宜按表 4-7 所列火灾临界风速取值。

表 4-7　火灾临界风速

火灾规模/MW	20	30
火灾临界风速/(m/s)	2.0～3.0	3.0～4.0

采用纵向排烟的单洞双向交通隧道,排烟设计的火灾烟雾最大行程在隧道内不宜大于3 000 m;采用纵向排烟的单向交通隧道,排烟设计的火灾烟雾最大行程在隧道内不宜大于5 000 m。

采用排烟道集中排烟的公路隧道,隧道内纵向设计风速不宜大于 2.0 m/s。排烟分区可按隧道长度划分,且每个排烟分区的长度不应大于 1 000 m。

4.6.2　需风量计算

公路隧道需风量的计算参见《公路隧道通风设计细则》(JTG/TD70/2-02)。

4.6.3　通风方式

公路隧道通风设计应根据公路等级、隧道长度、设计速度、设计交通量、车道数、平纵线形、地形地质、隧道海拔高程、隧址区域自然条件等因素,进行技术经济综合比较,确定合理的通风方案。

公路隧道的通风方式分为自然通风和机械通风两种。自然通风是通过气象因素形成的隧道内空气流动,以及机动车从洞外带入新鲜空气来实现隧道内外空气交换。机械通风则是在自然通风不能满足要求时,通过风机作用使空气沿着预定路线流动来实现隧道内外空气交换。

在选择通风方式时,首先应确定隧道内所需的通风量,然后论证自然通风能否满足要求,如果不能,则应当采用机械通风。设置机械通风的条件为:

双向交通隧道: $\qquad L \cdot N \geqslant 6 \times 10^{5}$ (4-12)

单向交通隧道: $\qquad L \cdot N \geqslant 2 \times 10^{6}$ (4-13)

式中　L——隧道长度/m;

　　　N——设计小时交通量/(veh/h)。

机械通风方式分类如表 4-8 所示。

表 4-8　机械通风方式的分类

纵向式通风	半横向式通风	全横向式通风	组合通风
全射流式	送风式	顶送顶排式	纵向组合式
集中送入式	排风式	底送顶排式	纵向+半横向组合式
通风井送排式	平导压入式	顶送底排式	纵向+集中排烟组合式
通风井排出式	—	侧送侧排式	—
吸尘式	—	—	—

1) 纵向式通风

纵向通风时,可以认为隧道内沿纵向流动的气流从入口至出口都是匀速的。这种通风方式使得空气的污染物含量由入口向出口方向成直线增加。如果自然风从出口吹入隧道(单向

57

交通)时,洞内污染物含量会增大。当洞内为双向交通时,交通风自然抵消,此时如有自然风吹入隧道,在下风方向的空气污染物含量也会增加。

纵向式通风的类型有全射流式通风、集中送入式、通风井送排式等,根据交通方式不同又可以有不同的具体设计。

(1) 射流式通风

射流式通风是在车道空间上方直接吊设射流式通风机,用以升压从而通风的方式。通常根据需要沿隧道纵向以适当的间隔吊设数组,每组为一个至数个射流式通风机,如图 4-34、图 4-35 所示。

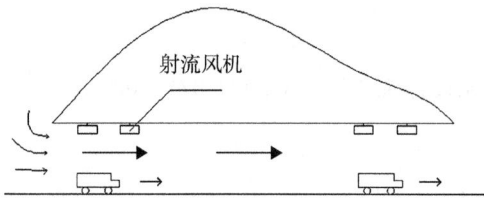

图 4-34　射流式通风示意图

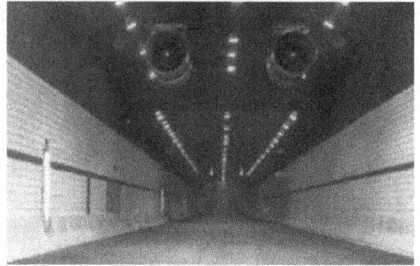

图 4-35　隧道内射流式通风

射流式通风机的安装位置,应在限界以外,吊设于拱顶,并且喷出的气流对交通无不良影响。射流式通风机的安装间隔,要考虑到射流的能量和气流的搅动状况,使空气能充分混合。因此,沿纵向最外边一台距洞口可取 100 m 左右,内部间隔取 70 m 左右为宜,至少也要保持 40 m 距离。隧道内的风压、风速和污染物含量如图 4-36 所示。

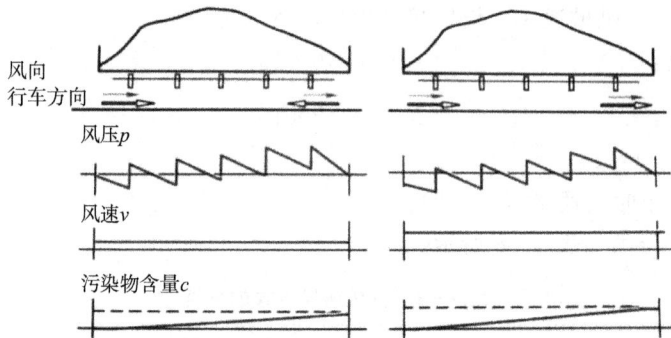

图 4-36　射流式通风的风压、风速和污染物含量

射流式通风,双向交通时一般适用于 3 km 以下的隧道,单向交通时可达 5 km 左右,通常要根据所需通风量和车道风速限界允许的最大通风量验算。如果交通量小,即使隧道很长仍可运用。射流式通风设备费用少、经济,但噪声较大。

(2) 集中送入式通风

集中送入式纵向通风方式的工作原理与射流风机通风基本一样,属于同一类型。由于该方式在隧道内存在大风量高速喷流风速,因此一般适用于单向交通隧道。它的优点是便于集中控制和管理,升压效果显著(图 4-37)。

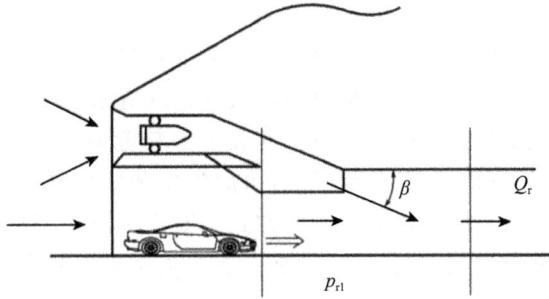

图 4-37　集中送入式通风

（3）通风井排出式

通风井排出式纵向通风方式是利用竖井底部产生的负压来实现换风的通风方式。该通风方式一般适用于双向交通隧道；当单向交通，在出口附近有较严格的环境要求即不允许洞内污染风吹出（出口）洞外的情况时，也可以采用该通风方式，但在隧道短区段（出口侧）气流与行车方向及隧道总体设计风向呈相反流动，压力损失较大，流态可能出现紊乱，设计计算中需充分注意这一问题。

单向交通隧道通风井宜设置在隧道出口侧位置，双向交通隧道通风井宜设置在隧道纵向长度中部位置，如图 4-38 和图 4-39 所示。

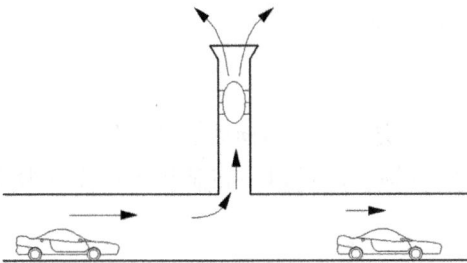

图 4-38　单向交通隧道通风井排出式

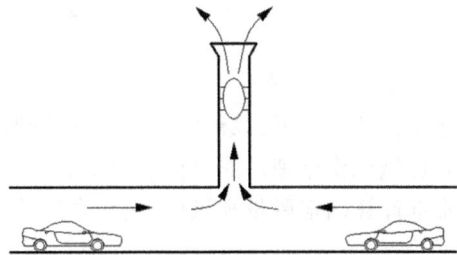

图 4-39　双向交通隧道通风井排出式

（4）通风井送排式

通风井送排式纵向通风是通过排风井排除隧道内污染空气，并通过送风井送入新风的纵向通风方式，以达到排出污染气体同时送入新鲜气体的目的，适用于特长公路隧道通风。

分期修建的隧道，远期为单向交通隧道时可采用通风井送排式纵向通风方式，通过对远期交通量相应的双洞单向交通情况和近期交通量相应的单洞双向交通情况分别计算，配备相应的通风设施。该通风方式也满足近期交通量较小的双向交通，有很好的经济性（图 4-40）。

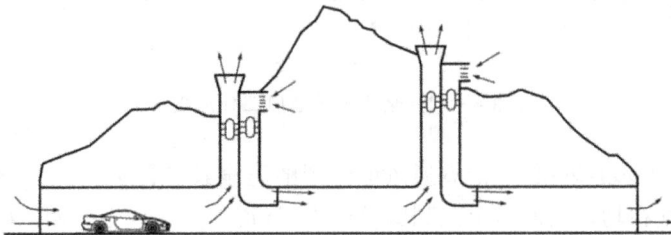

图 4-40　通风井送排式纵向通风

59

（5）吸尘式

对于特长隧道,如果在隧道内适当位置(一处或数处)设置吸尘装置滤除汽车尾排有害气体中的烟尘,就可取消或减少通风井,增加纵向通风方式的适用长度。

一般要求在隧道内达到设计浓度前的位置安装吸尘装置,吸尘装置处理的风量是下一区段(指两台吸尘装置之间的隧道长度)的需风量,由此吸尘装置处理风量的取值大小影响吸尘装置的设置间距和设置台数。吸尘装置的安装方式一般有两种:一种是在隧道拱部轴向分散布置小容量吸尘装置的分散安装方式;另一种是在隧道主洞断面的旁侧隧道安装大容量吸尘装置的方式(图 4-41)。

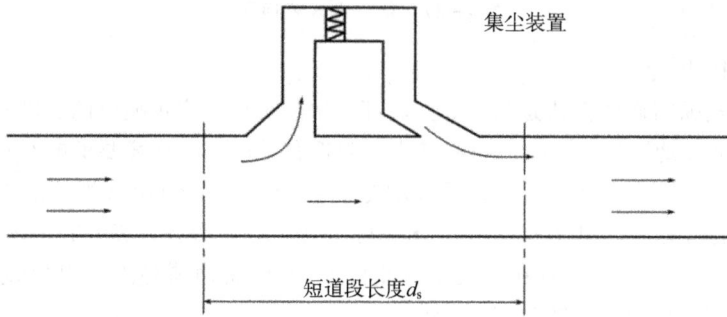

集尘装置

短道段长度 d_s

图 4-41 吸尘式纵向通风

2）全横向式通风

通风机的作用下,风流的方向与隧道轴线方向成正交的称为横向式通风。图 4-42 为全横向式通风工作原理。隔出隧道部分面积作为沿洞身轴线的通风渠包括压入风渠和吸出风渠。根据计算确定风量和风压,选择合适的通风机。

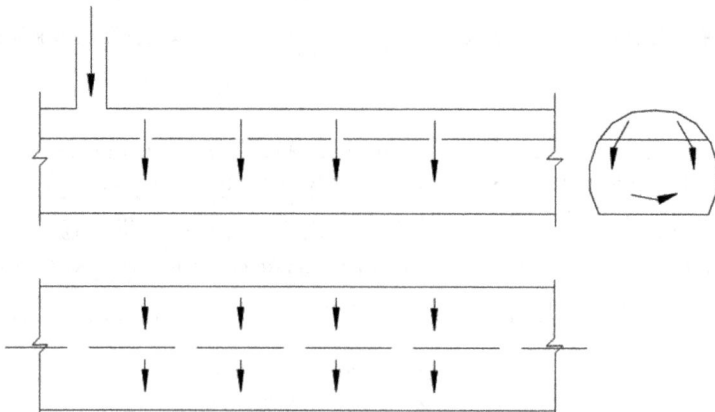

图 4-42 全横向式通风工作原理

新鲜空气首先压入通风渠,并沿着通风渠流到隧道全长范围内。压入通风渠设有系列的出风口,把新鲜空气在均匀的间隔上吹到隧道中去,隧道内的污浊空气则从吸出风渠的系列进风口吸出洞外,隧道内基本上不产生沿纵向流动的风,只有横方向的风流动。

全横向式通风系统能将新鲜空气沿隧道全长范围内均匀吹入,污浊气体无须沿隧道全长范围流过,就地直接被进风口吸出,通风效果较好。

在双向交通时,车道的纵向风速大致为零,污染物沿全隧道大体均匀分布。但是,在单向交通时,因为交通风的影响,在纵向能产生一定风速,污染物含量由入口至出口有逐渐增加的趋势,一部分污染空气会直接由出口排向洞外,这种排风量有时占很大比例。通常情况下,可以认为送风量与吸风量是相等的,因而设计时也把送风管道和吸风管道的断面积设计成一样,如图 4 - 43 所示。

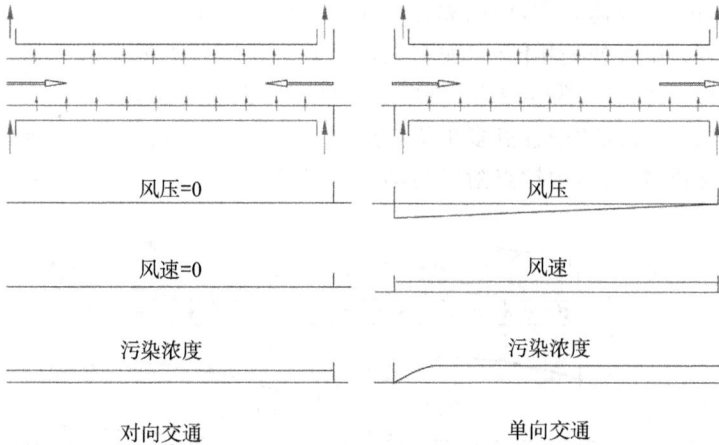

图 4 - 43 全横向式通风

3)半横向式通风

半横向式通风系统的工作原理如图 4 - 44 所示。这种通风系统是在隧道的顶部设置进风管,并在进风管的下部,沿隧道的长度方向每隔一定距离开一通风口,气流则沿通风口流向隧道内,然后隧道内的空气在新鲜气流的推动下,沿隧道的纵向排出洞外。半横向式通风效果比纵向好,但没有全横向式通风能力强。

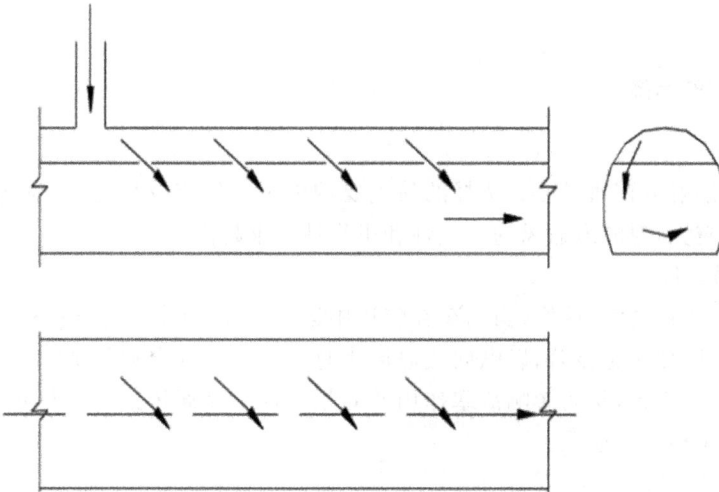

图 4 - 44 半横向式通风工作原理

纵向式通风的污染物分布不均匀,进风口处最低,出风口处最高。为使出口处的污染物含量保持在允许限度以下,只好加大通风量,但其他地方的污染物含量却相当低,这样既不经济,又使隧道内风速过大。而半横向式通风,可使隧道内的污染物含量大体上接近一致。送风式半横向通风是半横向通风的标准形式,新鲜空气经送风管吹向汽车的排气孔高度附近,直接稀释汽车排放的废气。污染空气在隧道上部扩散,经过两端洞口排出洞外,如图4-45所示。

双向交通时,不论是送风方式还是吸风方式,如果双方的交通流量相等,两洞口的气象条件也相同,则隧道内的风压分布为中间最大,两洞口排出或送入的空气为等量。因此,在隧道的中点,空气是静止的,风速为零,该点称为中性点。除该点外,风速向两洞口呈直线增加。污染物含量在送风方式中各处是相同的,而在吸风方式中是中性点处最大。如果双向的交通流量不等,或两洞口的气象条件发生变化,则中性点的位置也随之变动。

单向交通时,送风方式的中性点多半移至进口之外。吸风方式的中性点,则靠近出口,污染物含量和双向交通时一样,中性点附近污染物含量最高。

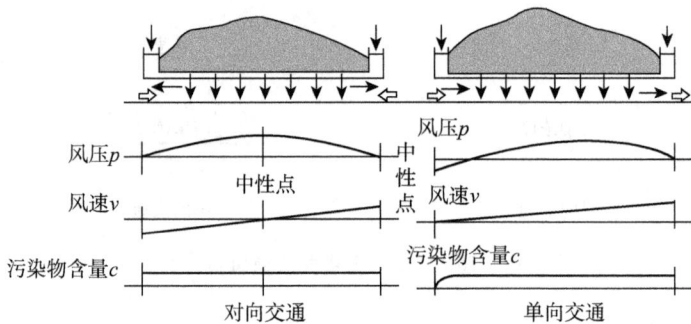

图4-45 半横向式通风

4)组合式通风

混合式通风没有固定的格局,可以由上述几种基本通风形式组合而成,一般都是用于公路隧道。国外采用混合式通风的隧道不乏先例,其组合方式有多种,但也需符合一般性的设计原则,力求经济实用。

4.6.4 通风方式的选择

1)隧道长度

隧道长度是影响隧道通风方式选择的最主要的因素。隧道越长,隧道发生事故和灾害造成的损失一般也越大,对隧道通风的安全性和可靠性要求越高。

2)隧道交通条件

单向交通时,车速越大,活塞(当列车在隧道中运行时,隧道中的空气被列车带动而顺着列车前进的方向流动)作用越显著,以纵向式通风为宜。不过随着交通量的增大,往往容易发生交通阻滞,导致车速降低,从而影响活塞作用的效果。这时交通风处于不稳定状态,所以最好改用半横向式或全横向式通风。

3)隧道所处地质条件

隧道所处地层的地质条件好,隧道施工比较容易,费用低,这时选用横向通风方式,隧道断面可适当加大,送风道和排风道容易布置并可以布置得大一些,隧道的建设和运营费用不会很高。相反,如果围岩条件差,则可能由于隧道施工困难,以及施工费用高而影响横向通风的使用。

4）隧道所处地区的地形和气象条件

地形和气象条件与隧道自然风流的流向和流量有关。当自然风流比较大，流向相对稳定时，对于较短的隧道，可直接利用它通风。但对于纵向通风的隧道，若自然风流变化较大，将会影响通风效果，严重者会造成隧道无风或风机损坏。

5）风速要求

当隧道纵坡大或很长时，所需的通风量会很大，因而可能使得车道空间沿隧道纵向流动的风速过大，对车辆产生不良影响，使人感到不舒服，此时应考虑改变通风方式或进行分段通风。此外，万一发生火灾，过大的风速会导致烟火迅速蔓延，危及下风方向的车辆和行人。所以对风速应当有一定的限制。我国规定单向交通隧道设计风速不宜大于 10 m/s，特殊情况可取 12 m/s；双向交通的隧道设计风速不应大于 8 m/s；人车混合通行的隧道设计风速不应大于 7 m/s。

6）隧道的类型

水底隧道通风的要求比较高，从重要性和安全性上都宜采用可靠性高的全横向式通风。圆形断面的水底隧道比矩形断面更适合采用这种通风方式。城市交通隧道的交通量一般都很大，且车流不稳定，而全横向式通风和半横向式通风不受交通状况的影响，所以这两种方式都可以用。如果在隧道内设置人行道和自行车道时，从安全和舒适的角度考虑，全横向式通风最为理想。山岭隧道通风要更多地考虑经济性，多半采用纵向式通风或者半横向式通风，一般不采用全横向式通风。

选择通风方式时，应该综合考虑上述诸多因素，选择合理的通风方式。

4.7　隧道防排水设施

4.7.1　隧道防排水原则

公路隧道防排水设计应遵循"防、排、截、堵相结合，因地制宜，综合治理"的原则，妥善处理地表水、地下水，洞内外防排水系统应完整通畅。

"防"：要求隧道衬砌结构、防水层具有防水能力，防止地下水透过防水层、衬砌结构渗入洞内。

"排"：隧道具有畅通的排水设施，将衬砌背后、路面结构层下的渗水、积水排入洞内中心水沟或路侧边沟。排出衬砌背后的积水，能减少或消除衬砌背后的水压力，排得越好，衬砌渗漏水的概率就越小，防水也就更容易；排出路面结构层下的积水，能防止路面冒水、翻浆、结构破坏。

"截"：对可能渗漏到隧道的地表水、溶洞水、采空区积水设置截（排）水沟引排。对地表水采取回填积水坑洼地、封闭地面渗漏点、设置截水沟引排，减少地表水下渗；对溶洞水、采空区积水采取引流措施。

"堵"：针对隧道围岩裂隙水、断层水、溶洞水等富水地段，采用向围岩体内注浆、设堵水墙等封堵方法，将地下水堵在围岩体内，防止或减少地下水流失。

地表水与地下水经常存在一定联系，因此，隧道防排水设计应对地表水、地下水进行妥善处理，结合隧道衬砌结构设计，采取可靠的防水、排水措施，使洞内外形成一个完整、通畅的防排水系统。

4.7.2 隧道防排水要求

1）一般规定

高速公路、一级公路、二级公路隧道防排水应满足下列要求：

(1) 拱部、边墙、设备箱洞不渗水，路面无湿渍。

(2) 有冻害地段的隧道衬砌背后不积水、排水沟不冻结。

(3) 车行横通道、人行横通道等服务通道拱部不滴水，边墙不淌水。

三级公路、四级公路隧道防排水应满足下列要求：

(1) 拱部不滴水，边墙不淌水，设备箱洞不渗水，路面不积水、不淌水。

(2) 有冻害地段的隧道衬砌背后不积水、排水沟不冻结。

采取的隧道防排水措施，应注意保护自然环境。当隧道内渗漏水可能引起地表水减少，影响居民生产、生活用水时，应对围岩采取堵水措施。

2）防水要求

隧道采用复合式衬砌时，在初期支护与二次衬砌之间应设置防水板及无纺布。要求无纺布密度不小于 300 g/m²；防水板应采用易搭接的防水卷材，厚度不小于 1.0 mm，接缝搭接长度不小于 100 mm。

二次衬砌应满足抗渗要求，混凝土的抗渗等级不宜小于 P8。二次衬砌的施工缝、沉降缝、伸缩缝应采取可靠的防水措施。有侵蚀性地下水时，应针对侵蚀类型，采用抗腐蚀性、抗侵蚀防排水材料，可适当提高混凝土防水等级。围岩渗水、涌水较大地段，可向围岩内注浆堵水。

3）排水要求

隧道洞内宜按地下水与运营清洗污水、消防污水分离排放的原则设置纵向排水系统，应能保证排水畅通，避免洞内积水。隧道内排水应符合下列规定：

(1) 路面两侧应设纵向排水沟，引排运营清洗污水、消防水和其他废水。

(2) 隧道纵向排水坡宜与隧道纵坡一致。

(3) 路侧边沟宜采用矩形断面，当边沟为暗沟时，应设沉砂池、滤水箅子，其间距宜为 25～30 m。

(4) 当隧道内不设中心水沟时，衬砌背后的地下水可引入路侧边沟，路侧边沟沟底低于路面结构层底不宜小于 50 mm。

(5) 应采取措施防止电缆沟积水。

路面结构层以下设中心水沟时，应符合下列规定：

(1) 中心水沟宜与路侧边沟分开设置。

(2) 中心水沟可设在隧道中央，也可设在隧道两侧，位置、数量和深度应根据隧道长度、路面宽度、仰拱形式、冻结深度等确定。

(3) 中心水沟断面宜采用矩形，断面尺寸应根据隧道长度、纵坡、地下水涌水量确定。

(4) 中心水沟宜按 50～200 m 间距设沉砂池，并根据需要设检查井。检查井位置、构造应便于清理和检查，检查井间距不宜大于 200 m。

(5) 检查井井盖可被路面面层覆盖。

路面结构底部排水设施应符合下列规定：

(1) 路面垫层或仰拱填充层顶面应设不小于 1.5% 的横向排水坡度，在设有中心水沟的地段,应向中心水沟倾斜。

(2) 在隧底有渗水的地段,宜沿隧道纵向每隔 3～8 m 设横向透水盲管(沟),横向透水盲管宜设在垫层或仰拱填充施工缝位置或隧底冒水位置。

(3) 不设中心水沟的隧道,横向透水盲沟排水坡度宜与路面横坡一致,并应与较低一侧路侧边沟连通,连通口不应低于路侧边沟沟底。

(4) 设有中心水沟的隧道,横向透水盲沟排水坡度不应小于 1.5%,并应向中心水沟倾斜,与中心水沟连通。

(5) 横向透水盲管宜采用透水性较好的渗水管,直径不应小于 50 mm。

隧道衬砌外排水设施应符合下列规定:

(1) 二次衬砌边墙背后底部应设纵向排水盲管,其排水坡度应与隧道纵坡一致,管径不应小于 100 mm,纵向排水盲管设置位置不得侵占二次衬砌空间。

(2) 防水层与初期支护间应设环向排水盲管,其间距不宜大于 10 m,水量较大的地段应加密,围岩有集中水渗出时可单独加设竖向排水盲管直接引排。环向排水盲管、竖向排水盲管应与纵向排水盲管连通,直径不应小于 50 mm。

(3) 横向导水管应在衬砌边墙脚穿过二次衬砌与纵向排水盲管连通,设有中心水沟的隧道应连接至中心水沟,不设中心水沟的隧道应连接至路侧边沟。横向导水管直径不宜小于 80 mm,排水坡度不宜小于 1%,沿隧道纵向间距不宜大于 10 m,水量较大的地段应加密。

当地下水发育、含水层明显,又有长期充分补给来源时,可利用辅助坑道排水或设置泄水洞等截、排水设施。当洞内水质有侵蚀时,应采取适当措施,防止排水污染环境。

4) 洞口与明洞防排水要求

隧道、辅助坑道的洞口及明洞应设置截水沟和排水沟,洞口边坡、仰坡应采取防护措施,防止地表水的下渗和冲刷。为防止洞外水流入隧道内,可在洞口外设置反向排水边沟或采取截流措施。明洞防排水要求:

(1) 明洞衬砌外缘应敷设外贴式防水层。

(2) 明洞与暗洞连接处防水层接头应密封搭接。

(3) 回填土顶面宜铺设黏土隔水层,并与边仰坡夯实连接,黏土隔水层以上宜设厚度不小于 20 cm 的耕植土。

(4) 明洞回填顶面应根据情况设排水沟。

(5) 明洞式洞门的明洞拱背裸露时,应在拱背设防水砂浆层或贴瓷砖。

为确保公路隧道的行车安全和洞内设备正常运转,等级较高的公路隧道各部位均不得渗水,三级及以下公路隧道要求相对低一些。

4.7.3 隧道防排水建筑物

隧道应具有完整、畅通的排水系统。隧道内纵向应设排水沟,横向应设排水坡。隧道排水设施包括地表截排水沟、洞内侧沟和中心排水沟,衬砌背后环向排水盲管、竖向排水盲管、纵向排水盲管、横向排水管、泄水孔等,必要时可设泄水洞或隧底排水管。如图 4-46、图 4-47 所示为公路隧道洞内排水系统。

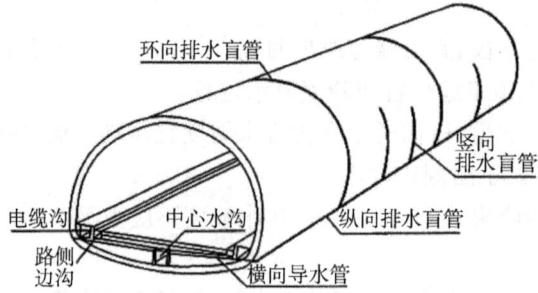

图 4 - 46 公路隧道衬砌排水示意图

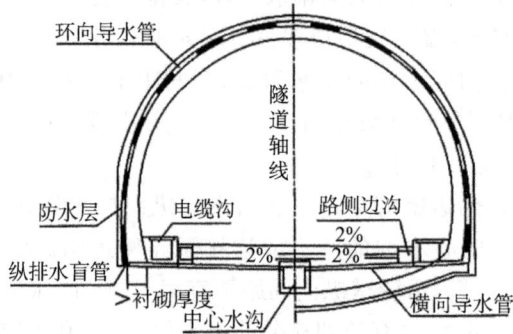

图 4 - 47 公路隧道衬砌排水系统横断面

1）盲沟（管）

盲沟（管）是在衬砌与围岩之间设置的汇水、过水通道，使水汇入泄水孔，主要用于引导较为集中的局部渗流水。可根据需要设置纵向和环向盲沟，将水流引入衬砌墙脚的泄水孔中。寒冷地区隧道衬砌背后纵向盲沟、横向导水管应具有防冻能力。

目前使用较多的是弹簧软管盲沟、化学纤维渗滤布盲沟和各种塑料盲沟。

（1）弹簧软管盲沟

弹簧软管盲沟一般是采用 10 号钢丝缠成直径 5～8 cm 的圆柱形弹簧或采用硬质又具有弹性的塑料丝缠成半圆形弹簧，或采用带孔塑料管作为过水通道的骨架，从渗流水处开始沿环向铺设并接入泄水孔，如图 4-48 所示。

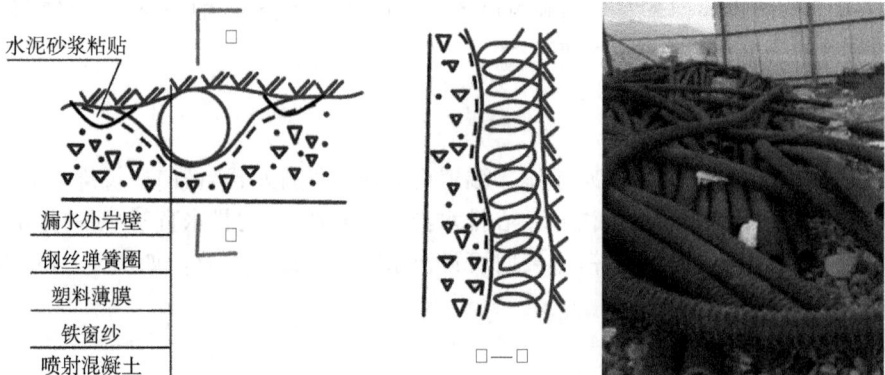

图 4 - 48 弹簧软管盲沟

（2）化学纤维渗滤布盲沟

化学纤维渗滤布盲沟是以结构疏松的化学纤维布作为水的渗流通道,其单面有塑料敷膜,安装时使敷膜朝向混凝土一面,可以阻止水泥浆渗入滤布。这种渗滤布式盲沟质量轻,便于安装和连续加垫焊接,宽度和厚度也可以根据渗排水量的大小进行调整,是一种用于汇集引排大面积渗水的较理想的渗水盲沟,如图 4-49 所示。

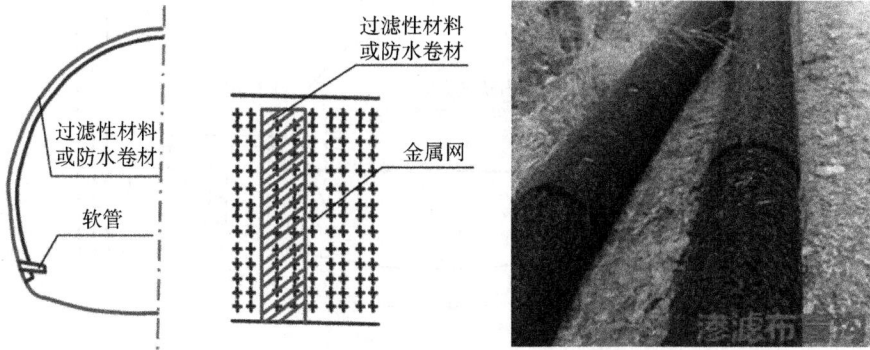

图 4-49　渗滤布盲沟

（3）塑料盲沟

塑料盲沟是由改性聚丙烯的乱丝热熔后相互搭接形成的框架结构,塑料芯体的截面形状为矩形或圆形,外包一层土工布,泥水通过外覆土工布过滤成清水进入塑料盲沟内排放出,抗压强度高,耐压性能好,表面开孔率可高达 90%,能非常有效地收集渗水并汇集排走。

环向、竖向排水盲管宜选用管径不小于直径 50 mm 的软式透水管,纵向间距不大于 10 m,置于岩面和初期支护之间、初期支护和防水板之间,将渗水引流至纵向排水管。

纵向排水盲管选用管径不小于直径 80 mm(铁路)或直径 100 mm(公路)的弹簧排水盲管或带孔透水管,设置在衬砌底部防水板与初期支护之间,将环向排水管的水汇集并排至侧沟或中心排水沟。

2）泄水孔

泄水孔是设于衬砌边墙下部的出水孔道,它将盲沟流来的水直接泄入隧道内的纵向排水沟。泄水孔的施作方法是,在立边墙模板时就安设泄水管,并特别注意使其里端与盲沟接通,外端穿过模板。泄水管可用钢管、竹管、塑料管、蜡封纸管等。泄水孔直径为 4~10 cm,间距不宜大于 4 m,为 1~3 m。在电缆槽底面紧靠水沟侧,应在水沟边墙上预留泄水槽,槽宽不小于 4 cm,间距不大于 5 m。

3）排水沟

排水沟承接泄水孔泄出的水,并将其排出隧道。除了长度在 100 m 以下,且常年干燥无水的隧道以外,一般的隧道都应设置排水沟,使渗漏到洞内的和从道床涌出的地下水,沿着带有流水坡的排水沟,顺着线路方向引出洞外。

隧道纵向排水沟有单侧、双侧、中心式三种形式。它是根据线路坡度、路面形式、水量大小等因素确定,如图 4-50 所示。

铁路单线隧道宜设置双侧水沟,只有在短隧道中,且地下水量小并铺设碎石道床时,才考虑设置单侧水沟;双线及多线铁路隧道应设置双侧水沟及中心排水沟。铁路隧道侧式水沟设在线路的一侧或两侧。当为单侧时,应设在来水的一侧,如为曲线隧道,则应设在曲线内侧。双侧水沟隔一定距离应设横向联络沟,以平衡两侧不均匀的流量。

公路隧道侧边沟形式有开口式侧沟和盖板式侧沟两种形式。矩形盖板式路侧边沟有活动盖板(明沟)和覆盖式盖板(暗沟)两种,如图 4-51 所示。

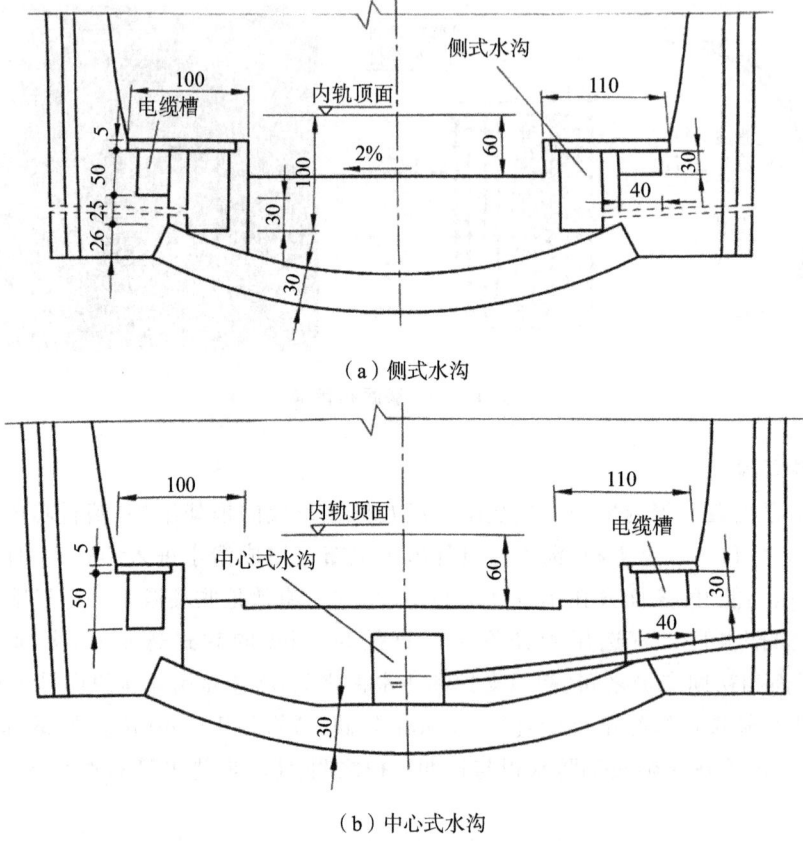

（a）侧式水沟

（b）中心式水沟

图 4-50　排水沟（cm）

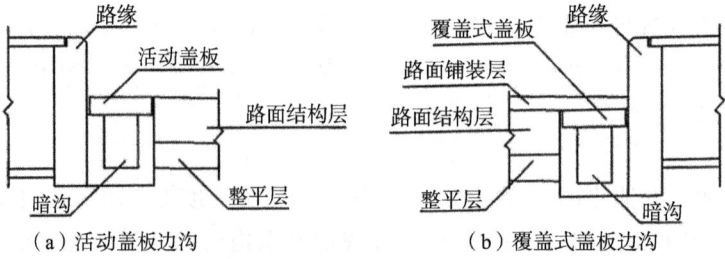

（a）活动盖板边沟　　　　　　（b）覆盖式盖板边沟

图 4-51　盖板式路侧边沟

思考题

1. 简述隧道衬砌结构的种类及特点。
2. 简述隧道洞门常见的形式及特点。
3. 隧道通风有哪几种形式？各自有什么特点？
4. 隧道照明区段和亮度如何确定？
5. 隧道防排水的原则与主要措施有哪些？

4-1 隧道主体和
附属建筑结构课件

4-2 思考题答案

5 隧道围岩分级与围岩压力

5.1 隧道围岩分级

隧道围岩是指隧道周围一定范围内,对隧道稳定性能产生影响的岩(土)体。这部分岩体或土体受开挖与支护影响,其性质发生变化。一般来说,岩土体处在原始状态之下,未受到人为的工程外力的干扰和破坏;而围岩则不同,它受到人为的工程外力的作用,变得松弛,强度也会降低、劣化。根据长期工程经验,逐渐认识到各种围岩的物理、力学性质间存在一定的联系和规律,可将围岩进行分级。

隧道工程的围岩分级的目的和意义在于:施工方法选择的依据,确定作用于隧道支护结构上荷载的依据,隧道支护结构设计依据等。随着技术的进步,围岩分级向客观性、定量化方向发展。

5.1.1 国内外典型的围岩分级方法

围岩分级的方法有很多种,不同的国家、不同的行业都根据各自的工程特点和目的提出了围岩分级方法。作为分级的基本要素大致有 3 大类:与岩性有关的要素、与地质构造有关的要素、与地下水有关的要素。考虑上述 3 大类基本要素,目前主要有下列几种围岩分级方法。

1) 日本"国铁岩石分级法"

"国铁岩石分级法"认为隧道开挖后的稳定性主要取决于岩石强度,以岩石强度为依据,分为坚石、次坚石、松石和土,并设计出相应的四种隧道衬砌结构类型。这种方法并不全面,需要改进完善。比如在无支护下,干燥的黄土窑洞可几十年不垮,然而其强度却并不高。

2) 普氏分级法

普氏分级法是苏联普洛托奇雅柯诺夫教授提出的围岩分级方法,又称为"岩石坚固性系数法"和"f 值"分级法,将围岩分为 10 类。此方法也曾在我国应用。坚固性系数 f 值是一个综合的物性指标值,它表示岩石在采矿中各个方面的相对坚固性,如岩石的抗钻性、抗爆性、强度等。但以往确定 f 值主要采用强度试验方法,再兼顾其他指标,所以这种方法仍然是岩石强度指标的反映。

3) 太沙基分级法

太沙基分级法是把不同岩性、不同构造的围岩分为 9 类(级),每类都有相应的地压范围值和支护措施建议。分类时,以围岩有水为基础,当确认无水时,4～7 类围岩的地压值降低 50%。

4) 按弹性波(纵波)速度分级法

由于弹性波速度能反映岩石软硬程度、岩体结构的完整程度,是判断岩体的综合性指标。在 20 世纪 70 年代,日本采用围岩弹性波速度,结合岩性、岩体构造特征及土压力状态等,进行围岩分级,将围岩分为 7 类。

5) 以岩石质量为指标的分级方法（RQD 方法）

岩石质量指标 RQD（Rock Quality Designation），是用直径 75 mm 金刚石钻头在钻孔每次进尺中，大于 10 cm 的柱状岩芯的累计长度与每个钻进回次进尺之比，以百分数表示，表达式见式（5-1）。RQD 可表征岩体节理、裂隙等发育的程度，根据 RQD 值将围岩分为 5 类。

$$RQD = \frac{\geqslant 10 \text{ cm 岩芯的累计长度}}{\text{单次钻孔长度}} \times 100\% \qquad (5-1)$$

6) 岩体质量 Q 值分级方法

岩体质量 Q 值分级方法是由挪威学者巴顿等人提出。描述岩体质量的指标 Q 值由 6 个地质参数组成，表达式见式（5-2）。式中，RQD、J_n、J_r、J_a、J_w 和 SRF 分别代表岩石质量指标、节理组数、节理粗糙度系数、节理蚀变影响系数、节理含水折减系数、应力折减系数。岩体质量值可综合反映岩块大小尺寸、抗剪强度和应力作用等，根据 Q 值将岩体质量评为 9 级。

$$Q = \frac{RQD}{J_n} \cdot \frac{J_r}{J_a} \cdot \frac{J_w}{SRF} \qquad (5-2)$$

7) RMR 岩体分级法

RMR（Rock Mass Rating）岩体分类方法，是由宾尼亚斯基（Bieniawski Z. T.）于 20 世纪 70 年代提出的一套岩体分类系统。该方法将岩石强度 R_c（单轴抗压强度或点荷载强度）、RQD 值、节理间距、节理条件和地下水条件的各项参数进行评分，各得分值（分别为 A_1、A_2、A_3、A_4、A_5）相加得到 RMR 的初值；再根据由参数代表的不连续面产状与洞室关系的评分，对 RMR 的初值进行修正，得到最终的 RMR 值，如式（5-3）所示。计算得到的 RMR 评分值介于 0~100，分值越高说明岩体质量越好。按 20 分等差，将工程岩体的质量分为 5 级。

$$RMR = (A_1 + A_2 + A_3 + A_4 + A_5)B \qquad (5-3)$$

总的来说，目前的围岩分级方法已经较为完善，但仍有发展的空间。随着钻探技术的迅速发展，超前钻探参数、钻孔参数、TBM 掘进参数等都取得了较丰硕的研究成果，出现了如基于钻进参数估算岩石质量指标（RQD）的方法。随着隧道智能化建造技术相关研究的开展，建立动态的围岩级别自动化判识方法是研究的方向。

5.1.2 我国公路隧道围岩分级方法

目前，我国公路隧道围岩分级方法，是在《工程岩体分级标准》（GB/T50218—2014）的基础上修订而成的。公路隧道围岩级别的综合评判采用两步分级：根据岩石的坚硬程度和岩体完整程度两个基本因素的定性特征和定量的岩体基本质量指标 BQ，进行初步分级。在岩体基本质量分级基础上，考虑修正因素的影响，修正岩体基本质量指标值，得出基本质量指标修正值 [BQ]，再结合岩体的定性特征进行综合评判，确定围岩的详细分级（表 5-1）。

表 5-1　公路隧道围岩级别

围岩级别	围岩岩体或土体主要特征	岩体基本质量指标 BQ 或岩体修正质量指标 [BQ]
I	坚硬岩，岩体完整	>550

围岩级别	围岩岩体或土体主要特征	岩体基本质量指标 BQ 或岩体修正质量指标[BQ]
Ⅱ	坚硬岩,岩体较完整; 较坚硬岩,岩体完整	550～451
Ⅲ	坚硬岩,岩体较破碎; 较坚硬岩,岩体较完整; 较软岩,岩体完整,整体状或巨厚层状结构	450～351
Ⅳ	坚硬岩,岩体破碎; 较坚硬岩,岩体较破碎～破碎; 较软岩,岩体较完整～较破碎; 软岩,岩体完整～较完整	350～251
	土体:① 压密或成岩作用的黏性土及砂性土; ② 黄土(Q1、Q2); ③ 一般钙质、铁质胶结的碎石土、卵石土、大块石土	—
Ⅴ	较软岩,岩体破碎; 软岩,岩体较破碎～破碎; 全部极软岩和全部极破碎岩	≤250
	一般第四系的半干硬至硬塑的黏性土及稍湿至潮湿的碎石土,卵石土、圆砾、角砾土及黄土(Q3、Q4)。非黏性土呈松散结构,黏性土及黄土呈松软结构	—
Ⅵ	软塑状黏性土及潮湿、饱和粉细砂层、软土等	

1）岩石的坚硬程度

岩石坚硬程度定量指标用岩石单轴饱和抗压强度 R_c 表达。R_c 一般采用实测值,若无实测值时,可采用实测的岩石点荷载强度指数 $I_{S(50)}$ 来换算。

$$R_c = 22.82 I_{S(50)}^{0.75} \tag{5-4}$$

岩石坚硬程度的划分见表 5-2 所示。

表 5-2 岩石坚硬程度划分

名称		定性鉴定	代表性岩石
硬质岩	坚硬岩	锤击声清脆,有回弹,震手,难击碎;浸水后大多无吸水反应	未风化～微风化的花岗岩、正长岩、闪长岩、辉绿岩、玄武岩、安山岩、片麻岩、石英片岩、硅质板岩、石英岩、硅质胶结的砾岩、石英砂岩、硅质石灰岩等
	较坚硬岩	击声较清脆,有轻微回弹,稍震手,较难击碎;浸水后,有轻微吸水反应	① 中等(弱)风化的坚硬岩; ② 未风化～微风化的熔结凝灰岩、大理岩、板岩、白云岩、石灰岩、钙质胶结的砂页岩等
软质岩	较软岩	锤击声不清脆。无回弹、较易击碎;浸水后,指甲可刻出印痕	① 强风化的坚硬岩; ② 中等(弱)风化的较坚硬岩; ③ 未风化～微风化的凝灰岩、千枚岩、砂质泥岩、泥灰岩、泥质砂岩、粉砂器、页岩等

名称		定性鉴定	代表性岩石
软质岩	软岩	锤击声哑、无回弹、有凹痕，易击碎；浸水后，手可掰开	① 强风化的坚硬岩； ② 中等(弱)风化～强风化的较坚硬岩； ③ 中等(弱)风化较软岩； ④ 未风化的泥岩、泥质页岩、绿泥石片岩、绢云母片岩等
	极软岩	锤击声哑、无回弹、有较深凹痕，手可捏碎；浸水后，可捏成团	① 全风化的各种岩石； ② 强风化的软岩； ③ 各种半成岩

2）岩石的完整程度

岩体完整程度的定量指标用岩体完整性系数 K_v 表达。K_v 指岩体弹性纵波速度与岩石弹性纵波速度比值的平方，按下式计算：

$$K_v = (v_{pm}/v_{pr})^2 \qquad (5-5)$$

式中　v_{pm} ——岩体弹性纵波波速/(km/s)；

　　　　v_{pr} ——岩石弹性纵波速度/(km/s)。

K_v 一般用弹性波探测值，若无探测值，可用岩体体积节理数 J_v 对应的 K_v 值。岩体完整程度的划分见表 5-3 所示。

表 5-3　岩体完整程度

名称	K_v	J_v /(条/m³)	结构面发育程度		主要结构面的结合程度	主要结构面类型	相应结构类型
			组数	平均间距/m			
完整	>0.75	<3	1～2	>1.0	好或一般	节理、裂隙、层面	整体状或巨厚层状结构
较完整	0.75～0.55	3～10	1～2	>1.0	差	节理、裂隙、层面	块状或巨厚层状结构
			2～3	1.0～0.4	好或一般		块状结构
较破碎	0.55～0.35	10～20	2～3	1.0～0.4	差	节理、裂隙、层面、小断层	裂隙块状或中厚层状结构
			≥3	0.2～0.4	好		镶嵌碎裂结构
					一般		中、薄层状结构
破碎	0.35～0.15	20～35	≥3	0.2～0.4	差	各种类型结构面	裂隙块状结构
				≤0.2	一般或差		碎裂状结构
极破碎	<0.15	≥35	无序		很差		散体状结构

3）围岩基本质量指标

围岩基本质量指标 BQ 应根据分级因素的定量指标 R_c 值和 K_v 值按下式计算：

$$BQ = 100 + 3R_c + 250K_v \qquad (5-6)$$

当 $R_c > 90K_v + 30$ 时，以 $R_c = 90K_v + 30$ 和 K_v 代入式(5-6)计算 BQ 值；当 $K_v > 0.04R_c + 0.4$ 时，以 $K_v = 0.04R_c + 0.4$ 和 R_c 代入式(5-6)计算 BQ 值。

当隧道围岩处于高初始地应力区，或围岩稳定性受软弱结构面影响，且由一组起控制作

用,或有地下水作用时,应对围岩基本质量指标 BQ 进行修正,修正值[BQ]按下式计算:

$$[BQ] = BQ - 100(K_1 + K_2 + K_3) \qquad (5-7)$$

式中　K_1——地下水影响修正系数;

　　　K_2——主要软弱结构面产状影响修正系数;

　　　K_3——初始地应力状态影响修正系数。

K_1、K_2、K_3 值可分别按表 5-4 至表 5-6 确定,无表中所列情况时,修正系数取 0。

表 5-4　地下水影响修正系数 K_1

地下水出水状态	BQ				
	>550	550~451	450~351	350~251	<250
潮湿或点滴状出水,$p \leqslant 0.1$ 或 $Q \leqslant 25$	0	0	0~0.1	0.2~0.3	0.4~0.6
淋雨状或涌流状出水,$0.1 < p \leqslant 0.5$ 或 $25 < Q \leqslant 125$	0~0.1	0.1~0.2	0.2~0.3	0.4~0.6	0.7~0.9
淋雨状或涌流状出水,$p > 0.5$ 或 $Q > 125$	0.1~0.2	0.2~0.3	0.4~0.6	0.7~0.9	1.0

注:p 为水压,Q 为渗水量。

表 5-5　主要软弱结构面产状影响修正系数 K_2

结构面产状及其与洞轴线的组合关系	结构面走向与洞轴线夹角<30°,结构面倾角 30°~75°	结构面走向与洞轴线夹角>60°,结构面倾角>75°	其他组合
K_2	0.4~0.6	0~0.2	0.2~0.4

表 5-6　初始地应力状态影响修正系数 K_3

初始地应力状态	BQ				
	>550	550~451	450~351	350~251	≤250
极高地应力区	1.0	1.0	1.0~1.5	1.0~1.5	1.0
高地应力区	0.5	0.5	0.5	0.5~1.0	0.5~1.0

根据岩体(围岩)钻探和开挖过程中出现的主要现象,如岩芯饼化或岩爆现象,可按表 5-7 评价围岩的应力情况。

表 5-7　高初始应力地区围岩在开挖过程中出现的主要现象

应力情况	主要现象	R_c / σ_{max}
极高应力	① 硬质岩:开挖过程中有岩爆发生,有岩块弹出,洞壁岩体发生剥离,新生裂缝多,成洞性差 ② 软质岩:岩芯常有饼化现象,开挖过程中洞壁岩体有剥离,位移极为显著,甚至发生大位移,持续时间长,不易成洞	<4
高应力	① 硬质岩:开挖过程中可能出现岩爆,洞壁岩体有剥离和掉块现象,新生裂缝较多,成洞性差 ② 软质岩:岩芯时有饼化现象,开挖过程中洞壁岩体位移显著,持续时间较长,成洞性差	4~7

4）围岩的物理力学参数及自稳能力

各级围岩的物理力学参数可按表5-8选用，结构面抗剪断峰值强度按5-9选用。

表5-8　各级围岩的物理力学参数

围岩级别	重度 /(kN/m³)	弹性抗力系数 k/(MPa/m)	变形模量 /GPa	泊松比	内摩擦角 /(°)	黏聚力 /MPa	计算内摩擦角/(°)
Ⅰ	>26.5	1 800～2 800	>33	<0.20	>60	>2.1	>78
Ⅱ		1 200～1 800	20～33	0.20～0.25	50～60	1.5～2.1	70～78
Ⅲ	26.5～24.5	500～1 200	6～20	0.25～0.30	39～50	0.7～1.5	60～70
Ⅳ	24.5～22.5	200～500	1.3～6	0.30～0.35	27～39	0.2～0.7	50～60
Ⅴ	17～22.5	100～200	<1.3	0.35～0.45	20～27	0.05～0.2	40～50
Ⅵ	15～17	<100	<1	0.40～0.50	<20	<0.2	30～40

注：本表数值不包括黄土地层；选用计算摩擦角时，不再考虑内摩擦角和黏聚力。

表5-9　结构面抗剪断峰值强度参数

序号	两侧岩体的坚硬程度及结构面的结合程度	内摩擦角 /(°)	黏聚力 /MPa
1	坚硬岩，结合好	>37	>0.22
2	坚硬～较坚硬岩，结合一般； 较软岩，结合好	37～29	0.22～0.12
3	坚硬～较坚硬岩，结合差； 较软岩～软岩，结合一般	29～19	0.12～0.08
4	较坚硬～较软岩，结合差～结合很差； 软岩，结合差；软质岩的泥化面	19～13	0.08～0.05
5	较坚硬岩及全部软质岩，结合很差； 软质岩泥化层本身	<13	<0.05

5.2　围岩压力

5.2.1　围岩压力的分类及形成

1）围岩压力的分类

围岩压力是指隧道开挖后，因围岩变形或松动等原因，作用于衬砌结构上的压力。影响围岩压力的因素有隧道的埋深、初始地应力、围岩重度、岩体结构、地下水的分布、隧道洞室的形状和尺寸以及施工方法等。

通常把围岩和支护结构在共同变形过程中由于围岩变形受阻而作用在支护结构上的挤压力称为形变压力；把由于岩块坠落、滑移、坍塌等原因而以重力形式作用在支护结构上的作用力称为松散压力（或松动压力）。除此之外，围岩压力还包括特殊地质条件下的膨胀压力（即膨胀地层中由于岩体吸水、应力解除等使围岩膨胀所引起的压力）和冲击压力（即在高地应力脆性地层中由于隧道的开挖,围岩的约束被解除,能量突然释放所产生的压力)。

按作用方向,围岩压力又可分为围岩垂直压力和围岩水平压力。在坚硬岩层中,围岩水平压力很小,在计算时可忽略不计;但在松软岩层中,围岩水平压力较大,计算时必须考虑。

2)围岩松散压力的形成

松散压力是目前在工程中主要研究的围岩压力类型。开挖隧道所引起的围岩松动和破坏范围,有的可达地表,有的则影响较小,因此在研究围岩的松散压力时,也需要区分浅埋和深埋的情况。对于一般裂隙岩体中的深埋隧道,其波及范围仅局限在隧道周围一定深度,所以作用在支护结构上的围岩松动压力远远小于其上覆岩层自重所造成的压力,可以用围岩的"成拱作用"来解释。以水平岩层中开挖一个矩形洞室为例,来说明洞室开挖后围岩由形变到坍塌成拱的整个变形过程,可以分为四个阶段,如图 5-1 所示。

变形阶段:坑道开挖后,在围岩重分布过程中,顶板开始沉陷,并出现拉断裂纹。

松动阶段:顶板中间部分的裂纹发展并张开,逐渐松动,石块开始掉落,支护所受的垂直压力急剧增加。

坍落阶段:顶板继续坍落,石块与围岩母体分离,逐渐形成拱形;侧向压力增加。

成拱阶段:顶板停止坍落,垂直压力与侧向压力都趋于稳定,此时形成一个近似的拱形。

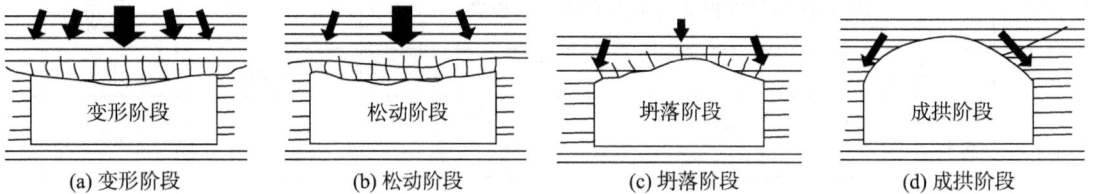

(a) 变形阶段   (b) 松动阶段   (c) 坍落阶段   (d) 成拱阶段

图 5-1 松散压力的形成过程

5.2.2 深埋隧道围岩压力计算

1)深、浅埋隧道判别方法

根据我国铁路、公路隧道设计规范的计算方法,浅埋和深埋隧道的分界可按荷载等效高度值,并结合地质条件、施工方法等因素综合判定。荷载等效高度如式(5-9)所示。

$$H_p = (2 \sim 2.5)h_q \qquad (5-8)$$

$$h_q = 0.45 \times 2^{S-1}\omega \qquad (5-9)$$

式中 H_p ——深、浅埋隧道分界深度/m;

h_q ——荷载等效高度/m;

S ——围岩级别;

ω ——宽度影响系数,$\omega = 1 + i(B-5)$;

i ——围岩压力增减率,当 $B < 5$ m 时,取 $i = 0.2$;当 $B > 5$ m 时,取 $i = 0.1$;

B ——隧道宽度/m。

I~Ⅲ级围岩取 $H_p = 2.0h_q$,Ⅳ~Ⅵ级围岩取 $H_p = 2.5h_q$。当隧道埋深 $H \geqslant H_p$ 时为深埋隧道,当 $H < H_p$ 为浅埋隧道。

2) 深埋隧道围岩压力计算方法

根据我国《公路隧道设计规范第一册　土建工程》(JTG 3370.1—2018),深埋公路隧道松散围岩压力分为垂直均布压力及水平均布压力,在不产生显著偏压及膨胀力的围岩条件下,垂直均布压力可按式(5-10)计算:

$$q = \gamma h_q \tag{5-10}$$

式中　h_q——荷载等效高度/m,按式(5-9)计算;

　　　q——垂直均布压力/(kN/m³);

　　　γ——围岩重度/(kN/m³)。

侧向均布压力 e 按表5-10取值。

表 5-10　围岩侧向均布压力 e

围岩级别	I～II	III	IV	V	VI
侧向均布压力	0	$<0.15q$	$(0.15\sim0.3)q$	$(0.3\sim0.5)q$	$(0.5\sim1.0)q$

深理隧道围岩压力示意见图5-2所示。

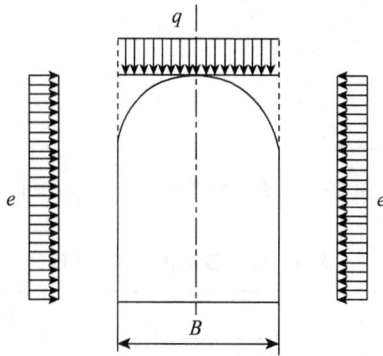

图 5-2　深埋隧道围岩压力示意图

5.2.3　浅埋隧道围岩压力计算

(1) $H \leqslant h_q$ 时

垂直压力视为均布:

$$q = \gamma H \tag{5-11}$$

式中　q——垂直均布压力/(kN/m²);

　　　γ——隧道上覆围岩重度/(kN/m³);

　　　H——隧道埋深,指隧道顶至地面的距离/m。

侧向压力 e 按均布考虑时:

$$e = \gamma \left(H + \frac{H_t}{2} \right) \tan^2 \left(45° - \frac{\varphi_c}{2} \right) \tag{5-12}$$

式中　e——侧向均布压力/(kN/m²);

H_t——隧道高度/m;

φ_c——围岩计算摩擦角/(°)。

(2) $h_q < H \leqslant H_p$ 时

为便于计算,假定岩土体中形成的破裂面是一条与水平成 β 角的斜直线,如图 5-3 所示。 $EFHG$ 岩土体下沉,带动两侧三棱岩土体(如图中 FDB 和 ECA)下沉,整个岩土体 $ABDC$ 下沉时,又要受到未扰动岩土体的阻力;斜直线 AC 或 BD 是假定的破裂面,分析时考虑黏聚力 c,并采用了计算摩擦角 φ_c;另一滑面 FH 或 EG 则并非破裂面,因此,滑面阻力要小于破裂面 AC、BD 的阻力,若该滑面的摩擦角为 θ,则 θ 值应小于 φ_c 值。无实测资料时,θ 可按表 5-11 采用。

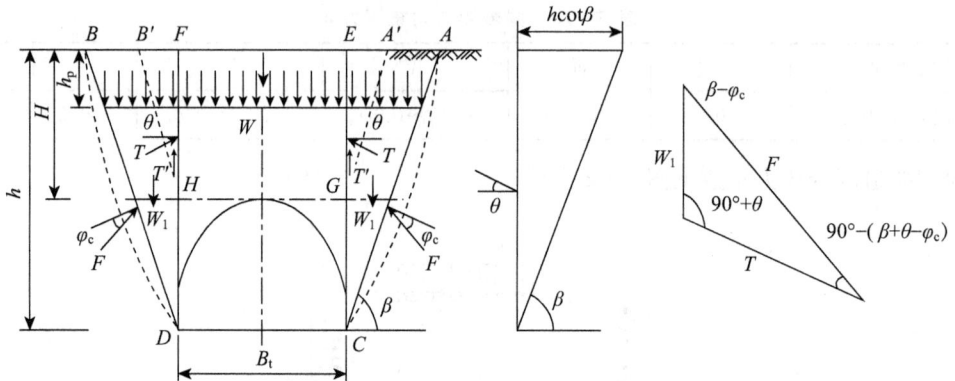

图 5-3　浅埋隧道围岩压力示意图

表 5-11　各级围岩的 θ 值

围岩级别	I～III	IV	V	VI
θ 值	$0.9\varphi_c$	$(0.7\sim0.9)\varphi_c$	$(0.5\sim0.7)\varphi_c$	$(0.3\sim0.5)\varphi_c$

隧道上覆岩体 $EFHG$ 的重力为 W,两侧三棱岩体 FDB 或 ECA 的重力为 W_1,未扰动岩体对整个滑动土体的阻力为 F,当 $EFHG$ 下沉,两侧受到的阻力 T 或 T',作用于 HG 面上的垂直压力总值 $Q_{浅}$ 为:

$$Q_{浅} = W - 2T' = W - 2T\sin\theta \tag{5-13}$$

三棱体自重为:

$$W_1 = \frac{1}{2}\gamma h \frac{h}{\tan\beta} \tag{5-14}$$

式中　h——隧道底部到地面的距离/m;

β——破裂面与水平面的夹角/(°)。

由图 5-3 根据正弦定理可得:

$$T = \frac{\sin(\beta - \varphi_c)}{\sin[90° - (\beta - \varphi_c + \theta)]} W_1 \tag{5-15}$$

78

将式(5-14)代入可得:

$$T = \frac{1}{2}\gamma h^2 \frac{\lambda}{\cos\theta} \tag{5-16}$$

$$\lambda = \frac{\tan\beta - \tan\varphi_c}{\tan\beta[1 + \tan\beta(\tan\varphi_c - \tan\theta) + \tan\varphi_c\tan\theta]} \tag{5-17}$$

$$\tan\beta = \tan\varphi_c + \sqrt{\frac{(\tan^2\varphi_c + 1)\tan\varphi_c}{\tan\varphi_c - \tan\theta}} \tag{5-18}$$

式中　λ——侧压力系数。

其他符号意义同前。

至此,极限最大阻力 T 值可求得。得到 T 值后,带入式(5-13)可求得作用在 HG 面上的总垂直压力 $Q_浅$:

$$Q_浅 = W - 2T' = W - \gamma h^2 \lambda \tan\theta \tag{5-19}$$

由于 GC、HD 与 EG、EF 相比往往较小,而且衬砌与岩土体之间的摩擦角也不同,前面分析时均按 θ 计,当中间岩土块下滑时,由 FH 及 EG 面传递,考虑压力稍大些对设计的结构也偏于安全,因此,摩阻力不计隧道部分而只计洞顶部分,即在计算中用 H 代替 h,式(5-19)为:

$$Q_浅 = W - \gamma H^2 \lambda \tan\theta \tag{5-20}$$

由于 $W = BH\gamma$,故:

$$Q_浅 = \gamma H(B - H\lambda\tan\theta) \tag{5-21}$$

式中　B——隧道宽度/m。

换算为作用在支护结构上的均布荷载见图5-4所示,即

$$q_浅 = \frac{Q_浅}{B_t} = \gamma H\left(1 - \frac{H}{B}\lambda\tan\theta\right) \tag{5-22}$$

式中　$q_浅$——作用在支护结构上的均布荷载/(kN/m²)。

其他符号意义同前。

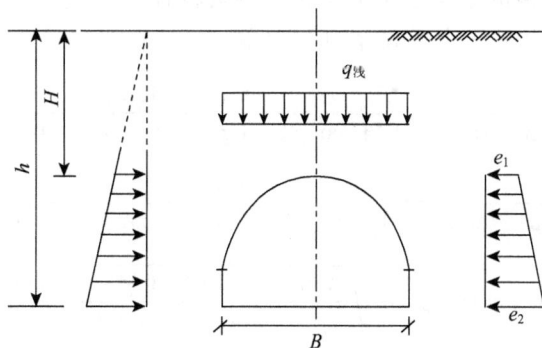

图5-4　均布荷载示意图

作用在支护结构两侧的水平侧压力(图 5-4)为:

$$\left.\begin{array}{l} e_1 = \gamma H \lambda \\ e_2 = \gamma h \lambda \end{array}\right\} \qquad (5-23)$$

侧压力视为均布压力时,为:

$$e = \frac{1}{2}(e_1 + e_2) \qquad (5-24)$$

5.2.4 浅埋偏压隧道围岩压力计算

偏压隧道垂直压力的计算:

$$Q = \frac{\gamma}{2}\left[(h + h')B - (\lambda h^2 + \lambda' h'^2)\tan\theta\right] \qquad (5-25)$$

假定偏压分布图形与地面坡一致(图 5-5)。

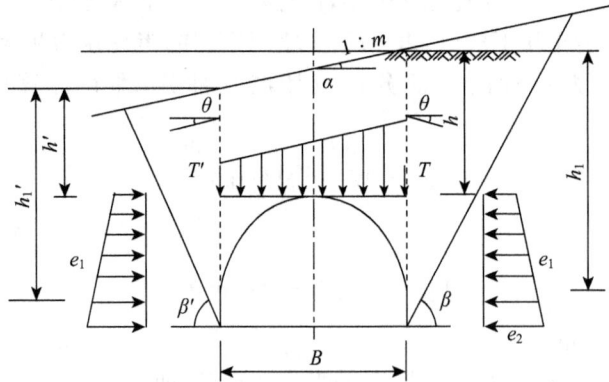

图 5-5 偏压分布图

式中 h, h'——内、外侧由拱顶水平至地面的高度/m;

B——隧道宽度/m;

γ——围岩重度/(kN/m³);

θ——顶板岩土柱两侧摩擦角/(°),当无实测资料时,可参考表 5-11 选取;

λ, λ'——内、外侧的侧压力系数,由下式计算:

$$\lambda = \frac{1}{\tan\beta - \tan\alpha} \times \frac{\tan\beta - \tan\varphi_c}{1 + \tan\beta(\tan\varphi_c - \tan\theta) + \tan\varphi_c\tan\theta} \qquad (5-26)$$

$$\lambda' = \frac{1}{\tan\beta' - \tan\alpha} \times \frac{\tan\beta' - \tan\varphi_c}{1 + \tan\beta'(\tan\varphi_c - \tan\theta) + \tan\varphi_c\tan\theta} \qquad (5-27)$$

$$\tan\beta = \tan\varphi_c + \sqrt{\frac{(\tan^2\varphi_c + 1)(\tan\varphi_c - \tan\alpha)}{\tan\varphi_c - \tan\theta}} \qquad (5-28)$$

$$\tan\beta' = \tan\varphi_c + \sqrt{\frac{(\tan^2\varphi_c + 1)(\tan\varphi_c + \tan\alpha)}{\tan\varphi_c - \tan\theta}} \qquad (5-29)$$

式中 α ——地面坡坡角/(°)；

　　　　φ_c ——围岩计算摩擦角/(°)；

　　　　β,β' ——分别为内侧、外侧产生最大推力时的破裂角/(°)。

偏压隧道水平侧压力的计算：

内侧

$$e_i = \gamma h_i \lambda \qquad\qquad (5-30)$$

外侧

$$e_i = \gamma h'_i \lambda' \qquad\qquad (5-31)$$

式中 h_i, h'_i ——内、外侧任意一点 i 至地面的距离/m。

思考题

1. 简述围岩的定义和围岩分级的目的及意义。

2. 我国的公路隧道如何进行围岩分级？

3. 形变压力、松动压力在哪种场合下应用？简述松动压力的形成过程。

5-1　隧道围岩分　　　5-2　思考题答案
级与围岩压力课件

6 隧道衬砌结构计算

隧道工程是由围岩和支护结构共同组成的结构体系,围岩是荷载的主要来源,又是承载体系的重要组成部分。如何恰当反映支护结构与围岩地共同作用和相互作用的力学特征,是隧道支护结构设计计算理论和方法中需要解决的重要问题。

6.1 隧道结构设计理论与方法

6.1.1 隧道结构设计理论的发展历程

隧道结构设计理论的一个重要问题是如何确定作用在地下结构上的荷载,以及如何考虑围岩的承载能力,隧道支护结构设计理论的发展可分为三个阶段,基于岩土介质的复杂多变性,这些方法都有其适用的一面,但也有一定的局限性。

1)刚性结构阶段

19世纪及以前的地下建筑物大多是以砖石砌筑的拱形圬工结构,抗拉强度低,结构物中存在较多的接触缝,容易产生断裂。为了维护结构的稳定,隧道结构断面设计得很大,结构受力后产生的弹性变形较小,所以计算理论是将隧道结构视为刚性结构的压力线理论。由于当时隧道埋深不大,这种计算理论认为作用在支护结构上的压力是其上覆岩层的重力,没有考虑围岩自身的承载能力,因此隧道衬砌设计一般偏于保守,衬砌厚度偏大。

2)弹性结构阶段

19世纪后期,混凝土和钢筋混凝土材料陆续出现,并用于建造隧道,使隧道结构具有较好的整体性。隧道结构开始按弹性连续拱形框架,以超静定结构力学方法计算结构内力。作用在结构上的荷载是主动的地层压力,并考虑了地层对结构产生的弹性抗力。由于有了比较可靠的力学原理为依据,所以至今在设计隧道结构时仍然采用。

这类计算理论认为,当隧道结构埋置深度较大时,作用在结构上的压力不是上覆岩层的重力,而是围岩塌落体积内松动岩体的重力(松散压力)。由于当时的掘进和支护所需的时间较长,支护与围岩之间不能及时密贴,致使围岩最终有一部分破坏、塌落,形成松散压力。但当时并没有认识到这种塌落并不是形成围岩压力的唯一来源,也不是所有的情况都会发生塌落,更没有考虑通过稳定围岩,来发挥围岩的自身承载能力。

3)连续介质阶段

20世纪中期以来,岩体力学逐渐形成一门独立的学科,连续介质力学理论计算地下结构受力的方法也逐渐得到发展,围岩的弹性、弹塑性及黏弹性解答逐渐出现,采用计算机技术的数值解析方法也得到发展。

这种计算方法以岩体力学原理为基础,认为隧道开挖后向洞室内变形而释放的围岩压力,将由支护结构与围岩组成的隧道结构体系共同承担。两者之间的相互作用与岩体的初始应力状态、岩体的特性、支护结构的特性、支护结构与围岩的接触条件以及参与工作的时间等因素有关,其中也包括施工技术的影响。一方面,支护结构提供了一定的支护抗力,围岩应力调整达到新的平衡;另一方面,支护结构阻止围岩变形,受到围岩的反作用力而发生变形。这种反作用力是支护结构与围岩共同变形过程中对支护结构施加的压力,称为形变压力。

由连续介质力学建立隧道结构的解析计算,目前在圆形衬砌问题上取得了较多的研究成果。但是,由于计算参数还难以准确获得,如原岩应力、岩体力学参数等,此外人们对岩土材料的本构模型与围岩的破坏失稳准则认识不足,目前根据共同作用所得到的计算结果,其应用受到一定的限制,一般也只能作为设计参考依据。

随着新奥法施工技术的出现,以及岩土力学、测试仪器、计算机技术和数值分析方法的发展,最终出现了以岩体力学原理为基础的、考虑支护与围岩共同作用的隧道工程现代支护理论,促进了收敛-约束法(又称为特征曲线法)、信息反馈法等隧道设计方法的进一步发展,隧道支护结构设计理论正在逐渐成为一门完善的学科。

6.1.2 隧道结构设计的主要方法

国际隧道协会汇总了地下结构设计中常用到的四种方法,如表6-1所示。

表6-1　设计方法概况

国家	隧道类型			
	盾构开挖的软土质隧道	喷锚钢支撑的软土质隧道	中硬石质深埋隧道	明挖施工的框架结构
奥地利	弹性地基圆环	弹性地基圆环、有限元法、收敛-约束法	经验法	弹性地基框架
德国	覆盖厚度<2D(隧道外径):顶部无支承的弹性地基圆环;覆盖厚度>3D:全支承弹性地基圆环,有限元法	覆盖厚度<2D:顶部无支承的弹性地基圆环;覆盖厚度>3D:全支承弹性地基圆环,有限元法	全支承弹性地基圆环,有限元法、连续环介质或收敛法	弹性地基框架(底部压力分布简化)
法国	弹性地基圆环、有限元法	有限元法、作用-反作用模型、经验法	连续介质模型、收敛法、经验法	——
日本	局部支承弹性地基圆环	局部支承弹性地基圆环、经验法加测试、有限元法	弹性地基框架、有限元法、特性曲线法	弹性地基框架、有限元法
中国	自由变形或弹性地基圆环	初期支护:有限元法、收敛法;二期支护:弹性地基圆环	初期支护:经验法;永久支护:作用-反作用模型;大型洞室:有限元法	弯矩分配法计算箱形框架
瑞士	——	作用-反作用模型	有限元法、收敛法	——
英国	弹性地基圆环、缪尔伍德法	收敛-约束法、经验法	有限元法、收敛-约束法、收敛法	矩形框架计算方法
美国	弹性地基圆环	弹性地基圆环、作用-反作用模型	弹性地基圆环、Proctorwhite方法、有限元法、锚杆经验法	弹性地基上的连续框架

与以上设计模型对应,其设计计算方法大致分为:结构力学方法、岩体力学方法、信息反馈法、以工程类比为依据的经验法。隧道支护结构的设计应根据围岩条件(围岩的强度特性、初始地应力场等)和设计条件(隧道断面形状、隧道周边地形条件、环境条件等)选择合适的设计方法。

按支护结构与围岩相互作用考虑方式的不同,隧道支护结构计算力学模型主要有两类:一类是以支护结构作为承载主体,围岩对支护结构的变形起约束作用的计算模型;另一类是以围岩为承载主体,支护结构限制围岩向隧道内变形的计算模型。

第一类称为荷载-结构法(结构力学模型),将支护和围岩分开考虑,支护结构是承载主体,围岩对支护结构的作用只是产生作用在地下结构上的荷载,计算支护结构在荷载作用下产生的内力和变形的方法,如图 6-1a 所示。围岩对支护结构变形的约束作用是通过弹性支承来体现的,而围岩的承载能力则在确定围岩压力和弹性支承的约束能力时考虑。围岩的承载能力越高,它给予支护结构的压力越小;弹性支承约束支护结构变形的弹性反力越大,相对来说,支护结构所起的作用就变小了。

荷载-结构法主要适用于围岩因过分变形而发生松弛和崩塌,以及支护结构承担围岩"松动"压力的情况。关键问题是如何确定作用在支护结构上的主动荷载,以及围岩给支护结构的弹性抗力。一旦这两种荷载都求出之后,就可以运用普通结构力学方法求出超静定结构的内力和变形了。

属于这一类模型的计算方法有弹性连续框架(含拱形)法、假定抗力法和弹性地基梁(含曲梁和圆环)法等。当软弱地层对结构变形的约束能力较差时(或衬砌与地层间的空隙回填灌浆不密实时),地下结构内力计算常用弹性连续框架法;反之,可用假定抗力法或弹性地基法。弹性连续框架法即为进行地面结构内力计算时的力法与变形法,假定抗力法和弹性地基梁法则已形成了一些经典计算方法。经典计算方法按所采用的地层变形理论不同,又可区分为两类:局部变形理论计算法和共同变形理论计算法。

第二类模型是地层-结构法(岩体力学模型),将支护结构与围岩视为一体,作为共同承载的体系。围岩是直接的承载单元,支护结构用来约束和限制围岩的变形,如图 6-1b 所示。对于按新奥法设计和施工的支护结构,因其能和围岩紧密接触,并使围岩始终工作在非松动阶段,支护结构与围岩一起共同承受由于开挖而释放的初始应力的作用,可以采用连续介质力学的方法来分析。关键的问题是,如何确定围岩的初始应力场和表示围岩、衬砌材料特性的各种物理力学参数及其变化情况。

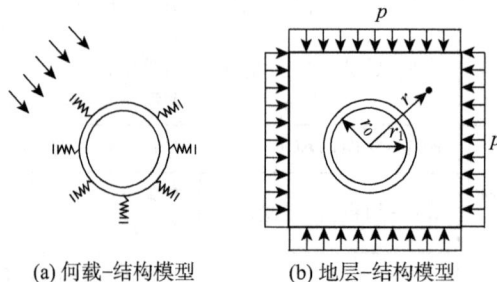

(a) 何载-结构模型　　　　(b) 地层-结构模型

图 6-1　隧道计算模型

在该种模型中可以考虑隧道结构的各种几何形状、围岩特性、支护材料的非线性特性、开挖面空间效应所形成的三维状态以及地质中的不连续面等。在这种模型中有些问题是可以用解析法求解,或用支护需求曲线和支护补给曲线的收敛-约束法求解的,但绝大部分问题,因数学上的困难,必须依赖数值方法。

6.2 隧道施工力学原理

由于隧道支护结构与岩土体紧密接触且相互作用,因此隧道支护结构设计离不开对其施工过程中的力学效应分析。岩体在隧道开挖前处于初始应力状态称为一次应力状态。隧道开挖后围岩的初始应力状态将被打破,形成重新分布的应力场,将进入二次应力状态。隧道支护后,围岩与支护结构相互作用,其应力场再一次发生变化,称为三次应力状态。由于实际工程的围岩条件复杂多变,在进行理论分析时必须进行简化处理,因此目前研究隧道开挖后围岩力学状态的理论多是以下述假定为前提的:视围岩为均质的、各向同性的连续介质;只考虑自重造成的初始应力场;隧道形状以规则的圆形为主;隧道位于一定深度(深埋),可简化为无限体中的孔洞问题,作为平面应变问题来处理。

6.2.1 隧道开挖后的围岩应力状态

影响围岩二次应力状态的因素有很多,如围岩的初始应力状态、岩体的构造因素(结构面、岩块组合形态等)、隧道形状和尺寸、埋深以及隧道施工技术等,但隧道开挖后隧道周围岩体中的应力、位移状态,视围岩强度(单轴抗压强度)可分为两种情况:一种是围岩仍处在弹性状态,此时围岩除产生稍许松弛(由于爆破造成)外,是稳定的;一种是开挖后的应力状态超过围岩的强度,此时围岩的一部分处于塑性甚至松弛状态,围岩将产生塑性滑移、松弛或破坏。

1) 深埋圆形洞室弹性二次应力状态

圆形洞室开挖是在存在初始应力场的地层中进行的,实际是一个孔口应力集中问题,即开挖后的毛洞围岩的二次应力场,由围岩初始应力场与开挖洞室引起的扰动应力场叠加得到,如图 6-2 所示。

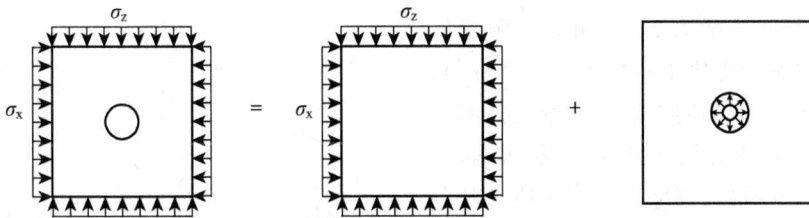

图 6-2 围岩二次应力场的叠加计算

(1)应力场及位移场计算表达式

根据弹性理论对相关问题的分析和推导,并将应力场和位移场转化为极坐标下的平面问题,得到毛洞围岩的二次应力场和洞室围岩的位移表达式为

$$\begin{cases} \sigma_r(r,\theta) = \dfrac{1}{2}(\sigma_z + \sigma_x)\left(1 - \dfrac{a^2}{r^2}\right) - \dfrac{1}{2}(\sigma_z - \sigma_x)\left(1 + \dfrac{3a^4}{r^4} - \dfrac{4a^2}{r^2}\right)\cos 2\theta \\[3mm] \sigma_\theta(r,\theta) = \dfrac{1}{2}(\sigma_z + \sigma_x)\left(1 + \dfrac{a^2}{r^2}\right) + \dfrac{1}{2}(\sigma_z - \sigma_x)\left(1 + \dfrac{3a^4}{r^4}\right)\cos 2\theta \quad (6-1) \\[3mm] \tau_{r\theta}(r,\theta) = \dfrac{1}{2}(\sigma_z - \sigma_x)\left(1 + \dfrac{2a^2}{r^2} - \dfrac{3a^4}{r^4}\right)\sin 2\theta \end{cases}$$

$$\begin{cases} u_r = \dfrac{1+\mu}{2E}\left\{(\sigma_z + \sigma_x)\dfrac{a^2}{r} - (\sigma_z - \sigma_x)\left[(1-\mu)\dfrac{4a^2}{r} - \dfrac{a^4}{r^3}\right]\cos 2\theta\right\} \\[3mm] u_\theta = \dfrac{1+\mu}{2E}(\sigma_z - \sigma_x)\left[(1-2\mu)\dfrac{2a^2}{r} + \dfrac{a^4}{r^3}\right]\sin 2\theta \end{cases} \quad (6-2)$$

式中　σ_r、σ_θ、$\tau_{r\theta}$——极坐标系中洞周地层任意点的径向正应力、切向正应力和剪应力分量；

r,θ——洞周地层任意点在极坐标系中的径向坐标和环向坐标；

a——圆形洞室的半径；

u_r、u_θ——洞周地层任意点在极坐标系中径向位移和环向位移；

μ——围岩泊松比；

E——围岩弹性模量。

根据式(6-1)、式(6-2)，可以得到洞壁($r=a$ 处)的应力和位移表达式为

$$\begin{cases} \sigma_r(r,\theta)\,\big|_{r=a} = 0 \\[2mm] \sigma_\theta(r,\theta)\,\big|_{r=a} = (\sigma_z + \sigma_x) + 2(\sigma_z - \sigma_x)\cos 2\theta \quad (6-3) \\[2mm] \tau_{r\theta}(r,\theta)\,\big|_{r=a} = 0 \end{cases}$$

$$\begin{cases} u_r\,\big|_{r=a} = \dfrac{(1+\mu)a}{2E}\left[(\sigma_z + \sigma_x) - (3-4\mu)(\sigma_z - \sigma_x)\cos 2\theta\right] \\[3mm] u_\theta\,\big|_{r=a} = \dfrac{(1+\mu)a}{2E}(3-4\mu)(\sigma_z - \sigma_x)\sin 2\theta \end{cases} \quad (6-4)$$

（2）围岩侧压力系数 λ 对洞壁应力的影响

λ 为侧压力系数（$\lambda = \sigma_x/\sigma_z$）。为了考察垂直应力 σ_z 和水平应力 σ_x 不相等时洞壁的应力变化情况和应力集中系数 k（$k = \sigma_\theta/\sigma_z$），图 6-3 所示给出了不同 λ 值时洞壁周边的应力变化情况：λ 越小，洞壁两侧越容易压缩，而洞顶底部越容易拉裂；洞壁不出现拉应力的条件为 $\lambda \geqslant 1/3$。

（3）围岩侧压力系数 λ 对洞壁位移的影响

在不同的 λ 值条件下，开挖后的洞室断面收敛状态如图 6-4 所示。当 $\lambda=1$ 时，洞室断面是均匀缩小的，随着 λ 值的不断减小，洞室上、下顶点继续向着洞室断面内挤入，逐渐变

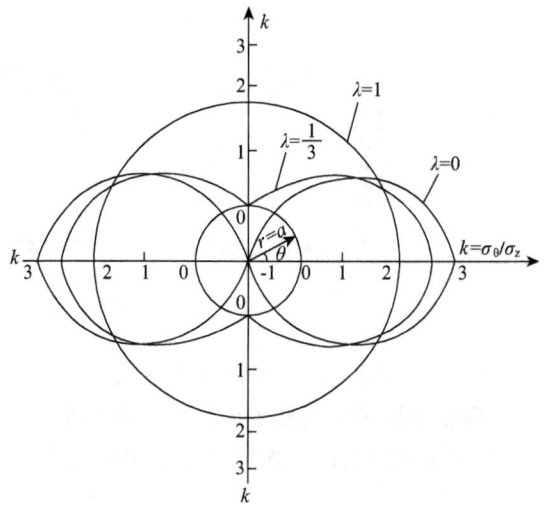

图 6-3　不同 λ 值时洞壁周边的应力变化情况

成扁平的断面形状。

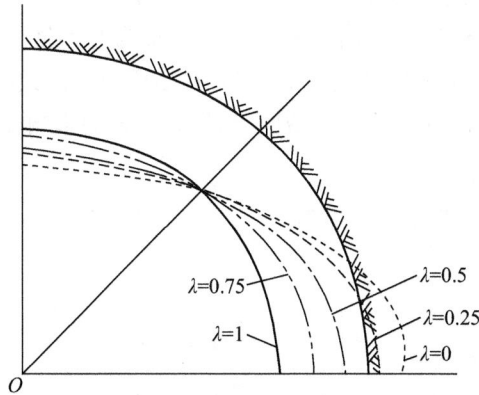

图 6-4 不同 λ 值时洞壁周边位移变化情况

以上位移状态说明,洞室开挖后,围岩基本是向隧道内移动的。只是在一定的 λ 值条件下(λ≤0.25),在水平直径处围岩有向两侧扩张的趋势。而且在多数情况下,拱顶位移(即拱顶下沉)均大于侧壁(水平直径处)位移。

2)深埋圆形洞室弹塑性二次应力状态

洞室开挖后,接近洞壁的部分岩体将可能进入塑性状态,形成塑性应力区域,并使得二次应力状态出现弹、塑性状态并存的应力分布特点,这是由于多数围岩具有塑性这一性质而造成的。塑性是指围岩在应力超过一定值后产生塑性变形的性质,此时,应力即使不增大,变形仍将继续。当围岩内应力超过围岩的强度后,围岩发生塑性变形并迫使塑性变形的围岩向隧道内滑移,塑性区的围岩因而变得松弛,其物理力学性质(c、φ)也发生变化。本节仅讨论 λ=1 下的应力状态,此时垂直应力 σ_z 和水平应力 σ_x 相等,简化为轴对称问题。

(1)塑性区的应力和位移

近似地采用莫尔-库伦屈服准则作为进行塑性状态的判据,根据 λ=1 时的围岩受力特征,可提出岩体进入塑性状态的判据,再根据弹塑性力学原理,可以推导出塑性区内的应力计算公式。

岩体进入塑性状态的判据为

$$\sigma_{\theta p} = \xi \sigma_{rp} + \sigma_c \qquad (6-5)$$

塑性区内的应力计算公式为

$$\begin{cases} \sigma_{\theta p} = \dfrac{\sigma_c}{\xi-1} \left[\xi \left(\dfrac{r}{a} \right)^{\xi-1} - 1 \right] \\ \sigma_{rp} = \dfrac{\sigma_c}{\xi-1} \left[\left(\dfrac{r}{a} \right)^{\xi-1} - 1 \right] \end{cases} \qquad (6-6)$$

式中 $\sigma_{\theta p}$、σ_{rp}——洞周塑性地层任意点的切向塑性正应力和径向塑性正应力;

ξ——强度线的斜率,可按 $\left[(1+\sin\varphi)/(1-\sin\varphi) \right]$ 求得;

σ_c——岩体理论上的单轴抗压强度值,可按 $\left[2c\cos\varphi/(1-\sin\varphi) \right]$ 求得。

塑性区内的应力随 r 的变化如图 6-5 所示,其中 $\sigma_{\theta p}$、σ_{rp} 在塑性区内均随 r 的增大而增大。根据三向应力作用下岩体的强度特性可知,岩体的强度将随围压 σ_{rp} 的增大而提高,由此使岩体中的应力逐渐向弹性应力状态过渡。因此,在岩体内必定存在着某一点的应力为弹塑性应力的交界点,通常将该分界点到洞室中心的距离称为塑性圈半径 R_p。当 $\lambda = 1$ 时,塑性圈半径 R_p 的计算公式为式(6-7),其中 p 为围岩初始应力。由式(6-7)可知,塑性圈半径不仅与岩体自身的强度有关,而且还受到初始应力、洞室半径的影响。

$$R_{p} = a\left[\frac{2}{\xi+1} \cdot \frac{p_{0}(\xi-1)+\sigma_{c}}{\sigma_{c}}\right]^{\frac{1}{\xi-1}} \tag{6-7}$$

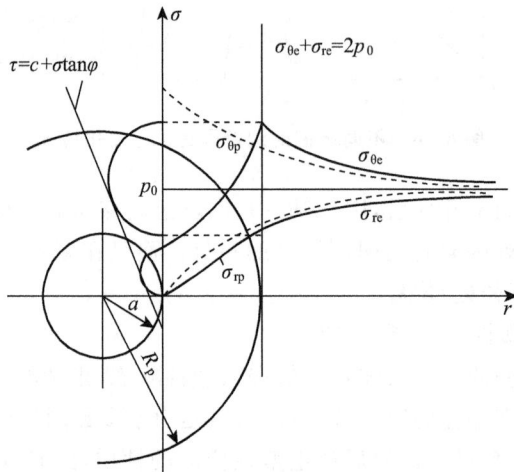

图 6-5　弹塑性应力分布图

当 $\lambda \neq 1$ 时塑性区的形状和范围会发生变化,图 6-6 所示为不同 λ 值条件下圆形隧道围岩塑性区的形状和范围。

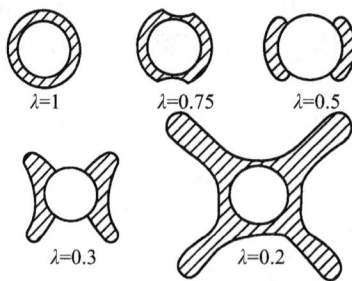

图 6-6　不同 λ 值条件下圆形隧道围岩塑性区的形状和范围

基于弹塑性理论,用平均应力与平均应变之间的关系,乘以塑性模数,并假设在塑性区内体积应变为 0,可以求得塑性区内的径向位移 u 表达式为

$$u = \frac{p_{0}(\xi-1)+\sigma_{c}}{(\xi+1)} \cdot \frac{2R_{p}^{2}}{r} \frac{(1+\mu)}{E_{0}} \tag{6-8}$$

由此可知,径向位移 u 与岩体的强度参数点、塑性区内的变形特性 E_0 和 μ、初始应力 p_0、

塑性区半径 R_p 以及任意一点的距离 r 等因素有关。

（2）弹性区的应力和位移

当 $r > R_p$ 时，岩体内的应力处在弹性状态，由于塑性区的存在，将限制弹性区内的应力、位移、应变的发生。由弹塑性理论可以推导出深埋圆形洞室弹性区的应力、位移计算公式为

$$
\begin{cases}
\sigma_{re} = p_0 \left(1 - \dfrac{R_p^2}{r^2}\right) + \sigma_{R0} \dfrac{R_p^2}{r^2} \\[3mm]
\sigma_{\theta e} = p_0 \left(1 + \dfrac{R_p^2}{r^2}\right) - \sigma_{R0} \dfrac{R_p^2}{r^2} \\[3mm]
u = p_0 \dfrac{1 + \mu}{E} \left[(1 - 2\mu) r + \dfrac{R_p^2}{r} \right] - \dfrac{1 + \mu}{E} \sigma_{R0} \dfrac{R_p^2}{r}
\end{cases}
\tag{6-9}
$$

式中　σ_{R0}——塑性区边界上的径向应力。

式（6-9）的计算边界条件为

$$
r = R_p, \quad \sigma_{re} = \sigma_{rp} = \sigma_{R0}
$$

开挖所产生的位移计算公式为

$$
\Delta u = u - u_0 = \frac{1 + \mu}{E} (p_0 - \sigma_{R0}) \frac{R_p^2}{r}
\tag{6-10}
$$

6.2.2　隧道支护后的围岩应力状态

隧道修筑支护结构后，相当于在隧道周边施加一个阻止隧道围岩变形的抗力，从而改变了围岩的二次应力状态。如果支护结构有足够的强度和刚度，支护结构所提供的抗力就会一直持续到支护所提供的抗力与围岩作用力之间平衡为止，从而形成一个力学上稳定的隧道结构体系，也就是三次应力状态。

支护抗力的大小和方向对围岩的应力状态有很大的影响。为了便于分析，假定支护抗力 p_i 是径向（实际上还有切向），沿隧道周边均匀分布，而且隧道开挖后立即发挥作用。取 $\lambda = 1$ 时的情况进行分析，如图 6-7 所示。

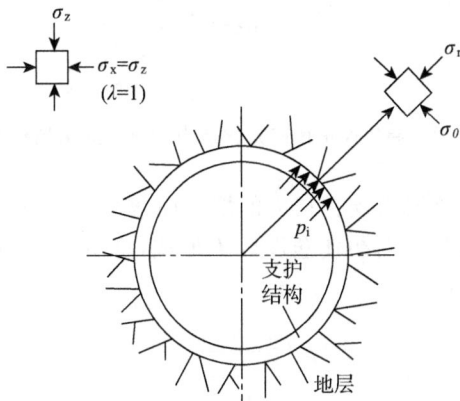

图 6-7　周边作用有支护力的圆形隧道

在弹性应力状态下,当隧道周边有径向支护抗力 p_i 时,在式(6-11)的基础上可以得到周边围岩应力场的表达式为

$$\begin{cases} \sigma_r(r,\theta) = \sigma_z\left(1 - \dfrac{a^2}{r^2}\right) + p_i\dfrac{a^2}{r^2} \\[3mm] \sigma_\theta(r,\theta) = \sigma_z\left(1 + \dfrac{a^2}{r^2}\right) - p_i\dfrac{a^2}{r^2} \end{cases} \tag{6-11}$$

当 $r=a$ 时,即洞壁处的应力为 $\sigma_r = p_i$,$\sigma_\theta = 2\sigma_z - p_i$。由此可见,支护抗力的存在,使得周边的径向应力增大、切向应力减小。实质上是使直接靠近隧道周边的岩体应力状态,从单向的(或双向的)变为双向的(或三向的)受力状态,从而提高了围岩的承载力。当 $p_i = \sigma_z$ 时,有 $\sigma_r = \sigma_z$,$\sigma_\theta = \sigma_z$,即恢复到初始应力场,显然这是理想状况。

在塑性应力状态下,当隧道周边作用径向支护抗力 p_i 时(图6-8),可以推导出其应力值塑性区半径为

$$\begin{cases} \sigma_{\theta p} = \dfrac{\sigma_c}{\xi-1}\left[\xi\left(\dfrac{r}{a}\right)^{\xi-1} - 1\right] + \xi\left(\dfrac{r}{a}\right)^{\xi-1} p_i \\[3mm] \sigma_{rp} = \dfrac{\sigma_c}{\xi-1}\left[\left(\dfrac{r}{a}\right)^{\xi-1} - 1\right] + \left(\dfrac{r}{a}\right)^{\xi-1} p_i \end{cases} \tag{6-12}$$

$$R_p = a\left[\frac{2}{\xi+1} \cdot \frac{p_0(\xi-1)+\sigma_c}{p_i(\xi-1)+\sigma_c}\right]^{\frac{1}{\xi-1}} \tag{6-13}$$

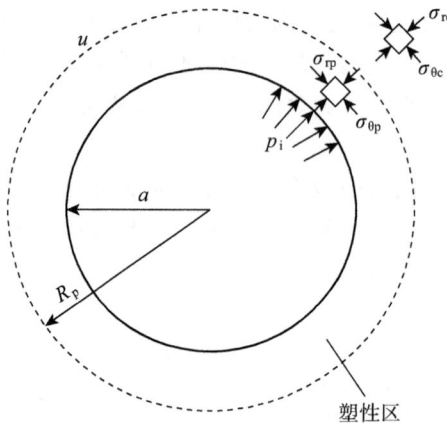

图6-8 周边作用径向支护抗力时隧道周围的塑性区

式(6-13)说明,塑性区将随着支护抗力的增加而减小,即支护抗力限制了塑性区的发展,这是支护抗力的一个重要作用。若想使塑性区不形成,即 $R_p = a$ 时,所需的径向支护抗力 p_i 可由式(6-13)求出,即

$$p_i = \frac{2p_0 - \sigma_c}{\xi+1} \tag{6-14}$$

这就是维持隧道处于弹性应力场所需的最小支护抗力,它的大小仅与初始应力场 p_0 及岩性指标 $\sigma_c,\xi(c,\varphi)$ 有关,而与隧道尺寸无关。实际上支护结构是在隧道开挖后一定时间内修筑,围

岩塑性区域及其变形已在发生和发展,因此所需的支护抗力将小于式(6-14)所确定的数值。

6.3 荷载-结构法

荷载-结构法的设计原理是认为隧道开挖后地层的作用主要是对衬砌结构产生荷载,衬砌结构应能安全可靠地承受地层压力等荷载的作用。计算时先确定地层压力,然后按弹性地基上结构物的计算方法计算衬砌的内力,并进行结构截面设计。

6.3.1 荷载分类及组合

工程结构上的荷载是指能使结构产生作用效应(如内力、变形和裂缝等)的各种原因的总称。引起结构产生作用效应的原因有两种:一种是指施加在结构上的集中或分布力(直接作用,也称为荷载),例如结构自重、水压力、土压力等;另一种是引起结构外加变形或约束变形的原因(间接作用),例如基础沉降导致的内力效应、温度变化引起的作用效应等。

1) 荷载的分类

依据《公路隧道设计规范第一册 土建工程》(JTG 3370.1—2018)中的分类,隧道结构作用可以分为永久荷载、可变荷载、偶然荷载。

永久荷载是指作用在结构上不随时间变化的荷载。隧道结构永久荷载主要包括结构自重、结构附加恒载、围岩压力、土压力、混凝土收缩和徐变作用、水压力。

可变荷载是指作用在结构上随时间变化的荷载。隧道结构可变荷载主要包括:隧道车辆荷载、人群荷载、立交公路车辆荷载及其产生的冲击力和土压力、立交铁路列车荷载及其产生的冲击力和土压力、立交渡槽流水压力、温度变化影响力、冻胀力、施工荷载等。

偶然荷载指作用在结构上持续时间很短的荷载。隧道结构偶然作用主要包括落石冲击力和地震力。

2) 荷载的组合

在隧道结构上可能同时出现的荷载,应按满足承载能力和正常使用要求分别进行组合,并按最不利组合进行设计。按承载能力要求进行组合时,主要考虑基本组合和偶然组合。

(1) 荷载基本组合

组合一　永久荷载:围岩压力+结构自重+附加恒载。

组合二　① 永久荷载+基本可变荷载:结构自重+附加恒载+土压力+公路荷载;

② 永久荷载+基本可变荷载:结构自重+附加恒载+土压力+列车活载;

③ 永久荷载+基本可变荷载:结构自重+附加恒载+土压力+渡槽流水压力。

组合三　永久荷载+其他可变荷载:围岩压力(土压力)+结构自重+附加恒载+施工荷载+温度作用力。

(2) 荷载偶然组合

组合四　永久荷载+偶然荷载:围岩压力(土压力)+结构自重+附加恒载+地震作用或落石冲击力。

按满足正常使用要求组合时,主要考虑长期效应组合和短期效应组合。

(3) 荷载长期效应组合

组合五　永久荷载:围岩压力(土压力)+结构自重+附加恒载+混凝土收缩和徐变力。

组合六　永久荷载＋基本可变荷载或其他可变荷载:结构自重＋附加恒载＋土压力＋公路荷载、列车活载或渡槽流水压力。

（4）荷载短期效应组合

组合七　永久荷载＋其他可变荷载:围岩压力(土压力)＋结构自重＋附加恒载＋混凝土收缩和徐变力＋温度荷载＋冻胀力。

承载能力要求荷载组合适用于对结构承载能力及其稳定性进行验算。正常使用要求荷载组合适用于结构变形和开裂及裂缝宽度验算。

6.3.2　荷载作用模式

荷载-结构法将支护结构和围岩分开考虑,支护结构是承载的主体,围岩作为荷载的来源和支护结构的弹性支承,与其对应的计算模式称为荷载-结构模式。隧道支护结构与围岩的相互作用是通过弹性支承对支护结构施加约束来实现的。当作用在支护结构上的荷载确定后,即可应用结构力学的方法求解超静定结构的内力和位移。

1) 荷载作用模式

根据围岩与支护结构相互作用的关系,可以将结构荷载简化为如图6-9所示的几种作用模式。

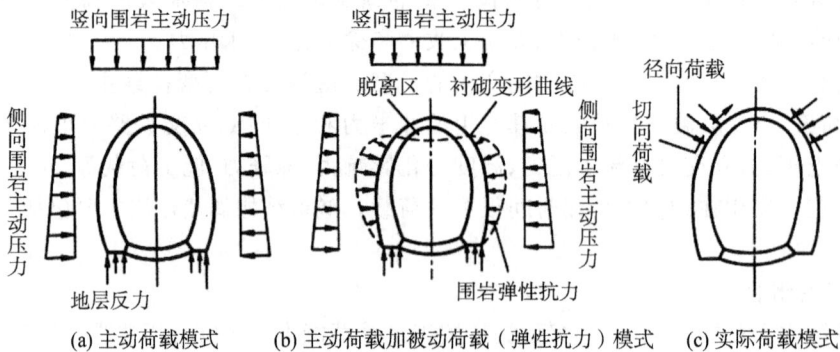

图6-9　隧道结构荷载作用模式

（1）主动荷载模式

主动荷载模式不考虑围岩与支护结构的相互作用,因此,支护结构在主动荷载作用下可以自由变形。它主要适用于软弱围岩没有能力去约束衬砌变形的情况,如采用明挖法施工的城市地铁工程及明洞工程。

（2）主动荷载加被动荷载(弹性抗力)模式

主动荷载加被动荷载模式认为围岩不仅对支护结构施加主动荷载,而且由于围岩与支护结构的相互作用,还对支护结构施加约束反力。为此,支护结构在荷载和反力同时作用下进行工作。这种模式能适用于各种类型的围岩,只是所产生的弹性抗力大小不同而已。在实际应用中,该模式基本能反映出支护结构的实际受力状况。

（3）实际荷载模式

实际荷载模式采用量测仪器实地量测得到的作用在支护结构上的荷载值,代替主动荷载。实地量测的荷载值是围岩与支护结构相互作用的综合反映,它既包含围岩的主动压力也含有

92

弹性抗力。实地量测的荷载值的大小除与围岩特性有关外,还取决于支护结构的刚度以及支护结构背后回填的质量。因此,某一种实地量测的荷载,只能适用于与量测条件相同的情况。

2) 隧道结构受力变形特点

隧道结构在主动荷载作用下要产生变形。如图 6-10 所示,隧道衬砌在主动荷载作用下,结构所产生的变形用虚线表示。在拱顶,其变形背向地层,不受围岩的约束而自由变形,这个区称为"脱离区"。而在两侧及底部,结构产生朝向地层的变形,并受到围岩的约束使其变形受到阻碍,因而围岩对衬砌产生了弹性抗力,这个区称为"抗力区"。所谓弹性抗力就是指由于支护结构发生向围岩方向的变形而引起的围岩对支护结构的约束反力。

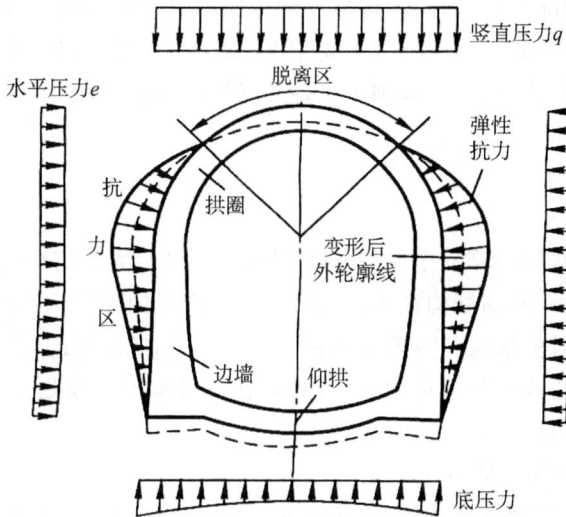

图 6-10 隧道衬砌结构受力变形示意图

为此,围岩对衬砌变形起双重作用:围岩产生主动压力使衬砌变形,又产生被动压力阻止衬砌变形。这种效应的前提条件是围岩与衬砌必须全面地、紧密地接触,但实际的接触状态是相当复杂的。由于围岩的性质、施工方法、衬砌类型等因素的不同,致使围岩与衬砌可能是全面接触,也可能是局部接触;可能是面接触,也可能是点接触;有时是直接接触,有时通过回填物间接接触。为便于计算,一般将上述复杂情况予以理想化,即假定衬砌结构与围岩全面地、紧密地接触。因此,为了符合设计计算要求,施工中应严格按照施工规范要求进行施工,保证衬砌结构与围岩的接触。

3) 围岩弹性抗力的计算原理

弹性抗力的大小,目前多用温克尔(Winkler)假定为基础的局部变形理论来计算。局部变形理论把围岩简化为一组彼此独立的弹簧(弹性支承),某一弹簧受压缩时产生的反力值,只和其自身压缩量成正比,和其他弹簧无关,如图 6-11a 所示,其表达式为

$$\sigma_i = k\delta_i \qquad (6-15)$$

式中 δ_i——支护结构表面点 i 的位移/m,即对应的围岩表面某点的压缩变形值;

     σ_i——在该 i 点处围岩和结构相互作用的反力/MPa;

     k——围岩的弹性抗力系数/(MPa/m)。

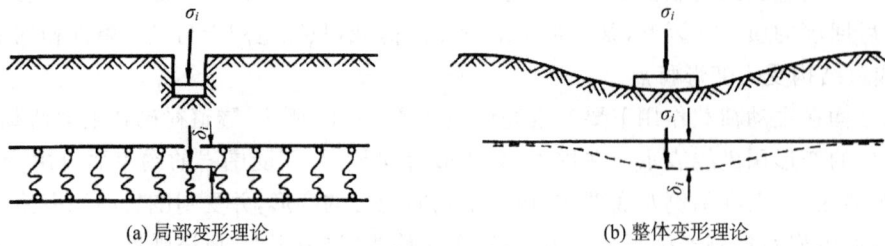

(a) 局部变形理论   (b) 整体变形理论

图 6-11　变形引起反力的计算

这样假设和实际情况有出入,实际地层变形应如图 6-11b 所示。但局部变形理论简单明了,便于应用,且能满足一般工程设计的需要精度,故广为使用。围岩的约束作用是地下结构的一大特点,它有利于结构的稳定,限制了结构的变形,从而改善了结构的受力条件,提高了结构的承载力。

6.3.3　计算方法

由前述可知,隧道结构计算采用荷载-结构模式,适用于主动荷载及被动荷载(弹性抗力)共同作用下的拱式结构。衬砌结构在主动荷载作用下产生的弹性抗力的大小和分布形态取决于衬砌结构的变形,而衬砌结构的变形又和弹性抗力有关,所以衬砌结构的计算是一个非线性问题,必须采用迭代解法或某些简化的假定,使问题得以解决。因此,对弹性抗力的处理方法不同,计算方法也有不同。

1) 不考虑弹性抗力的计算方法

不考虑弹性抗力的计算方法主要用于主动荷载模式。对于一些明挖隧道和地下结构来说,回填土对结构的约束作用很弱,因此可以视为不产生弹性抗力。在淤泥、流砂、饱和砂、塑性黏土及其他松软含水地层中,整体式的隧道衬砌结构也可采用不考虑弹性抗力的计算方法,如用于盾构隧道整环管片衬砌计算的自由变形弹性均质圆环法。

以明挖矩形框架结构为例,适用的计算简图如图 6-12 所示。其中 q、e 为作用在顶板和侧墙上的垂直和水平土压力,W 为侧向水压力,p_{0z}、p_{0z1}、p_{0z2} 为考虑防护用途的特殊荷载。当底宽不大、底板相对地层有较大的刚度时,一般情况下底板的地基反力 P_R 按直线分布,可通过与全部竖向荷载平衡来确定;否则可用弹性地基梁法或弹性支承法进行求解。

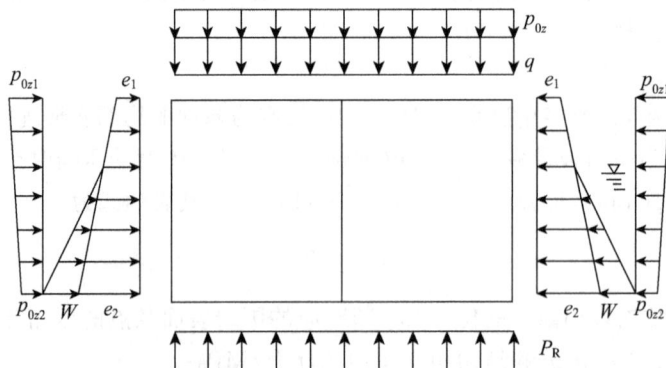

图 6-12　明挖矩形框架结构计算简图

2）假定弹性抗力的计算方法（假定抗力图形法）

如果经过多次计算和经验积累，基本上掌握了某种断面形式的衬砌在某种荷载作用下的变形规律，那么以后再计算同类荷载作用下的同类衬砌结构时，就可假定衬砌结构周边抗力分布的范围及抗力区各点抗力变化的图形，只要知道某一特定点的弹性抗力，就可求出其他各点的弹性抗力值，其内力分析也就变成了通常的超静定结构问题。

图6-13为曲墙式衬砌结构采用假定抗力图形法求解衬砌截面内力的计算简图，该衬砌结构是一个在主动荷载及弹性抗力共同作用下，支承在弹性地基上的无铰高拱。若仰拱是在曲墙和拱圈受力之后才修建，结构计算中通常不考虑仰拱的影响；否则应将仰拱、曲墙和拱圈视为一个整体进行结构计算。墙基支承在弹性的围岩上，视为弹性固定端，因底部摩擦力很大，无水平位移，可将结构视为支承在弹性地基上的高拱。

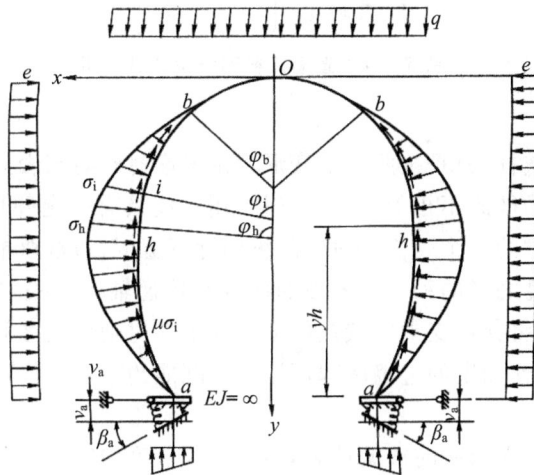

图6-13　曲墙式衬砌结构计算简图

如图6-10所示，在这类衬砌结构的拱圈顶部将形成一个不受围岩约束的脱离区，同时侧墙部分将形成一个抗力区。图6-13所示的假定弹性抗力为"镰刀形"分布，其量值用三个特征点控制：抗力上零点b、抗力下零点a和最大抗力点h（假设在衬砌跨度最大处）；拱两侧的弹性抗力按二次抛物线分布，只要知道最大抗力点h处截面的弹性抗力值σ_i，其他各截面的弹性抗力值σ_h可通过与φ有关的函数关系式求出。此外，围岩对衬砌的弹性抗力在衬砌外侧还产生相应的摩擦力S_i（图6-13中的$\mu\sigma_i$，μ为衬砌与围岩间的摩擦系数）。

3）弹性地基梁法

弹性地基梁法是将衬砌结构看成置于弹性地基上的曲梁或直梁，弹性地基上的抗力按温克尔假定的局部变形理论求解。当曲墙的曲率是常数或为直墙时，可采用初参数法求解结构内力。一般直墙式衬砌的直边墙利用此法求解。

弹性地基梁法计算拱形直墙式衬砌内力是将拱圈和边墙分开计算，其计算简图如图6-14所示。拱圈为一个弹性固定在边墙顶上的无铰平拱，在计算原理上与图6-13所示的曲墙式衬砌结构相同。边墙为一个置于弹性地基上的直梁，计算时先根据其换算长度，确定是长梁、短梁或刚性梁，然后按照初参数方法来计算墙顶截面的位移及边墙各截面的内力值。

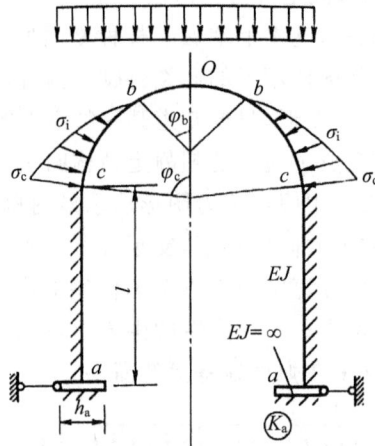

图 6-14 直墙式衬砌结构计算简图

4）弹性支承法

弹性支承法也称为链杆法，是按照局部变形理论考虑衬砌与围岩共同作用，将弹性抗力范围内的连续围岩离散成为彼此不相干的独立岩柱，用一些具有一定弹性的支承代替岩柱来考虑弹性抗力的作用。岩柱的一个边长是衬砌的纵向计算宽度，通常取单位长度，另一边长是两个相邻的衬砌单元的长度之半的和。因岩柱的深度与传递轴力无关，故可不考虑。将隧道结构也离散为有限个单元，将弹性支承以铰接的方式支承在衬砌单元之间的节点上，它不承受弯矩，只承受轴力。对于弹性固定的边墙底部可用一个既能约束水平位移，又能产生转动和垂直位移的弹性支座来模拟。

图 6-15 所示为弹性支承法的常见计算模型，假定拱顶 90°~120° 范围为脱离区，在此区域内由于衬砌向内变形而不致受到弹性约束，因此可不设置弹性支承。在拱腰及边墙等部位将产生朝向地层的变形，从而产生弹性抗力，在此范围内以只能承受压力的弹性支承代替围岩的约束作用。弹性支承法将主动围岩压力简化为节点荷载，衬砌结构的内力计算可采用矩阵力法或位移法分析计算。随着数值计算技术的发展和计算机性能的进步，弹性支承法已经能用数值计算软件进行较为方便的求解，因此成为目前隧道和地下结构内力计算的常用方法之一。

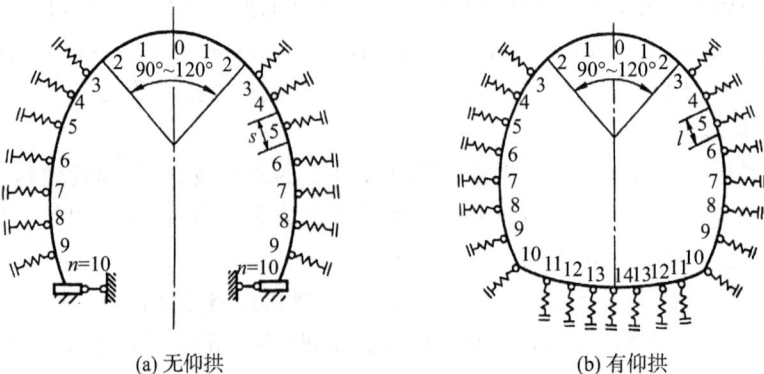

(a) 无仰拱   (b) 有仰拱

图 6-15 弹性支承法计算模型

在弹性支承法中,弹性支承的设置方向应该和弹性抗力一致,可以是径向的(图6-16a)不计衬砌与围岩间的摩擦力,且只传递轴向压力(由于围岩与衬砌间存在黏结力,也可能传递少量轴向拉力);也可以和径向偏转一个角度,考虑上述摩擦力(图6-16b);为了简化计算也可将链杆水平设置(图6-16c);若衬砌与围岩之间充填密实、接触良好,此时除设置径向链杆外还可设置切向链杆(图6-16d)。由于目前对围岩与衬砌之间的黏结力、摩擦力研究不多,通常仅考虑径向弹性抗力,这样的计算结果偏保守,但更为安全。

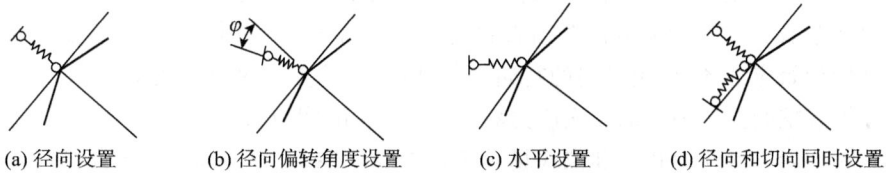

| (a) 径向设置 | (b) 径向偏转角度设置 | (c) 水平设置 | (d) 径向和切向同时设置 |

图6-16　弹性支承设置方式

6.4　地层-结构法

地层-结构法的设计原理是将衬砌和地层视为整体共同受力的统一体系,在满足变形协调条件的前提下分别计算衬砌与地层的内力,据以验算地层的稳定性和进行结构截面设计。目前计算方法有解析法和数值法,解析法主要用于均匀介质中的圆形隧道,大多数隧道采用数值法。

6.4.1　分析方法与流程

采用地层-结构模型计算时,支护结构和地层被视为整体共同受力的统一体系,在满足变形协调条件的前提下分别计算或同时得出衬砌结构与地层的内力,据以验算地层的稳定性和进行结构截面设计。对于按新奥法设计和施工的支护结构,因为支护结构能够和围岩紧密接触,并使围岩始终在非松动阶段工作,同时支护结构能够与围岩一起共同承受由于开挖而释放的初始地应力的作用,所以采用连续介质理论的方法来模拟隧道的施工是合理有效的。

在地层-结构模型中,围岩是直接的承载单元,支护结构只是用来约束围岩的变形,这一点正好和荷载-结构法相反。在地层-结构模型中可以考虑围岩和支护材料的非线性特性、开挖面空间效应所形成的三维状态,可以模拟隧道开挖的每一个施工步骤所引起的围岩与支护结构的应力和变形等。目前,这种方法主要用于研究地层的稳定性,以及对隧道工程的各种施工方案进行比较,判断开挖对地层及地面的影响等。在有经验的情况下,也可用于隧道衬砌的内力校核。

地层-结构分析的数值法可分为有限单元法(FEM)、特征单元法(DDA)、边界单元法(BEM)和有限差分法(FDM)等。有限单元法由于既可模拟各级围岩的特征,又能反映断层、节理等地质构造的影响,并能对开挖施工过程实行动态追踪,适用于各级围岩(硬岩或软岩)中的公路隧道设计的计算。同时由于已有多种包括前、后处理在内的功能强大的软件可供选用,这类方法是目前最常采用的一类方法。

地层-结构法分析的关键是模型中各类物理力学参数的确定。其中有初始地应力参数、隧道开挖的应力释放率、地层物理及力学参数、地层结构性参数、支护结构的力学参数等。一般用于计算模型的参数不完全等同于实验室试验的参数,也不完全等同于现场原位测试的参数,正确的参数应该通过实际工程量测信息的反演得出。但是由于隧道工程的复杂性,在实际操作过程中,仅能获得有限点的位移、围岩压力、支护应力和应变,而且围岩压力和支护应力应变数据的离散性很大,因此一般的反演都是依靠位移数据进行的。经验证明,只要拥有足够多的、可靠的位移量测数据,位移反演可以得出令人满意的模型参数。

采用基于岩体力学原理的方法对围岩和隧道支护结构进行分析时,通常按如下流程开展:

(1)分析初始应力场,得到围岩的初始应力状态(也称为一次应力状态)$\{\sigma\}^{0}$。

(2)分析开挖洞室后围岩的二次应力状态$\{\sigma\}^{2}$和位移场$\{u\}^{2}$。

(3)判断围岩二次应力状态和位移场是否符合稳定性条件,即围岩稳定性判断。

(4)分析设置支护结构后围岩的应力状态(也称为三次应力状态)$\{\sigma\}^{3}$和位移场$\{u\}^{3}$,以及支护结构的内力$\{F\}$和位移$\{\delta\}$。

(5)判断支护结构的安全状况。

6.4.2 计算模型建立方法

采用有限元软件对地层-结构模型进行分析时,首先要基于合理的假设建立一个简化的计算模型,模型的质量将对计算结果的准确性有较大的影响。本节介绍采用有限元分析软件对隧道围岩及支护结构建模的方法,主要包括计算范围的确定、几何模型的建立、初始应力场的确定、结构体系的离散化及边界条件的确定等建模关键步骤的要点。

1)计算范围的确定及几何模型建立

如果取整个隧道作为研究对象,则需要建立三维有限元模型,才能全面地反映隧道支护结构和围岩内的位移场和应力场的变化情况。但是三维问题的求解难度较大,耗费机时也较多。因此,对一些深埋隧道或其上部地面平坦的浅埋隧道,当某一段地质情况变化不大时,可以在该段取单位长度的隧道力学特性来代替该段的三维力学特性,这就转变为平面应变问题。

以平面应变问题为例,在建立有限元模型时,可根据圣维南原理,建立一个有限区域内的模型,以节省计算成本和满足精度要求。实践和理论分析证明,对于地下洞室开挖后的应力和应变,仅在洞室周围距洞室中心点3~5倍开挖宽度或高度的范围内存在着影响,所以计算边界通常可确定在3~5倍洞室开挖宽度。在这个边界上,可以认为开挖引起的位移为0。此外,对于对称问题,分析区域一般可以取1/2(1个对称轴)。

计算边界确定以后,需要根据隧道结构尺寸和施工工法,建立对应的几何模型,以便模拟隧道开挖的情况。

2)结构体系离散化

将岩体与支护结构离散为仅在节点处铰接的单元体的组合,是有限单元法的基础。对于单元类型的选择,应根据结构的实际受力情况选择。通常可以用二维平面单元(平面应变或平面应力问题)或三维实体单元(三维问题)来对计算范围内的地层进行离散化分析。

对于如喷射混凝土或模筑混凝土之类的面式支护结构,可以采用与地层单元相协调的实体单元,也可以采用直梁单元。采用后者的特点是可以直接计算出支护结构的轴力、弯矩和剪力,但因为梁单元允许节点发生转动,而(平面或实体)地层单元只允许节点发生线位移,故两者在公共节点处不能直接满足位移协调条件,需要特殊处理。一种处理方法是用只能承受轴力和发生轴向变形的杆单元,在两端分别与梁单元节点和地层单元节点铰接,即可达到公共节点的位移协调;也可以把这种杆单元看成是对模筑混凝土背后注浆或其他回填层的模拟。

对于如锚杆之类的(内接触式)线式支护构件,可以用二力杆单元模拟。例如,预应力或端头锚固式锚杆可以用一个在两端作用有集中力的杆单元来代表,全长黏结式锚杆可以用若干个彼此铰接但与地层单元节点刚性相连的杆单元来模拟。

二次衬砌在平面应变问题分析时,常用二维实体单元(如四边形单元、三角形单元)和线单元(如梁单元)模拟。对于空间问题,二次衬砌常用三维实体单元模拟。由于二次衬砌和初期支护之间设有防水层,两者之间只能传递径向力,不能传递切向力,因此在二次衬砌与喷层之间也需要设置接触单元。

在平面应变模型中,围岩通常采用二维实体单元模拟,在三维模型中采用三维实体单元模拟。围岩是自然形成的材料,其组成相当复杂,它不仅有完整的岩块,同时也会有断层和节理,因此也需要用相应的节理单元模拟岩体的节理、裂隙及软弱夹层等构造面。

3)边界条件和初始应力

计算模型的边界可以分为内部边界和外部边界。由于地下工程都是在应力岩体中开挖,因此数值计算中一般采用内部加载的方式,即由于开挖而在洞周形成释放荷载,释放荷载大小与初始应力相等,方向相反,如图 6-17 所示。初始应力场按照成因可以分为自重应力场和构造应力场。在一般隧道中,多考虑自重应力场。在具有现场实测数据的情况下,对隧道衬砌结构的计算,初始构造地应力常可假设为均布或线性分布应力。将初始自重应力与构造应力叠加,即得初始地应力。

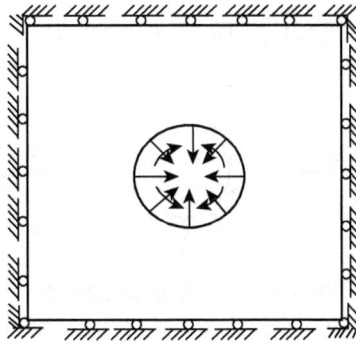

图 6-17 内部加载方式

计算模型的外边界可以采取两种边界条件处理。一种是位移边界条件,即一般假定边界点位移为 0,适用于受地形影响较小的匀质的岩层的地下结构,需要分深埋、浅埋两种情况予以考虑,如图 6-18 所示;另一种是应力边界条件,其由岩体中的初始应力场确定,适用于受地形影响较大或者非匀质岩层中的地下结构。应力边界条件认为边界上的应力状态即为原始应力状态(把原始应力状态作为面荷载加到边界上),为了维持平衡,一般把下面边界条件取为固定支座,此时形成了混合边界条件,如图 6-19 所示。

(a) 深埋隧道　　　　　(b) 浅埋隧道

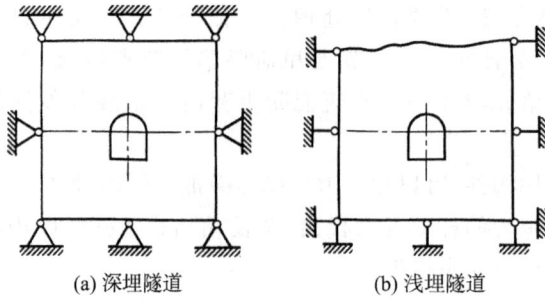

图 6-18　位移边界条件　　　　　　　　图 6-19　混合边界条件

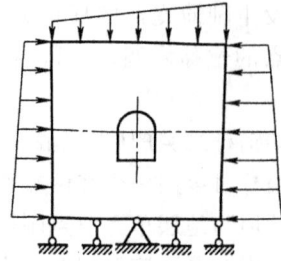

6.4.3　隧道开挖及支护过程模拟

隧道开挖在力学上可以认为是一个应力释放和回弹变形问题,为了模拟开挖效应,获得开挖隧道后围岩中的应力、应变状态,可以将开挖释放掉的应力作为等效荷载加载在开挖后隧道的周边上。在计算过程中,还需考虑隧道开挖过程中的时间和空间效应,设置每一步的合理应力释放率。

1）隧道开挖与支护的模拟方法

目前实现隧道开挖的模拟,主要有反转应力释放法和地应力自动释放法,由于相比之下地应力自动释放法计算更为简单,更符合隧道开挖后围岩应力重分布的过程,此处仅介绍该方法及以此为基础发展出来的施加虚拟支承力逐步释放法。

（1）地应力自动释放法原理

地应力自动释放法认为,洞室的开挖打破了开挖边界上各点的初始应力平衡状态,开挖边界上的节点受力不平衡,为获得新的受力平衡,围岩就要产生新的变形,引起应力的重新分布,从而直接得到开挖后围岩的应力场和位移场(图 6-20)。

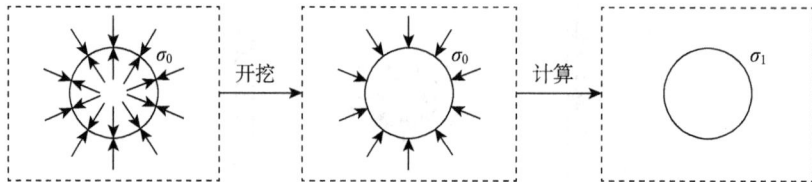

图 6-20　地应力自动释放法

在模拟开挖时,将每一步被挖出部分单元变为"空单元",即在保证求解方程不出现病态的情况下把要挖掉单元的刚度矩阵乘以一个很小的比例因子,使其刚度贡献变得很小可忽略不计,同时使质量、荷载等效值也设为 0。由此,在开挖边界产生了新的力学边界条件,然后直接进行计算就可以得到此工况开挖后的结果,接着可用同样的方法进行下一步的开挖分析,一直到开挖结束。

（2）施加虚拟支承力逐步释放法原理

施加虚拟支承力逐步释放法是在地应力自动释放法的基础上,通过在开挖边界施加虚拟支承力的方法,来模拟围岩的逐步卸载,如图 6-21 所示。

图 6-21a 所示阶段为初始地应力状态;在图 6-21b 所示阶段,隧道的开挖引起开挖边界

上的释放节点荷载 $f_{1i}=\alpha_1 f_i$，为实现这一过程，在初始应力场中挖去隧道单元的同时，在开挖边界上各相应节点施加虚拟支承力 $p_{1i}=(1-\alpha_1)(-f_i)$，则产生新的荷载（应力）边界条件，继续进行计算，就直接得到开挖后围岩的位移场和应力场；在图 6-21c 所示阶段，初期支护施作后，又有一部分的节点荷载 $f_{2i}=\alpha_2 f_i$ 被释放，这时只需将虚拟支承力减小为 $p_{2i}=(1-\alpha_1-\alpha_2)(-f_i)$，继续进行计算即得到初期支护后围岩和支护的位移和应力；在图 6-21d 所示阶段，二次衬砌施作后，剩余的节点荷载被完全释放，这时只需除去虚拟支承力，继续计算就可得到最终竣工后围岩和衬砌的位移和应力。

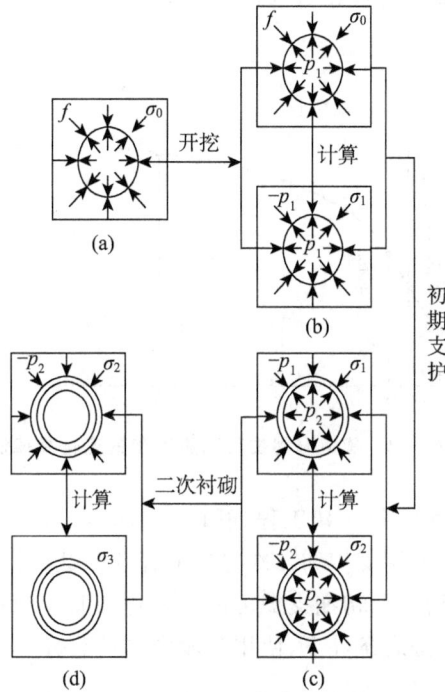

（a）初始地应力状态　（b）隧道开挖状态　（c）初期支护施作状态　（d）二次衬砌施作状态

图 6-21　施加虚拟支承力逐步释放法

2）隧道开挖的空间效应与时间效应分析

隧道的开挖是个三维甚至是四维问题。在施工过程中，隧道洞周位移的发展一般要经历 5 个阶段，如图 6-22 所示：开挖面到达前阶段、支护施作前变形阶段、支护作用时机前变形阶段（围岩与支护逐渐密贴及支护强度增长直至强度稳定阶段）、支护结构闭合前的变形阶段、支护结构闭合后变形趋于稳定阶段。当隧道进行支护时，实际上洞周已经发生了一部分的位移，也意味着由开挖所引起的荷载也同步得到了部分释放，且无法再恢复。随后在初期支护施作以后，围岩与初期支护协同变形阶段也会再释放一部分的荷载，一直到二次衬砌施作完毕后剩余荷载再释放完毕。

以上过程，一方面是开挖面逐步向前推进，逐步释放荷载引起的，另一方面则是因围岩黏弹性变形随时间增长产生的蠕变引起的，也就是所谓的空间效应与时间效应。在平面应变问题中，通常无法有效地考虑隧道开挖过程中空间效应与时间效应，因此，在图 6-21 所示的几个阶段中，通过设置虚拟支承力来实现释放荷载的分阶段释放的效果，以模拟空间效应与时间效应,因此 α 通常被称为应力释放率。在采用弹塑性模型的三维计算中,虽然能在一定程度上反映隧道开挖的空间效应,但是时间效应仍然还需要采用黏弹性模型进行计算和分析(此时变为四维问题的求解),这会造成计算工作量大大增加,而且在工程实际设计和施工中也无必要,因此也需要考虑设置荷载释放系数,在一定程度上对时间效应进行模拟。

需要说明的是,应力释放率跟围岩条件、施工方法、支护时间等因素密切相关,一般结合以上因素,根据工程经验或现场实测数据确定,但往往是比较困难的事情。对于圆形隧道,《地下工程围岩稳定分析与设计理论》(郑颖人等)给出的隧道开挖面处产生的变位大约是洞周总变位的 30%,这可以作为确定应力释放系数取值的参考。

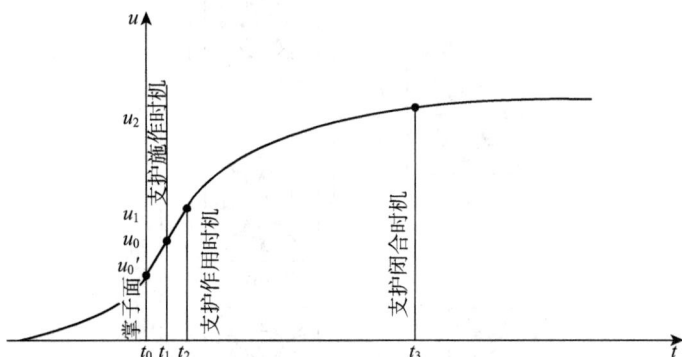

图 6-22 隧道洞周位移随施工步的变化规律法

在《公路隧道设计规范 第一册 土建工程》(JTG 3370.1—2018)的条文说明中,采用地层-结构模型进行计算分析时,对初期支护和二次衬砌的释放荷载分担比例给出了一个建议值(两车道隧道)。Ⅰ~Ⅲ级围岩条件下,初期支护可使围岩保持稳定,因此二次衬砌可以不考虑分担围岩压力荷载。在Ⅳ、Ⅴ级围岩条件下,使用阶段中的荷载分担比例参考值见表 6-2。

表 6-2 两车道隧道释放荷载分担比例参考值

围岩级别	分担比例/%	
	围岩＋初期支护	二次衬砌
Ⅳ	60~80	40~20
Ⅴ	20~40	80~60

注:① 围岩条件较好时,初期支护取大值,二次衬砌取小值;围岩条件较差时,则相反。

② 施工阶段二次衬砌未施作,对围岩及初期支护共同承受释放荷载的作用的检算,其分担比例比表中值大,最大可达 100%。

6.5 收敛-约束法

锚杆与喷射混凝土等新型支护系统的出现与应用促进了隧道新奥法的发展,同时形成了一些适用于锚喷支护的计算与设计方法。通过分析结构与岩体间的相互作用来分析围岩的稳定特征,其中收敛-约束法(又称为特征曲线法)是这些方法的典型代表。

收敛-约束法认为隧道支护体系由支护结构和周围岩体构成,围岩作为主要的承载单元与支护构成共同承载体,它们之间互相依存,协调变形,其基本原理是利用围岩特征曲线和支护结构特征曲线交会的办法来决定支护体系的最佳平衡条件。

6.5.1 围岩特征曲线

隧道在开挖后将引起一定范围内的应力重分布,而应力重分布必然会导致围岩变形的发展,主要表现在隧道直径的减小,而在洞周极限位移范围内,允许围岩的位移增加则所需的支护抗力就减小。在围岩和支护相互作用过程中,支护结构受到的地层压力与支护结构所提供的支护抗力是作用力与反作用力的关系。将围岩在洞周的径向位移 u_{r0} 表示为支护抗力 p_i 的函数,即可以在以 u_{r0} 为横坐标、p_i 为纵坐标的平面上绘出表示二者关系的曲线,也称为围岩特征曲线或地层收敛曲线,如图 6-23 所示。

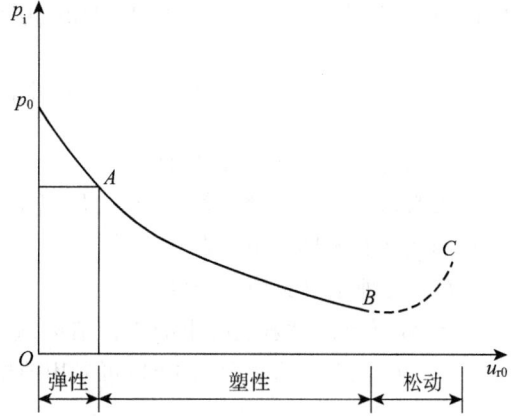

图 6-23 围岩特征曲线示意图(一)

对一般的地层,围岩特征曲线的发展过程要经历 3 个阶段:

(1)弹性阶段:在洞室开挖初始阶段,围岩处于弹性变形状态,在特征曲线上表现为线弹性行为特点的曲线。

(2)塑性阶段:隧道开挖后,初始应力释放到一定阶段使得周边围岩出现塑性或黏塑性变形,洞周围将出现塑性区,此时洞周径向位移在特征曲线上呈加速增长的特征。

(3)松动阶段:当围岩塑性区发展到一定程度,会在洞周一定范围的围岩内出现松弛现象,使支护结构上作用形变压力和松动压力,特征曲线出现上翘的特点。

围岩特征曲线形态不仅受到围岩性质(瞬时的及长期的)、围岩构造的影响,还受到施工技术,如开挖方法等的影响。施工技术的影响主要表现为对围岩的不同损伤程度,其影响可能是各式各样的,并不是所有的围岩均表现出上述 3 个阶段的行为特点,如图 6-24 所示,图中直线 1 代表弹性围岩,曲线 2 代表能达到自稳状态的弹塑性围岩,曲线 3 代表不能自稳的弹塑性围岩。

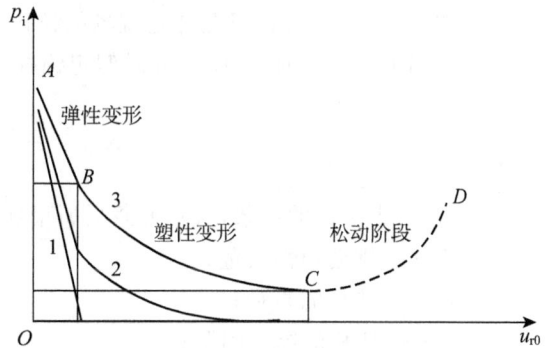

图 6-24 围岩特征曲线示意图(二)

6.5.2 支护特征曲线

支护特征曲线是隧道围岩与支护结构共同作用的一方面,即是围岩对支护的需求情况;相互作用的另一方面是支护结构可以提供的约束能力。任何一种支护结构,如钢拱支撑、锚杆、喷射混凝土、模板浇筑混凝土衬砌等,只要有一定的刚度,并和围岩紧密接触,总能对围岩变形提供一定的约束力,即支护阻力。但由于每一种支护形式都有自己的结构特点,因而可能提供的支护阻力大小与分布,以及随支护变形而增加的情况都有很大的不同。

（1）一般支护特性曲线公式

以圆形隧道为研究对象，并假定围岩给支护结构的反力也是径向分布的。因此，还是一个轴对称问题。相对于围岩的力学特性而言，混凝土或钢支护结构的力学特性可以认为是线弹性的，也就是说作用在支护结构上的径向均布压力 p_a 和径向位移 u_s 呈线性关系，即

$$p_a = K_s \frac{u_s}{r_0} \tag{6-16}$$

式中　K_s——支护结构的刚度。

因为这里只考虑径向均布压力，所以 K_s 中只包含支护结构受压（拉）刚度。不同的支护结构形式将有不同的 K_s 值。

（2）几种主要支护的刚度

- 混凝土或喷射混凝土的支护结构：假设圆形模筑混凝土衬砌或喷射混凝土支护的厚度为 t_c，且 $t_c/r_0 \leqslant 0.04$ 时，可采用薄壁筒的公式来计算支护结构的受压刚度：

$$K_{sc} = \frac{E_c t_c}{r_0 (1 - \mu^2)} \tag{6-17}$$

混凝土支护结构能提供的最大径向压力 p_{cmax} 为

$$p_{cmax} = \frac{1}{2} \sigma_c \left[1 - \frac{(r_0 - t_c)^2}{r_0^2} \right] \tag{6-18}$$

式中　E_c、σ_c——分别为混凝土或喷射混凝土的弹性模量和抗压强度。

- 灌浆锚杆：灌浆锚杆的受力变形情况是比较复杂的，它对围岩变形的约束力是通过锚杆与胶结材料之间的剪应力来传递的，所以，在围岩向隧道内变形过程中锚杆始终是受拉，同时，锚杆所能提供的约束力必然与灌浆的质量直接有关。因此，目前在评价锚杆的力学特征时，只能通过现场的拉拔试验决定。在无试验条件时，参考式（6-19）确定锚杆的受拉刚度 K_{sB}，此时假定锚杆是沿隧道周边均匀分布的：

$$K_{sB} = \frac{E_s \pi d_B^2}{4l} \frac{r_0}{S_a S_e} \psi \tag{6-19}$$

式中　ψ——大于1的系数，表示灌浆后所增加的刚度；

　　　E_s——钢筋弹性模量；

　　　d_B——锚杆的直径；

　　　S_a——锚杆的纵向间距；

　　　S_e——锚杆的横向间距；

　　　l——锚杆的长度。

锚杆最大的抗拔力参考类似工程实例确定。

- 组合式支护结构：如采用喷射混凝土和锚杆联合支护时，其组合的支护刚度为

$$K_{scB} = K_{sc} + K_{sB} \tag{6-20}$$

组合式支护结构能提供的最大支护阻力也是两者之和。

在已知支护结构的刚度后,可画出支护结构提供约束的能力和它的径向位移的关系曲线,如图 6-25 所示。支护阻力随支护结构的刚度而增大,这条曲线又称为"支护补给曲线",或称为"支护特性曲线"。

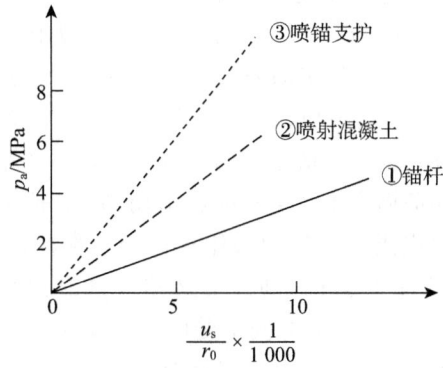

图 6-25　喷锚支护特性曲线示意图

6.5.3　围岩与支护结构作用原理

为了进一步理解围岩与支护结构的共同作用,将围岩位移曲线与支护特性曲线放在同坐标系统上来考察,由此得到的曲线图称为支护特性曲线与围岩特性曲线关系,如图 6-26 所示。

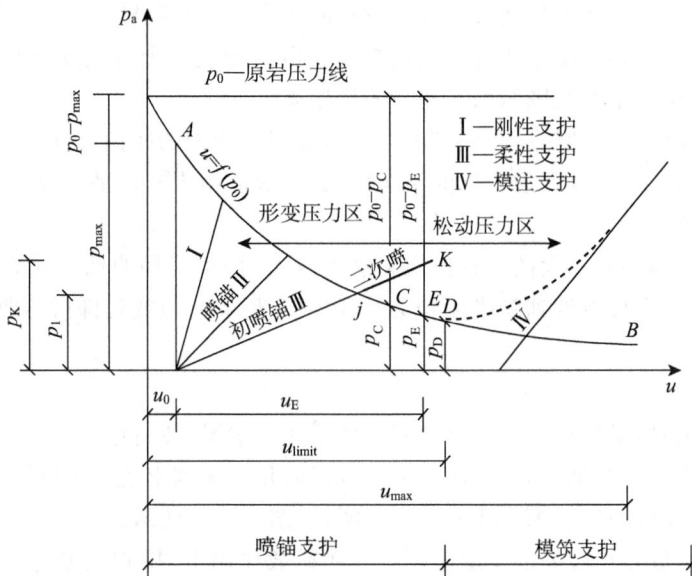

图 6-26　支护特性曲线与围岩特性曲线关系

（1）隧道开挖后,如支护特别快,且支护刚度又很大,没有或很少变形,则在图中 A 点取得平衡,支护需提供很大支护力 p_{max},围岩仅负担产生弹性变形 u_0 的压力 $p_0 - p_{max}$,故刚度大的支护是不合理的(不经济)。

（2）如隧道开挖后不加支护,或支护很不及时,也就是允许围岩自由变形。在图中是曲线

DB,这时洞室周边位移达到最大值 u_{max},支护压力很小或接近于 0。这在实际中也是不允许的,因为实际上周边位移达到某一位移值时,围岩就会出现松弛、散落、坍塌的情况。这时,围岩对支护的压力不是形变压力,而是围岩坍塌下来的岩石重量,即松动压力,此时,已不适于施作喷锚支护,只能按传统施工方法施作模筑混凝土衬砌。

（3）较佳的支护工作点应当在 D 点以左,邻近 D 点处,如图中的 E 点。在该点附近既能让围岩产生较大的变形（$u_0 + u_E$）,较多的分担岩体压力（$p_0 - p_E$）,较小的支护分担的形变压力（p_E）,又保证围岩不产生松弛、失稳,局部岩石脱落、坍塌的现象。合理的支护与施工,就应该掌握在该点附近。实际施工中,一般是分两次进行支护的。第一次在洞室开挖后,尽可能及时进行初期支护和封闭,保证周边不产生松弛和坍塌,并让围岩在有控制的条件下变形,通过对围岩变形的监测,掌握洞室周边位移和岩体支护变形情况,待位移和变形基本趋于稳定时,再进行第二次支护（达到图中 C 点的附近）,随着围岩和支护的徐变,支护和形变压力将发展到 p_E,支护和围岩在最佳工作点 E 处共同承受围岩形变压力,围岩承受的压力值为（$p_0 - p_E$）,支护承受的压力值为 p_E,支护承载力尚有值为（$p_K - p_E$）的安全余量。

6.6 半衬砌结构的计算

隧道衬砌结构计算的目的,在于求得外荷载在衬砌截面上产生的内力,据此检算其强度,从而检查拟定的断面尺寸是否安全可靠。目前整体式衬砌多为拱形结构,其最基本的类型为半衬砌、直墙拱形衬砌、曲墙拱形衬砌。

岩层较坚硬、岩石整体性好而节理又不发育的稳定或基本稳定的围岩,通常采用半衬砌结构。半衬砌结构只作拱圈,不作边墙。它仅在毛洞顶部构筑一个直接支承在围岩上的拱圈承受围岩压力,两侧构筑不承受围岩水平压力的构造墙。

直墙拱形衬砌由拱圈、竖直边墙和底板组成,衬砌与围岩的超挖部分进行了密实回填。直墙拱形衬砌是我国较早和较普遍采用的结构形式,一般适用于有水平压力不大的岩层中,也可用于稳定性较差的岩层中。

曲墙拱形衬砌当遇到较大的垂直压力和水平压力时,可采用曲墙式衬砌。如果洞室底部为软弱地层,有涌水现象或遇到膨胀性岩层时,则应采用有底板或带仰拱的曲墙式衬砌。

6.6.1 计算简图

选择计算简图时,必须切实反映出结构工作的实际情况,使得结果与实际受力状态足够接近,同时,忽略一些次要的细节,使得计算工作得以简化。根据上述基本原则,具体分析半衬砌的实际工作状态,即可确定较为合适的计算简图,如图 6 - 27 所示。

由于拱脚直接放置在较好的岩层上,因此,在荷载作用下,拱脚变形将受到岩层的弹性约束（即岩层将随拱脚一起变形）,且假定其变形符合温克尔（Winkler）假设。这种约束既非铰接,又非完全刚性固定,而是介于两者之间的"弹性固定"。鉴于拱脚与岩层间存在较大的摩擦力,故认为拱脚不能产生径向位移。所以,固定在岩层上的半衬砌的拱脚只能产生转动和沿拱轴切向方向的位移。

由于半衬砌是修建在水平压力很小或无水平压力的围岩中,因此,作用在衬砌上的主动荷载,仅有围岩压力、衬砌自重、回填材料重量等。半衬砌结构的拱圈矢跨比较小（1/6~1/4）,故在上述各种荷载作用下,拱圈的绝大部分位于脱离区,因此,可不考虑弹性抗力的影响,这样考虑后,计算结果偏于安全。计算简图见图 6-28 所示。

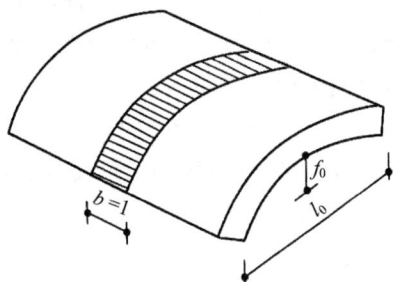

图 6-27 衬砌计算单元

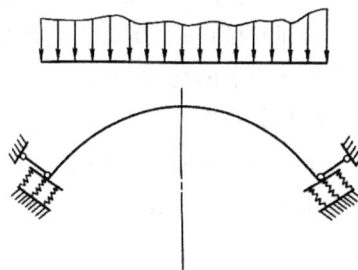

图 6-28 计算简图

6.6.2 拱圈内力计算的基本方程式

对于荷载和结构沿轴线对称分布的情况,可只取一半来进行计算,其基本计算结构如图 6-29 所示,为二次超静定结构,拱顶截面处仅有多余未知力 X_1(弯矩)、X_2(轴力),现规定图中所示未知力方向为正,拱脚截面的转角以向拱外转为正,水平位移以向外移为正,反之为负。

在对称问题中,两拱脚的位移也是对称的,其中转角为 β_0,水平位移为 u_0,垂直位移 v_0,在对称问题中仅使拱圈产生刚体下沉,对内力并无影响。根据拱顶切开处的截面相对变位为 0 的条件,可建立两个变位协调方程式:

$$\left.\begin{array}{l} X_1\delta_{11} + X_2\delta_{12} + \Delta_{1p} + \beta_0 = 0 \\ X_1\delta_{21} + X_2\delta_{22} + \Delta_{2p} + u_0 + f\beta_0 = 0 \end{array}\right\} \qquad (6-21)$$

式中　δ_{ik}——拱顶截面处的单位变位,即基本结构中,悬臂端在 $X_k = 1$ 作用下,沿未知力 X_i 方向产生的变化($i, k = 1, 2$)。由位移互等定理知 $\delta_{ik} = \delta_{ki}$;

　　Δ_{ip}——拱顶截面处的荷载变位,即基本结构中,在外荷载作用下,沿未知力 X_i 方向产生的变化($i = 1, 2$);

　　β_0、u_0——分别为拱脚截面总弹性转角及总水平位移。

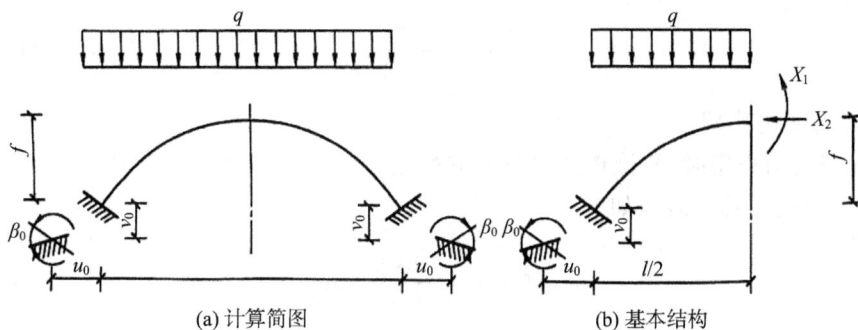

(a) 计算简图　　(b) 基本结构

图 6-29 计算简图及基本结构

6.6.3 拱脚位移计算

对于拱脚位移的计算,应根据以下两个假设来进行:① 拱脚与围岩支承面间的应力与变形关系,符合局部变形理论,支承面变形后仍为平面;② 拱脚与围岩支承面存在着足够大的摩擦力,足以平衡该面上的剪力,从而可认为不产生沿该面方向的变位。

1)单位力矩作用

如图 6-30 a 所示,在 $M_A = 1$ 作用下,拱脚截面绕中心点 A 转过一个角度 β_1,则拱脚围岩边缘产生的法向应力 σ_1 和相应该应力方向的变位 y_1 为

$$\sigma_1 = \frac{M_A}{W_A} = \frac{6}{bd_n^2} \ , \ y_1 = \frac{\sigma_1}{k_d} = \frac{6}{k_d b d_n^2} \tag{6-22}$$

拱脚截面绕中心点转过一个角度 β_1,中心点不产生水平位移,因此有

$$\beta_1 = \frac{y_1}{\dfrac{d_n}{2}} = \frac{12}{k_d b d_n^3} = \frac{1}{k_d I_n} \ , \ u_1 = v_1 = 0 \tag{6-23}$$

式中　d_n——拱脚截面厚度;

　　　b——拱脚截面纵向单位宽度,取 1 m;

　　　I_n——拱脚截面惯性矩;

　　　k_d——拱脚围岩基底弹性抗力系数。

2)单位水平力作用

单位水平力 $H_A = 1$ 可以分解为轴向分力 $1 \times \cos \varphi_n$ 和切向分力 $1 \times \sin \varphi_n$,因此,计算时只需要考虑轴向分力的影响,如图 6-30 b 所示,则作用在拱脚支承面上的均匀法向压应力 σ_2 和相应的法向位移 y_2 为

$$\sigma_2 = \frac{\cos \varphi_n}{bd_n} \ , \ y_2 = \frac{\cos \varphi_n}{k_d b d_n} \tag{6-24}$$

式中　φ_n——拱脚截面与竖直线间的夹角。

法向位移的水平投影和垂直投影即水平位移和垂直位移,同时均匀沉降时不产生转动,因此有

$$\beta_2 = 0, u_2 = \frac{\cos^2 \varphi_n}{k_d d_n} \tag{6-25}$$

3)单位竖直力作用

有单位竖直力作用时,其计算过程与上节类似,因此,在单位竖直力 $V_A = 1$ 作用下,如图 6-30c 所示,拱脚位移可表示如下

$$\beta_3 = 0 \ , \ u_3 = \frac{\cos \varphi_n}{k_d d_n} \sin \varphi_n \tag{6-26}$$

4)外荷载作用

在外荷载作用下,基本结构中 A 点处产生弯矩 M_p^0 和轴力 N_p^0,如图 6-30d 所示,则利用前述结果叠加后,拱脚位移可表示如下

$$\beta_p = M_p^0 \beta_1 = \frac{M_p^0}{k_d I_n} \\ u_p = M_p^0 u_1 + \frac{N_p^0 \cos \varphi_n}{k_d I_n} = \frac{N_p^0 \cos \varphi_n}{k_d I_n} \Bigg\} \qquad (6-27)$$

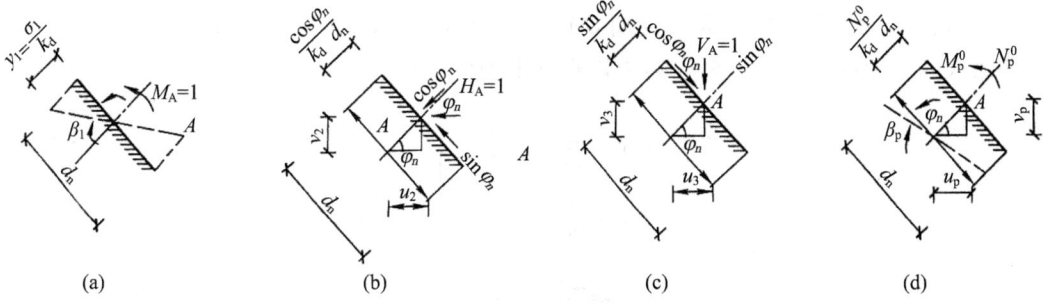

图 6-30　拱脚围岩支承面变位

6.6.4　拱圈单位变位及荷载变位

假设轴向力与剪力影响忽略不计,则由结构力学求曲梁变位的方法知:

$$\delta_{ik} = \int \frac{M_i M_k}{EI} ds \\ \Delta_{ip} = \int \frac{M_i M_p}{EI} ds \Bigg\} \qquad (6-28)$$

式中　M_i——基本结构在 $X_i = 1$ 作用下产生的弯矩;

　　　　M_k——基本结构在 $X_k = 1$ 作用下产生的弯矩;

　　　　M_p——基本结构在外荷载作用下产生的弯矩;

　　　　EI——结构的抗弯刚度。

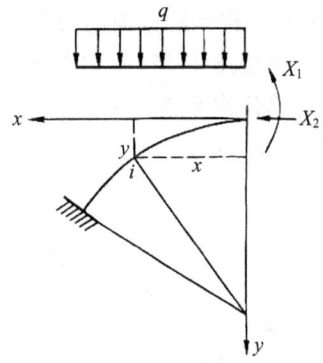

图 6-31　基本结构悬臂端变位计算图

在进行具体计算时,当结构、荷载对称时,只需要计算半个拱圈,如图 6-31 所示,在很多情况下,衬砌厚度是变化的,将给积分造成困难,这时可将拱圈分成偶数段,用抛物线近似积分

法代替,便可得到变位积分的近似计算公式:

$$\left.\begin{aligned}
\delta_{ik} &\approx \frac{\Delta s}{E} \sum \frac{M_i M_k}{I} \\
\Delta_{ip} &\approx \frac{\Delta s}{E} \sum \frac{M_i M_p}{I}
\end{aligned}\right\}$$ (6-29)

式中 当 $X_1 = 1$ 时,$M_1 = 1$;当 $X_2 = 1$ 时,$M_2 = y$;当 $X_3 = 1$ 时,$M_3 = -x$。

利用式(6-29),并参照图 6-32,可以得到下列变位:

$$\left.\begin{aligned}
\delta_{11} &= \frac{\Delta s}{E} \sum \frac{1}{I} \\
\delta_{12} &= \frac{\Delta s}{E} \sum \frac{y}{I} \\
\delta_{22} &= \frac{\Delta s}{E} \sum \frac{y^2}{I} \\
\Delta_{1p} &= \frac{\Delta s}{E} \sum \frac{M_p}{I} \\
\Delta_{2p} &= \frac{\Delta s}{E} \sum \frac{y M_p}{I}
\end{aligned}\right\}$$ (6-30)

式中 Δs ——半拱弧长 n 等分后的每段弧长。

对称问题的拱脚变位如图 6-33 所示,根据变位叠加原理,可以得到 β_0、u_0 的表达式:

$$\left.\begin{aligned}
\beta_0 &= X_1 \beta_1 + X_2 (\beta_2 + f\beta_1) + \beta_p \\
u_0 &= X_1 u_1 + X_2 (u_2 + fu_1) + u_p
\end{aligned}\right\}$$ (6-31)

式中 $X_1 \beta_1$ ——由拱顶截面弯矩 X_1 引起的拱脚截面转角;

$X_2 (\beta_2 + f\beta_1)$ ——由拱顶截面水平推力 X_2 引起的拱脚截面转角;

$X_1 u_1$ ——由拱顶截面弯矩 X_1 引起的拱脚截面水平位移;

$X_2 (u_2 + fu_1)$ ——由拱顶截面水平推力 X_2 引起的拱脚截面水平位移;

β_p、u_p ——外荷载作用下,基本结构拱脚截面的转角及水平位移;

β_1、u_1 ——拱脚截面处作用有单位弯矩 $M_A = 1$ 时,该截面的转角及水平位移;

β_2、u_2 ——拱脚截面处作用有单位水平推力 $H_A = 1$ 时,该截面的转角及水平位移,由位移互等定理可知 $\beta_2 = u_1$;

f ——拱轴线矢高。

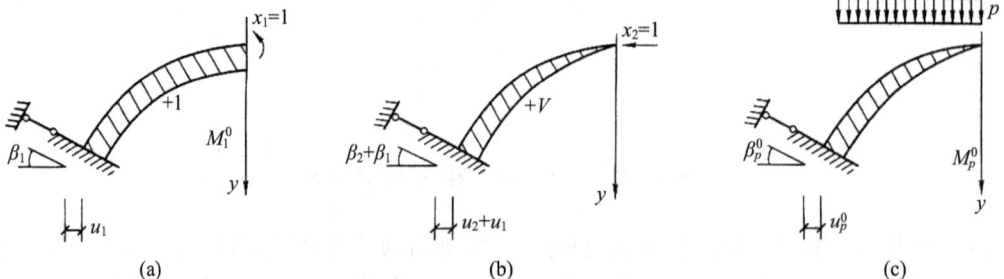

图 6-32 单位变位及荷载计算

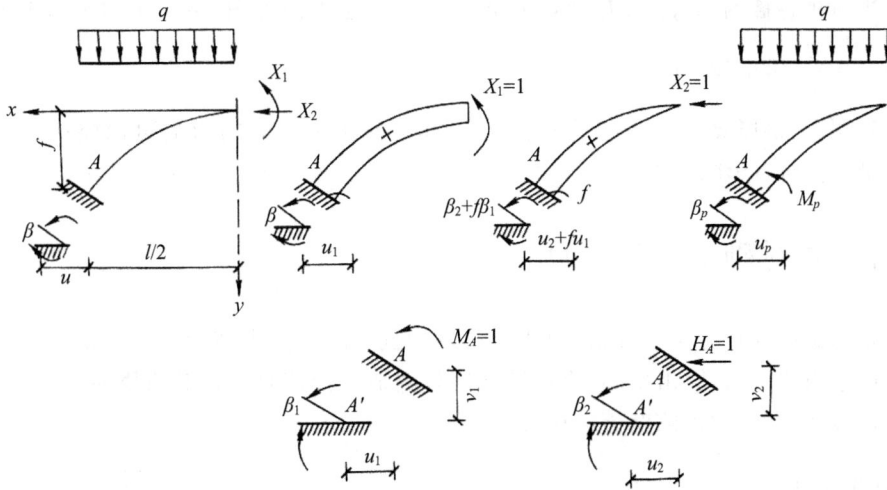

图 6-33 对称问题的拱脚变位

将式(6-27)、式(6-31)代入式(6-21)中,并注意到$\delta_{12}=\delta_{21}$,$\beta_2=u_1$经整理得求解多余未知力 X_1、X_2 的方程组

$$\left.\begin{aligned} a_{11}X_1+a_{12}X_2+a_{10}=0 \\ a_{12}X_1+a_{22}X_2+a_{20}=0 \end{aligned}\right\} \qquad (6-32)$$

式中
$$\left.\begin{aligned} a_{11}&=\delta_{11}+\beta_1 \\ a_{12}&=a_{21}=\delta_{12}+\beta_2+f\beta_1=\delta_{21}+u_1+f\beta_1 \\ a_{22}&=\delta_{22}+u_2+2f\beta_2+f^2\beta_1 \\ a_{10}&=\Delta_{1p}+\beta_p \\ a_{20}&=\Delta_{2p}+f\beta_p+u_p \end{aligned}\right\}$$

式(6-32)中的系数 $a_{ik}(i,k=1,2)$ 的物理意义是:基本结构取为弹性固定悬臂梁时的单位变位;$a_{i0}(i=1,2)$ 为荷载变位。

解式(6-32),可以得到多余未知力为

$$\left.\begin{aligned} X_1&=\frac{a_{20}a_{12}-a_{10}a_{22}}{a_{11}a_{22}-a_{12}^2} \\ X_2&=\frac{u_{10}u_{12}-u_{20}u_{11}}{a_{11}a_{22}-a_{12}^2} \end{aligned}\right\} \qquad (6-33)$$

对于任意拱圈截面 i 内的内力,根据静力平衡条件,对于弯矩 M_i,假设以截面内缘受拉为正,轴力 N_i 以截面受压为正,则任意截面的内力为

$$\left.\begin{aligned} M_i&=X_1+X_2y_i\mp x_3x_i+M_{ip}^0 \\ N_i&=X_2\cos\varphi_i\pm X_3\sin\varphi_i+N_{ip}^0 \end{aligned}\right\} \qquad (6-34)$$

式中 M_{ip}^0、N_{ip}^0 ——外荷载作用下基本结构任意截面 i 处产生的弯矩、轴力;

φ_i——基本结构任意截面 i 与竖直线间的夹角。

111

求出半衬砌各截面的弯矩 M_i 和轴力 N_i 后,即可绘出内力图,并确定出危险截面。同时用偏心距 $e=\dfrac{M_i}{N_i}$ 示出偏心图。

计算表明,当拱厚 $d<l/10$(l 为拱的跨度)时,曲率和剪力的影响可以略去。当矢跨比 $f/l>1/3$ 时,轴向力影响可以略去。

6.7 直墙式衬砌结构的计算

直墙式衬砌的计算方法很多,如力法、位移法及链杆法等,本节仅介绍力法。这种直墙式衬砌广泛用于道路隧道,它由拱圈、直边墙和底板组成。计算时仅计算拱圈及直边墙,底板不进行衬砌计算,需要时按道路路面结构计算。

6.7.1 计算原理

拱圈按弹性无铰拱计算,拱脚支承在边墙上,边墙按弹性地基上的直梁计算,并考虑边墙与拱圈之间的相互影响,如图 6-34 所示。由于拱脚并非直接固定在岩层上,而是固定在直墙顶端,所以拱脚弹性固定的程度取决于墙顶的变形。拱脚有水平位移、垂直位移和角位移,墙顶位移与拱脚位移一致。当结构对称和荷载对称时,垂直位移对衬砌内力没有影响,计算中只需考虑水平位移与角位移。边墙支承拱圈并承受水平围岩压力,可看做置于侧向弹性抗力系数为 k 的弹性地基上的直梁。有扩大基础时,其高度一般不大,可以不计其影响。由于边墙高度远远大于底部宽度,对基础的作用可以看作是置于基底弹性抗力系数为 k_a 的弹性地基上的刚性梁。

衬砌结构在主动荷载(围岩压力和自重等)的作用下,拱圈顶部向坑道内部产生位移,如图 6-35 所示,这部分结构能自由变形,没有围岩弹性抗力。拱圈两侧压向围岩,形成抗力区,引起相应的弹性抗力。在实际施工中,拱圈上部间隙一般很难做到回填密实,因而拱圈弹性抗力区范围一般不大。弹性抗力的分布规律及大小与多种因素有关。由于拱圈是弹性地基上的曲梁,尤其是曲梁刚度改变时,其计算非常复杂,因而采用假定抗力分布图形法。直墙式衬砌拱圈变形计算时可认为按二次抛物线形状分布。如图 6-34 所示,上零点 φ_b 位于 $45°\sim55°$ 之间,最大抗力 σ_h 在直边墙的顶面(拱脚)n 处,b、n 间任一点 i 处的抗力为 φ_i 的函数,即

$$\sigma_i=\frac{\cos^2\varphi_b-\cos^2\varphi_i}{\cos^2\varphi_b-\cos^2\varphi_h}\sigma_h \qquad (6-35)$$

当 $\varphi_b=45°$,$\sigma_h=90°$ 时,上式可简化为

$$\sigma_i=(1-2\cos^2\varphi_i)\sigma_h \qquad (6-36)$$

弹性抗力引起的摩擦力,可由弹性抗力乘摩擦系数 μ 求得,但通常可以忽略不计。弹性抗力 σ_i(或 σ_h)为未知数,但可根据温克尔假定建立变形条件,增加一个 $\sigma_i=k\delta_i$ 的方程式。

由上述可知,直墙式衬砌的拱圈计算原理与 6.6.2 节拱圈计算原理相同,可以参照相应公式计算。

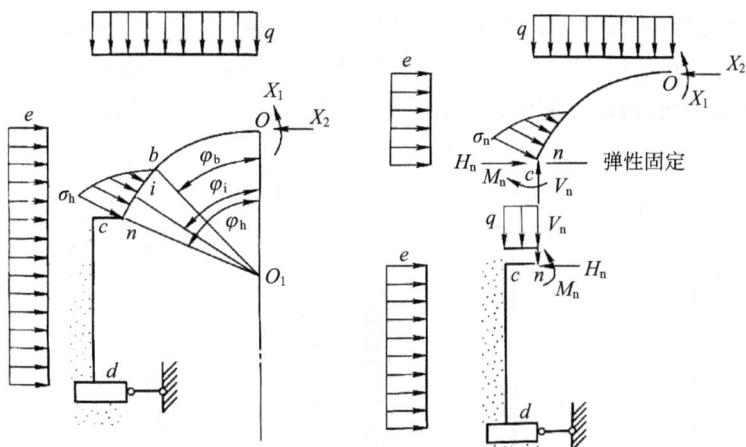

图 6-34 对称问题基本结构的左半部

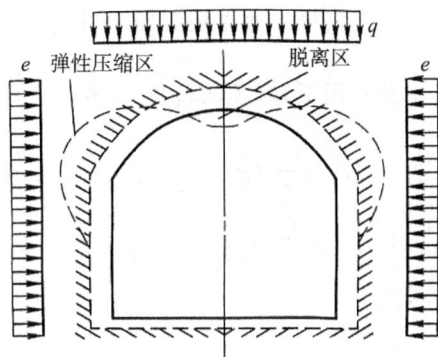

图 6-35 主动荷载作用下的衬砌变形

6.7.2 边墙的计算

由于拱脚不是直接支承在围岩上,而是支承在直边墙上,所以直墙式衬砌的拱圈计算的拱脚位移,需要考虑边墙变位的影响。直边墙的变形和受力状况与弹性地基梁类似,可作为弹性地基上的直梁计算。墙顶(拱脚)变位与弹性地基梁(边墙)的弹性特征值及换算长度 $\lambda = ah$ 有关,按 λ 可以分为三种情况:边墙为短梁($1 < \lambda < 2.75$)、边墙为长梁($\lambda \geqslant 2.75$)、边墙为刚性梁($\lambda \leqslant 1$)。

1)边墙为短梁

短梁的一端受力及变形会对另一端产生影响,所以计算墙顶变位时,要考虑墙脚的受力和变形影响。

设直边墙(弹性地基梁)墙顶中心 c 处作用有拱脚传来的力矩 M_c、水平力 H_c、垂直力 V_c 以及作用于墙身的按梯形分布的主动侧压力。求墙顶产生的转角 β_{cp}^0 及水平位移 u_{cp}^0,然后即可按之前的方法求出拱圈的内力及位移。由于垂直力 V_c 对墙变位仅在有基底加宽时产生影响,而目前直墙式衬砌的边墙基底一般均不加宽,所以不需考虑。根据弹性地基上直梁的计算公式(详见《基础工程》等相关教材)可以求得边墙任一截面的位移 y、转角 θ、弯矩 M 和剪力 H,

113

再结合墙底的弹性固定条件,得到墙底的位移和转角。这样就可以求得墙顶的单位变位和荷载(包括围岩压力及抗力)变位。由于短梁一端荷载对另一端的变形有影响,墙脚的弹性固定状况对墙顶变形必然有影响,所以计算公式的推导是复杂的。下面仅给出结果,如图 6-36 所示。

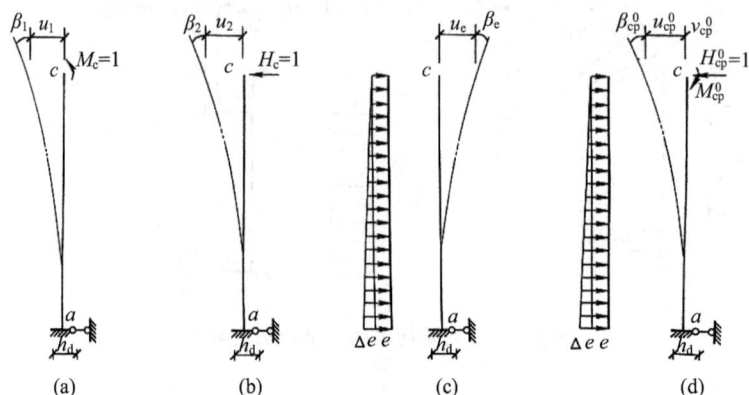

图 6-36 边墙为短梁的计算

墙顶在单位弯矩 $M_c=1$ 单独作用下,墙顶的转角 β_1 和水平位移 u_1 为

$$\left.\begin{array}{l} \beta_1=\dfrac{4a^3}{\zeta}(\varphi_{11}+\varphi_{12}\xi) \\[2mm] u_1=\dfrac{2a^2}{\zeta}(\varphi_{13}+\varphi_{11}\xi) \end{array}\right\} \qquad (6-37)$$

其中,

$$\xi=\frac{k}{2a^3}\beta_d=\frac{6}{\eta h_d^3 a^3}; \quad \eta=\frac{k_d}{k}; \quad \zeta=k(\varphi_9+\varphi_{10}\xi)$$

墙顶在单位水平力 $H_c=1$ 单独作用下,墙顶的转角 β_2 和水平位移 u_2 为

$$\left.\begin{array}{l} \beta_2=u_1=\dfrac{2a^2}{\zeta}(\varphi_{13}+\varphi_{11}\xi) \\[2mm] u_2=\dfrac{2a}{\zeta}(\varphi_{10}+\varphi_{13}\xi) \end{array}\right\} \qquad (6-38)$$

在主动侧压力作用下,墙顶的转角 β_e 和水平位移 u_e 为

$$\left.\begin{array}{l} \beta_e=-\dfrac{ae}{\zeta}(\varphi_4+\varphi_3\xi)-\dfrac{a\times\Delta e}{\zeta}\left[\left(\varphi_4-\dfrac{\varphi_{14}}{\lambda}\right)+\xi\left(\varphi_3-\dfrac{\varphi_{10}}{\lambda}\right)\right] \\[2mm] u_e=-\dfrac{e}{\zeta}(\varphi_{14}+\varphi_{15}\xi)-\dfrac{\Delta e}{\zeta}\left(\dfrac{\varphi_2}{2\lambda}-\varphi_1+\xi\dfrac{\varphi_4}{2}\right) \end{array}\right\} \qquad (6-39)$$

式中 λ——边墙换算高度,$\lambda=ah_c$,a 为衬砌边墙的弹性特征值,$a=\sqrt[4]{\dfrac{k}{4E_cI_c}}$,

h_c 为边墙计算高度,E_cI_c 为边墙抗弯刚度;

h_d——墙底截面宽度;

114

β_d ——基底作用有单位力矩时产生的转角，$\beta_d = \dfrac{1}{k_d I_d}$ ；

k_d、k ——基底、侧向弹性抗力系数；

φ_1、$\varphi_2 \cdots\cdots \varphi_{15}$ ——计算参数，按下式计算：

$$\varphi_1 = \operatorname{ch} ax \cos ax \ , \ \varphi_2 = \operatorname{ch} ax \sin ax + \operatorname{sh} ax \cos ax \ , \ \varphi_3 = \operatorname{sh} ax \sin ax \ ,$$

$$\varphi_4 = \operatorname{ch} ax \sin ax - \operatorname{sh} ax \cos ax \ , \ \varphi_5 = (\operatorname{ch} ax - \operatorname{sh} ax)(\cos ax - \sin ax) \ ,$$

$$\varphi_6 = \cos ax (\operatorname{ch} ax - \operatorname{sh} ax) \ , \ \varphi_7 = (\operatorname{ch} ax - \operatorname{sh} ax)(\cos ax + \sin ax) \ ,$$

$$\varphi_8 = \sin ax (\operatorname{ch} ax - \operatorname{sh} ax) \ , \ \varphi_9 = \frac{1}{2}(\operatorname{ch}^2 ax + \cos^2 ax) \ , \ \varphi_{10} = \frac{1}{2}(\operatorname{sh} ax \operatorname{ch} ax - \sin ax \cos ax) \ ,$$

$$\varphi_{11} = \frac{1}{2}(\operatorname{sh} ax \operatorname{ch} ax + \sin ax \cos ax) \ , \ \varphi_{12} = \frac{1}{2}(\operatorname{ch}^2 ax - \sin^2 ax) \ , \ \varphi_{13} = \frac{1}{2}(\operatorname{sh}^2 ax + \sin^2 ax) \ ,$$

$$\varphi_{14} = \frac{1}{2}(\operatorname{ch} ax - \cos ax)^2 \ , \ \varphi_{15} = \frac{1}{2}(\operatorname{sh} ax + \sin ax)(\operatorname{ch} ax - \cos ax)$$

墙顶单位变位求出后，包括主动荷载及被动荷载使墙顶产生的转角及水平位移，因此由基本结构传来的拱部外荷载即可求出。当基础无扩展时，墙顶位移为

$$\left.\begin{array}{l} \beta_{cp}^0 = M_{cp}^0 \beta_1 + H_{cp}^0 \beta_2 + e\beta_e \\ u_{cp}^0 = M_{cp}^0 u_1 + H_{cp}^0 u_2 + eu_e \end{array}\right\} \tag{6-40}$$

墙顶截面的弯矩 M_c、水平力 H_c、转角 β_c、水平位移 u_c 为

$$\left.\begin{array}{l} M_c = M_{cp}^0 + X_1 + X_2 f \\ H_c = H_{cp}^0 + X_2 \\ \beta_c = X_1 \beta_1 + X_2(\beta_2 + f\beta_1) + \beta_{cp}^0 \\ u_c = X_1 u_1 + X_2(u_2 + fu_1) + u_{cp}^0 \end{array}\right\} \tag{6-41}$$

以 M_c、H_c、β_c、u_c 为初参数，即可由初参数方程求得距墙顶为 x 的任一截面的内力和位移。若边墙上无侧压力作用，即 $e = 0$，则有

$$\left.\begin{array}{l} M = -\dfrac{k}{2a^2} u_c \varphi_3 + \dfrac{k}{4a^3} \beta_c \varphi_4 + M_c \varphi_1 + \dfrac{1}{2a} H_c \varphi_2 \\[2mm] H = -\dfrac{k}{2a} u_c \varphi_2 + \dfrac{k}{4a^3} \beta_c \varphi_3 + M_c a \varphi_4 + H_c \varphi_1 \\[2mm] \beta_c = u_c a \varphi_4 + \beta_c \varphi_1 + \dfrac{2a^3}{k} M_c \varphi_2 - \dfrac{2a^2}{k} H_c \varphi_3 \\[2mm] u_c = u_c \varphi_1 - \dfrac{1}{2a} \beta_c \varphi_2 + \dfrac{2a^2}{k} M_c \varphi_3 + \dfrac{a}{k} H_c \varphi_4 \end{array}\right\} \tag{6-42}$$

2）边墙为长梁

换算长度 $\lambda \geqslant 2.75$ 时，可将边墙视为弹性地基上的半无限长梁（简称长梁）或柔性梁，近似认为 $\lambda = \infty$。此时边墙具有柔性，可以认为墙顶的受力（除垂直之外）和变形对墙底没有影响。这种衬砌应用于较好围岩中，不考虑水平围岩压力作用。由于墙底的固定情况对墙顶的位移

没有影响,故墙顶单位位移可以简化为

$$\left.\begin{array}{l} \dfrac{\beta_1}{2a^2} = \dfrac{\beta_2}{a} = \dfrac{u_1}{a} = u_2 = \dfrac{2a}{k} \\[3mm] \beta_e = -\dfrac{ae}{\zeta}(\varphi_4 + \varphi_3\xi) \\[3mm] u_e = -\dfrac{e}{\zeta}(\varphi_{14} + \varphi_{15}\xi) \end{array}\right\} \qquad (6-43)$$

3）边墙为刚性梁

换算长度为 $\lambda \leqslant 1$ 时,可近似视为弹性地基上的绝对刚性梁,近似认为 $\lambda = 0$。认为边墙本身不产生弹性变形,在外力作用下只产生刚体位移,即只产生整体下沉和转动。由于墙底摩擦力很大,所以不产生水平位移。当边墙向围岩方向位移时,围岩将对边墙产生弹性抗力,墙底处为 0,墙顶处为最大值 σ_h,中间呈直线分布。墙底面的抗力按梯形分布,如图 6-37 所示。

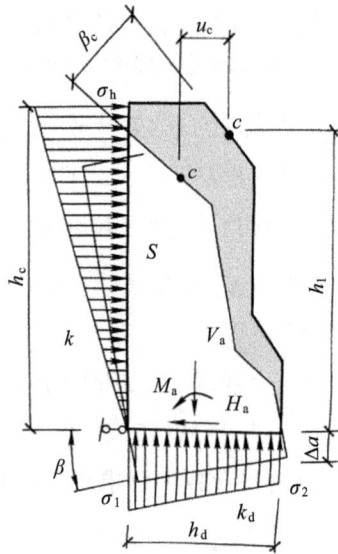

图 6-37　边墙受力

由静力平衡条件,对墙底中点 a 取矩,可得

$$M_a - \left[\frac{\sigma_h h_c^2}{3} + \frac{(\sigma_1 - \sigma_2)h_d^2}{12} + \frac{s h_d}{2}\right] = 0 \qquad (6-44)$$

式中　s——墙外缘由围岩弹性抗力产生的摩擦力,$s = \mu\sigma_h h_c/2$,μ 为衬砌与围岩间的摩擦系数;

　　　　σ_1、σ_2——墙底两边沿的弹性抗力。

由于边墙为刚性,故底面和侧面均有同一转角 β,两者应相等,所以

$$\left.\begin{array}{l} \beta = \dfrac{\sigma_1 - \sigma_2}{k_d h_d} = \dfrac{\sigma_h}{k h_c} \\[3mm] \sigma_1 - \sigma_2 = \eta\sigma_h \dfrac{h_d}{h_c} \end{array}\right\} \qquad (6-45)$$

式中 η——计算系数，$\eta = k_d/k$，对同一围岩,因基底受压面积小,压缩得较密实,可取为1.25。

将式(6-45)中第2个式子代入式(6-44)中,可以得到

$$\sigma_h = \frac{12M_a h_c}{4h_c^3 + \eta h_d^3 + 3\mu h_d h_c^2} = \frac{M_a h_c}{I'_a} \qquad (6-46)$$

式中 I'_a——刚性墙的综合转动惯量,$I'_a = \dfrac{4h_c^3 + \eta h_d^3 + 3\mu h_d h_c^2}{12}$

因此墙侧面的转角为

$$\beta = \frac{\sigma_h}{k h_c} = \frac{M_a}{k I'_a} \qquad (6-47)$$

由此可以求出墙顶处的单位位移及荷载位移。

$M_c = 1$ 作用于 c 点时,$M_a = 1$,故

$$\left. \begin{array}{l} \beta_1 = \dfrac{1}{k I'_a} \\[3mm] u_1 = \beta_1 h_1 = \dfrac{h_1}{k I'_a} \end{array} \right\} \qquad (6-48)$$

式中 h_1——墙底至拱脚 c 点的垂直距离。

$H_c = 1$ 作用于 c 点时,$M_a = h_1$,故

$$\left. \begin{array}{l} \beta_2 = \dfrac{h_1}{k I'_a} = \beta_1 h_1 \\[3mm] u_2 = \beta_2 h_1 = \dfrac{h_1^2}{k I'_a} = \beta_2 h_1^2 \end{array} \right\} \qquad (6-49)$$

主动荷载作用于基本结构时,$M_a = M_{ap}^0$,则

$$\left. \begin{array}{l} \beta_{cp}^0 = \dfrac{M_{ap}^0}{k I'_a} = \beta_1 M_{ap}^0 \\[3mm] u_{cp}^0 = \beta_{cp}^0 h_1 = \dfrac{M_{ap}^0 h_1}{k I'_a} \end{array} \right\} \qquad (6-50)$$

由此可以求出拱顶多余未知力的拱脚处的内力以及边墙任一截面的内力。

6.8 曲墙式衬砌结构的计算

曲墙式衬砌常用于Ⅳ~Ⅴ级围岩中,拱圈和曲边墙作为一个整体按无铰拱计算,施工时仰拱是在无铰拱业已受力之后修建的,因此一般不考虑仰拱对衬砌内力的影响。

6.8.1 计算图式

在主动荷载作用下,顶部衬砌向隧道内变形而形成脱离区,两侧衬砌向围岩方向变形,引

起围岩对衬砌的被动弹性抗力,形成抗力区,如图6-38所示。抗力图形分布规律按结构变形特征作以下假定:

(1)下零点a在墙脚。墙脚处摩擦力很大,无水平位移,故弹性抗力为0。

(2)上零点b(即脱离区与抗力区的分界点)与衬砌垂直对称中线的夹角假定近45°。

(3)最大抗力点h假定发生在最大跨度处附近,计算时一般取$ah \approx \dfrac{2}{3}ab$,为简化计算,可假定在曲墙衬砌分段的接缝上。

(4)抗力图形的分布可按以下假定计算:拱部bh段抗力按二次抛物线分布,任一点的抗力值与最大抗力的关系为

$$\sigma_i = \frac{\cos^2 \varphi_b - \cos^2 \varphi_i}{\cos^2 \varphi_b - \cos^2 \varphi_h} \sigma_h \tag{6-51}$$

边墙ha段的抗力为

$$\sigma_i = \left[1 - \left(\frac{y'_i}{y'_h} \right)^2 \right] \sigma_h \tag{6-52}$$

式中　φ_i、φ_b、φ_h——i、b、h点所在截面与垂直对称轴的夹角;

y'_i——i点所在截面与衬砌外轮廓线的交点至最大抗力点h的距离;

y'_h——墙底外缘至最大抗力点h的垂直距离。

ha段边墙外缘一般都做成直线形,且比较厚,因刚度较大,故抗力分布也可假定为高度呈直线关系。若ha段的一部分外缘为直线形,则可将其分为两部分分别计算,即曲墙段按式(6-52)计算,直边墙段按直线关系计算。

两侧衬砌向围岩方向的变形引起弹性抗力。同时也引起摩擦力s,其大小等于弹性抗力和衬砌与围岩间的摩擦系数的乘积:

$$s_i = \mu \sigma_i \tag{6-53}$$

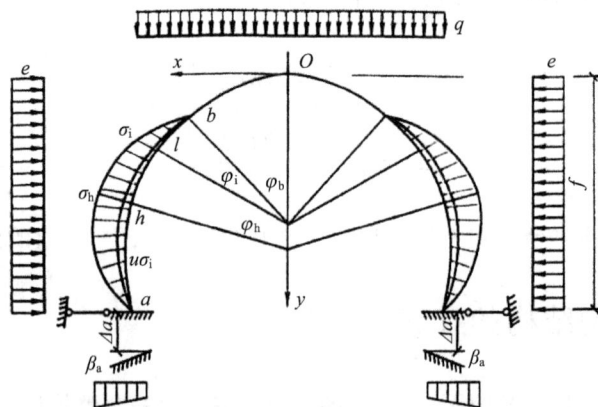

图6-38　按结构变形特征的抗力图形分布

计算表明,摩擦力影响很小,可以忽略不计,而忽略摩擦力的影响是偏于安全的。墙脚弹性固定在地基上,可以发生转动和垂直位移。如前所述,在结构和荷载均对称时,垂直位移对

衬砌内力不产生影响。因此,若不考虑仰拱的作用,则其计算简图如图 6-39 所示。

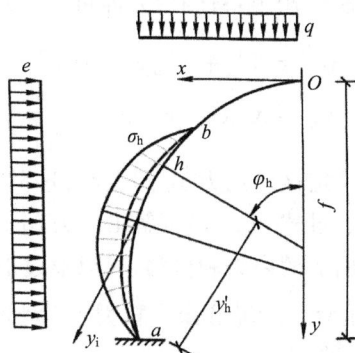

图 6-39 曲墙式衬砌计算简图

6.8.2 主动荷载作用下的力法方程和衬砌内力

取基本结构如图 6-40 所示,未知力为 X_{1p}、X_{2p},根据拱顶截面相对变位为 0 的条件,可以列出力法方程式:

$$\left.\begin{array}{l} X_{1p}\delta_{11} + X_{2p}\delta_{12} + \Delta_{1p} + \beta_a = 0 \\ X_{1p}\delta_{21} + X_{2p}\delta_{22} + \Delta_{2p} + f\beta_a + u_a = 0 \end{array}\right\} \quad (6-54)$$

式中 β_a、u_a ——墙底位移,分别计算 X_{1p}、X_{2p} 和外荷载的影响,然后按照叠加原理相加得到,即

$$\beta_a = X_{1p}\beta_1 + X_{2p}(\beta_2 + f\beta_1) + \beta_{ap}^0 \quad (6-55)$$

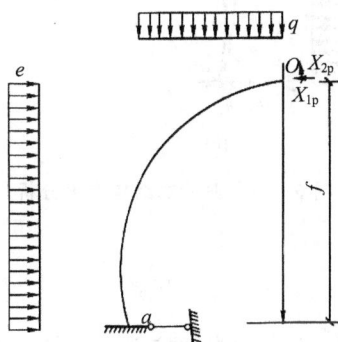

图 6-40 曲墙式衬砌基本结构

由于墙底无水平位移,故 $u_a = 0$,代入式(6-54)整理可得

$$\left.\begin{array}{l} X_{1p}(\delta_{11} + \beta_1) + X_{2p}(\delta_{12} + f\beta_1) + \Delta_{1p} + \beta_{ap}^0 = 0 \\ X_{1p}(\delta_{21} + f\beta_1) + X_{2p}(\delta_{22} + f^2\beta_1) + \Delta_{2p} + f\beta_{ap}^0 = 0 \end{array}\right\} \quad (6-56)$$

式中 δ_{ik}、Δ_{ip} ——基本结构的单位位移和主动荷载位移,$i,k=1,2$,可参照式(6-29)计算;

  β_1 ——墙底单位转角,可参照式(6-23)计算;

  β_{ap}^0 ——基本结构墙底的荷载转角,可参照式(6-27)计算;

f——衬砌的矢高。

求得 X_{1p}、X_{2p} 后,在主动荷载作用下,衬砌内力即可参照式(6-34)计算

$$\left.\begin{aligned} M_{ip} &= X_{1p} + X_{2p}y_i + M_{ip}^0 \\ N_{ip} &= X_{2p}\cos\varphi + N_{ip}^0 \end{aligned}\right\} \qquad (6-57)$$

在实际计算时,还需进一步确定被动抗力 σ_h 的大小,这需要利用最大抗力点 h 处的变形协调条件。在主动荷载作用下,通过式(6-57)可解出内力 M_{ip}、N_{ip},并求出 h 点的位移 δ_{hp},如图 6-41b 所示。在被动抗力作用下的内力和位移,可以通过的 $\bar{\sigma}_h = 1$ 单位弹性抗力图形作为外荷载时所求得的任一截面内力 $\overline{M}_{ip}$、$\overline{N}_{ip}$ 和最大抗力点 h 处的位移 $\delta_{h\sigma}$,如图 6-41c 所示,并利用叠加原理求出 h 点的最终位移:

$$\delta_h = \delta_{hp} + \sigma_k\delta_{h\sigma} \qquad (6-58)$$

由温克尔假定可以得到 h 点的弹性抗力与位移的关系 $\sigma_h = k\delta_h$,代入式(6-58)可得:

$$\sigma_h = \frac{k\delta_{hp}}{1 - k\delta_{h\sigma}} \qquad (6-59)$$

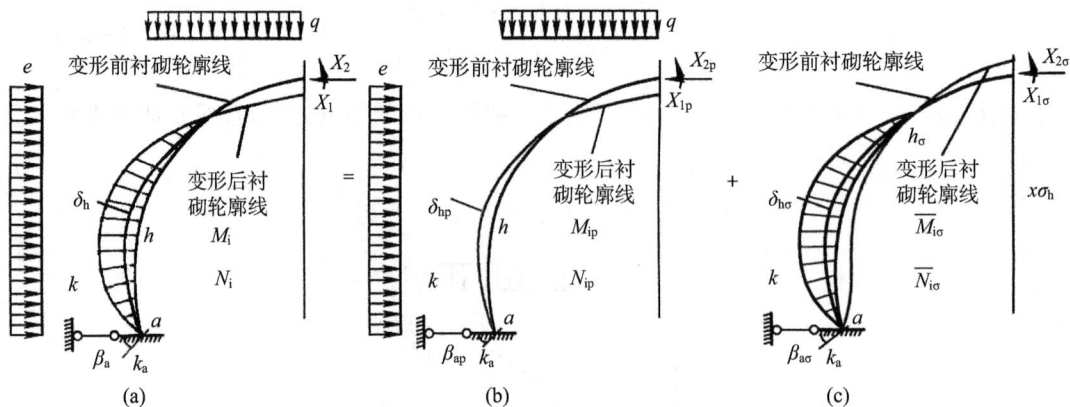

图 6-41　曲墙式结构内力分析

6.8.3　最大抗力值的计算

由式(6-58)、式(6-59)可知,h 点的弹性抗力与位移 δ_h 有关,而位移 δ_h 包含两部分变位 δ_{hp} 和 $\delta_{h\sigma}$,即结构在荷载作用下的变位与因墙底转动所产生的变位之和。前者按结构力学方法,先画出 M_{ip}、$M_{i\sigma}$ 图,如图 6-42a、b 所示,再在 h 点处的所求变位方向上加一单位力 $P=1$,绘出 M_{ih} 图,如图 6-42c 所示,墙底变位在 h 点处产生的位移可由几何关系求出,如图 6-42d 所示。位移可以表示为

$$\left.\begin{aligned} \delta_{hp} &= \int \frac{M_pM_h}{EI}\mathrm{d}s + y_{ah}\beta_{ap} \approx \frac{\Delta s}{E}\sum\frac{M_pM_h}{I} + y_{ah}\beta_{ap} \\ \delta_{h\sigma} &= \int \frac{M_\sigma M_h}{EI}\mathrm{d}s + y_{ah}\beta_{a\sigma} \approx \frac{\Delta s}{E}\sum\frac{M_\sigma M_h}{I} + y_{ah}\beta_{a\sigma} \end{aligned}\right\} \qquad (6-60)$$

式中 β_{ap}——主动荷载作用产生的墙底转角；

$\qquad$ $\beta_{a\sigma}$——单位抗力作用产生的墙底转角；

$\qquad$ y_{ah}——墙底中心 a 至最大抗力截面的垂直距离。

β_{ap}、$\beta_{a\sigma}$ 可参照式(6-27)计算。

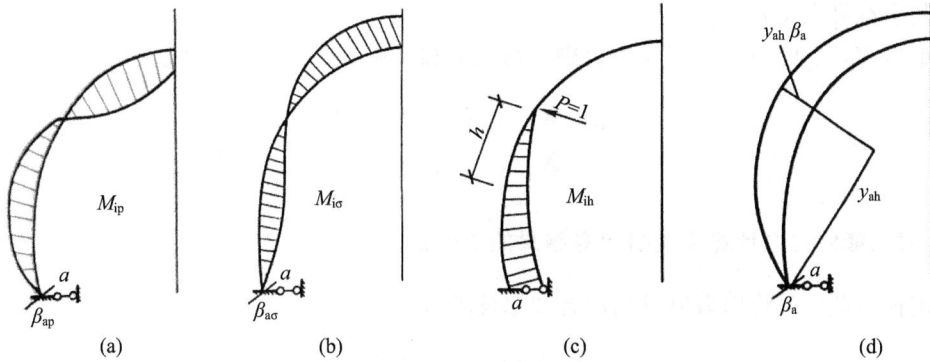

图 6-42   最大抗力值计算

如果 h 点所对应的 $\varphi_h = 90°$，则该点的径向位移和水平位移相差很小，故可视为水平位移。又由于结构与荷载对称时，拱顶截面的垂直位移对 h 点径向位移的影响可以忽略不计，因此，计算该点水平位移时，可以取如图 6-43 所示的结构，使计算得到简化。按照结构力学方法，在 h 点加一单位力 $P=1$，可以求得 δ_{hp} 和 $\delta_{h\sigma}$，即

$$\left. \begin{array}{l} \delta_{hp} = \int \dfrac{M_p(y_h - y)}{EI} ds \approx \dfrac{\Delta s}{E} \sum \dfrac{M_p}{I}(y_h - y) \\[3mm] \delta_{h\sigma} = \int \dfrac{M_\sigma(y_h - y)}{EI} ds \approx \dfrac{\Delta s}{E} \sum \dfrac{M_\sigma}{I}(y_h - y) \end{array} \right\} \qquad (6-61)$$

式中 y_h、y——h 点和任一点 i 的垂直坐标。

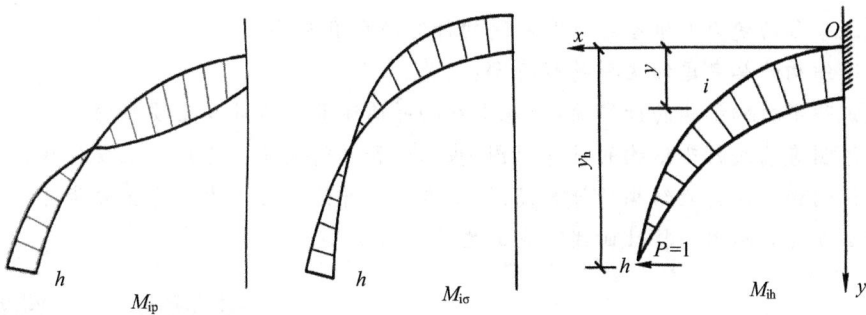

图 6-43   最大抗力值计算的结构

6.8.4   在单位抗力作用下的内力

将 $\bar{\sigma}_h = 1$ 抗力图视为外荷载单独作用时，未知力 $X_{1\sigma}$、$X_{2\sigma}$ 可以参照 X_{1p}、X_{2p} 的求法得出。参照式(6-54)，可以列出力法方程

$$X_{1\sigma}(\delta_{11} + \beta_1) + X_{2\sigma}(\delta_{12} + f\beta_1) + \Delta_{1p} + \beta_{a\sigma}^0 = 0 \atop X_{1\sigma}(\delta_{21} + f\beta_1) + X_{2\sigma}(\delta_{22} + f^2\beta_1) + \Delta_{2p} + f\beta_{a\sigma}^0 = 0 \Bigg\} \tag{6-62}$$

式中　Δ_{1p}、Δ_{2p}——单位抗力图为荷载所引起的基本结构在 $X_{1\sigma}$、$X_{2\sigma}$ 方向的位移；

　　　　$\beta_{a\sigma}^0$——单位抗力图为荷载所引起的基本结构墙底转角，$\beta_{a\sigma}^0 = M_{a\sigma}^0 \beta_1$；

　　　　其余符号意义同前。

解出 $X_{1\sigma}$、$X_{2\sigma}$ 后，即可求出衬砌在荷载单独作用下任一截面内力：

$$M_{i\sigma} = X_{1\sigma} + X_{2\sigma}y_i + M_{i\sigma}^0 \atop N_{i\sigma} = X_{2\sigma}\cos\varphi_i + N_{i\sigma}^0 \Bigg\} \tag{6-63}$$

6.8.5　衬砌最终内力计算及校核计算结果的正确性

衬砌任一截面最终内力值可利用叠加原理求得：

$$M_i = M_{ip} + \sigma_h M_{i\sigma} \atop N_i = N_{ip} + \sigma_h N_{i\sigma} \Bigg\} \tag{6-64}$$

校核计算结果正确性时，可以利用拱顶截面转角和水平位移为 0 条件和最大抗力点 a 的位移条件：

$$\int \frac{M_i}{EI}ds + \beta_a = 0 \atop \int \frac{M_i y_i}{EI}ds + f\beta_a = 0 \atop \int \frac{M_i y_{ih}}{EI}ds + y_{ah}\beta_a = 0 \Bigg\} \tag{6-65}$$

思考题

1. 隧道工程的受力有哪些特点？隧道的计算模型有哪些？
2. 隧道结构计算考虑的主要荷载有哪些？
3. 请说明半衬砌结构的计算简图、基本结构并简述其内力计算主要步骤。
4. 请说明直墙式衬砌结构的计算简图、基本结构并简述其内力计算主要步骤。
5. 请说明曲墙式衬砌结构的计算简图、基本结构并简述其内力计算主要步骤。
6. 什么是支护和围岩特性曲线？它的主要作用是什么？

6-1　隧道衬砌
结构计算课件

6-2　思考题答案

7 新 奥 法

当隧道埋深超过一定深度后,常采用暗挖法施工。暗挖法最初采用传统的矿山法,因矿山法常与钻眼、爆破技术联系在一起,有时也称为钻爆法。20世纪中期创造的新奥法是修建山岭隧道最常用的方法。新奥法的发展给隧道结构带来了深刻的影响,使衬砌结构发生了很大变化。

新奥法施工的基本思想是充分利用围岩的自承能力和开挖面的空间约束作用,把采用锚杆和喷射混凝土作为主要初期支护手段,及时对围岩进行加固,约束围岩的松弛和变形,在此基础上对围岩再施加衬砌作为安全储备,并通过对围岩和支护的量测、监控来指导隧道设计及施工。初期支护、内层衬砌与围岩三者共同构成永久的隧道承载体系。

7.1 传统矿山法

在传统矿山法中,历史上形成的变化方案很多,其中包括全断面法、台阶法、侧壁导坑法等。鉴于我国隧道施工中已很少采用传统矿山法,仅介绍其中具有代表性的上下导坑先拱后墙法和下导坑先拱后墙法。

7.1.1 上下导坑先拱后墙法

上下导坑先拱后墙法简称上下导坑法,是软弱地层中修筑隧道的一种基本的传统方法,也是我国以往修筑隧道采用最广泛的方法之一,它主要用于不稳定的或稳定性较差的Ⅲ～Ⅳ级围岩。

施工顺序(图7-1):开挖下导坑1,并尽快架设木支撑;在下导坑开挖面后30～50 m处开挖上导坑2和架设木支撑,然后上导坑落底3;上、下导坑间开挖漏斗(图中虚线所示),以便于上部开挖出渣。由上导坑向两侧开挖4("扩大"),边开挖边架设扇形木支撑;在扇形支撑之间立拱架模板,浇筑拱圈混凝土(5),边浇筑边顶替、拆除扇形支撑;开挖中层6("落底");左右错开,纵向跳跃开挖马口7、9,每个马口的纵向长度不宜超过拱圈浇筑节长的一半;紧跟马口开挖后,立即架设边墙模板,由下而上浇筑边墙混凝土8、10;挖水沟、铺底(在隧道底部铺设不小于10 cm厚的混凝土)。

应说明的是,上导坑由2和3两部分组成,这是因为在软弱地层中施工时,由于木支撑难以及时支护,拱顶围岩往往会有较大的下沉,所以必须留足沉落量(20～50 cm),这就导致上导坑开挖高度较高,工人施工很不方便,故一般分为上、下两部开挖。

下导坑超前上导坑的距离,应能使下导坑工作面各种作业能够顺利展开,上下导坑的施工彼此互不干扰,一般为50 m以上。

采用此法应注意,开挖马口时应避免拱圈两侧拱脚同时悬空而造成掉拱事故,在墙顶与拱脚的连接处应妥善处理,以尽量保证衬砌的整体性。

上下导坑法的优点是:在拱圈保护下进行拱下各工序作业,施工比较安全;工作面多,便于拉开工序和安排较多的劳力,加快施工进度;当地质发生变化时,改变施工方法容易。其缺点是:开挖两个导坑增加了工程造价,开挖马口时施工干扰大,衬砌整体性差,工序多,不便于施工管理。

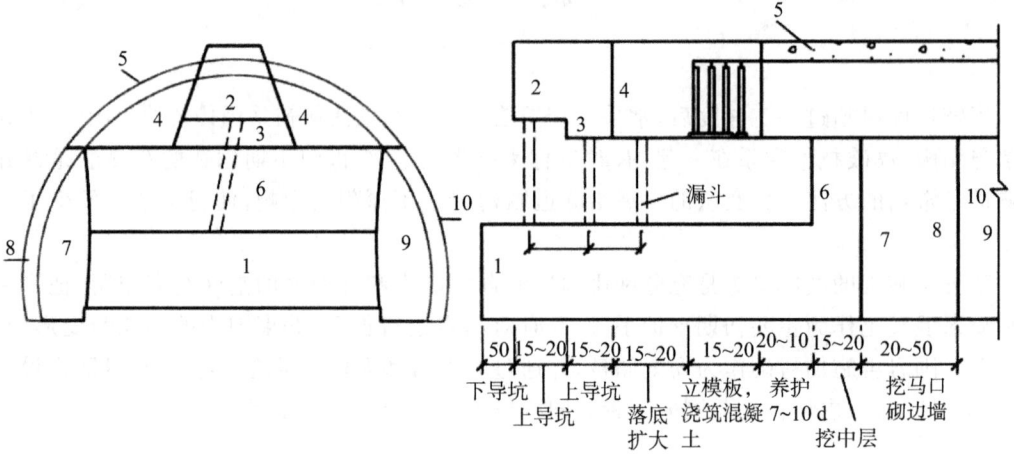

图 7-1　上下导坑先拱后墙法

7.1.2　下导坑先拱后墙法

下导坑先拱后墙法主要用于Ⅱ～Ⅲ级围岩。

施工顺序如图 7-2 所示,以下导坑领先,2、3、4 部开挖完成时,断面如蘑菇形,以后步骤与上下导坑先拱后墙法相同。

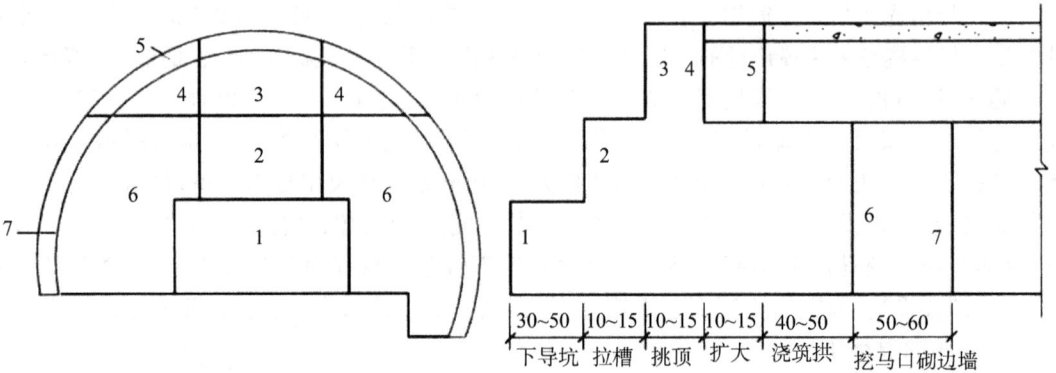

图 7-2　下导坑先拱后墙法

下导坑先拱后墙法有出渣方便、施工安全的优点。其缺点是:消耗的木材钢轨较多,棚架易因爆破受损,挖马口影响施工进度,衬砌的整体性差。

7.2　新奥法

新奥法是由奥地利学者 L. V. Rabcewicz 于 20 世纪 50 年代在总结喷锚支护技术的基础上提出的隧道施工方法,简称 NATM(New Austrian Tunneling Method)。新奥法以锚杆和

124

喷射混凝土作为主要支护手段,通过量测围岩的变形,及时指导施工和设计。

锚喷支护技术与传统的钢木构件支撑技术相比,不仅仅是手段上的不同,更重要的是工程概念的不同,是人们对隧道及地下工程问题的进一步认识和理解。由于锚喷支护技术的应用和发展,导致隧道及地下工程理论步入现代理论的新领域,也使隧道及地下工程的设计和施工更符合地下工程实际,即设计理论 — 施工方法 — 结构(体系)工作状态(结果)的一致。因此,新奥法作为一种施工方法,已在世界范围内得到了广泛的应用。

7.2.1 新奥法施工要点

新奥法是具体应用岩体动态性质的完整工程概念,它是建立在科学实践并经过大量实践所证明的基础之上的。该法的创始人之一利奥波德·米勒(Leopld Muller)曾提出了"新奥法22点原则",现归纳起来主要有以下几点:

(1)在隧道的整个支护体系中,围岩是承载结构的一部分,施工中要合理利用围岩的自承能力,保持围岩的稳定。

(2)隧道开挖时,应尽可能减轻对隧道围岩的扰动或尽可能不破坏围岩的强度,即尽可能使围岩维持原来的应力状态,这就有必要对开挖工作面及时施作防护层(如喷射混凝土等),封闭围岩的节理和裂隙,以防止围岩的松动和坍塌。

(3)允许围岩有一定的变形,初期支护应尽量做成柔性的,以便与围岩紧密接触,共同变形和共同承载,充分发挥围岩的自身承载作用。初期支护大多采用喷射混凝土、锚杆和钢筋网的联合支护形式。这种衬砌在力学上被视为易变形的壳体结构,只能承受较小的弯曲应力,以承受剪应力为主。

(4)洞室开挖后及时施作初期支护,封闭围岩表面,抑制围岩的早期变形,待围岩稳定后,再进行二次衬砌,但遇软弱围岩特别是洞口段衬砌要紧跟,通常二次衬砌可视为附加的安全储备。

(5)隧道的几何形状必须满足在静力学上作为圆筒结构的计算条件,因此,要尽可能使结构做得圆顺(如做成圆形或椭圆形的),不产生突出的拐角,避免产生应力集中现象。同时,尽早使衬砌结构闭合(封底),以形成承载环。

(6)对隧道周边进行位移收敛量测是施工过程中必不可少的一个重要环节,根据现场量测反馈信息及时修改设计和施工方案。

(7)对外层衬砌周围岩体的渗水,要通过足够的"排堵措施"予以解决,如在两层衬砌之间设置中间防水层等。

以上原则是运用新奥法原理制定隧道开挖方法的基本指导思想,其核心是保护围岩,充分发挥围岩的自身承载作用。

7.2.2 新奥法施工程序

采用新奥法施工的隧道,施工时应视其规模、地质条件以及安全合理施工的要求,充分利用现场量测信息指导施工,即通过对施工中量测的数据和对开挖面的地质观察等进行预测和反馈。根据已建立的量测管理基准,对隧道的施工方法(包括特殊的辅助施工方法)、断面开挖步骤及顺序、初期支护的参数等进行合理调整,以保证施工安全、隧道稳定和支护结构的经济性。其施工的基本程序如图7-3所示。

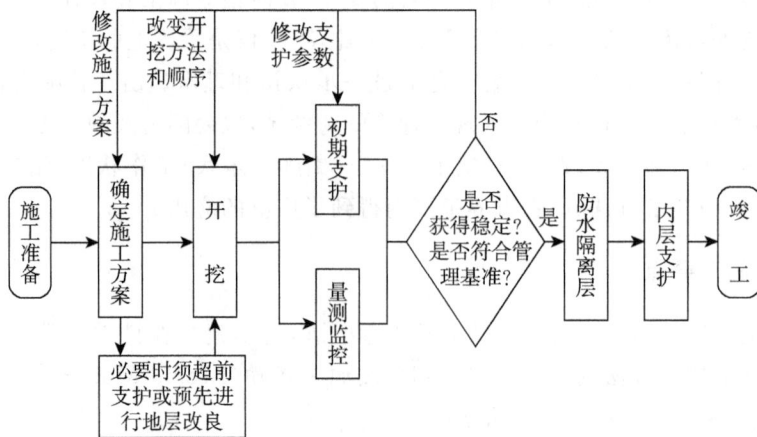

图 7-3 新奥法施工程序

7.2.3 新奥法施工基本原则

根据围岩承载理论,运用岩体力学分析方法,充分考虑围岩在施工过程中的动态变化,采用以"维护围岩的自承能力为基本出发点,锚杆和喷射混凝土为主要支护措施,对围岩与支护的变形和应力量测为监测控制手段,对隧道进行设计和施工"的思路,进一步总结出支护设计的基本原则,即"围岩不稳,支护帮助,遇强则弱,遇弱则强,按需提供,先柔后刚,量测监控,动态调整"。根据这个原则,结合工程经验,新奥法施工的基本原则可概括为"少扰动,早喷锚,勤量测,紧封闭"。

少扰动是指在施工中必须充分保护岩体,尽量减少对其扰动,避免过度破坏岩体的强度。为此,施工中断面分块不宜过多,尽量采用大断面开挖;尽量采用机械掘进;采用钻爆法开挖时,应严格控制爆破,尽量采用光面爆破或预裂爆破;自稳性差的围岩,循环进尺应短一些;初期支护要尽量紧跟开挖面,缩短围岩应力松弛时间。

早喷锚是指开挖后及时施加初期喷锚支护,使围岩的变形进入受控状态。为了充分发挥岩体的承载能力,应允许并控制岩体的变形。允许变形使得围岩中能形成承载环,限制变形使岩体不致过度松弛而丧失或大大降低承载能力。通过调整支护结构的强度、刚度和它参与工作的时间(包括闭合时间)来控制岩体的变形,如采取喷射混凝土、锚杆、钢拱架和模筑混凝土衬砌等不同类型的支护,并及时调整支护时机、支护参数,以求达到最佳的支护效果。必要时采取超前预支护,甚至采取注浆加固措施。

勤量测是指施工中对围岩和支护结构进行动态观察、量测,对围岩和支护结构的稳定性作出正确评价,预测其发展趋势,以便及时调整支护时机、支护参数、开挖方法、施工进度等,确保施工顺利进行。

紧封闭是指为了改善支护结构的受力性能,施工中应尽快闭合,而成为力学意义上封闭的承载环。一方面指初期喷锚支护的早封闭,避免围岩因长期暴露而致使其强度和稳定性衰减;另一方面指适时地进行二次衬砌,二次衬砌原则上是在围岩与初期支护变形基本稳定的条件下修筑的,围岩和支护结构形成一个整体,因此提高了支护体系的安全度。

这里所说的适时衬砌,是指在监测的基础上提前准备,及时衬砌。因为从发现支护不稳到开始二次衬砌,需要进行挂防水板、绑扎钢筋等工序,时间快则3天,慢则1周,尤其是防水板悬挂后支护的变形很难看到。施工人员所说的"快衬砌"就是这个含义。力学意义上封闭的承载环是指围岩与支护结构组成一个整体,形成一个环状结构物,共同承载变形。

7.2.4 隧道开挖方法

在隧道施工中,开挖方法是影响围岩稳定的重要因素之一,因此应在保证围岩稳定或减少对围岩扰动的前提下,选择适当的隧道开挖方法。

按隧道开挖的横断面分布情形来分,隧道开挖方法可分为全断面开挖法、台阶开挖法以及各种分部开挖法等。

1. 全断面法

全断面法是按整个设计掘进断面一次向前挖掘推进的施工方法(图7-4)。

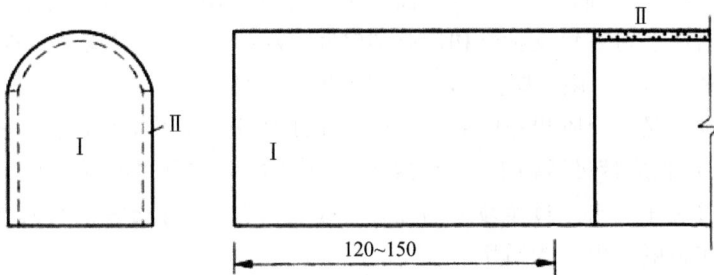

图7-4 全断面施工工序图(m)

Ⅰ—开挖;Ⅱ—支护

全断面法主要适用于围岩稳定性很好(Ⅰ~Ⅲ级围岩)和隧道断面不太大的情况。全断面法的优点是:工序少,相互干扰少,便于组织施工和管理;工作空间大,便于组织大型机械化施工,施工进度快。隧道长度或施工区段长度不宜太短,否则采用大型机械化施工的经济性很差。例如,大瑶山双线隧道用该法施工时,最深钻爆孔眼达5.15 m,复合式衬砌单月成洞达150~240 m。

全断面法施工工序如下:① 用钻孔台车钻眼,然后装药、连接导火线;② 退出钻孔台车,引爆炸药,开挖出整个隧道断面;③ 排除危石;④ 喷射拱圈混凝土,必要时安设拱部锚杆;⑤ 用装渣机将石渣装入运输车辆,运出洞外;⑥ 喷射边墙混凝土,必要时安设边墙锚杆;⑦ 根据需要可喷第二层混凝土和隧道底部混凝土;⑧ 开始下一轮循环;⑨ 通过量测判断围岩和初期支护的变形,待基本稳定后,施作二次模筑混凝土衬砌。

2. 台阶法

台阶法是新奥法施工中主要采用的方法之一,又称正台阶法。它将设计坑道断面内的岩体分为上、下两部分或三部分,在一个作业循环内同时挖出,并始终保持上部分超前于下部分形成一个台阶的开挖方法。随着台阶长度的调整,它几乎可以用于所有的地层,因而是在现场使用的主导方法。根据台阶长度,可区分为长台阶法、短台阶法和微台阶(超短台阶)法三种方式。至于施工中究竟应采用何种台阶法,要根据以下两个条件来确定:

• 初期支护形成闭合断面的时间要求,围岩越差,闭合时间要求越短。

• 上断面施工所用的开挖、支护、出渣等机械设备对施工场地大小的要求。

这两个条件都反映了一个原则,即希望初期支护尽快闭合。在软弱围岩中应以前一个条

127

件为主,兼顾后者,确保施工安全;在围岩条件较好时,主要考虑的是如何更好地发挥机械设备的效率,保证施工的经济性,故应充分考虑后一个条件。

(1) 长台阶法,如图7-5a所示。长台阶法的上、下两个面相距较远,一段上台阶超前下台阶50 m以上或大于5倍洞跨。施工时上、下断面都可配同类机械进行平行作业,当机械不足时,也可用一套机械设备交替作业,即在上半断面开挖一个进尺,然后在下半断面开挖一个进尺。当隧道长度较短时,甚至可先将上半断面全部挖通后,再进行下半断面施工,即半断面法。

相对于全断面法来说,长台阶法一次开挖的断面和高度都比较小,只需配备中型钻孔台车即可施工,而且对维持开挖面的稳定也十分有利。所以,它的适用范围较全断面法广泛,一般用于Ⅱ~Ⅳ级围岩。

(2) 短台阶法,如图7-5b所示。短台阶法的上、下两个断面相距较近,一般上台阶长度小于5倍但大于1~1.5倍洞跨。上、下断面基本上可以采用平行作业,其作业顺序和长台阶法相同。由于短台阶法可缩短支护结构闭合的时间,改善初期支护的受力条件,有利于控制隧道收敛速度和量值,所以适用范围很广,一般用于Ⅲ~Ⅵ级围岩。

短台阶法的缺点是上台阶出渣时对下半断面施工的干扰较大,不能全部平行作业。为解决这种干扰,可采用长皮带机运输上台阶的石渣或设置由上半断面过渡到下半断面的坡道,将上台阶的石渣直接装车运出。过渡坡道的位置可设在中间,亦可交替设在两侧。过渡坡道法在断面较大的三车道隧道中尤为适用。

(3) 超短台阶法,如图7-5c所示,这是一种适于在软弱地层中开挖的施工方法,一般适用于Ⅴ—Ⅵ级围岩。为了尽快形成初期闭合支护以稳定围岩,上下台阶之间的距离进一步缩短,上台阶仅超前3~5 m,由于上台阶的工作场地小,只能将石渣堆到下台阶再运出,对下台阶会形成严重的干扰,故不能平行作业,只能采用交替作业,因而施工进度会受到很大的影响。在软弱围岩中采用超短台阶法施工时应特别注意开挖工作面的稳定性,必要时可对围岩采用预加固或预支护措施,如向围岩中注浆或打入超前水平小导管等。

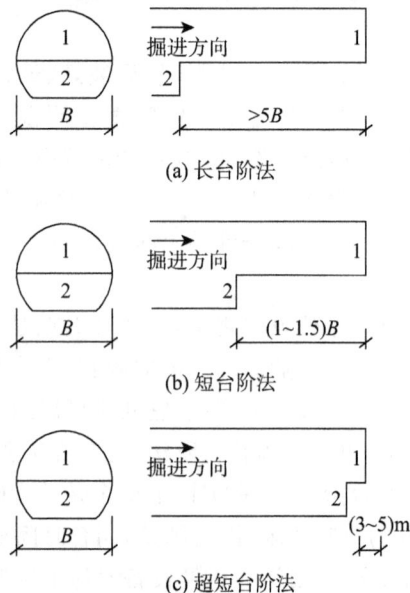

(a) 长台阶法

(b) 短台阶法

(c) 超短台阶法

图7-5 台阶法

台阶法的优点是开挖具有足够的作业空间和较快的施工速度,有利于开挖面的稳定性,尤其是上部开挖支护后,下部作业较为安全。其缺点是上下部作业互相干扰,应注意下部作业对上部稳定性的影响,台阶开挖会增加对围岩的扰动次数等。台阶法宜采用轻型凿岩机打炮孔,不宜采用大型凿岩台车。

3. 分部开挖法

分部开挖法可分为台阶分部开挖法、单侧壁导坑法、双侧壁导坑法、中隔壁开挖法(CD法)和交叉中隔壁开挖法(CRD法)等五种方案。如表 7-1 所示。

表 7-1 分部开挖法

开挖方法	横、纵断面示意图	工程案例
台阶分部开挖法	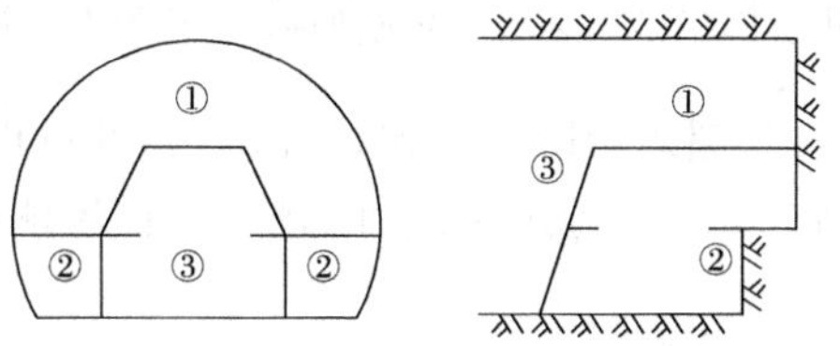	大秦线军都山隧道(黄土),浙赣复线新羊石隧道,北京地铁复兴门折返线
单侧壁导坑法	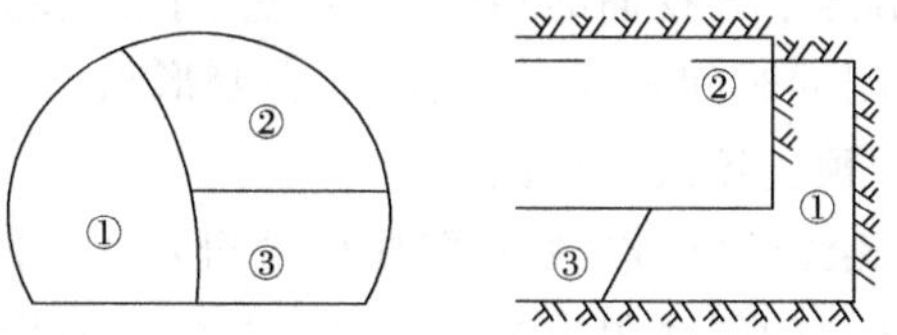	宜黄高速佛岭隧道洞口段,北京地铁复兴门折返线,浙赣铁路新羊石隧道
双侧壁导坑法	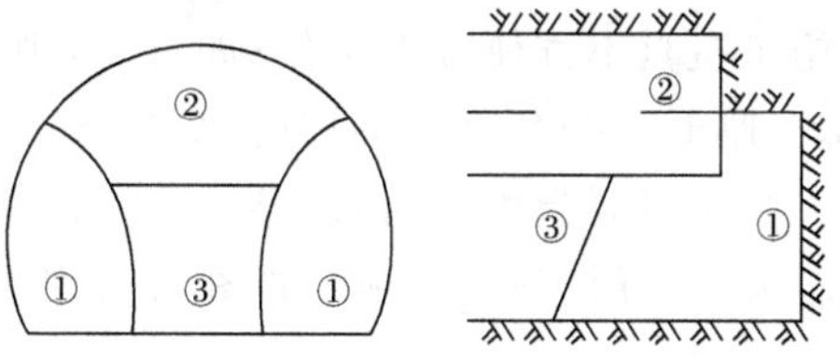	衡广复线香炉坑隧道,泉厦高速大帽山隧道扩建工程,京珠国道广州东段龙头山隧道,武汉中山广场地下过街道
中隔壁开挖法(CD法)	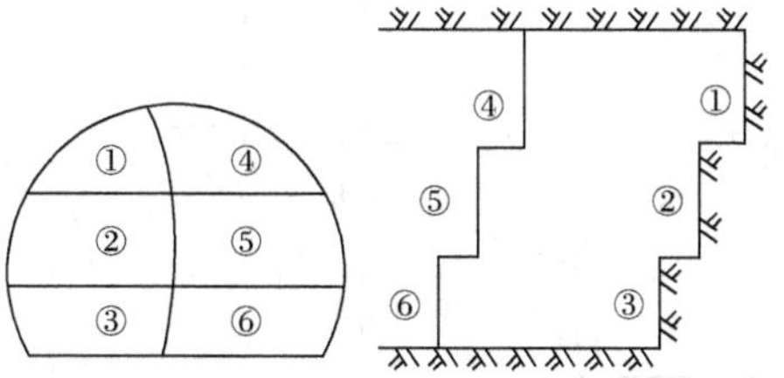	深圳地铁 2 号线新秀站折返线(断层段和洞口),石太客运专线牛家滩 2 号隧道(黄土大断面双线铁路隧道)
交叉中隔壁开挖法(CRD法)	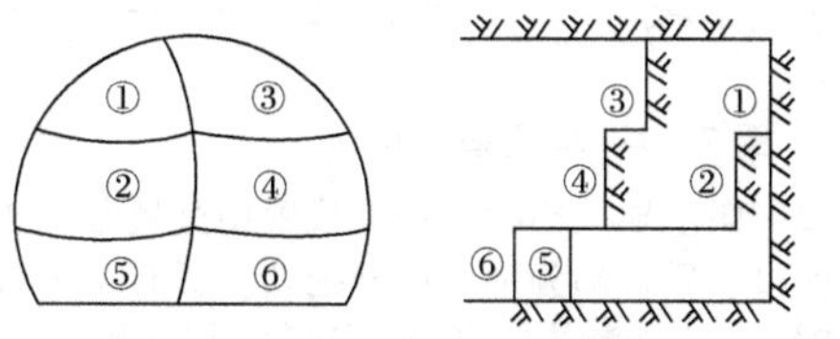	哈大客运专线笔架山隧道,赣韶铁路良村隧道

(1) 台阶分部开挖法又称环形开挖留核心土法,适用于一般土质或易坍塌的软弱围岩地段。上部留核心土可以支挡开挖工作面,增强开挖工作面的稳定,核心土及下部开挖在拱部初期支护下进行,施工安全性较好。一般环形开挖进尺为 0.5～1.0 m,不宜过长,上下台阶可用单臂掘进机开挖,开挖和支护顺序如图 7-6 所示。

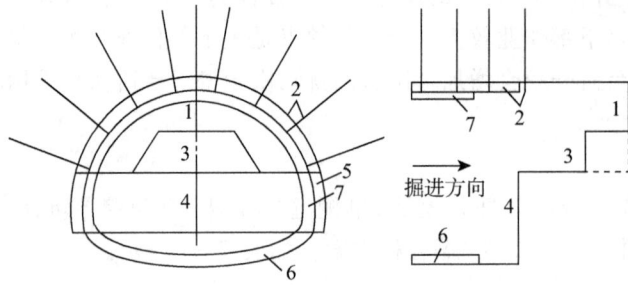

图 7 - 6　台阶分部开挖法

1—上弧形导坑开挖;2—拱部喷锚支护;3—中核开挖;
4—下部开挖;5—边墙部喷锚开挖;6—浇筑仰拱;7—浇筑洞周衬砌

台阶分部开挖法的主要优点是:与超短台阶法相比,台阶的长度可以加长,相当于短台阶法的台阶长度,减少了上下台阶的施工干扰,施工速度可加快,而且较侧壁导坑法的机械化程度高。

台阶分部开挖法虽然核心土增强了开挖面的稳定,但开挖中围岩要经受多次扰动,而且断面分块多,支护结构形成全断面封闭的时间长,将可能使围岩变形增大,需要结合辅助施工措施对开挖工作面及其前方岩体进行预支护或预加固。

(2) 单侧壁导坑法适用于围岩稳定性较差(如软弱松散围岩)、隧道跨度较大、地表沉陷难以控制的地段。该法中确定侧壁导坑的尺寸很重要,侧壁导坑尺寸如过小,则其分割洞室跨度增加开挖稳定性的作用不明显,且施工机具不方便开展工作;如过大,则导坑本身的稳定性降低,需要增强临时支护,而由于大部分临时支护都是要拆掉的,故导致工程成本增加。一般侧壁导坑的宽度不宜超过 0.5 倍洞宽,高度以到起拱线为宜,导坑可分两次开挖和支护,不需要架设工作平台,人工架立钢支撑也较方便,开挖和支护顺序如图 7-7 所示。

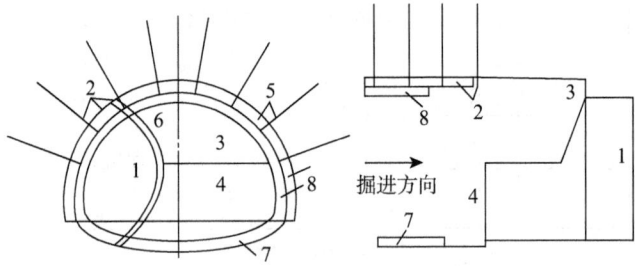

图 7 - 7　单侧壁导坑法

1—侧壁导坑开挖;2—侧壁导坑锚喷支护及设置中壁墙临时支撑;
3—后行部分上台阶开挖;4—后行部分下台阶开挖;5—后行部锚喷支护;
6—拆除中壁墙;7—浇筑仰拱;8—浇筑洞周衬砌

单侧壁导坑法的优点是通过形成闭合支护的侧导坑将隧道断面的跨度一分为二,有效地避免了大跨度开挖造成的不利影响,明显提高了围岩的稳定性。其缺点是因为要施作侧壁导坑的内侧支护,随后又要拆除,增加了工程造价。

（3）双侧壁导坑法又称眼镜工法，适用于软弱围岩，当隧道跨度更大（如三车道公路隧道等）或因环境要求，且要求严格控制地表沉陷地段。双侧壁导坑法的开挖和支护顺序如图 7-8 所示。

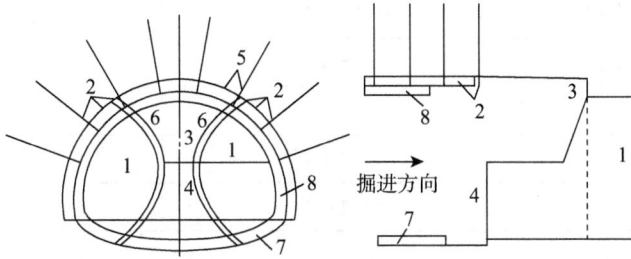

图 7-8　双侧壁导坑法
1—侧壁导坑开挖；2—侧壁导坑锚喷支护及设置中壁墙临时支撑；
3—后行部分上台阶开挖；4—后行部分下台阶开挖；5—后行部分锚喷支护；
6—拆除中壁墙；7—浇筑仰拱；8—浇筑洞周衬砌

导坑尺寸拟定的原则同单侧壁导坑法，但宽度不宜超过断面最大跨度的 1/3。左、右侧导坑应错开开挖，以避免在同一断面上同时开挖而不利于围岩稳定，左、右侧导坑错开的距离，应根据开挖一侧导坑所引起的围岩应力重分布的影响不致波及另一侧已成导坑的原则确定，也可工程类比之，一般取 7～10 m。

双侧壁导坑法虽然开挖断面分块多一点，对围岩的扰动次数增加，且初期支护全断面闭合的时间延长，但每个分块都是在开挖后立即各自闭合的，所以在施工期间变形几乎不发展。该法施工安全，但进度慢，成本高。

（4）中隔壁开挖法（CD 法）和交叉中隔壁开挖法（CRD 法）。中隔壁开挖法是在隧道断面中部设置中隔壁支撑及横向支撑，利用横向支撑及中隔壁支撑将断面分为多个小的部分，降低开挖跨度及开挖高度。开挖时掘进面由上至下、由左至右分部交叉开挖，以尽量减小对周围土体的扰动。通过使用超前小导管、挂网锚喷、型钢或格栅钢架、中隔壁、临时仰拱将各分部依次及时成环。环环相接，将整个断面的各分部开挖部分封闭成环，以控制主体变形，并使开挖完毕的洞体处于稳定状态。与此同时，二次衬砌紧跟，使隧道整体成型。施工中对洞体变形进行不间断测量，通过分析再用来指导下一步施工，并用以保障施工安全。

这两种方法适用于软弱地层，对控制地表沉陷有很好的效果，一般主要用于城市地下铁道施工中。因其造价高，在山岭隧道中很少采用，但在特殊情形中也可以采用，如膨胀土地层。

7.2.5　新奥法与传统矿山法的区别

从钻爆开挖的过程来看，新奥法与传统矿山法的基本施工程序看上去大致相同，实际上对隧道结构产生的效果却截然不同。除了施工基本原则不同外，根本还在于对围岩的认识和处理上有本质的不同，对此应有足够的认识，否则可能导致施工中出现严重的问题。两者的主要区别见表 7-2 所示。

表 7 - 2　新奥法与传统矿山法施工的区别

开挖方法		新奥法	传统矿山法
支护	临时支护	喷锚支护	木支撑为主、钢支撑
	永久支护	复合式衬砌	单层模筑混凝土衬砌
	闭合支护	强调	不强调
控制爆破		必须采用	可采用
量测		必须采用	无
施工方法		分块较少	分块较多

新奥法采用喷锚支护作为临时支护,比木支撑有显著的优点,除了能节省大量的木材外,它还能及时施作临时支护,能有效地控制围岩的变形,充分发挥围岩的承载能力。强调闭合支护更符合岩体力学的原则,有利于稳定围岩。控制爆破比常规爆破要优越得多,它能按设计要求有效地形成开挖轮廓线,并能将爆破对围岩的扰动降低到最低程度,而木支撑只能被动地承受围岩的松动荷载。

7.2.6　洞口段及明洞施工方法

1. 洞口段施工方法

"洞口段"是指隧道开挖可能给洞口地表造成不良影响(下沉、塌穴等)的洞口范围。由于每座隧道的地形、地质及线路位置不同,所以洞口段的范围都不尽相同。一般情况下,可将洞口浅埋段划分为洞口段,如图 7 - 9 所示。

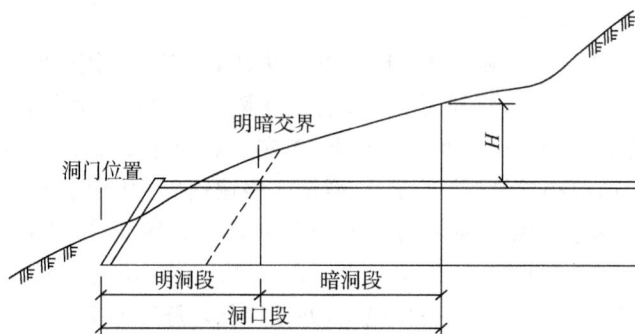

图 7 - 9　洞口段的一般范围

注:H 为深浅埋分界处覆盖层厚度,为 $2\sim2.5$ 倍天然拱高度。

隧道洞口地段,一般覆盖浅、地质条件差,且地表水汇集,施工难度较大。施工时要结合洞外场地和相邻工程的情况,全面考虑、妥善安排、及早施工,为隧道洞身施工创造条件。

隧道洞口工程主要包括边仰坡土石方、边仰坡防护、路堑挡护、洞门圬工、洞口排水系统、洞口检查设备安装和洞口段洞身衬砌等。洞门结构一般在暗洞施工一段以后再做。边仰坡防护应及时做好。

2. 进洞方式

洞口段施工中最关键的工序就是进洞开挖。隧道进洞前应对边仰坡妥善防护或加固,做好排水系统。洞口段施工方法的确定取决于诸多因素,如地质条件、地形条件、施工机具配备

情况、洞外相邻建筑的影响、隧道自身构造特点等,其中最主要的是地质条件。按地质条件,可分为以下几种施工方法:

（1）全断面法进洞

当洞口段围岩为 Ⅰ～Ⅱ级,地层条件良好时,一般可采用全断面直接开挖进洞,初始 10～20 m 区段的开挖,应将爆破进尺控制在 2～3 m。洞口 3～5 m 区段可以挂网喷混凝土及设钢拱架予以加强,其余施工支护一般采用素喷混凝土支护即可,视情况也可在拱部设置局部锚杆。

（2）台阶法进洞

① 当洞口段围岩为Ⅲ～Ⅳ级,地层条件较好时,可采用台阶法进洞。爆破进尺控制在1.5～2.5 m。施工支护采用系统锚杆和钢筋网喷射混凝土,必要时设置钢拱架加强施工支护。

② 当洞口段围岩为Ⅳ～Ⅴ级,地层条件较差时,上部开挖进尺一般控制在 1.5 m 以内,并严格控制爆破药量。施工支护采用超前锚杆（或超前小导管注浆）与系统锚杆相结合,挂网喷射混凝土。架设间距为 0.5～1.0 m 的格栅钢拱架支护。全断面开挖出来并施作完施工支护后,适时施作整体式模筑混凝土衬砌。

③ 当围岩为Ⅴ～Ⅵ级时,要格外慎重进洞,应采用管棚法进洞。上部开挖进尺一般控制在 0.5～1.0 m,尽量不爆破而用反铲等机械挖掘,施工支护采用管棚与系统锚杆相结合,挂网喷射混凝土。架设间距为 0.5～1.0 m 的型钢拱架支护（一般为Ⅰ18～Ⅰ22 的工字钢）,锚杆可采用中空注浆锚杆。全部断面开挖完并施作施工支护后,应及早施作整体式钢筋混凝土衬砌。

（3）其他进洞方法

当洞口段围岩为Ⅴ级及以上,地层条件很差时,还可考虑采用环形开挖留核心土法、侧壁导坑法或下导坑法等。开挖进尺应控制在 1.0 m 以下,宜采用人工开挖,必要时才采用弱爆破。开挖前应对围岩进行预加固措施,如采用超前小导管或管棚支护等。因埋深浅,围岩承载力很差,应采用刚度大的工字钢拱架。施工支护必须紧贴开挖工作面,然后才能进行开挖,随挖随支。施工支护采用网喷混凝土、系统锚杆;钢拱架纵向间距为 0.5～1.0 m,必要时可在开挖底面施作临时仰拱。开挖完毕后及早施作钢筋混凝土衬砌。

若洞口有塌方、落石的威胁,或仰坡不甚稳定,还可用接长明洞的方式进洞。

3. 明洞施工方法

在山岭隧道中,往往采用明洞结构来保护洞口的安全。明洞结构能否顺利施作直接影响到明(洞)暗(洞)交界的里程。在实际工程中,由于明洞施作与边仰坡刷坡配合得不好而导致明暗交界里程一再变动,致使明洞数次接长的实例不少。因此对于明洞施工应该予以高度重视。根据地形、地质情况有下列几种施工方法。

（1）先墙后拱法

先墙后拱法又称为"全部明挖先墙后拱法",如图 7-10 所示。这种方法适用于埋深较浅,且按临时边坡开挖能暂时稳定的对称式明洞。根据地质条件及开挖深度,选择临时边坡坡率（图中的 1∶m、1∶n）,从上往下分台阶开挖,直至路基设计标高。如果地质条件较好,也可只用一种坡率。纵断面图中所示的开挖为分台阶直立坡是为了坡体的稳定。如果地质条件较差,则应将直立坡改为斜坡（图 7-10 中虚线）,随即浇筑边墙及拱圈混凝土,并做外贴式防水层,最后进行两侧及洞顶回填。

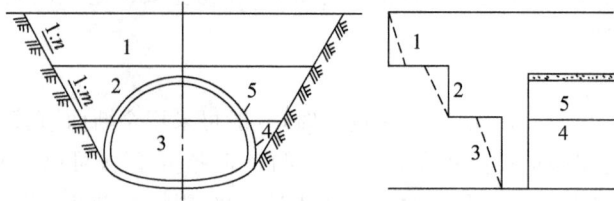

图 7 - 10　明洞先墙后拱法

1—台阶 1 开挖；2—台阶 2 开挖；3—台阶 3 开挖；4—浇筑边墙；5—浇筑拱部

先墙后拱法的优点是衬砌整体性好，施工空间大，有利于施工；其缺点是土方开挖量大，刷坡较高。

（2）先拱后墙法

当路堑边坡较高、明洞埋置较深，或明洞位于松软地层中，不能明挖一挖到底时（全部明挖可能引起边坡坍塌），应采用先拱后墙法施工，如图 7 - 11 所示。施工步骤为：开挖拱部以上土石（挖至拱脚），浇筑拱圈，做外贴式防水层，进行初步回填，然后暗挖拱脚以下土石，浇筑边墙，故又称明拱暗墙法。因边墙是暗挖，在选择挖马口方式时要慎重，以防止掉拱。

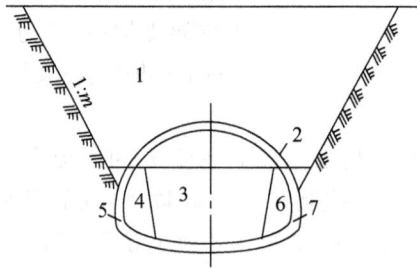

图 7 - 11　明洞先拱后墙法

1—上台阶开挖；2—浇筑拱部；3—下台阶中央开挖；4—左侧马口开挖；
5—浇筑左侧边墙；6—右侧马口开挖；7—浇筑右侧边墙

先拱后墙法的优点是土石方开挖量较小，刷坡较低。其缺点是衬砌整体性较差，边墙的施工空间窄小，防水层施作不方便。

7.3　钻爆施工

7.3.1　爆破有关概念

钻爆开挖作业是隧道钻爆法施工中首要的一项，它是在岩体上钻凿出一定孔径和深度的炮眼，并装上炸药进行爆破，从而达到开挖的目的。开挖作业占整个隧道施工工程量的比重较大，其造价占总造价的 20%～40%，是隧道施工中较关键的基本作业。

开挖作业应满足以下要求：① 按设计要求开挖出断面（包括形状、尺寸、表面平整、超挖、欠挖等要求）；② 石渣块度（石渣大小）适中，抛掷范围相对集中，便于装渣运输；③ 钻眼工作量少，掘进速度快，少占作业循环时间，并尽量节省爆破器材；④ 爆破在充分发挥其能力的前提下,减小对围岩的振动破坏,以保证围岩的稳定;⑤减少对施工用机具设备及支护结构的破坏,减少对周围环境的破坏(特别是隧道洞口地段爆破时)。

下面是爆破破岩作用及有关概念。

(1)无限介质中的爆破作用

假定将药包埋置在无限介质中进行爆破,则在远离药包中心不同的位置上,其爆破作用是不相同的。大致可以划分为四个区域,如图7-12所示。

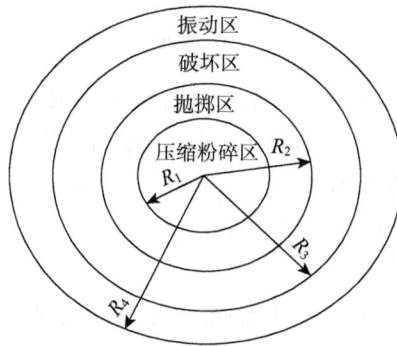

图7-12 爆破周围区域划分

① 压缩粉碎区:它是指半径为R_1范围的区域。该区域内介质距离药包最近,受到的压力最大,故破坏最大。当介质为土壤或软岩时,压缩形成一个环形体孔腔;介质为硬岩时,则产生粉碎性破坏,故称为压缩粉碎区。

② 抛掷区:R_1与R_2之间的范围叫抛掷区。在这个区域内介质受到的爆破力虽然比压缩粉碎区小,但介质的结构仍然被破坏成碎块。炸药爆炸能量除对介质产生破坏作用外,尚有多余能量使被破坏的碎块获得运动速度,在介质处于有临空面的空间时,则在临空面方向上被抛掷出去,产生抛掷运动。

③ 破坏区:该区又叫松动区,是指R_2与R_3之间的区域。爆炸能量在此区域内只能使介质破裂松动,已没有能力使碎块产生抛掷运动。

④ 振动区:R_3与R_4之间的范围叫爆破振动区。在此范围内,爆破能量只能使介质发生弹性变形,不能产生破坏作用。

(2)爆破的基本概念

① 临空面:临空面又叫自由面,是指暴露在大气中的开挖面。在假定的无限介质中爆破,抛掷和松动是无法实现的,而在有临空面存在的情况下,足够的炸药爆破能量就会在靠近临空面一侧实现爆破抛掷。

② 爆破漏斗:在有临空面的情况下,炸药爆破形成的一个圆锥形的爆破凹坑就叫爆破漏斗。爆破抛起的岩块,一部分落在漏斗坑之外形成一个爆破堆积体或飞石,另一部分回落到漏斗坑之内,掩盖了真正的爆破漏斗,形成看得见的爆破坑,叫可见爆破漏斗,如图7-13所示。爆破漏斗由以下几何要素组成:药包中心到自由面的最短距离,称为最小抵抗线(W);最小抵抗线与自由面交点到爆破漏斗边沿的距离,叫爆破漏斗半径(r);药包中心到爆破漏斗边沿的距离叫破裂半径(R)以及漏斗深度(p)和压缩圈半径(R_1)等。

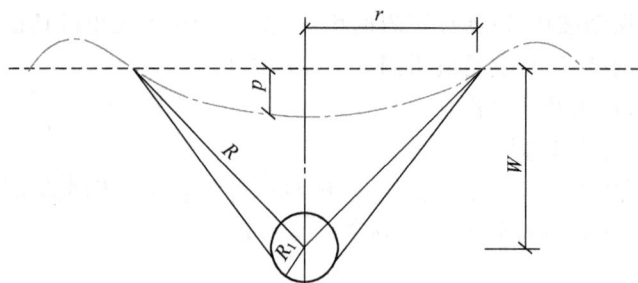

图 7-13　爆破漏斗

③ 爆破作用指数:爆破漏斗半径 r 与最小抵抗线 W 的比值 n($n=r/W$)称为爆破作用指数,这是一个描述爆破漏斗大小、爆破性质、抛掷堆积情况等因素的重要相关系数。通常爆破作用指数不同,相应的爆破效果也不同。$n=1$,称为标准抛掷爆破,其漏斗称为标准抛掷爆破漏斗;$n>1$,称为加强抛掷爆破或扬弃爆破;$0.75<n<1$,称为加强松动或减弱抛掷爆破;$n\leqslant0.75$,称为松动爆破。

临空面数目的多少对爆破效果有很大影响,增加临空面是改善爆破状况,提高爆破效果的重要途径。

7.3.2　钻孔机具

目前,在隧道工程中常采用的钻孔机具是凿岩机和凿岩台车。其工作原理都是利用镶嵌在钻头体前端的凿刃反复冲击并转动破碎岩石而成孔的,有的可通过调节冲击功的大小和转动速度的快慢以适应不同硬度的岩质,从而达到最佳的成孔效果。

影响钻眼速度的因素有冲击频率、冲击功、钻头的凿刃形式、钻孔直径、钻眼深度及岩石抗钻性等。

(1) 钻眼工具

钻杆和钻头是凿岩的基本工具,其作用是传递冲击功和破碎岩石。冲击式凿岩用的钻杆为中空六边形或中空圆形。圆形钻杆多用于重型钻机或深空接杆式钻进。钻杆中央的中心孔,用以供水冲洗岩粉。钻杆后部的钎尾插入凿岩机的转动套筒内,前部的锥形梢头插入活动钻头的锥形空槽中,配以不同的硬质合金钻头以适应不同岩性和凿岩机对钻头的不同需要。

钻头是直接破碎岩石的部分,其形状、结构、材质、加工工艺等直接影响磨损和凿岩效率。钻头的形状较多,常用的是一字形、十字形和柱齿形钻头。一字形钻头结构简单,凿岩速度较快,应用最广,适用于整体性较好的岩石。十字形钻头适用于层理、节理发育和较破碎的岩石,但结构复杂,修磨困难,凿岩速度略低。柱齿形钻头排渣颗粒大,防尘效果好,凿岩速度快,使用寿命长,适用于磨蚀性高的岩石。一般气腿式凿岩机用钻头直径多为 38~43 mm,台车用钻头直径多为 45~55 mm。

(2) 凿岩机

常用的凿岩机有风动凿岩机和液压凿岩机。液压凿岩机与凿岩台车相配合,使用数量得以增加。另有内燃或电动凿岩机,但很少采用。

风动凿岩机以压缩空气为动力,具有结构简单、制造维修简便、操作方便、使用安全等优点。但压缩空气的供应和输送设备比较复杂,机械效率低、能耗大、噪声大,凿岩速度比液压凿岩机低。

液压凿岩机是利用液压马达驱动凿岩元件做冲击、回转运动,通过压力补偿泵,根据岩石坚硬程度调节油量、压力和冲击频率进行凿岩,具有广泛的适应性。

(3)凿岩台车

将多台凿岩机(常用液压凿岩机)安装在一个专门的移动设备上,实现多机同时作业,集中控制,称为凿岩台车。它可以同时进行多孔凿岩,以缩短钻孔时间,加快掘进速度,适宜于在大断面或全断面隧道开挖中使用。按结构形式的不同,凿岩台车可分为门架式、实腹式和液压钻臂式。按行走方式不同则可分为轮胎式,履带式和轨道式。

7.3.3 爆破器材

爆破器材是指炸药和起爆、传爆材料。起爆、传爆材料主要包括雷管,导火索,导爆管等能够提供和传递起爆能量,使炸药发生爆炸的材料。

1. 炸药

炸药的爆炸是一种极迅速地化学变化,能在极短的时间内能释放出大量能量并对周围介质产生巨大的破坏作用。炸药爆炸具有反应的放热性、生成气体产物、反应的快速性的基本特征,这也是构成爆炸的必要条件,也称为爆炸的三要素。

目前隧道工程中常用的炸药种类包括岩石硝铵炸药、乳化炸药、水胶炸药、浆状炸药、铵油炸药、煤矿许用炸药。国产光面爆破炸药有1号岩石硝铵炸药、2号岩石硝铵炸药、低爆速炸药、2号煤矿水胶炸药、T-1水胶炸药等类型。

隧道爆破使用的炸药一般均由工厂预制或现场加工成药卷形式,通常药卷直径为22 mm、25 mm、32 mm、35 mm、40 mm等,长度为165~500 mm,可按爆破设计的装药结构和用药量选择使用。风钻凿眼的浅眼爆破在无水的情况下常选用标准型的2号岩石硝铵炸药。在隧道内遇有水时可选用防水型的炸药,以防药遇水失效而拒爆。隧道内遇到坚硬岩石时,最好选用猛度大的乳胶炸药、硝化甘油炸药,以破碎岩体和取得较高的炮眼利用率。周边光面爆破要采用小直径的低爆速、低猛度、高爆力的专用炸药,以取得优质的爆破效果。

2. 起爆材料

设置起爆传爆系统的目的是在装药以外的安全距离处通过发爆(点火、通电或激发枪)和传递,使安在药包或药卷中的雷管起爆,并引发药包或药卷爆炸,从而爆破岩石。

工程中常用的起爆系统有导火索与火雷管、导电线与电雷管、导爆管与非电雷管、导爆索与继爆管4种形式。目前,隧道工程已广泛应用导爆管起爆系统。

(1)导电线与电雷管

电雷管是用导电线传输电流,使装在雷管中的电阻发热而引起雷管爆炸。为实现延期起爆,可采用迟发电雷管。迟发电雷管的延期时间是在即发雷管中加装延期药来实现的,延期时间的长短均用段数来表示,按其延期时间差可分为秒迟发和毫秒迟发系列。国产毫秒迟发电雷管有5个系列,其中第二系列是工程中常用的一个时间系列。

(2)导爆管与非电雷管

① 塑料导爆管

塑料导爆管是用来传递微弱爆轰波给非电雷管,使之爆炸的传爆材料之一。它是在聚乙烯塑料管[外径(2.95±0.15)mm,内径(1.4±0.10)mm]的内壁涂有一层高能炸药[主要成分是奥托金或黑索金,(16±2)mg/m],管壁上的高能炸药在冲击波作用下可以沿着管道方向连续稳定爆轰,从而将爆轰传播到非电雷管使之起爆。弱爆轰在管内的传播速度为1 600～2 000 m/s,但因很微弱,不至于损坏塑料管。导爆管需用专用的激发元件起爆,比如工业雷管、导爆索、激发枪、激发笔等。

塑料导爆管具有以下优点:抗电、抗火、抗水、抗冲击性能好;起爆传爆性能稳定,甚至扭结、180°对折、局部断药、管端对接均能正常传爆;运输和使用过程中抗破坏能力强;安装简单、使用方便、价格便宜等。塑料导爆管可作为非危险品运输,因而在隧道工程中被广泛使用。它不能直接起爆炸药,应与非电毫秒雷管配合使用。

② 非电雷管

为配合导爆管起爆系统使用的非电雷管,亦有即发、秒延期和毫秒延期之分。它与电雷管的主要区别在于不用电点火装置,而是用一个与塑料导爆管相连接的塑料连接套,由塑料导爆管传递的爆轰波进行点火,由延期药实现延期。

7.3.4 掏槽爆破技术

隧道内常用的爆破方法是传统的炮眼爆破。其主要内容包括掏槽爆破技术、炮眼参数确定及炮眼布置、装药起爆等。

(1)炮眼的种类和作用

隧道开挖爆破的炮眼数目多为几十个至百余个。炮眼类型则根据这些炮眼所在的位置、爆破作用、布置方式和有关参数的不同,大体上分为如下三种:

① 掏槽眼。针对隧道开挖爆破只有一个临空面的特点,为提高爆破效果,宜先在开挖断面的适当位置(一般在中央偏下部)布置几个掏槽炮眼,如图7-14中的1号炮眼。爆破时让其最先起爆,为临近炮眼的爆破创造临空面。

② 辅助眼。位于掏槽炮眼与周边炮眼之间的炮眼称为辅助眼,如图7-14中的2号炮眼。其作用是扩大掏槽眼炸出的槽口,为周围炮眼的爆破创造临空面。

③ 周边眼。沿隧道周边布置的炮眼称为周边眼,如图7-14中的3号炮眼,其作用在于炸出一个合适的爆破轮廓。其中最下面的一排炮眼也称为底板眼。

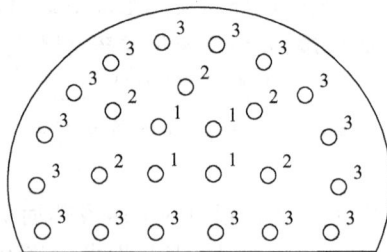

图7-14 炮眼类型

1—掏槽眼;2—辅助眼;3—周边眼

通常的隧道开挖爆破,就是将开挖断面上的不同种类炮眼分区布置和分区顺序起爆,逐步开挖扩大槽口,共同完成一个循环进尺的爆破掘进。

(2)掏槽眼的形式

掏槽爆破质量的好坏直接影响整个爆破的效果。根据掏槽眼与开挖面的关系、掏槽眼的布

138

置方式、掏槽深度以及装药起爆顺序的不同,可将掏槽方式分为斜眼掏槽和直眼掏槽两大类。

① 斜眼掏槽。斜眼掏槽的种类很多,如锥形掏槽、扇形掏槽、楔形掏槽、单斜掏槽等。隧道爆破中比较常用的是垂直楔形掏槽和锥形掏槽。

垂直楔形掏槽炮眼呈水平对称布置,如图 7-15a 所示,爆破后将炸出楔形槽口。锥形掏槽炮眼呈角锥形布置,根据掏槽炮眼数目的不同分为三角锥、四角锥及五角锥等。图 7-15b 所示为四角锥掏槽,它常用于受岩层层理、节理、裂隙等影响较大的围岩及竖井的开挖爆破。

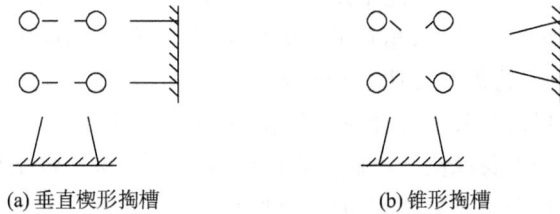

(a) 垂直楔形掏槽   (b) 锥形掏槽

图 7-15　斜眼掏槽

斜眼掏槽具有操作简单、精度要求较直眼掏槽低、能根据岩层实际情况改变掏槽角度和掏槽方式、掏槽眼数量少、炸出槽口大等优点。但是因斜度影响,炮眼最大深度受到开挖面宽度和高度限制,不便钻成深眼,也不便于多台钻机同时钻眼,钻眼方向不易准确。

② 直眼掏槽。所有掏槽炮眼均垂直于开挖面的掏槽形式,称为直眼掏槽。直眼掏槽不受围岩软硬和开挖断面大小的限制,可以钻深眼,长短钻杆配合可实行多台凿岩机同时作业,爆破渣石集中,便于快速出渣,从而为加快掘进速度提供了有利条件,且不易打坏支撑排架及其他设备。但其炮眼个数较多,炸药单耗量也要加大,另外必须严格控制钻眼方向和相互距离,否则会影响掏槽效果。常用的直眼掏槽形式有柱状掏槽和螺旋形掏槽。

柱状掏槽是充分利用大直径空眼作为临空孔和岩石破碎后的膨胀空间,使爆破后能形成柱状槽口的掏槽爆破。作为临空孔的空眼数目,视炮眼深度而定,一般当孔眼深度小于 3.0 m 时取一个;孔眼深度为 3.0～3.5 m 时,采用双临空孔;孔眼深度为 3.5～5.15 m 时采用三个孔,如图 7-16a 所示。

螺旋形掏槽的中心眼为空眼,邻近空眼的装药眼与空眼之间距离逐渐加大,其连线呈螺旋形状,如图 7-16b 所示。装药眼与空眼之间距离分别为 $a=(1.0～1.5)D$,$b=(1.2～2.5)D$,$c=(3.0～4.0)D$,$d=(4.0～5.0)D$,D 为空眼直径,一般不宜小于 100 mm,也可用直径 60～70 mm 的钻头钻成 8 字形双孔。爆破按 1、2、3、4 顺序起爆。

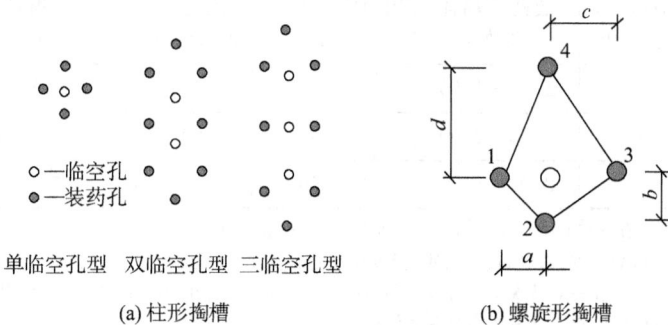

〇—临空孔
●—装药孔

单临空孔型　双临空孔型　三临空孔型

(a) 柱形掏槽   (b) 螺旋形掏槽

图 7-16　直眼掏槽

7.3.5　光面爆破与预裂爆破

新奥法施工时,为了使开挖轮廓线符合设计要求,减少对围岩的扰动破坏,掘进施工中应采用光面爆破或预裂爆破技术。

1. 光面爆破

光面爆破是通过正确确定周边眼的爆破参数,使爆破后的围岩断面轮廓整齐,最大限度地减轻爆破对围岩的震动和破坏,尽可能维持围岩原有完整性和稳定性的爆破技术。光面爆破时沿隧道设计轮廓线布置间距较小、相互平行的炮眼,控制每个炮眼的装药量,采用不耦合装药,同时起爆。使得沿设计轮廓线无明显的爆破裂缝,围岩壁上均匀留下 50% 以上的半面炮眼痕迹,达到岩面平整、超挖和欠挖符合规定要求、无危石等目的。

光面爆破的成功与否主要取决于爆破参数的确定。主要参数包括周边炮眼的间距、光面爆破层的厚度、周边炮眼密集系数和装药集中度等。影响光面爆破参数选择的因素很多,通常采用简单的计算并结合工程类比加以确定,在初步确定后一般都要在现场爆破实践中加以修正改善。

除满足爆破设计的基本要求外,光面爆破应注意以下几点:

(1)根据围岩特点合理选择周边眼间距及周边眼的最小抵抗线 W,适当加密周边眼。一般取 $E/D=8\sim18$,D 为炮眼直径,相应的 $E\approx40\sim70$ cm;另外,为了保证周边眼之间形成有限贯通裂缝,必须使周边眼的最小抵抗线 W 值略大于炮眼间距 E 值,通常可控制在 $E/W=0.67\sim0.8$,相应的 $W\approx50\sim90$ cm。

(2)严格控制周边眼的装药量。周边眼的装药量常用单位炮眼长度的装药量来控制,称为平均线装药密度。平均线装药密度的数值跨度较大,经验不足者不便控制,一般为 0.04~0.4 kg/m。

(3)应注意装药分散度,以装药结构来实现。周边眼的常用装药结构有小直径药卷连续或间隔装药、导爆索装药或空气柱状装药等几种形式。周边眼宜采用小直径药卷和低爆速炸药。为满足装药结构要求,可借助传爆线以实现空气间隔装药。

(4)采用毫秒微差有序起爆,应使周边爆破时有最好的临空面。周边眼同段的起爆雷管时间误差要求越小越好。

(5)光面爆破参数的选择,应采用工程类比或根据爆破漏斗及成缝试验选择。在无条件试验时,可参照表 7-3 选用。

表 7-3　光面爆破参数

岩石种类	饱和单轴抗压极限强度 R_b/MPa	装药不耦合系数 λ	周边眼间距 E/cm	周边眼最小抵抗线 W/cm	相对距 E/W	周边眼装药集中度/(kg/m)
硬岩	>60	1.25~1.50	50~70	70~85	0.8~1.0	0.30~0.35
中硬岩	30~60	1.50~2.00	45~50	60~75	0.8~1.0	0.20~0.30
软岩	≤30	2.00~2.50	30~50	40~70	0.5~0.8	0.07~0.15

注:① 所列参数适用于炮眼深度 1.0~3.5 m,炮眼直径 40~50 mm,药卷直径 20~25 mm 的情况;
　　② 当断面较小,或围岩软弱、破碎,或对曲线、折线开挖成形要求高时,周边眼间距 E 应取较小值;
　　③ 周边眼抵抗线 W 值在一般情况下均大于周边眼间距 E 值,软岩在取较小 E 值时,W 值应适当增大;
　　④ E/W:软岩取较小值,硬岩及断面小时取较大值;
　　⑤ 表列装药集中度值为 2 号岩石硝铵炸药,选用其他类型炸药时,应修正。

（6）为保证开挖面平整,辅助眼及周边眼的深度应使其眼底落在同一垂直面上,必要时应根据实际情况调整炮眼深度。同时,周边眼不应偏离设计轮廓线。经验表明,软岩中,当周边眼间距误差大于 10 cm 时,爆破效果明显不佳,故要求沿隧道设计轮廓线的炮眼间距误差不宜大于 5 cm。眼底则应根据岩石的抗爆破性来确定其位置,应将炮眼方向以 3‰～5‰ 的斜率外插。这一方面是为了控制超欠挖,另一方面是为了便于下次钻眼时好落钻开眼。周边眼与内圈眼距离误差（最小抵抗线 W）不宜大于 10 cm。

2. 预裂爆破

预裂爆破实质上也是一种光面爆破,其爆破原理与光面爆破原理基本相同,只是分区起爆顺序不同。光面爆破的顺序是先引爆掏槽眼,接着起爆辅助眼,最后才引爆周边眼,对光面爆破效果起控制作用的是周边眼间距和光面爆破层厚度。而预裂爆破是先起爆周边眼,使沿周边眼的连心线炸出平顺的预裂面。由于这一预裂面的存在,对后爆的掏槽眼和辅助眼的爆炸波能起反射和缓冲作用,得以减轻爆轰波对围岩的破坏影响,爆炸后的岩面整齐规则,更为有效地减小了对围岩的破坏。后续起爆,依次起爆掏槽眼,再起爆辅助眼,最后起爆底（板）眼。

由于预裂爆破只要求周边眼炸出预留光面层,因而要求预裂爆破的周边眼间距、预留内圈岩体厚度均较光面爆破的要小,其装药密度要更小,炸药分散度要更好。预裂爆破对围岩的扰动能力更小,更适用于稳定性较差的软弱破碎岩体中。但预裂爆破的周边眼数量和钻眼工作量相应地有所增加,采取的爆破参数和技术措施要比光面爆破更为严格。

7.4 支护结构

支护结构要能根据隧道围岩的动态（位移、应力等）及时地进行调整和修改,以适应不断变化的围岩状态。在现代支护技术中,是利用分次喷射、增设锚杆或调整其参数（间距、锚杆直径和长度）等方法来实现。当然,作为支护结构也要满足易于施设、构件可互换、断面类型单一、便于改变刚性等施工上的条件。显然,某一种支护结构要完全满足上述技术要求是很困难的,这就要求我们对各种类型的支护结构有一个正确的评价,以便根据变化的地质条件进行合理的选择。

隧道支护按施加的不同阶段可分为超前支护（预支护）、初期支护和永久支护三部分,每一部分的特点和作用不同。当围岩的自稳能力不足以保证开挖和后续作业时,需要对围岩采取超前支护措施。超前支护是指在隧道开挖前,对掌子面前方围岩进行预加固的支护。初期支护是隧道开挖后及时施作的支护结构,一般由喷射混凝土、锚杆、钢筋网、钢架等组成。这种将单一的支护形式按照一定的施工工艺进行适当的组合,共同构成的人工支护复合结构体系,称为联合支护,如锚喷支护、锚网喷支护、锚喷钢拱架支护等。

复合式衬砌是指容许围岩产生一定的变形,而又充分发挥围岩自承能力的一种衬砌。一般由初期支护、防水层和二次衬砌组合而成。复合式衬砌设计应综合考虑包括围岩在内的支护结构、断面形状、开挖方法、施工顺序和断面闭合时间等因素,充分发挥围岩的自承能力。二次衬砌是指初期支护完成后施作的模筑或预制混凝土结构。

7.4.1 锚杆支护

1. 锚杆支护原理

锚杆支护原理有悬吊理论、组合梁理论、减跨理论和组合拱理论等。

（1）悬吊理论

悬吊理论认为,通过锚杆将巷道周围的破碎岩石悬吊在更深部比较稳定的岩石上,从而使软弱岩层稳定(图7-17)。

按照悬吊理论,只要确定悬吊岩石的质量,就可设计锚杆的参数。

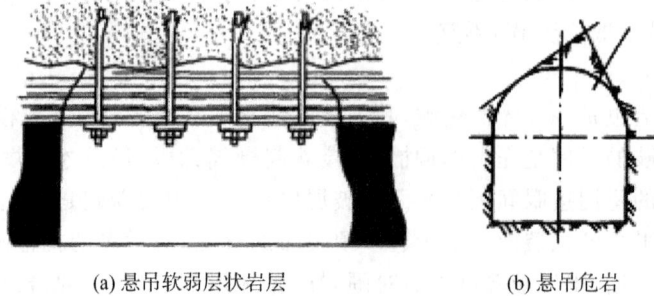

(a) 悬吊软弱层状岩层   (b) 悬吊危岩

图7-17　锚杆悬吊理论示意图

（2）组合梁理论

组合梁理论认为,当顶板岩石是层状分布时,顶板岩石就像若干层梁一样(图7-18)。锚杆可以把分层的梁组合成为单根梁。根据材料力学的观点,同样 n 根梁组合成单根梁的最大内应力是一般叠合起来的梁的内应力的 $1/n$,而组合梁的挠度较通常为叠合梁挠度的 $1/n^2$。

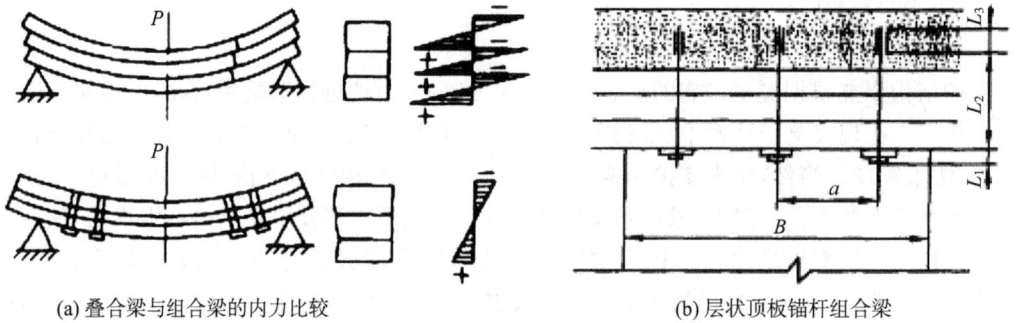

(a) 叠合梁与组合梁的内力比较   (b) 层状顶板锚杆组合梁

图7-18　锚杆组合梁作用示意图

（3）减跨理论

减跨理论也是对层状顶板岩石而言的。由于锚杆的作用,跨度为 L 的顶板岩梁成为($n+1$)跨的连续梁,既减小跨度,也优化了梁结构(图7-19)。按照岩梁的承载能力就可以计算连续梁的承载力。

（4）组合拱理论

组合拱理论认为(图7-20),对于拱形断面巷道,通过锚杆的预紧力作用,在锚杆的两端将形成压缩的锥形体。当锚杆布置在拱形巷道周围并且尺寸合适时,这些锥形体将相互重叠而形成拱形压缩带(称为压缩拱)。此压缩拱可以承受外面传来的载荷,即使是破碎的岩石,这个压缩拱也是可以存在的。相对而言,组合拱理论的计算方法,采用了比较多的现代研究成果。

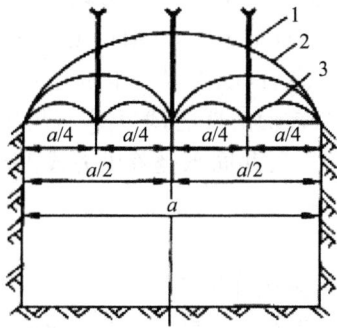

图7-19 锚杆减跨作用示意图

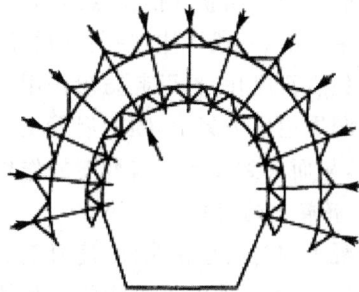

图7-20 锚杆组合拱作用示意图

2. 锚杆种类

(1)锚杆按对围岩加固的区域可分为系统锚杆、超前锚杆和局部锚杆三种。

系统锚杆是指一个掘进进尺的岩体被挖出后,沿坑道横断面的径向安设在围岩内的锚杆,以形成对已暴露围岩的锚固;超前锚杆是指沿开挖轮廓线,以稍大的外斜角,向开挖面前方围岩内安设的锚杆,形成对前方围岩的预锚固,在提前形成的围岩锚固圈的保护下进行开挖等作业;局部锚杆是指为维护围岩的局部稳定或对初期支护的局部加强,只在一定区域和要求的方向局部安设的锚杆。

(2)锚杆按它在岩体中的锚固方式可分为全长黏结式、端头锚固式、摩擦式和混合式四种。

全长黏结式锚杆是采用水泥砂浆或树脂等胶结材料作为锚固剂,沿锚杆全长灌注黏结的锚杆。常用的有水泥浆全黏结式锚杆、水泥砂浆全黏结式锚杆(砂浆锚杆)、树脂全黏结式锚杆等。该类锚杆有助于锚杆的抗剪能力和抗拉能力的发挥并具有防腐蚀作用,而且具有较强的长期锚固力,能有效地约束围岩的松弛变形,可大量用于初期支护和永久支护。在隧道工程中常作为系统锚杆和超前锚杆使用。

端头锚固式锚杆是利用内、外锚头的锚固来限制围岩的变形与松动,杆中间部分自由的锚杆。它可分为黏结式内锚头锚杆(水泥砂浆内锚头锚杆、快凝水泥卷内锚头锚杆、树脂内锚头锚杆)和机械式内锚头锚杆(楔缝式、楔头式、胀壳式)两种。这类锚杆能对围岩施加预应力,但锚头易松动,杆体易腐蚀,影响长期锚固力。在隧道工程中,这类锚杆一般只用作局部加固或硬岩隧道的临时加固。

摩擦式锚杆是用一种沿纵向开缝(或预变形)的钢管,装入比钢管直径小的钻孔,对孔壁施加摩擦力,从而约束孔周岩体变形。摩擦式锚杆包括缝管式和楔管式等。这类锚杆安装容易,能及时控制围岩变形,又能与孔周变形相协调。但其管壁易锈蚀,故不适于作永久支护。

混合式锚杆是端头锚固方式与全长黏结锚固方式的结合,它既可以施加预应力,又具有全长黏结锚杆的优点,但安装施工较复杂,一般用于大体积、大范围工程结构的加固,如高边坡、大坝、大型地下洞室等。

7.4.2 喷射混凝土

喷射混凝土层是新奥法施工中的标准支护手段之一,它既可以作为隧道工程围岩的永久支护和临时支护,也可以与各种类型的锚杆、钢纤维、钢拱架、钢筋网等构成复合式支护。其最大特点是能立即封闭新开挖暴露出的岩石,很快获得较高的强度,从而可迅速发挥支护的作用。观察结果表明,一般岩体,喷射混凝土施工3~6 h之后,就可以在附近进行爆破施工作业。它可避免岩石风化,也可起防渗作用,具有加固围岩表面的性能,填充岩石的裂隙和凹陷,从而减少隧洞周边应力集中,喷射混凝土层与所支护的岩层共同承受着压力或由局部荷载引起的剪应力,从而起到改善围岩性能的作用。

1. 喷射混凝土的材料

喷射混凝土的材料包括水泥、速凝剂、砂、石料、水以及钢纤维等。

(1) 水泥:应优先采用普通硅酸盐水泥,在软弱围岩中宜选用早强水泥。水泥的强度一般不得低于32.5 MPa,使用前应做强度复查试验。

(2) 速凝剂:要求初凝不超过5 min,终凝不超过10 mim。应根据水泥品种、水灰比等,通过试验确定速凝剂的最佳掺量,并在使用时准确计量,使用前应做速凝效果试验。

(3) 砂:应采用硬质洁净的中砂或粗砂,细度模数宜大于2.5,含水率以控制在5%~7%为宜,使用前应一律过筛。

(4) 石料:采用坚硬耐久的碎石或卵石,粒径一般不宜超过15 mm,钢纤维喷射混凝土的碎石粒径不应大于10 mm,且级配良好。当使用碱性速凝剂时,石料不得含活性二氧化硅。石子的含泥量不得大于1%。

(5) 其他:采用钢纤维喷射混凝土时,钢纤维可用普通碳素钢,抗拉强度应大于380 MPa,不得有油渍及明显的锈蚀。钢纤维直径宜为0.3~0.5 mm,长度宜为20~25 mm,且不得大于25 mm。钢纤维含量宜为混合料质量的3%~6%。钢纤维喷射混凝土强度等级不应低于C20。

2. 工艺流程

喷射混凝土的工艺流程有干喷、潮喷、湿喷和混合喷四种。对于隧道施工,不得采用干喷工艺。

干喷是将砂、石、水泥按一定比例搅拌均匀投入喷射机,同时加入速凝剂,用高压空气将混合料送到喷头,再在该处与高压水混合后以高速喷射到岩面上。干喷工艺流程如图7-21a所示。

潮喷是将砂、石料预加水,使其浸润成潮湿状,再加水泥拌和均匀,从而降低上料和喷射时的粉尘,潮喷的工艺流程同干喷。

湿喷是用湿喷机压送拌和好的混凝土,在喷头处添加液态速凝剂,再喷到岩面上,其工艺流程如图7-21b所示。

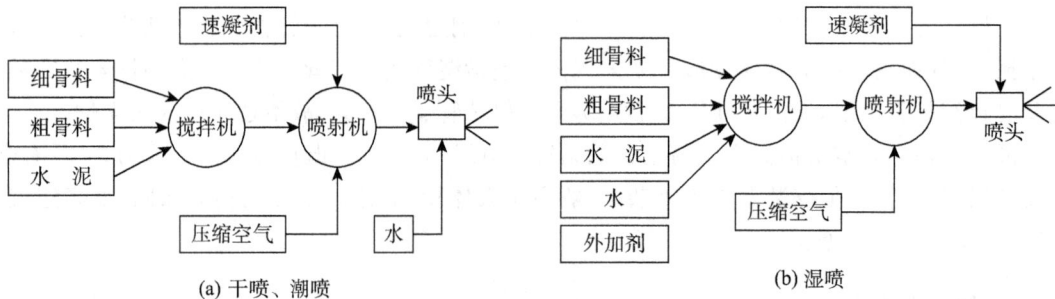

(a) 干喷、潮喷

(b) 湿喷

图7-21 喷射混凝土工艺流程

混合喷又称水泥裹砂(SEC)造壳喷射法,它是将一部分砂加第一次水拌湿,再投入全部水泥强制搅拌造壳;然后加第二次水和减水剂拌和成 SEC 砂浆;再将另一部分砂和石、速凝剂强制搅拌均匀,最后分别用砂浆泵和干式喷射机压送到混合管混合后喷出,其工艺流程见图 7－22 所示。

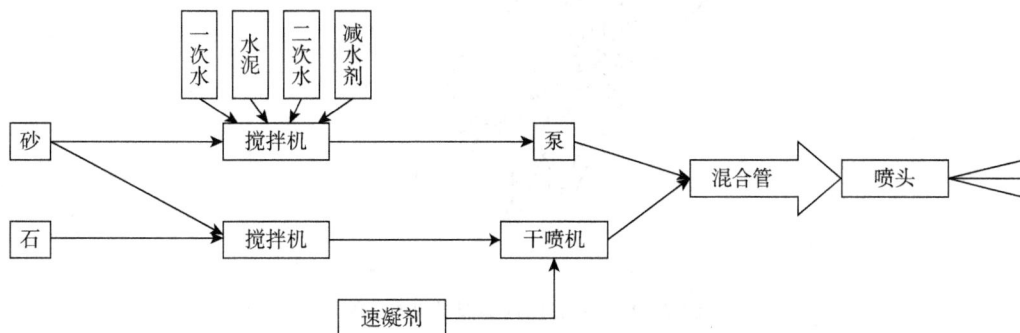

图 7－22　混合喷混凝土工艺流程

7.4.3　钢拱架

当围岩破碎严重（Ⅳ级软岩至Ⅵ级围岩）、自稳性差、要求初期支护能提供较大的刚度时,柔性较大而刚度较小的锚杆喷射混凝土就难以满足要求。此时,为了有效地控制围岩的变形,并阻止变形过度和承受围岩早期松弛荷载,防止围岩坍塌,就需要采用钢拱架或小型钢管棚架,钢拱架或小型钢管棚架能提供较大刚度的结构作为初期支护。由此可见,新奥法也需要考虑围岩压力即松弛荷载,采用钢拱架或小型钢管棚架就成为必要的支护措施,并使它与喷射混凝土和锚杆共同工作。

目前使用的钢架主要有格栅钢架和型钢钢架。型钢钢架是热弯或冷弯加工而成的,具有刚度大、承受能力强、能及时受力的特点,在软弱破碎围岩中,需采用超前支护的围岩地段或处理塌方时使用较多。但型钢钢架与喷射混凝土黏结不好,与围岩间的空隙难于用喷射混凝土紧密充填;由于型钢两侧喷混凝土被型钢隔离,导致钢架附近喷射混凝土出现裂缝。格栅钢架是由普通钢筋通过焊接加工而成的,与型钢钢架相比优点是:受力好、质量轻、刚度可调节、省钢材、易制造、易安装,而且与钢架两侧喷混凝土能连成整体、相互依靠,使用较多。

钢拱架可设于隧道拱部、拱墙或全环,应在开挖后或初喷混凝土后及时架设,钢拱架背后的间隙应设置垫块并充填密实。

图 7－23 为曾在大秦铁路军都山隧道、北京地铁复兴门至西单区间隧道及其他隧道中应用过的一种格栅网构钢架的结构形式,它具有受力后能与围岩共同工作,各向刚度及稳定性良好等特点。

7.4.4　超前支护

当初期锚喷支护强度的增长速度不能满足洞体稳定的要求,可能导致洞体失稳,或由于大面积淋水、涌水地段难以保证洞体稳定时,可采取超前锚杆、超前小钢管、管棚、地表预加固地层和围岩预注浆等辅助施工措施,对地层进行预加固、超前支护或止水。这些措施统称为辅助工程措施,亦称辅助工法,包括地层稳定方法和涌水处理方法两大类。各种处理方法及其适用

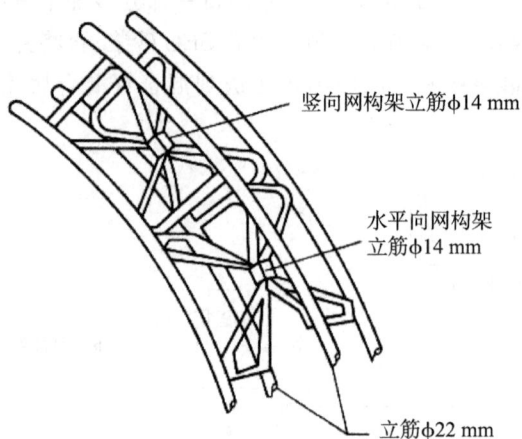

图 7 - 23 格栅网构钢架的架构形式

条件见表 7 - 4 所示。

表 7 - 4 辅助工程措施及其适用条件

辅助工程措施		适用条件
地层稳定措施	管棚法	Ⅴ级和Ⅵ级围岩,无自稳能力,或浅埋隧道及其地面有荷载
	超前导管法	Ⅴ级围岩,自稳能力低
	超前钻孔注浆法	Ⅴ级和Ⅵ级软弱围岩地段、断层破碎带地段、水下隧道或富水围岩地段、塌方或涌水事故处理地段以及其他不良地质地段和特殊岩土地段
	超前锚杆法	Ⅳ～Ⅴ级围岩,开挖数小时内可能剥落或局部坍塌
	拱脚导管锚固法	Ⅴ级围岩,自稳能力差
	地表锚杆与注浆加固法	Ⅴ级围岩浅埋地段和深埋≤50 m的隧道
	水平旋喷桩法	Ⅴ级和Ⅵ级软弱围岩(如淤泥、流砂等),土层含水率大,地下水位高(隧道位于地下水位以下),浅理,隧道上方是交通繁忙的街道,还有纵横交错的管线,周围又紧邻高层建筑
	冻结法	含水率大于10%的含水、松散、不稳定地层
	掌子面正面喷射混凝土法	掌子面围岩破碎、渗淋水严重的临时措施
	临时仰拱法	围岩与支护变形异常的临时措施
	墙式遮挡法	浅埋隧道,且隧道上方地面两侧(或一侧)有建筑物
涌水处理措施	注浆堵水法	地下水丰富且排水时挟带泥砂引起开挖面失稳,或排水后对其他用水影响较大的地段
	超前钻孔排水法	开挖面前方有高压地下水或有充分补给源的涌水,且适量排放地下水不会影响围岩稳定及隧道周围环境条件
	坑道排水法	
	井点降水法	均质砂土、亚黏土地段以及浅埋地段

是否需要采取辅助工程措施,应根据隧道所处的工程地质和水文地质条件、隧道长度、埋深、施工机械、工期和经济等方面综合考虑决定。使用表7-4,可结合隧道所处的围岩条件、施工方法、进度要求、配套机械、工期等进行比选,有时可采用几种方法综合处理。

1. 超前锚杆支护

超前锚杆为先加固后开挖,逆序作业,即锚杆安装先于岩体开挖。它可以形成对前方围岩的预加固,在提前形成的围岩锚固圈的保护下进行开挖等作业(图7-24)。

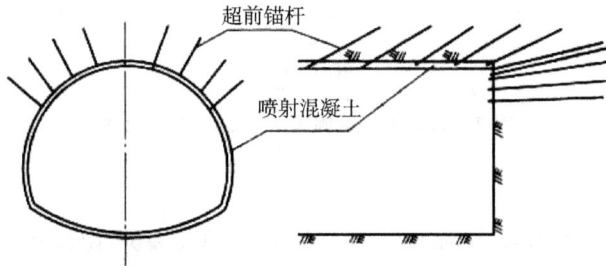

图7-24 超前锚杆加固前方围岩

超前锚杆可以与系统锚杆焊接以增加其整体加固作用,但由于超前锚杆的柔度较大而整体刚度较小,因此对前方围岩的加固效果一般,加固范围也很有限。因此,超前锚杆主要适用于应力不太大、地下水也很少的一般软弱破碎围岩的隧道工程中。

2. 超前管棚支护

超前管棚是沿开挖轮廓线以较小的外插角钻孔,向开挖面前方打入钢管或钢板与钢拱架,并注浆固结构成一种钢管棚架或钢板棚架,形成预支护设施。管棚可以预先支护开挖面前方的围岩,然后在管棚或板棚的保护下进行开挖作业,也是一种先护后挖的逆序作业。

超前管棚实际上是新奥法施工中超前锚杆施工的发展,因先行插入前方围岩内的钢管或钢板作纵向支撑,又采用钢拱架作环向支撑,整体刚度较大,对围岩变形的限制能力较强,且能提前承受早期围岩压力。因此,管棚主要适用于早期围岩压力来得快、来得大的软弱破碎围岩,且对围岩变形及地表下沉有较严重限制要求的隧道工程中,如土砂质地层、强膨胀性地层、强流变性地层、裂隙发育的地层、断层破碎带等围岩条件,以及浅埋有显著偏压的隧道。如南京至杭州高速公路宜兴段的梯子山双跨连拱隧道曾使用该方法,取得了较好的预加固效果。

由于预埋超前管棚作顶板及侧壁支撑,为后续的隧道开挖奠定了基础,且施工速度快,临时支护及时,效果好,安全性高,能阻止严重渗水,经济效益明显。超前管棚法被认为是隧道施工中解决冒顶问题非常有效、合理的施工方法,随后被用于城市地铁的暗挖法施工。在建筑物密集、交通繁忙的城市中心地区采用明挖法施工必须拆迁大量的地层管网和地面建筑物,超前管棚法施工将具有极大的应用发展空间。

超前管棚支护的施工工艺流程如图7-25所示。管棚钻机是管棚法施工技术中最关键的设备,它的作用是沿着隧道断面外轮廓超前钻进并安设管棚。最早的管棚法施工采用的是普通水平钻机。随着管棚法大量应用,专用管棚钻机应运而生。对于长隧道施工,最好选用专用的管棚钻机;若隧道较短,如地下立交、地下过街道,可考虑采用普通钻机。

147

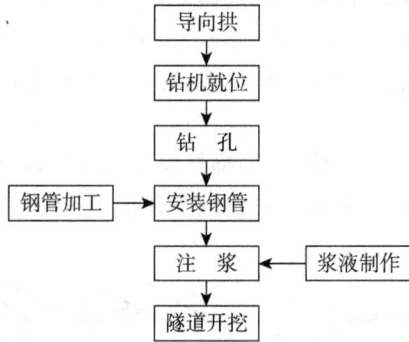

图7-25 超前管棚支护的施工工艺流程

3. 超前小导管注浆

注浆加固不仅能加固围岩,增强其自稳能力,而且填充裂隙,阻断地下水的渗流通道,起到堵水的作用。按照注浆管的构造、组成、性能特点及施工工艺程序的不同,注浆加固可分为超前小导管注浆和超前深孔注浆两种形式。

超前小导管注浆是在开挖前,先用喷射混凝土将开挖面一定范围内的坑道周边岩面封闭,然后沿坑道周边轮廓向前方围岩内打入带孔小导管,并通过小导管向围岩内注浆,待浆液硬化后,形成一定厚度的加固圈(图7-26)。在此加固圈的保护下进行开挖作业,从而保证掌子面的稳定。

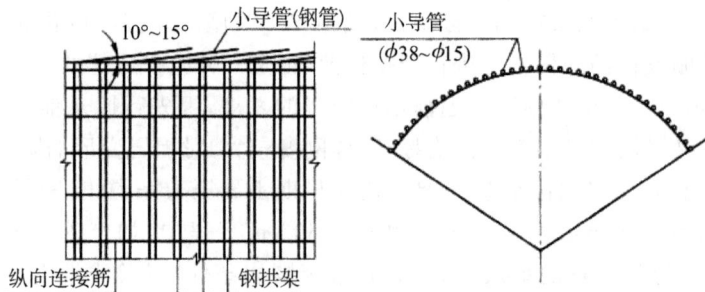

图7-26 超前小导管设置示意图

一般在小导管前端焊接一个一次性的简易钻头或尖端,将钻孔和插管两个动作合并一次完成,既简化了作业程序,又避免了钻孔过程中的塌孔问题。带孔小导管注浆后具有锚杆作用,故称为"自进式注浆锚杆"或"迈式锚杆"。对于批量生产的自进式注浆锚杆,管体一般采用波纹管或变径外形,以增强黏结力和锚固力,从而增强加固效果。对于可以采用水泥浆或水泥砂浆的地层,用水泥浆或水泥砂浆作为胶结材料,能使造价大大降低。

超前小导管注浆具有施工工艺简单、易于操作、施工安全、土层加固见效快、浆液损失少、成本低的特点,是隧道施工中最常用的加固土层的方法之一。该法不仅适用于一般软弱破碎围岩隧道,如裂隙发育的岩体、断层破碎带等,也适用于地下水丰富的软弱破碎围岩隧道。但是,该方法只是对开挖掌子面附近局部破碎岩层或土层进行加固,开挖临空面不宜长时间暴露,应坚持先支撑后开挖的原则。

148

7.4.5 复合式衬砌

复合式衬砌是由初期支护和二次衬砌及中间防水层组合而成的衬砌形式。复合式衬砌要满足以下规定：

（1）初期支护宜采用锚喷支护，即由喷射混凝土、锚杆、钢筋网和钢拱架等支护形式单独或组合使用，锚杆支护宜采用全长黏结锚杆。

（2）二次衬砌宜采用模筑混凝土或模筑钢筋混凝土结构，衬砌截面宜采用连接圆顺等厚衬砌断面，仰拱厚度宜与拱墙厚度相同。

（3）在确定开挖断面时，除了应满足隧道净空和结构尺寸，还应考虑初期支护并预留适当的变形量，预留变形量的大小可根据围岩级别、断面大小、埋置深度、施工方法和支护情况等，采用工程类比法及现场监控量测结果调整确定。

复合式衬砌可采用工程类比法进行设计，并通过理论分析进行验算，然后根据现场监控量测信息对设计支护参数进行必要的调整。对于软弱流变围岩、膨胀性围岩，支护参数的确定还应考虑围岩形变压力继续增长的作用。

7.5 特殊地质地段的施工方法

特殊地质地段是指膨胀地层、软弱黄土层、塌方、岩溶、岩爆、流砂、高地温、瓦斯等地层。因为塌方在隧道施工中经常遇到，所以在此将其列为特殊地质。实际上塌方不属于地质，只是一种隧道事故，塌方在任何地质地层中均可发生，如膨胀地质、软弱黄土地层等。

特殊地质地段隧道，由于岩层的地质条件成因复杂，地质条件具有突变性，事故具有突发性，对隧道施工的危害极大，如果仅靠常规的隧道施工技术和施工方法是很难克服的。因此在特殊地质地段进行隧道施工时，除了应遵守一般技术要求外，还应采取针对性较强的辅助施工方法。在开挖、支护时，由于各种因素影响可能发生坍塌、支护结构被破坏和各种施工难题，严重影响施工进度、安全和工程质量。

7.5.1 膨胀性围岩

我国是世界上膨胀性岩层分布很广的国家之一，现已发现有膨胀性围岩发育的地方有西南、西北、东北、长江与黄河下游及东南沿海地区，分布十分广泛。

1. 膨胀性围岩的特性

在膨胀性围岩地层中，隧道开挖后不久，常常可以见到围岩因开挖而产生变形，或因浸水而膨胀，或因风化而开裂。隧道的顶部及两侧向内挤入，底部鼓起，随着时间的推移，会出现支撑破坏、衬砌变形。这些现象说明膨胀性围岩性质是极其复杂的，它与一般土质的围岩性质有根本的区别。膨胀性围岩常常具有明显的塑性流变特性，开挖后将产生较大的塑性变形。隧道施工开挖过程中，常有初期围岩变形大、发展速度快等现象。膨胀性围岩因吸水而膨胀，失水而收缩，都将破坏围岩的稳定性。

2. 膨胀性围岩对隧道施工的危害

膨胀性围岩的特殊工程地质性质及其围岩压力特性，使隧道存在普遍开裂、内挤，甚至局部坍塌等变形现象。膨胀性隧道围岩变形常具有速度快、破坏性大、延续时间长和整治较困难等特点。施工中常出现围岩裂缝、隧道下沉、围岩膨胀突出和坍塌、底鼓以及衬砌变形和破坏等现象。

3. 隧道在膨胀性围岩中的施工要点

(1) 加强对围岩压力及流变的调查和测量

在膨胀性地层中开挖隧道,仅仅是认真按设计图样施工是不够的,在施工过程中,除了位移量测外,还应对围岩压力及其流变情况进行充分的调查和量测,分析其变化规律。对地下水应探明分布范围及规律,了解水对施工的影响程度,以便根据围岩动态采取相应的施工措施。

(2) 合理选择施工方法

膨胀性围岩压力的施工效应,是导致隧道变形病害的主要原因。采用合理的施工方法,对隧道的稳定性有着至关重要的作用。在膨胀性围岩隧道中常用的施工方法有:短台阶或超短台阶法、单侧壁导坑法、眼镜工法等。后两种方法适用于跨度较大的隧道,但它们的断面闭合时间较迟,必须注意防止边墙混凝土受压向隧道内挤。另外环形开挖留核心土法、中隔墙法等也可采用,具体选择应依据施工条件确定。

(3) 加强支护

膨胀性围岩地段隧道,除开挖后需立即喷射混凝土外,应及早进行支护。当膨胀压力较大时,应根据实际情况及围岩变形状态,采用不同类型的型钢支撑,或钢管环箍支撑、钢格栅支撑等。拱圈浇筑后,拱脚部位应立即设置足够强度的横撑,以抵挡两侧围岩向内挤压变形。

7.5.2 黄土

黄土在我国分布较广,黄河中游的陕西和甘肃大部分,山西南部、河南西部地区为我国黄土和湿陷性黄土的主要分布区。这些地区的黄土分布厚度大,地层全面连续,发育较为典型。其他地区,如河北、山东、青海、内蒙古、新疆以及东北等地也有分布。

1. 黄土对隧道施工的影响

黄土地层对隧道施工的影响主要有以下几点:

(1) 黄土节理:在红棕色或深褐色的古土壤黄土层,常具有各方向的构造节理,有的原生节理呈 X 形,成对出现,并有一定延续性。在隧道开挖时,土体容易顺着节理张松或剪断。如果这种地层位于隧道顶部,则极易产生"塌顶"。如果位于侧壁,则普遍出现侧壁掉土,若施工时处理不当,常会引起较大的坍塌。

(2) 黄土冲沟地段、黄土溶洞与陷穴:隧道在黄土冲沟或塘边地段施工时,当隧道在较长的范围内沿着冲沟或塘边平行走向,而且覆盖较薄或偏压很大的情况下,容易发生较大的坍塌或滑坡现象。黄土溶洞与陷穴是黄土地区经常见到的不良地质现象,隧道若修建在其上方,则有基础下沉的危害;隧道若修建在其下方,常有发生冒顶的危险;隧道若修建在其邻侧,则有可能承受偏压。

(3) 水对黄土隧道施工的影响:在含有地下水的黄土层中修建隧道,由于黄土在干燥时很坚固,承载力也较高,施工可顺利进行。当其受水浸湿后则呈不同程度的湿陷性,会突然发生下沉现象,使开挖后的围岩迅速丧失自稳能力,如果支护措施满足不了变化后的情况,极容易造成隧道坍塌。

在黄土隧道中施工,若洞内排水不良,洞内道路会泥泞难行,不论是无轨还是有轨运输都会给道路的维护、机械的使用与保养、隧道的铺底或仰拱施工等作业造成很大的困难。

2. 黄土隧道的施工要点

黄土隧道施工,应做好黄土中构造节理的产状与分布状况的调查。对因构造节理切割而形成的不稳定部位,在施工时应加强支护措施,防止坍塌,确保安全施工。

施工中应遵循"短开挖、少扰动、强支护、实回填、严治水、勤量测"的施工原则,要求施工工序紧凑,精心组织施工。

开挖方法宜采用短台阶法或环形开挖留核心法,初期支护应紧跟开挖面施作。黄土围岩开挖后不能暴露时间过长,否则围岩壁面会风化至内部,使得土体松弛加快,以至发生塌方。

做好洞顶、洞门及洞口的防排水系统工程,并妥善处理好陷穴、裂缝,以免地面积水侵蚀洞体周围,造成土体坍塌。在含有地下水的黄土层中施工时,洞内应施作良好的排水设施。水量较大时,应采用井点降水等方法将地下水位降至隧道衬砌底部以下,以改善施工条件。在干燥无水的黄土层中施工,应管理好施工用水,不使废水漫流。

3. 黄土隧道的洞门设计应遵循的原则

非湿陷性黄土地基上的洞门设计应考虑地表水冲刷防护;湿陷性黄土地基上的洞门,应根据黄土的物理性质,对端、翼墙地基采取适当的换填夯实措施;黄土隧道洞门墙背上的压力可按库仑理论计算,同时应考虑土体黏聚力的作用,根据地质条件选择合理的洞门形式,同时要对洞门的稳定性进行相关验算。

7.5.3 溶洞

岩溶是指可溶性岩层,如石灰岩、白云岩、白云质灰岩、石膏、岩盐等,受水的化学和机械作用产生沟槽、裂隙和空洞,以及由于空洞的顶部塌落使地表产生陷穴、洼地等现象和作用。溶洞是岩溶现象的一种,溶洞是以岩溶水的溶蚀作用为主,间有潜蚀和机械塌陷作用而造成的基本呈水平方向延伸的通道。

我国石灰岩分布极广,如广西壮族自治区及贵州、云南、四川、湖南等省,在这些地区修建隧道常会遇到各种溶洞,务必引起高度注意。

1. 溶洞的类型

溶洞一般有死、活、干、湿、大、小几种类型。死、干、小的溶洞比较容易处理,而活、湿、大的溶洞,处理方法则较为复杂。

当隧道穿过可溶性岩层时,有的溶洞位于隧道顶部,洞穴大且岩质破碎,容易发生坍塌。有的溶洞位于隧道底部,充填物松软且深,使隧道基底难以处理。有时溶洞或溶槽位于隧道掌子面前方且有大量淤泥质充填物,当隧道掘进至其边缘时,含水充填物不断涌入隧道,难以遏止,甚至使地表开裂下沉,山体压力剧增。有时遇到大的水囊或地下暗河,岩溶水或泥砂夹水大量涌入隧道。有的溶洞与暗河迂回交错,分支错综复杂,范围宽广,处理十分困难。

2. 隧道溶洞处理措施

隧道通过岩溶区,应查明溶洞分布范围和类型,岩层的完整稳定程度、填充物和地下水情况,据以确定施工方法。对尚在发育或穿越暗河水囊等地质条件复杂的岩溶区,应查明情况,慎重选定施工方案。对有可能发生突然大量涌水、流石流泥、崩塌落石等,必须事先制定措施,确保施工安全。在岩溶地段,隧道常用处理溶洞的方法,有"引、堵、越、绕"四种。

(1)引:遇到地下暗河或溶洞有水流时,宜排不宜堵。应在查明水源流向及其与隧道位置的关系后,用暗管、涵管或小桥等设施宣泄水流,或开凿泄水洞将水排出洞外(图7-27)。

当岩溶水流的位置在隧道顶部或高于隧道顶部时,应在适当距离处,开凿引水斜洞(或引水槽)将水位降低到隧底标高以下,再行引排。当隧道设有平行导坑时,可将水引入平行导坑排出。

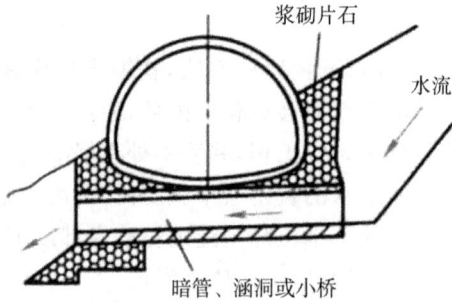

图 7 - 27　桥涵宣泄水流

(2)堵:对已停止发育、跨径较小、无水的溶洞,可根据其与隧道相交的位置及其充填情况,采用混凝土、浆砌片石或干砌片石予以回填封闭;或加深边墙基础,加固隧道底部(图 7 - 28)。当隧道拱顶有溶洞时,可视溶洞的岩石破碎程度在溶洞顶部采用锚杆或网锚喷加固,必要时可考虑注浆,并加设隧道护拱及拱顶回填进行处理(图 7 - 29)。

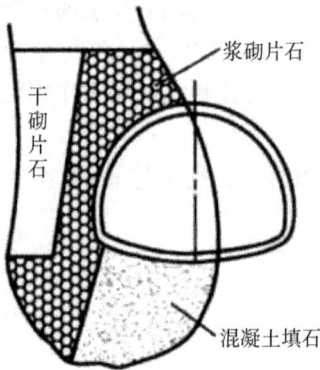

图 7 - 28　溶洞堵填

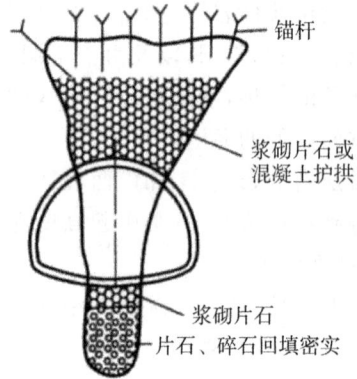

图 7 - 29　锚杆加固与护拱

(3)越:当隧道一侧遇到狭长而较深的溶洞,可加深该侧的边墙基础通过(图 7 - 30a)。隧道底部遇有较大溶洞并有流水时,可在隧道底部以下砌筑圬工承重墙,支承隧道结构,跨越而过,在承重墙内应套设涵管引排溶洞水(图 7 - 30b)。隧道过墙部位遇到较大、较深的溶洞,不宜加深边墙基础时,可在边墙部位或隧底以下筑拱跨过(图 7 - 30c)。隧道穿过大型溶洞,情况复杂时,可根据情况,采用边墙梁、行车梁等,由设计单位负责进行特殊设计后再施工。

(4)绕:在岩溶区施工,个别溶洞处理耗时且困难时,可采用迂回导坑绕过溶洞,继续进行隧道前方的施工,以节省时间,加快施工进度,同时处理溶洞。绕行开挖迂回导坑时,应与溶洞保持一定的间距,以防止洞壁失稳。

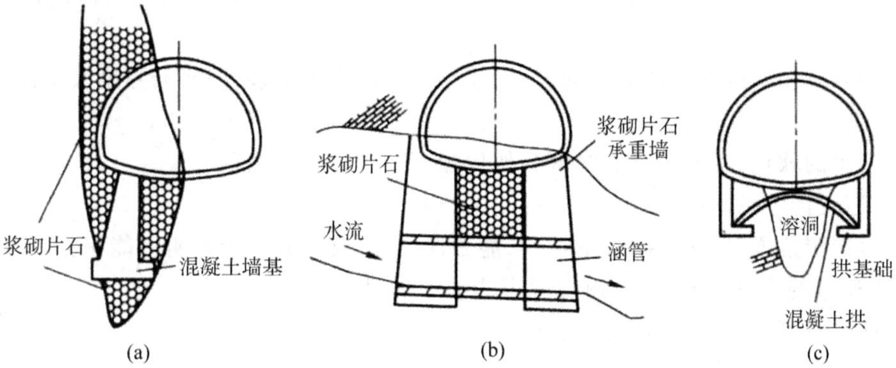

图 7-30 溶洞堵填

3. 溶洞地段施工的注意事项

（1）当施工到达溶洞边缘时，各工序应紧密衔接，支护和衬砌赶前。同时，应利用探孔或物探作超前预报，设法探明溶洞的形状、范围、大小、充填物及地下水等情况，据以制定施工处理方案及安全措施。

（2）施工中注意检查溶洞顶部，及时处理危石。当溶洞较大、较高且顶部破碎时，应先喷射混凝土加固，再在靠近溶洞顶部附近打入锚杆，并应设置施工防护架或钢筋防护网。

（3）在溶蚀地段的爆破作业应尽量做到多打眼、打浅眼，并控制爆破药量，以减少对围岩的扰动，防止在一次爆破后溶洞内的填充物突然大量涌入隧道，或溶洞水突然袭击隧道，造成严重损失。

（4）在溶洞充填体中掘进，如充填物松软，可用超前支护施工。如充填物为极松散的砾石、块石堆积或流塑状黏土及砂黏土等，可于开挖前采用地表注浆、洞内注浆或地表和洞内注浆相结合加固。如遇颗粒细、含水量大的流塑状土，可采用劈裂注浆技术，注入水泥浆或水泥—水玻璃双液浆进行加固。

（5）溶洞未做出处理方案前，不要将弃渣随意倾填于溶洞中。因弃渣覆盖了溶洞，不但不能了解其真实情况，反而会造成更多困难。

7.5.4　塌方

隧道开挖过程中产生塌方的原因主要有两类，一是地质因素，即围岩本身的稳定状态，二是人为因素，即不适当的设计，或不适当的施工作业方法等。塌方会给施工带来很大的困难，造成严重的经济损失，因此需要尽量注意排除可能导致塌方的各种因素，尽可能避免塌方的发生。如果能发现征兆，采取有力措施予以排除，做到防患于未然，对隧道施工具有非常大的意义。

1. 发生塌方的主要原因

（1）不良地质及水文地质条件

① 隧道穿过断层及其破碎带，或在薄层岩体的小曲褶、错动发育地段，一经开挖，潜在应力迅速释放，围岩失稳，轻则引起围岩掉块、塌落，重则引起塌方。

② 当通过各种堆积体时，由于围岩结构松散，颗粒间无胶结或胶结差，开挖后引起坍塌。

③ 在软弱结构面发育或泥质充填物过多的地层中，均易产生较大的坍塌。

④ 隧道穿越地层覆盖过薄地段,如在沿河傍山、偏压地段,沟谷凹地浅埋和丘陵浅埋地段,极易发生塌方。

⑤ 岩层软硬相间或有软弱夹层的岩体,在地下水的作用下,软弱面的强度大为降低,因而发生滑塌。

⑥ 地下水的软化、浸泡、冲蚀、溶解等作用加剧了岩体的失稳和塌落。

(2) 隧道设计考虑不周

① 隧道选定位置时,地质勘查不细,未能做详细的分析,或未能查明可能塌方的因素。没有绕开可以避开的不良地质地段,使得隧道选址不合理。

② 设计本身可能存在不合理的地方。

(3) 施工方法和措施不当

① 施工方法与地质条件不相适应;地质条件发生变化时,没有及时改变施工方法;工序间距安排不当,致使支护应该尽快闭合而没有闭合。

② 喷锚支护不及时,围岩暴露时间过久。喷射混凝土的质量、厚度不符合要求。

③ 按新奥法施工的隧道,没有按规定进行量测,或信息处理失误,或反馈不及时,导致决策失误,丧失了对围岩的有效控制。

④ 没有科学地进行控制爆破,围岩爆破用药量过多,因而扰动过度,引起坍塌。

⑤ 对危石检查不重视、不及时,或处理危石措施不当,引起岩层坍塌。

2. 塌方前的预兆

① 量测信息所反应的变形速度或数值超过允许值。

② 喷射混凝土产生纵横向裂纹或龟裂。

③ 在坑顶或坑壁发现不断掉下土块、小石块或构件支撑间隙不断漏出砂、石屑。

④ 岩层层理、节理缝或裂隙变大、张开。

⑤ 隧道内渗水、滴水突然加剧或变浑。

3. 预防塌方的施工措施

(1) 选择安全合理的施工方法

隧道施工预防塌方,选择安全合理的施工方法和措施至关重要。在掘进到不良地质围岩地段时,必须制定出切实可行的施工方案及安全措施。

① 先排水:在施工前或施工中均应采取相应的防排水措施。

② 短开挖:各部分开挖工序间距要尽量缩短,以减少围岩暴露时间。

③ 弱爆破:爆破时,采用浅眼、密眼,并严格控制用药量或用微差毫秒爆破。

④ 强支护:针对地压情况,确保支护结构有足够的强度。

⑤ 快衬砌:衬砌要紧跟开挖工作面进行,力求衬砌尽快成环。

⑥ 勤检查、勤量测:当发现围岩有变形或有异状,要立即采取相应措施及时处理隐患。

(2) 加强塌方的预测

在施工阶段进行塌方预测,可以及时发现塌方的可能性及征兆,一旦发现征兆,就可以根据不同情况采用不同的施工方法及采取控制塌方的有力措施。预测塌方常用下列几种方法:

① 观察法:观察支护结构是否发生了较大的变形,检查岩层的层理、节理裂隙是否变大、坑顶或坑壁有无松动、掉块,喷射混凝土是否发生脱落,以及地表是否下沉等。还可以在掘进工作面采用探孔对地质情况或水文地质情况进行探察,同时对掘进工作面应进行地质素描,对

掘进前方有无发生塌方的可能性进行超前预测。

② 一般量测法:按时量测观测点的位移、应力,分析研究测得的数据,及时发现不正常的受力与位移状态,捕捉有可能引起塌方的细微情况。

③ 微地震学测量法和声学测量法:微地震学测量法是利用地震测量原理制成的专用仪器来收集塌方信息,声学测量法是通过测量岩石的声波分析确定岩石受力状态来预测塌方。

(3) 加强初期支护

当开挖出工作面后,应及时有效地完成喷锚支护或网锚喷联合支护,并应考虑采用早强喷射混凝土、早强锚杆和钢支撑支护措施等,这对防止局部坍塌,提高隧道整体稳定性具有重要的作用。换句话说,初期支护的合理与否是关系到是否发生塌方的重要因素。

4. 隧道塌方的处理措施

隧道发生塌方后,应及时迅速处理,切忌拖延,因为随着时间推移,塌穴岩壁会进一步恶化,导致塌方范围继续扩大。处理时必须详细观测塌方的范围、形状及塌穴的地质构造,查明塌方发生的原因和地下水活动情况,制定切实可行的处理方案。处理塌方应先加固未坍塌地段,防止继续发展。塌方地段的衬砌,应视塌穴大小和地质情况予以加强。衬砌背后与塌穴洞壁之间必须紧密回填或支撑。可按下列方法进行处理:

(1) 小塌方

塌穴不高,且纵向延伸不长,首先加固塌体两端洞身,并抓紧喷射混凝土或采用锚喷联合支护封闭塌穴顶部和侧部,再进行清渣。在确保安全的前提下,也可在塌渣上架设临时支架,稳定顶部,然后清渣。临时支架的拆除须待浇筑衬砌混凝土达到要求强度后方可进行。最后要用浆砌片石或干砌片石将塌穴填满。

(2) 大塌方

塌穴高、塌渣数量大,且塌渣体完全堵住洞身时,宜采取先护后挖的方法。在查清塌穴规模大小和穴顶位置后,可采用管棚法和注浆固结法稳固围岩和渣体,待其基本稳定后,按先上部后下部的顺序清除渣体,并尽快完成模筑混凝土衬砌(加强型)。对衬砌背后的空穴,可先用浆砌片石回填一定厚度,再以弃渣填实。当塌穴很大,全部填满有困难时,也可考虑采用喷锚支护等方法稳定塌穴洞壁,或请设计单位共同做出处理。

(3) 塌方冒顶

塌方冒顶是指一直塌到了地表,在这种情况下清渣前应先支护塌穴口,地层极差时,可在塌穴口附近地面布置地表锚杆对地层予以加固,洞内塌体可采用管棚等方法穿越。同时,地表塌穴要用雨布遮盖,周围开挖临时排水沟,以防雨水流入洞内。

(4) 洞口塌方

洞口塌方是指因进洞方法不当导致洞口地表塌方,需采取明洞的方法(现场也称为"暗洞明作")进洞。一般来说,接了明洞以后都可以解决问题,但增加了工程造价。

(5) 防排水的处理措施

隧道塌方往往与地下水的活动密切相关,故"治塌应先治水"是隧道施工的基本常识。一旦发生塌方,首先应积极采取措施,截断地表水渗入塌体范围,在洞内防止地下水渗入塌方地段,以免塌方继续扩大。具体措施有如下几点:

① 地表沉陷和裂缝,用黏土紧密夯实,周围开挖截水沟,防止地表水渗入。

② 塌方冒顶时,在陷穴口地表四周挖沟排水,并设雨棚遮盖穴顶。陷穴口的回填应高出

地面,并用黏土或坊工封口。

③ 塌体内有地下水活动时,应用管槽引至排水沟排出,以防止水对塌体的继续破坏。

7.5.5 岩爆

岩爆是岩体中聚集的高弹性应变能,因隧道开挖而发生的一种应力释放现象。它的形成需要两个条件:

(1) 地层的岩性条件

岩爆只发生于结构完整或基本完整的脆性硬岩地层中,多见于石英岩、花岗岩、正长岩、闪长岩、花岗闪长岩、大理岩、花斑状大理岩、片麻岩等岩体。

(2) 地应力条件

岩爆多发生于埋深大的隧道中,因只有埋深大才足以形成高地应力,在高地应力作用下,地层中才能积聚很高的弹性应变能。一般来说,埋深超过 700 m 的隧道发生岩爆的情况居多,但埋深在 200 m 左右也有发生的实例。

岩爆的工程现象:当隧道开挖时,岩体受到急剧破坏,岩片由围岩壁面上突发性地飞出,发出爆裂声,而且大都发生在隧道掌子面附近及侧壁上,有时频繁出现,有时甚至会延续一段时间后才逐渐消失。

当隧道穿过这些高地应力区时,一旦具备岩性条件,发生岩爆的可能性就大为增加。岩爆不仅直接威胁作业人员与施工设备的安全,而且严重影响施工进度,增加工程造价。

1. 隧道内岩爆的特点

(1) 岩爆在未发生前并无明显的预兆,虽然经过仔细找顶,但并无空响声,一般认为不会掉落石块的地方,也会突然发生岩石爆裂声响,石块有时应声而下,有时暂不坠落。在没有支撑的情况下,对施工安全威胁甚大。这与一般掉块、塌顶及侧壁坍塌现象有明显的区别。

(2) 岩爆时,岩块自洞壁围岩母体迸射而出,一般呈中间厚边缘薄的不规则片状,块度大小多呈几厘米长宽的薄片,个别达几十厘米长宽。严重时,上吨重的岩石从拱部弹落,造成岩爆塌方。

(3) 岩爆发生的地点,多在新开挖工作面及其附近,个别的也发生在距新开挖工作面较远处,岩爆多发生在爆破后 2~3 h。

(4) 在溶孔较多的岩层里,则不会发生岩爆。

2. 岩爆的防治措施

既然岩爆产生的前提条件取决于围岩的应力状态与围岩的岩性条件。在施工中控制和改变这两个因素就可能防止或减弱岩爆的发生。因此,岩爆的防治措施主要有两条:一是强化围岩,二是弱化围岩。

强化围岩的措施很多,如喷射混凝土或喷钢纤维混凝土、锚杆加固、喷锚支护、网锚喷联合、钢支撑网喷联合等。这些措施的出发点是给围岩一定的径向约束,使围岩的应力状态较快地从平面转向三维应力状态,以达到延缓或抑制岩爆发生的目的。

弱化围岩的措施之一是往岩层中注水,调查结果表明,当隧道有涌水时是不会发生岩爆的,注水能改变岩石的物理力学性质,降低岩石的脆性和储存能量的能力。措施之二是解除围岩中的高地应力,方法有超前预裂爆破、排孔法、切缝法等,目的是消减围岩中的能量,使能量平和地转化或释放。

3. 岩爆地段隧道施工的注意事项

（1）如设有平行导坑，则平行导坑应超前于正洞一定距离，以了解地质，判断是否会发生岩爆，为正洞施工达到相应地段时加强防治提供依据。如有条件，可采用声波探测预报岩爆工作。

（2）爆破应选用预先释放部分能量的方法，如超前预裂爆破法、切缝法和排孔法等，先期将岩层的原始应力释放掉一些，以减少岩爆的发生。爆破应严格控制用药量，以尽可能减少爆破对围岩的扰动。

（3）根据岩爆发生的频率和规模情况，必要时应考虑缩短爆破循环进尺。初期支护和衬砌要紧跟开挖面，以尽可能减少岩层的暴露面和暴露时间，防止岩爆的发生。

（4）岩爆引起塌方时，应迅速将人员和机械撤到安全地段；采用摩擦型锚杆进行支护，增大初始锚固力；喷射钢纤维混凝土，抑制开挖面围岩的剥落；用钢支撑加固。

（5）充分做好岩爆现象观察记录，以备分析。

7.5.6 高地温

隧道通过高温、高热地段时会给施工带来困难。一般在火山地区修建隧道会遇到高温高热的情况，如日本某地的发电厂工程的隧道，其围岩温度高达175℃。在高温隧道中发生过施工人员被地层中喷出的热水或硫化氢等有害气体烫伤或中毒的事例。

1. 高地温的热源

地热的形成按热源分类，可分为三大类：① 地球的地幔对流；② 火山岩浆集中处的地热；③ 放射性元素的裂变热成为热源。其中，对隧道工程造成施工影响的，主要是火山的热源和放射性元素的裂变热源。

（1）火山的热源

由火山供给的热使地下岩浆附近的地下水成为热水，这种热水（泉水）成为热源又将热供给周围的岩层。当隧道穿过这种岩层时，就会发生高温、高热的现象。

（2）放射性元素裂变热的热源

根据日本有关文献介绍，由于地壳内岩石中含有放射性物质，其裂变热产生地温，地下温度随深度的增加而增加，其平均增温率为3℃/100 m。东京大学院内测定的实例表明，假定地表温度为15℃，地下增温率以3℃/100 m计，则覆盖层厚1 000 m深处的地温成为45℃。日本某地质调查所对30处深层热水地区进行了调查，结果表明，在不受火山热源影响的平原地区，其地下2 000 m深处的地温高达67℃～136℃。这说明如果覆盖层很厚，即使没有火山热源供给，也可能形成高温、高热。

2. 隧道在高地温地区的施工措施

（1）为保证隧道施工人员进行正常的安全生产，我国有关部门对隧道施工作业环境的卫生标准专门有规定。如交通运输部规定，隧道内气温不宜高于28℃。日本规定隧道内温度低于37℃。

（2）为达到规定的标准，在施工中一般采取通风和洒水降温。地温较高时，可采用大型通风设备降温。地温很高时，利用平行导坑往正洞前方超前钻探一段距离，如有热水涌出，可在平行导坑内增加降水、排水设施和排水钻孔，以降低正洞的水位。如正洞施工中仍有热水涌出，可采取注浆措施来堵住热水。

（3）应密切注意高温地段的衬砌混凝土施作。在高温（如 70℃）的岩体及喷射混凝土上浇筑二次混凝土衬砌时，即使厚度再薄，水化热也不易逸出，由于混凝土内部和表面的温差，在早龄期有可能存在裂缝。因此，对二次混凝土衬砌应采取防止裂缝的措施：

① 为了防止高温时的强度降低，应选定合适的水胶（灰）比，宜采用高炉矿渣水泥（分离粉碎型水泥）。混凝土配合比和掺合剂应通过试验优选。

② 在防水板和混凝土衬砌之间设置隔热材料，可在一定程度上隔断由围岩传播过来的热量，使混凝土内的温度应力降低。

③ 适当缩短衬砌混凝土的浇筑长度。

④ 用防水板和无纺布组合成缓冲材料，将二次混凝土衬砌与喷射混凝土隔离，这可以使混凝土衬砌的收缩不受约束。

（4）根据隧道内的高温程度、劳动强度和劳动效率，合理确定劳动工时，以保证施工人员的健康，同时也保证了进度的顺利开展。

7.5.7 瓦斯地层

瓦斯是地下隧道内有害气体的总称，其成分以沼气（CH_4）为主，一般习惯称沼气为瓦斯。当隧道穿过煤层、油页岩或含沥青等岩层，或从其附近围岩破碎、节理发育的地层中穿过时，可能会遇到瓦斯。如果隧道内空气中瓦斯含量达到爆炸限度，一旦与火源接触，就会引起爆炸，给隧道施工安全带来很大的危害，造成严重的经济损失。因此，在瓦斯地层中修建隧道，必须采取相应措施，才能安全顺利施工。

1. 瓦斯的性质

（1）瓦斯（沼气）是一种混合气体，主要成分是甲烷。由于沼气含有少量硫化氢，所以略带臭味。空气中如含有 8.6%～20.8%（按体积计）的沼气时，就会形成爆炸性的混合气体。由于空气中瓦斯含量增加，氧气相应减少，很容易使人窒息或发生死亡事故。

（2）甲烷相对密度 0.554（空气相对密度为 1），所以瓦斯容易积聚在隧道顶部。

（3）瓦斯不能自燃，但极易燃烧，其燃烧的火焰颜色，随瓦斯含量的增大而变淡，空气中含有少量瓦斯时火焰呈蓝色，瓦斯体积分数为 5% 左右时，火焰呈淡青色。

2. 瓦斯的燃烧和爆炸性

当隧道中的瓦斯的体积分数小于 5%，此时遇到火源，瓦斯只在火源附近燃烧而不会爆炸。瓦斯的体积分数在 5%～16% 时，遇到火源具有爆炸性。瓦斯的体积分数大于 16% 时，一般不爆炸，但遇火能平静地燃烧。

瓦斯燃烧时，一旦遇到障碍而受压缩，就会形成爆炸。爆炸时能发生高温，封闭状态中的爆炸（即容积为常数），温度可达 2 150℃～2 650℃，能向四周自由扩张式的爆炸（即压力为常数），温度可达 1 850℃。发生瓦斯爆炸后的隧道内完全无氧，而是充满氮气、二氧化碳及一氧化碳。这些有害气体很快传到邻近的隧道和工作面，凡是来不及躲避的人员，都会中毒窒息，甚至死亡。

瓦斯爆炸时，爆轰波运动造成暴风在前，火焰在后，暴风遇到积存瓦斯，使它先受到压力，然后火焰点燃发生爆炸。第二次瓦斯受到的压力比原来的压力大，因此爆炸后的破坏力也更剧烈。

3. 瓦斯释放的方式

(1) 施工阶段

① 瓦斯的渗出：它是缓慢地、均匀地、不停地从煤层或岩层的暴露面的空隙中渗出，延续时间很久，有时带有一种嘶音。

② 瓦斯的喷出：比上述渗出强烈，从煤层或岩层裂缝或孔洞中放出，喷出的时间有长有短，通常有较大的响声和压力。

③ 瓦斯的突出：在短时间内，从煤层或岩层中，突然猛烈地喷出大量瓦斯，喷出的时间能从几分钟到几小时，喷出时常有巨大轰响，并夹有煤块或岩石。

以上三种瓦斯释放形式，往往以第一种形式放出的瓦斯量最大，因而最不易被人发觉。

(2) 运营阶段

地层中的瓦斯主要通过衬砌本体的细微裂隙和施工缝等通道渗入隧道内。瓦斯渗入量不仅与煤层(或地层)中瓦斯含量、压差(即瓦斯压力和隧道内空气压力之差)有关，而且与衬砌材料、接缝材料的渗透性质有关，同时也与隧道内空气的流动速度等因素有关。

4. 防止瓦斯事故的措施

(1) 隧道穿过瓦斯溢出地段，应预先确定瓦斯探测方法，并制定瓦斯稀释措施、防爆措施和紧急救援等措施。

(2) 在选择瓦斯地区的施工方法时，要求各工序间距尽量短，尽快对瓦斯地段进行衬砌封闭，并保证混凝土的密实性，以防瓦斯溢出。当开挖分部多时，岩层暴露的总面积多，成洞时间长，洞内各工序交错分散，易使瓦斯各处积滞量不匀，这对施工是很不利的。因此，应尽量选择分部少的施工方法，只要条件许可，就应尽可能采用全断面开挖，因其工序简单、面积大、通风好，随挖随护，能够很快缩短煤层中瓦斯放出的时间和缩小围岩暴露面，有利于防止瓦斯事故的发生。

(3) 加强通风是防止瓦斯爆炸最有效的办法。把空气中的瓦斯吹淡到爆炸限度以下的 $1/5 \sim 1/10$，将其排出洞外。有瓦斯的隧道，必须采用机械通风。通风设备必须防止漏风，并配置备用的通风机，一旦原有通风机发生故障时，备用风机能立即供风，始终保证工作面空气内的瓦斯含量在允许限度以内。当通风机发生故障或停止运转时，洞内工作人员应马上撤离到新鲜空气地区，直至通风恢复正常，才能进入工作面继续工作。

(4) 洞内空气中允许的瓦斯含量应控制在下述规定以内：

① 在洞内总回风风流中瓦斯的体积分数小于 0.75%；

② 从其他工作面进来的风流中瓦斯的体积分数小于 0.5%；

③ 在掘进工作面瓦斯的体积分数为 2% 以下；

④ 工作面装药爆破时瓦斯的体积分数在 1% 以下；

⑤ 当开挖工作面风流中和电动机附近 20 m 以内风流中瓦斯的体积分数达到 1.5% 时，必须停工、停机，撤出人员，切断电源，进行处理。开挖工作面内，局部积聚的瓦斯的体积分数达到 2% 时，在附近 20 m 内，也必须停止工作，切断电源，进行处理。因瓦斯含量超过规定而切断电源的电气设备，都必须在瓦斯的体积分数降到 1% 以下时，方可重新开动。

(5) 如开挖进入煤层，瓦斯排放量较大，使用一般的通风手段难以稀释到安全标准时，可使用超前周边全封闭预注浆。在开挖前沿掌子面的整个周边，呈辐射状布孔注浆，形成一个全封闭截堵瓦斯的帷幕。特别是对煤层垂直方向和断层地带进行阻截注浆，其效果会更佳。开

159

挖后要及时进行喷锚支护,并保证其厚度,以免漏气和防止围岩的失稳。

(6) 采用防爆设施

① 在瓦斯散发区段,使用防爆安全型的电器设备。洞内运转机械须具有防爆性能,避免运转时发生高温火花。机械施工时,要防止金属与坚石撞击、摩擦而发生火花。

② 采用非电毫秒爆破,并使用安全炸药,采用毫秒雷管时,最后一段的延迟时间不得超过130 ms。

③ 洞内使用防爆灯或蓄电池灯照明。只准用电缆,不准使用皮线。

(7) 严格执行有关制度

① 严格执行瓦斯防爆的技术安全规则与有关制度。指定专人定时或随时测量洞内风流和瓦斯含量。瓦斯检查手段可采用瓦斯遥测装置、定点报警仪和手持式光波干涉仪。

② 洞内严禁使用明火,严禁将火柴、打火机、手电筒及其他易燃品带入洞内。

③ 进洞人员必须经过瓦斯知识和防止瓦斯爆炸的安全教育。抢救人员未经专门培训不准在瓦斯爆炸后进洞抢救。

7.5.8 松散地层、流砂

松散地层指漂卵石地层、极度风化破碎已失岩性的松散体、砂夹砾石和含有少量黏土的土层、无胶结松散的干砂等。其特点是:结构性弱、稳定性差,在隧道施工中极易发生坍塌,若有地下水则坍塌更易发生。

松散地层常用的施工方法有:先支护后开挖、密闭支撑、边挖边封闭的方法。施工时主要是为了减少对围岩的扰动,必要时采用超前注浆预加固地层的方法,及早控制地下水。

流砂是砂土或粉质黏土在水的作用下丧失其黏聚力后形成的,多呈糊浆状。开挖时容易引起围岩失稳坍塌,支护结构变形,甚至倒塌破坏,因此对隧道施工的危害极大。治理流砂必先治水,以减少地层的含水量为主。

流砂的治理措施有:① 加强调查,制定方案;② 因地制宜,综合治水;③ 先护后挖,加强支护;④ 尽早衬砌,封闭成环。

7.6 新奥法工程实例

为缓解香港岛区北岸东西向的交通挤塞情况。拟建造中环湾仔绕道项目。绕道项目西面起点在中环,并在国际金融中心大厦附近进入地下,以隧道的方式穿过香港会展中心、前湾仔公众货物装卸区、红磡海底隧道入口、铜锣湾避风塘,然后在铜锣湾避风塘东侧附近重上地面,并通过高架桥的方式与东区走廊北角段相连接。绕道项目施工最具挑战性的是一段下穿现有红磡海底隧道的暗挖隧道,其位于铜锣湾避风塘及前湾仔公众货物装卸区临时填海区之间,以一斜交角度下穿红隧港岛区入口,且邻近香港游艇会及警官会所等设施及结构物,是整个绕道项目的重点和难点(图 7-31)。

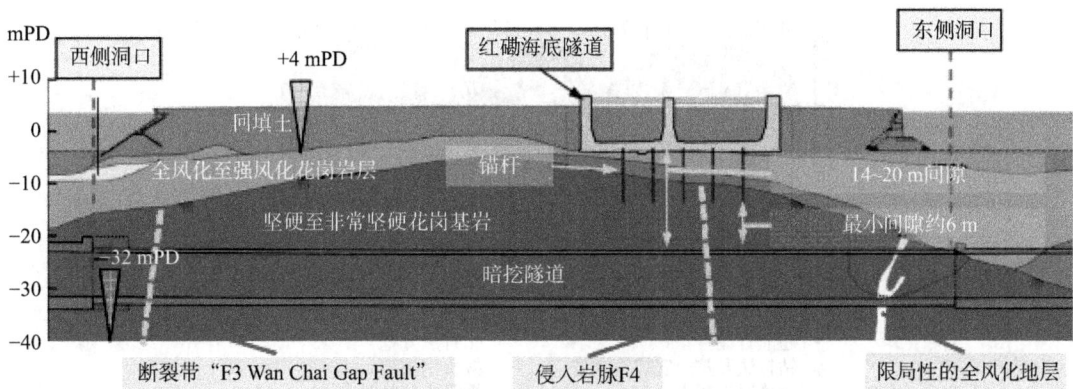

图 7 - 31 隧道纵向地质剖面图

红磡海底隧道暗挖隧道位于侏罗-白垩纪九龙花岗岩岩层内,主要表现为坚硬至非常坚硬、微风化的中粗粒花岗岩。基岩上覆盖着厚度不均的全风化至强风化花岗岩层,岩层上方则是一层约 10 m 厚的土层,混杂了各个时期的冲积土、沉积土及人工回填土。隧道中部向两侧洞口,岩面逐渐下降。在东侧洞口,岩面呈中间低、两边高;在西侧洞口,岩面呈北边高、南边低。地层的变化,使得隧道洞口处岩层覆盖相对较薄,东、西两侧洞口岩层覆盖最薄处分别只有约 4.5 m 和 3.7 m。

暗挖隧道工程难点如下:

(1) 红磡海底隧道的稳定及安全营运是隧道施工要考虑的首要因素。

① 暗挖隧道洞室上方的地层塌陷,从而导致红隧及邻近的结构物出现沉降;

② 地层的扭曲导致红隧及邻近结构物出现沉降,以及锚杆的松脱引起红隧结构上浮。

(2) 潜在的地层断裂带或不良地质构造影响隧道洞室的稳定性。

(3) 隧道开挖的过程中存在大量地下水涌入的风险。

(4) 隧道断面开挖总跨度大且洞口区域岩层覆盖薄。

这段长约 160 m 的暗挖隧道为 3 连拱特大断面隧道,处于临海环境,隧道洞口位于深基坑内,且下穿现有结构物。要安全、顺利地建造这段暗挖隧道,除确保开挖过程中隧道自身洞室的稳定外,同时需确保周边现有建筑物或结构物,以及地下公用事业设施的安全。该段暗挖隧道遵循新奥法的原则,执行分部钻打开挖,临时支护紧跟开挖的施工措施。

为避免一次开挖形成大跨度的"拱",实施分部、分阶段开挖(图 7 - 32)。

第一步先开挖位于中间的 SR8 隧道的上台阶部分,以及位于东、西行线隧道的上台阶外侧部分,临时支护紧跟开挖施作。使得东、西行线两条隧道暂时保留了上台阶的内侧部分,类似 2 根"石柱"分隔开上述 3 个开挖面,有效地减少了一次开挖产生的总跨度,有利于洞室上方地层的稳定。该开挖顺序结合了正台阶法和中隔壁法。在各隧道上下台阶开挖的安排上,施工的过程中需保留约 30 m 长的下台阶,以满足掌子面各种开挖设备对作业空间的需要,且上台阶最多只允许有 5 m 的无支护超前开挖段。

当 SR8 隧道完成的全断面开挖达到某个长度,开展隧道衬砌。在 SR8 隧道衬砌完成的里程范围内,东、西行线两条隧道的上台阶内侧部分作为"石柱"的作用可让 SR8 隧道衬砌进行取代。此时,第 4 阶段东、西行线隧道上到坑内侧的开挖即可展开。

161

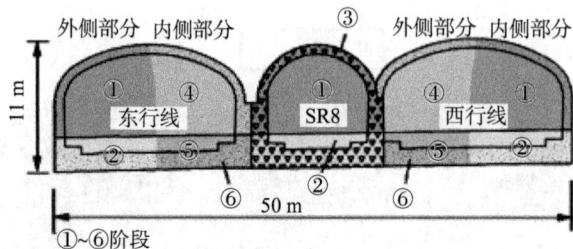

外侧部分 内侧部分 ③ 外侧部分 内侧部分

11 m

① ④ 东行线 | SR8 | ① | ④ 西行线

② ⑤ | ⑤ ②

⑥ ② ⑥

50 m

①~⑥阶段

第1阶段——SR8 及东、西线隧
道上导坑

- 超前管棚
- 钻打法开挖→安装钢拱架
  →喷射混凝土

第2阶段——SR8 及东、西线隧
道下台阶外侧

- 钻打法开挖→快速安装钢拱
  架→喷射混凝土

第3阶段——SR8 隧道衬砌

- 安装防水层→浇筑底板及
  边墙
- 喷射混凝土填充
- 接长防水层→拱部衬砌

第4阶段——西行线隧道上导坑
内侧

- 钻打法开挖
- 接长钢拱架
- 拆除中间临时支护

第5阶段——东、西线隧道下台
阶

- 钻打法开挖→接长钢架

第6阶段——东、西线隧道衬砌

- 安装防水层→浇筑底板及
  边墙
- 喷射混凝土填充
- 接长防水层→拱部衬砌

图 7-32 暗挖隧道分部开挖顺序

上述开挖次序的安排使得多个开挖面的工作同步展开,隧道的施工资源可以得到充分利用。在东、西行线隧道实现全断面开挖前,居中的 SR8 隧道的衬砌先行完成,起到了临时支护的作用,避免了三连拱隧道同步开挖形成特大的总开挖跨度。随后,东、西行线隧道上台阶内侧的临时支护将所承受的最大轴向压力及剪力传递到 SR8 隧道衬砌上。

思考题

1. 新奥法施工的基本原理是什么?
2. 简述全断面法台阶法分步开挖法的优缺点及适用条件。
3. 隧道施工中炮眼的种类和作用如何?
4. 简述光面爆破和预裂爆破的概念、异同点。
5. 简述新奥法和传统矿山法的根本区别。

7-1 新奥法课件

7-2 思考题答案

7-3 管棚支护视频

8 新 意 法

20 世纪 70 年代中期,意大利的 Pietro Lunardi 教授开始对数百座隧道进行理论和现场试验研究,并逐步创立了岩土控制变形分析法(ADECO-RS 法),该方法用中文解释为"新意法"。在该法中,Pietro Lunardi 教授首次将隧道开挖过程中的变形反应通过三维空间进行考虑,打破了过去只考虑与隧道掘进方向正交平面变形反应的陈规。

新意法经历了试验研究阶段与理论研究阶段,至今仍在继续。

(1)第一研究阶段:致力于对大量隧道施工过程中的应力-应变行为进行系统研究。重点关注隧道掌子面,证实了三种基本变形类型,以及随之而来的失稳表现,在此阶段提出了下列术语。

超前核心土:隧道掌子面前方一定体积的土体,呈圆柱体,圆柱体的高度和直径大致与隧道直径相等。

掌子面挤出变形:开挖介质对隧道开挖产生的主要变形形式,主要发生在超前核心土内;挤出变形的大小取决于超前核心土的强度、变形特性及其所处的原始应力场;挤出变形发生在隧道掌子面水平轴线方向,其几何形状大概呈轴对称(掌子面鼓出),或在掌子面形成螺旋状挤出。

隧道预收敛:隧道掌子面前方的理论轮廓线的收敛变形,完全取决于超前核心土的强度及变形特性与其原始应力状态之间的关系。

(2)第二研究阶段:选取不同地质类型及应力-应变条件的不少于 400 km 的隧道进行研究,详细观察和分析隧道施工过程中的隧道失稳现象。此阶段证实所有变形行为及在隧道内由变形引起的失稳表现均直接或间接地与掌子面前方超前核心土的强度有关。第二阶段的研究还显示,非常需要在隧道掌子面前方且在隧道开挖到达前形成成拱效应,该成拱效应在隧道掌子面通过该断面后仍然起作用。

(3)第三研究阶段:研究对超前核心土采取何种措施能将隧道变形反应控制在何种程度,进行了人为调节或改善超前核心土强度以调节隧道变形的试验,研究了如何将超前核心土作为围岩稳定的工具。

总之,研究围绕超前核心土,把超前核心土视作一种新的隧道长期和短期稳定工具:超前核心土的强度及对变形的敏感性在隧道施工中起决定性作用,同时也决定了掌子面到达时隧道的变形特性。

8.1 新意法的实施要点

8.1.1 新意法定义

新意法是通过对隧道掌子面超前核心岩土介质的勘察,预测其稳定性,设计按隧道开挖后围岩稳定、短期稳定、不稳定,将其划分为 A、B、C 三种形态,据此信息化设计支护措施,确保隧道安全穿越复杂地层,实现全断面开挖的一种动态设计施工指导原则。它强调控制围岩变形、强调掌子面前方围岩的超前支护和加固,通过监测和控制掌子面前方的围岩,采用配套的机械化作业,实现全断面开挖(图 8-1)。

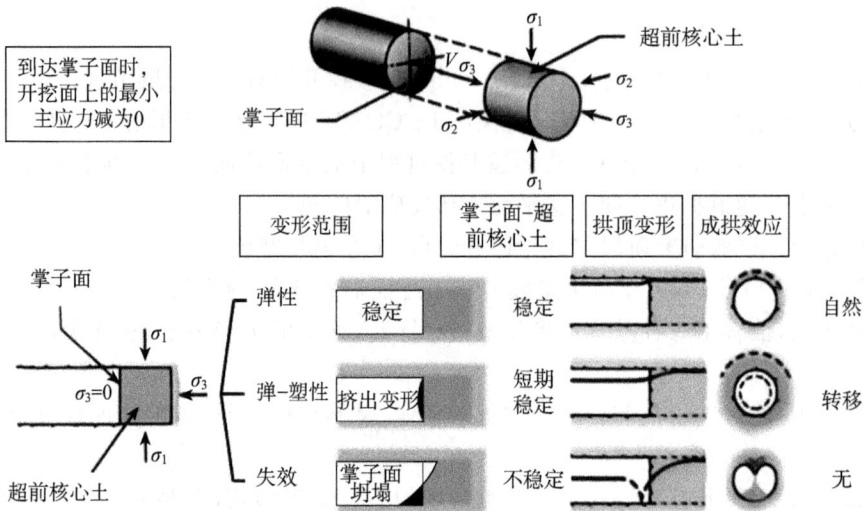

图 8-1 调整超前核心土的强度可以控制其变形和由此引起的隧道收敛

根据"掌子面-超前核心土"体系的三种基本"应力-应变"形态可以得出三种可能的隧道变形形态:

(1)掌子面稳定形态(A 类形态),掌子面稳定,岩石型变形特性,即使没有采取支护措施,隧道也能保证稳定;

(2)掌子面短期稳定形态(B 类形态),短期掌子面稳定,黏性型变形特性;

(3)掌子面不稳定形态(C 类形态),掌子面不稳定,松散地层型变形特性。

B、C 形态下,为了防止隧道掌子面及隧道结构失稳,使掌子面返回到稳定形态(A 类形态),必须采取超前约束措施,使掌子面与已开挖隧道之间达到适当的平衡,而且根据围岩的强度、变形特性及实际应力状态提供足够的约束。

8.1.2 新意法核心思想

新意法的一个重要特点是引进了一种新的看待地下工程的概念框架。它把超前核心土视作一种新的隧道长期和短期稳定工具。超前核心土的强度和变形特性对隧道的长期和短期稳定起着决定性作用,同时也决定了掌子面到达时隧道的变形特性。因此得出以下结论也是新意法的核心思想:

(1)超前核心土的变形特性对所有隧道变形的发生发展起着关键性作用,而隧道塌方一般是由超前核心土的滑动引起,因此可以通过改变或控制超前核心土的变形特性来对隧道变形进行调整。

(2)超前核心土的变形特性取决于其自身的刚度和强度,因此可以通过调节超前核心土强度和刚度来控制隧道变形(主要是收敛变形),从而保证隧道的长期稳定。

8.1.3　新意法优点

新意法的主要优点有：

（1）新意法具有更广的应用范围。由于强调了对隧道超前核心土的加固和保护，并在设计施工中采取了相应的强度和刚度控制措施，新意法能更好地解决软弱围岩、膨胀性挤压地层等新奥法无法施工或很难施工的复杂地段的施工难题。

（2）在复杂地质条件下新意法具有较快的施工进度。对超前核心土采取预加固措施后，为大型机械化作业提供了便利条件，采用大断面甚至全断面施工后加快了施工进度。

（3）新意法的造价和工期具有可控性。由于新意法在设计环节做了大量工作，岩层特性分析和措施处理较充分，保证了后续施工的可持续性，因而可以较准确地预计工期和总造价，也避免了由工期等问题引发的纠纷。

（4）新意法具有更高的安全性。对超前核心土的监控和加固、仰拱紧跟掌子面等措施的应用可以减少一些地质灾害（塌方等）的发生。

（5）新意法可以降低隧道后期维护成本。新意法强调利用超前核心土来限制围岩的预收敛，使得原岩应力重分布的波及范围及塑性区范围减小，更好地保持了原岩状态，减小运营期隧道病害发生的可能性，可以降低后期维护成本。

8.1.4　新意法施工步骤

新意法的施工可分为两个实施阶段，如图8-2所示。在设计阶段完成地质勘察、诊断及处治措施设计；施工阶段则边实施作业边监控量测，然后优化调整，使开挖面和洞身结构体系形成平衡，保持稳定。

设计阶段由以下步骤组成：

- 勘察：确定受隧道影响地层的岩土力学特性。
- 诊断：运用勘察收集的信息，依据预计的应力-应变特性，按照"掌子面-超前核心土体系"的A、B、C三类变形形态，把隧道分成应力-应变特性均匀的几个部分，确定开挖引起变形的发展演变具体细节及荷载类型。

阶段	过程	说明
设计	勘察	分析已有的自然平衡
	诊断	分析、预测无支护措施下的变形现象(*)
	处治	采取支护加固措施控制变形现象(*)
施工	实施	运用支护加固手段控制变形现象
	监测	控制和量测施工中的围岩变形现象(*)，量测掌子面-超前核心土的挤出变形、洞室周围及掌子面后方不同位置的收敛变形
	调整最终设计方案	判断变形现象(*)；平衡掌子面-超前核心土及洞室周围的支护加固体系

（*）：变形现象包括掌子面-超前核心土的挤出变形及掌子面后方的围岩变形

图8-2　岩土控制变形分析法程序

- 处治：针对A、B、C三类变形形态，确定采取何种措施和何种必要的处治手段，使隧道处于完全稳定状态，并用数学方法证明其有效性。

施工阶段（Construction）由以下步骤组成：

- 实施：根据设计预测结果，开展隧道稳定支护作业。采取的各种稳定加固措施要适应岩体的实际变形反应,并根据事先编制的质量控制计划进行检测。

- 监测:对变形进行量测和分析,其目的在于:① 在施工期间对诊断和处治时所做预测的准确性进行检验。② 对设计进行调整,使掌子面加固强度与洞身加固强度实现平衡。隧道施工结束后,监测仍不能结束。在隧道的全生命周期要继续进行监测,对隧道的安全状态进行持续不断的检验。
- 监测:对变形进行量测和分析,其目的在于:① 在施工期间对诊断和处治时所做的预测的准确性进行检验。② 对设计进行调整,使掌子面加固强度与洞身加固强度实现平衡。隧道施工结束后,监测阶段仍不能结束。在隧道全生命周期内要继续进行监测,对隧道的安全状态进行持续不断的检验。
- 调整最终设计方案:根据监测结果,判断掌子面-超前核心土的挤出变形及掌子面后方的围岩变形类别,调整最终掌子面-超前核心土及洞室周围的支护加固体系。

综上,正确的隧道工程设计,首先要知道如何以原始的自然平衡状态为基础,预测出隧道开挖期间地层变形反应的发生和发展;其次可以利用预测结果选择最合适的施工方法,把变形控制在允许极限值以内,并且根据隧道掘进进尺和掌子面的位置确定施工工期和施工进度计划。

另一方面,正确的隧道工程施工就是按设计进行:首先,对隧道掌子面和边墙的挤出变形、收敛变形以及掌子面前方地层的变形进行认真监测;其次,对各种监测结果进行分析,并确定隧道掘进速度、加固措施的强度、位置和时机,以及掌子面超前加固措施和隧道洞身加固措施之间的平衡。

8.1.5 新意法实施要点

对岩土变形反应的理论和试验研究表明:隧道开挖时整个应力-应变过程产生的真正原因是超前核心土易于变形。因此,在各种应力-应变情况下,尤其是在岩层条件很差时,为了保证隧道顺利施工,需要在掌子面前方采取预约束措施,以调节超前核心土强度,在掌子面后方,采取隧道支护约束措施,以调整超前核心土挤出方式(图 8-3)。

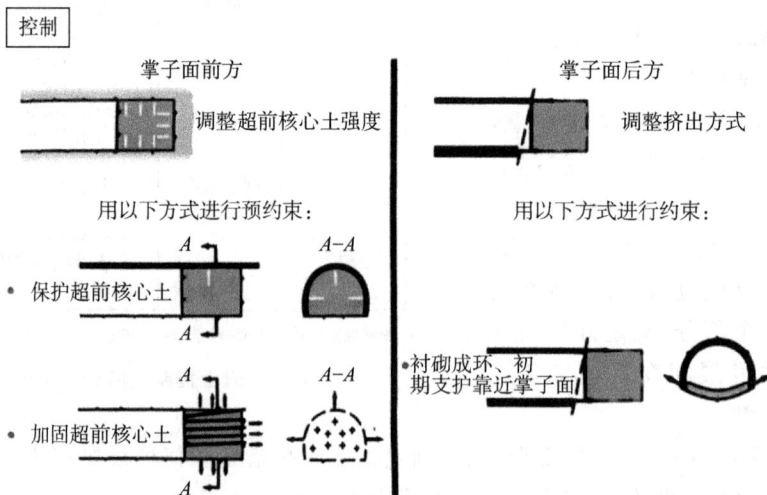

图 8-3 通过调整超前核心土的强度和挤出方式来控制围岩变形

（1）掌子面前方超前控制措施

为了调节超前核心土的强度，新意法提供了许多变形控制措施。所有变形控制措施可以分为以下两大类：

① 保（防）护性控制措施：通过采取保护性控制措施（如旋喷注浆、纤维喷射混凝土壳层、掌子面前方浇筑混凝土等），在超前核心土周围形成成拱效应，从而形成一定的保护作用，可以保证超前核心土的强度和变形特性。

② 加固性控制措施：采取适当的岩土改良技术（如采用玻璃纤维构件对超前核心土进行改良），直接对超前核心土的施加作用，以提高其强度和变形特性。

在极端应力-应变情况下，毫无疑问可以同时采取保护性控制措施和加固性控制措施，使这两类控制措施同时发挥作用。

（2）掌子面后方变形控制措施

传统的隧道施工原理忽视了产生变形的原因，允许超前核心土发生变形，并要求施作柔性衬砌，以吸收已经发生的变形。实践证明，在极其复杂的应力-应变条件下，这种做法常常是行不通的。根据新意法的基本原则，为了继续保持掌子面前方已经加固的超前核心土的优势，需要在掌子面的后方施作具有同样刚度的衬砌。同样重要的是，为了保证约束作用的连续性，要特别小心，使其过渡尽可能循序渐进，尽可能均匀。

8.2 与新奥法的区别

新奥法仅把隧道静力学问题考虑为二维问题，并把全部注意力集中在隧道收敛上。新奥法的这种问题处理方式，对于在中、低困难程度的应力-应变条件下进行隧道掘进是成功的，但是对于极为困难的应力-应变条件，新奥法具有一定局限性。这就要求建立在任何条件下都能控制介质变形反应的隧道工程理论和方法。需要把隧道的稳定性问题回归现实，视之为三维问题，考虑隧道掘进的整个动态过程。

新意法和新奥法的区别具体体现如下：

（1）地层变形反应的分析方式不同：新奥法对地层变形反应的分析仅限于掌子面的后方，仅对隧道收敛进行分析；新意法不仅对掌子面后方的地层变形反应进行分析，而且更注重对掌子面及掌子面前方地层的变形反应进行分析。

（2）地层变形反应的控制方式不同：新奥法采用锚杆、喷射混凝土、钢拱架、施作仰拱等手段，仅对掌子面后方的隧道施加约束作用；新意法不仅要求隧道的支护措施不能落后掌子面太远，而且要求对超前核心土采取适当的防护和加固措施（表 8-1）。

表 8-1　新意法与新奥法对照

	类别	新意法	新奥法
不同点	岩土观点	重视掌子面超前岩土的稳定性	没有重视
	洞体量测	重视掌子面超前核心土的收敛变形和挤压变形的量测	没有重视
	超前支护	强调掌子面超前核心土的人工控制、岩体强度的改善	只注重了前方轮廓的预加固，没有对超前核心土加固

	类别	新意法	新奥法
不同点	断面开挖	机械化全断面开挖	断面分部开挖
	工期	可以在设计阶段较准确地预测完成时间	设计阶段只能大概的估计时间
	设计、施工、量测关系	强调了预收敛量测和洞身的收敛量测,及时反馈设计调整参数的动态设计	没有进行预收敛量测,只是对洞身的量测,属于被动测量,因此动态设计的及时性较弱
最重要的区别		强调了对超前核心土的控制、量测、动态设计,突出了机械化全断面和均率开挖的理念	没有对超前核心土的控制,更偏重分部开挖的手段

8.3 新意法隧道加固处理措施

8.3.1 基于隧道预约束理念的加固措施

1. 借助全断面机械预切槽进行洞室预约束

全断面机械预切槽法是沿隧道外弧轮廓线按预定的厚度和长度进行切槽。切槽采用一种特殊机械,在切槽机上装配有链锯,链锯可在齿条和齿轮架上移动,由此形成隧道外轮廓形状的切槽,切槽后立即在切槽中充填纤维加劲喷射混凝土,喷射混凝土中掺加适宜的添加剂以快速提供早期强度。由此形成了具有截锥形状和良好力学特性的超前衬砌薄板层,其伸入掌子面前方较远处,可提供足够的径向预约束力,以防止围岩松弛。施工步骤如下(图8-4):

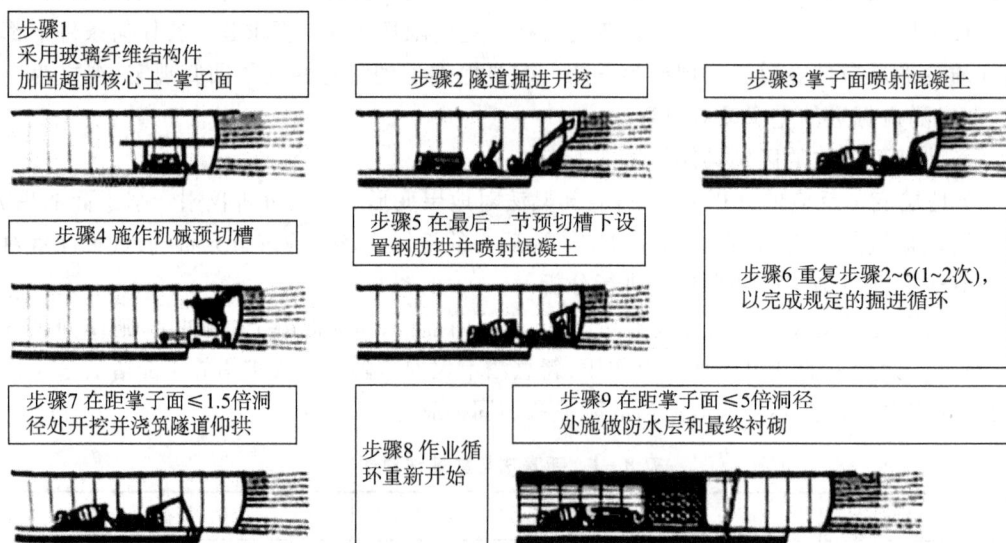

图8-4 采用玻璃纤维结构构件加固掌子面-超前核心土的机械预切槽作业步骤

全断面机械预切槽法适用范围:

从软岩到黏性土和粉质砂土,包括非均质地层、含水层,只要其在浇筑混凝土期间能保持切槽不坍塌,当然这也需要采取人工辅助措施。

全断面机械预切槽法主要特征：

（1）几乎可以完全消除超挖，显著减少初期衬和围岩之间的回填注浆量；

（2）可减少临时约束构件数量，因为其几乎完全被预切槽衬砌所替代；

（3）机械化程度高、掘进速率稳定，这给施工费用和施工效率方面带来良好的效果（隧道掘进工业化）；

（4）可以施作其工作状态接近于最终衬砌静力状态的初期衬砌，这样可以极大减小最终衬砌的厚度（如果规范允许考虑其复合作用的效果）。

2. 采用预切成洞衬砌技术进行洞室预约束

预切成洞衬砌技术可以看作是预切槽技术的发展，该技术的创新性在于能够在开挖之前施作隧道衬砌，而不需要在开挖横断面周围进行初步的地层改良和加固，也不需要以连续方式设置包括钢肋拱架和纤维喷射混凝土等的初期衬砌。

同机械预切槽技术一样，预切成洞衬砌技术如图8-5所示，包括在掌子面前方施作截锥状混凝土层。当采用预切成洞衬砌技术时，可在4个阶段内完成隧道施工循环：采用玻璃纤维结构件进行地层加固（如果必需的话）→超前施作混凝土薄层→在已建混凝土薄层的围护范围内开挖超前核心土→在混凝土薄层底部施作临时仰拱以封闭衬砌环（图8-5）。

如果采用预切成洞衬砌，则所开挖地层必须具有足够的黏结性，以确保切槽边墙具有自稳性直至充填混凝土。为降低切槽敞露时间及由此带来的失稳可能性，较好的做法是分成5～7段来切削

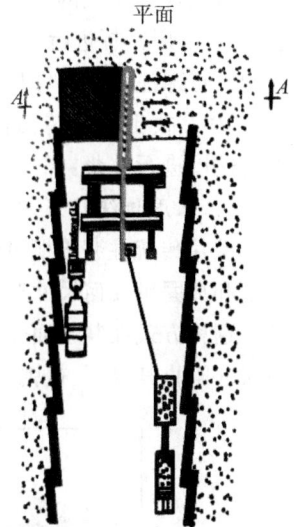

图8-5 预切成洞衬砌法掘进系统

截锥体，并根据隧道半径决定其分段长度。该方法简化了混凝土模板系统并极大地将其约束在作业面上。

3. 采用玻璃纤维加筋件加固掌子面-超前核心土来进行洞室预约束

玻璃纤维加固筋技术是指在掌子面进行干钻，钻孔近似平行于隧道辅轴线并均匀分布在掌子面上，其长度一般大于隧道直径。钻孔后将特殊的玻璃纤维加筋件插入孔内并立即注入水泥灰浆。当隧道掘进后，掌子面-超前核心土中玻璃纤维加筋件的剩余长度不足以确保洞室的预约束时，则须布设另一组玻璃纤维加筋件。

玻璃纤维加固筋的使用对于作业成功起着决定性作用，因为该材料具有高强度特性和较大的脆性，使得开挖机械能够很容易地挖断玻璃纤维加固筋，而又由于需要有良好的抗剪强度以确保系统的正确功能性，所以不能使用金属锚索进行地层加固。

玻璃纤维加固筋技术可用于黏结性或半黏结性土层中，在采取措施确保钻孔完整性的情况下，甚至也可用于黏结性非常低的土层中。

如果需要的话，玻璃纤维加固筋技术还可结合其他超前加固技术的优点，如机械预切槽、预切成洞衬砌技术。

4. 采用旋喷注浆管棚进行洞室预约束

旋喷注浆是一项地层处理技术，通过一定直径的喷嘴在高压（30～60 MPa）下将一定量的水泥混合物注入待改良地层中。其注浆方法有多种（单液、双液、三液），但在隧道水平注浆作业中实际上仅采用单液（水泥混合物）注浆系统，如图8-6所示。传统注浆主要是基于浆液的

169

渗透,因此会受到地层渗透性的限制;旋喷注浆与此不同,主要基于水力劈裂。旋喷注浆技术是在高压、高速下借助于喷射浆液的力学作用使地层破裂,以此搅拌、压实、固结地层。通过改良处理提高了地层的力学特性,其渗透性和强度特性与混凝土相当。经验表明,旋喷注浆可用于所有颗粒土和黏结性土层中。

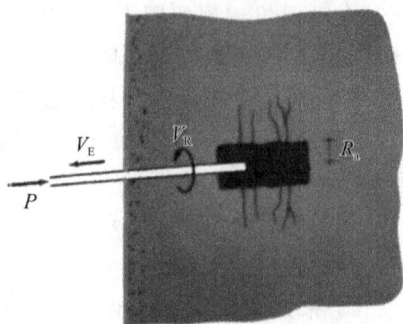

图 8-6　水平旋喷注浆

P—注浆压力;V_E—转速;
V_R—抽回速度

旋喷注浆工艺的工序分为两个步骤:

① 采用钻杆进行钻孔,深度不小于隧道直径,钻杆尾部配有特殊注浆装置(跟踪注浆);

② 在拔出和旋转钻杆的同时,通过跟踪注浆装置以设定速度进行注浆。

5. 采用传统注浆管棚进行洞室预约束

采用传统注浆管棚进行洞室预约束是以设定的长度、强度和加固拱几何尺寸对掌子面前方地层进行注浆处理,如图 8-7 所示,以形成改良土体加固拱。这种方式在掌子面-超前核心土周围形成加固拱,具有一定的力学特性,能够径向约束周围地层并阻止其释压、松弛。传统注浆技术通常用于非黏结性土层中,渗透系数不小于 10^{-6} m/s。

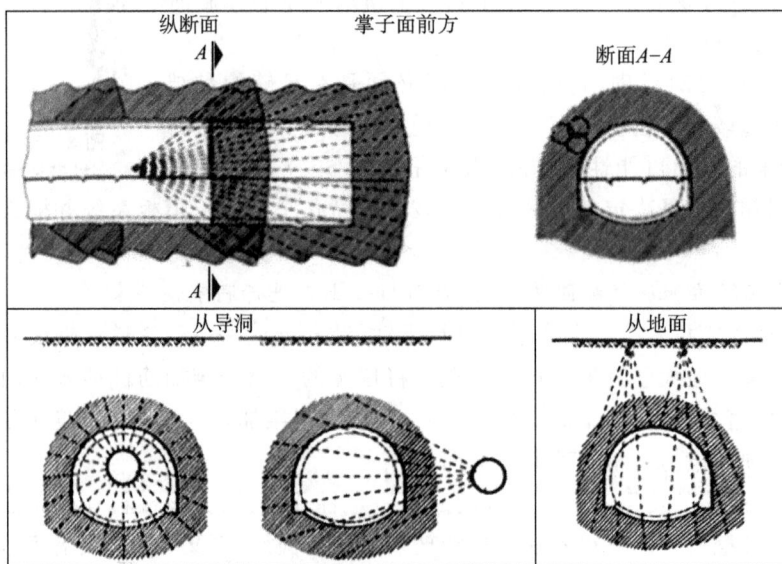

图 8-7　传统注浆

6. 采用掌子面超前排水管管棚进行洞室预约束

将开缝排水管插入掌子面前方,形成截锥状管棚,用于拦截隧道超前核心土周围地层中的水流,阻止掌子面-超前核心土地层内的水循环,降低水压,目的是改善超前核心土的天然强度和变形特性,并以此施加明显的洞室预约束作用。因此必须以截锥状形式在超前核心土范围之外,即在横断面轮廓之外安设排水管。在隧道重新开始掘进时,依次重复安设排水管,使超前核心土始终完全处在保护之下。实际中,隧道开挖步骤和排水管的安设必须交替进行,以便截锥状管棚能够实现连续搭接。排水管长度取决于隧道直径、地层渗透性以及隧道通过段的地下水位,排水管长度一般为隧道直径的 3 倍。

8.3.2 基于隧道洞室约束理念的加固措施

1. 采用径向岩石锚杆进行洞室约束

通过将一系列岩石锚杆插入围岩孔眼中可以获得有效的洞室约束效果。钻孔与隧道轴线呈径向,与边墙呈垂直方向。锚杆通常是由钢、玻璃纤维或其他具有长期耐久性的材料制成,其抗拉强度和抗剪强度可得到保证。

2. 采用喷射混凝土初期支护层进行洞室约束

采用喷射混凝土层对隧道洞壁进行初期支护是广泛采用的有效约束洞室的做法。喷射混凝土是将水灰比低的水泥混合物高速喷射到隧道洞壁上,喷射混凝土在短时间内即具有高强度。喷射混凝土在注浆压力的压实下牢固地黏附在隧道壁面上。如果配比得当且喷射正确,则喷射混凝土层裸露表面具有平整外观。对于良好地层中的隧道,喷射混凝土甚至可以考虑作为最终衬砌。

喷射混凝土的使用方法及其简易性使其成为平整因超挖造成洞室不规则表面的理想支护工具。如果有必要,则可采用埋入喷射混凝土层中的钢肋拱、单层或双层钢筋网、钢纤维(纤维加筋喷射混凝土)进行加固,这些材料可以极大提高喷射混凝土的强度和韧性。任何情况下,喷射混凝土层厚度都不得小于设计规定厚度,通常为 5~10 cm,最大厚度为 35~40 cm。

3. 采用隧道仰拱进行洞室约束

隧道仰拱是将隧道衬砌环闭合起来的结构构件,使其具有更大的刚性和更大的洞室约束作用。在掌子面—超前核心土短期稳定或不稳定的隧道段,设置隧道仰拱是至关重要的,如图8-8 所示。事实上,地层对于开挖的变形反应越大,就应越靠近掌子面设置隧道仰拱。

图 8-8 隧道仰拱钢筋(Tartaiguille 隧道)

4. 采用最终衬砌进行洞室约束

最终衬砌通常采用适宜的模板,在初期支护壁面上现场浇筑一层素混凝土或纤维增强混凝土。作为替代方案,也可采用预制钢筋混凝土管片或预制的预应力钢筋混凝土管片施作最终衬砌。

8.4 工程实例

罗马—那不勒斯新建铁路线是米兰—那不勒斯高速铁路线路的一部分,同时也是欧洲高速铁路网南部终点。线路总长 204 km,其中 28.3 km 为暗挖隧道工程,共 22 座隧道,占工程总长度的 13.9%。

地下线路所穿越的地层基本分为两种:① 由 Latium、Valle del Sacco 和 Campania 火山杂岩喷发形成的火山碎屑地层和熔岩流;② 属亚平宁系统类复理石和碳酸盐类型(泥灰质和石灰质泥岩)的沉积岩。

(1) 设计阶段

地质与岩土情况(勘察阶段):线路沿线确定有两个重要的火山喷发中心,一个位于拉齐奥地区的 Colli Albani,另一个 Roccamonfina 位于靠近线路末端的 Campania 地区。在两个大的火山喷发"区域"之间,即在线路中间部分通常混夹有 Valle del Sacco 火山体的火山喷出物,在碳酸盐、类复理石和黏土泥灰质相中露出有白垩纪及中新世时期亚平宁山脉沉积岩。

该线路整体位于地下水位之上,因此隧道不会遇到很大的水头压力,不过还是有例外情况。例如因 Strade 标段的 LaBotte 隧道和 Vianini 标段的 Castellona 隧道,这里泥灰-砂质混合物为上覆火成碎屑岩提供了不渗透基岩,有利于形成具有一定水头压力的地下水位。

各地层物理力学指标如表 8-2 所示。

表 8-2 岩土体基本物理力学性能指标

	火山杂岩			碳酸盐混合岩	类复理石混合物	
	火成碎屑岩	凝灰岩	熔岩	层状石灰岩	鳞片状黏土	泥灰岩
γ /(t/m³)	1.4～1.6	1.6～2	2.6～2.7	2.5～2.7	2.0～2.1	2.2～2.4
c /MPa	0～0.1	0.1～0.5	0.5～5	0.5～1	0.01～0.05	0.2～0.4
φ /(°)	25～35	20～25	30～35	35～40	18～23	28～33
σ_{gd} /MPa	1～5	—		1～4	—	
E /MPa	1～5	300～600	2 000～5 000	10 000～12 000	50～100	200～400
ν	0.35	0.3	0.25	0.25～0.3	0.35	0.3

应力-应变特性预测:认为地层的力学特性及变化的覆盖层厚度都将导致隧道遇到不同的应力-应变条件。运用地质、岩土力学和水文地质学信息,以及分析和/或数值方法的计算结

果,并按照无加固稳定措施下掌子面-超前核心土的稳定性分类,将隧道分为具有一致应力-应变特性的若干段 A 类、B 类、C 类。

A 类隧道段的数值计算预测结果如下:

- 掌子面和洞室周围地层应力不会超过围岩介质的强度;
- 靠近隧道洞室周围会产生"成拱效应";
- 变形处在弹性范围内,变形迅速,变形值为几毫米;
- 整个掌子面保持稳定。

熔岩、石质凝灰岩和轻微断裂石灰岩路段属于 A 类,围岩一般具有较高的强度,在设计埋深条件下随隧道掘进应力发生变化。

B 类隧道段的数值计算预测结果如下:

- 隧道掘进期间掌子面和洞室周围的应力会超过围岩介质的强度特性,但处在弹性范围内;
- 隧道洞周附近不会形成"成拱效应",但在相当于塑性带范围的距离处将出现"成拱效应";
- 变形处在弹-塑性范围内,变形影响延迟,变形值达几厘米;
- 在正常掘进速度下掌子面-超前核心土将在短期内保持稳定,掌子面-超前核心土出现一定的挤出变形,但还不足以影响隧道的短期稳定性,因为围岩仍能提供足够的残余强度。

类复理石混合岩或层状火成碎屑岩层段属于 B 类,只要其覆盖层厚度能足以形成自然拱效应。

C 类隧道段的数值计算预测结果如下:

- 在掌子面周围区域,地层应力大大超过围岩强度特性值;
- 掌子面与隧道周围都不会自然形成"成拱效应",因为围岩不具有足够的残余强度;
- 变形处在塑性破坏范围,变形影响延迟,变形量达几分米,导致严重的不稳定,如掌子面失稳和洞室崩塌;
- 在未采取加固干预措施情况下掌子面-超前核心土完全不稳定。

C 类段包括隧道洞口段、浅埋段以及属于类复理石层的鳞片状黏土地层段,其岩土力学特性非常接近下限值(残余值),除非施作人工覆盖层,否则不可能形成拱效应。

施工方法:在对开挖地层进行可靠的应力-应变特性预测后,选择最为适合的加固技术,控制或预先消除隧道段的变形。

隧道断面类型的设计指导原则如下:

- 即使在困难应力-应变条件下也始终采用全断面掘进法;
- 根据情况,及时采用有效的洞室预约束和/或约束措施(水平旋喷注浆在超前核心土和/或其周围安设玻璃纤维构件,必要时配置注浆阀进行水泥注浆喷射混凝土等)来限制隧道围岩的变形,从而避免坍塌或预先消除围岩变形;
- 如果需要,施作最终混凝土衬砌对其进行加固,并在必要时通过在距掌子面较短距离内分步浇筑隧道仰拱来终止变形。

(2) 施工阶段

经过 1 100 个工作日的施工后,完成了大约 21.6 km 的隧道掘进作业,其大部均已施作衬砌,相当于地下段 99%的工程量。不包括进入坑道、竖井和其他辅助工程,隧道平均掘进速率约为 20 m/d。Colli Albani 隧道和 Sgurgola 隧道的掘进速率不仅较高(每个掌子面月进尺约为 100 m)而且非常恒定,这表明施工设计完全符合实际条件。

(3) 最终监测

沿铁路隧道设置了 22 个用于数据记录的自动化永久监测站。其目的是:

① 验证设计假设;

② 监测隧道随时间变化的特性;

③ 提供维护保养相关信息。

施工中进行了以下监测:

① 确定径向变形的收敛量测;

② 评估围岩变形发展的伸长计量测;

③ 作用于衬砌上的围岩总压力量测;

④ 地层孔隙水压力量测;

⑤ 结构构件内应力量测;

⑥ 最终衬砌混凝土温度量测;

⑦ 列车通过隧道诱发的结构振动量测。

(4)结论

以上给出的最终数据说明尽管现场掘进遇到了非常困难的地质条件,但是使用岩土控制变形分析法针对罗马-那不勒斯高速铁路线上隧道进行的设计预测与实际情况非常吻合。如果将所遇围岩条件和必须解决的客观困难条件考虑进去,则所取得的较高平均掘进速率表明基于岩土控制变形分析法原理的设计方案具有高标准和可靠性这两个特征,同时现场隧道掘进作业达到了高度机械化。地下工程按计划于 2001 年完成,施工成本与预算仅差几个百分点,承包商与业主之间也未出现严重争议。

思考题

1. 简述新意法的基本原理。
2. 简述新意法与新奥法的异同点。

8-1 新意法课件   8-2 思考题答案

9 隧道掘进机(TBM)法

隧道掘进机施工方法是一种采用专门机械切削破岩来开挖隧道的施工方法,这种专门机械就是隧道掘进机,它问世于 20 世纪 30 年代,是一种针对性很强的施工机械。不同的地质条件需要不同的掘进机,也就产生了不同类型的隧道掘进机。有的隧道掘进机适用于软弱不稳定地层,称为盾构,目前盾构在我国的交通隧道施工中,多用于城市地铁施工,在山岭隧道中较少见;有的隧道掘进机适用于坚硬岩石地层,习惯上所说的隧道掘进机就是指这类岩石掘进机(Tunnel Boring Machine,简称 TBM)。在我国和日本,习惯上将用于软土地层的全断面隧道掘进机称为盾构机,而将用于岩石地层的旋转面隧道掘进机称为 TBM。本节所述的 TBM 是指全断面岩石隧道掘进机。

9.1 TBM 的分类

TBM 是一种集掘进、出渣、导向、支护和通风防尘等多功能为一体的大型高效隧道施工机械。按破岩掘进方式的不同,可分为全断面掘进机和臂式掘进机。其中全断面掘进机包括敞开式掘进机和护盾式掘进机。如图 9-1 所示。

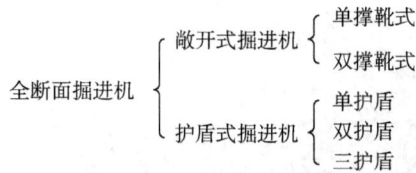

$$\text{全断面掘进机}\begin{cases}\text{敞开式掘进机}\begin{cases}\text{单撑靴式}\\\text{双撑靴式}\end{cases}\\\text{护盾式掘进机}\begin{cases}\text{单护盾}\\\text{双护盾}\\\text{三护盾}\end{cases}\end{cases}$$

图 9-1 全断面掘进机的分类图

敞开式掘进机主要适应于硬岩,能利用自身支撑机构撑紧洞壁以承受向前推进的反作用力及反扭矩的全断面岩石掘进机。在较完整、有一定自稳性的围岩施工时,能充分发挥出优势,特别是在硬岩、中硬岩掘进中,强大的支撑系统为刀盘提供了足够的推力。目前敞式掘机有单撑靴式和双撑靴式两种。

护盾式掘进机是在整机外围设置一个与掘进机直径相一致的圆筒形保护结构,以利于掘进破碎或复杂岩层的施工。护盾式掘进机可分为单护盾、双护盾和三护盾三类,由于三护盾掘进机应用很少,本书只介绍单护盾与双护盾掘进机。

臂式掘进机又称为部分断面掘进机,是一种集切削岩石、自动行走、装载石碴等多种功能为一体的高效联合作业机械。臂式掘进机具有效率高、机动性强、对围岩扰动小、超挖量小、安全性高、适应性强以及费用相对较省等优点。

9.2 TBM 的构造

9.2.1 敞开式掘进机的构造

敞开式掘进机的核心部分是主机系统,主机系统主要由带刀具的刀盘、刀盘驱动和推进系统组成。其主要结构见图 9-2、图 9-3 所示。

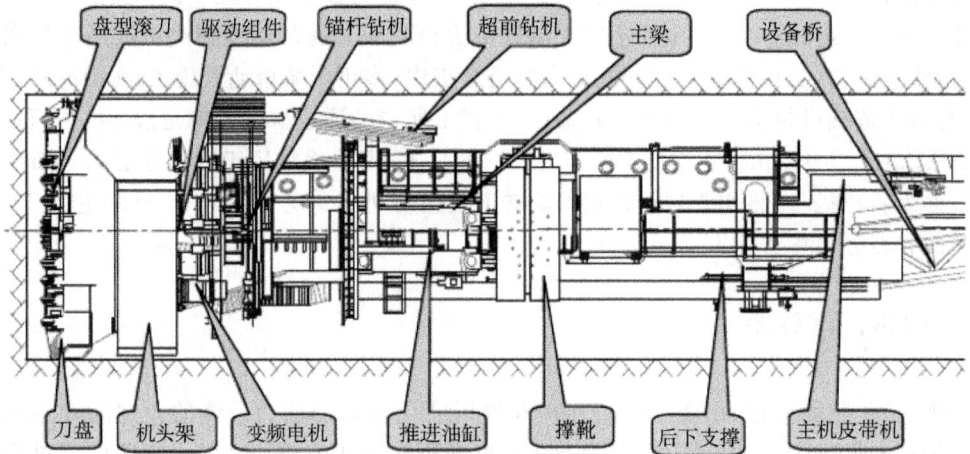

图 9-2 敞开式掘进机结构图

图 9-3 敞开式掘进机图

掘进机主机根据岩性不同可选择配置临时支护设备,如钢架安装器、锚杆钻掘进机等。如遇有局部破碎带及松软夹层岩石,则掘进机可由所附带的超前钻及注浆设备,预先固结周边岩石,然后再开挖。敞开式掘进机适合洞径在 2~9 m 之间,最优选择在 3~8 m 之间。

国内外的各种掘进机公司生产的敞开式掘进机,其结构型式虽有一些差别,但工作原理基本相同,整机主要由 18 个部分组成:刀盘部件、刀盘轴承及刀盘密封、刀盘支撑壳体、机架、支撑及推进系统、刀盘回转机构、前后下支撑及调向机构、出碴设备、激光导向装置、除尘装置、液压系统、润滑系统、电气系统、控制系统、监控系统、数据收集系统、通信系统和支护设备等。

9.2.2 护盾式掘进机的构造

(1) 单护盾掘进机

单护盾掘进机主要由护盾、刀盘部件及驱动机构、刀盘支撑壳体、刀盘轴承及密封、推进系统、激光导向机构、出碴系统、通风除尘系统和衬砌管片安装系统等组成。具体如图 9 - 4 所示。

为避免在隧洞覆盖层较厚或围岩收缩挤压作用较大时护盾被挤住,护盾沿隧洞轴线方向的长度应尽可能短,这样可使机器的方向调整更为容易。

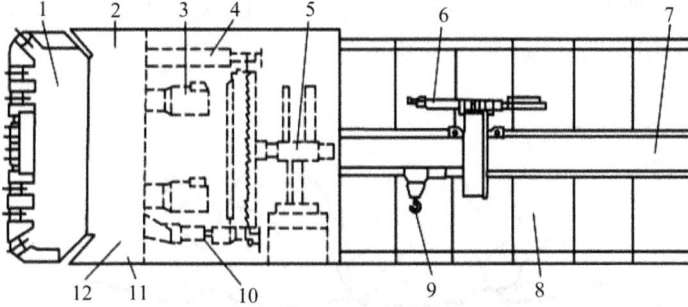

图 9 - 4 单护盾掘进机

1—掘进刀盘;2—护盾;3—驱动组件;4—推进千斤顶;5—管片安装机;
6—超前钻机;7—出碴输送机;8—拼装好的管片;9—提升机;10—铰接千斤顶;
11—主轴承,大齿圈;12—刀盘支撑

(2) 双护盾掘进机

双护盾掘进机的一般结构主要由装有刀盘及刀盘驱动装置的前护盾,装有支撑装置的后护盾(支撑护盾),连接前、后护盾的伸缩部分和安装预制混凝土管片的尾盾组成。

双护盾掘进机是在整机外围设置与机器直径相一致的两个圆筒形护盾结构,以利于掘进松软破碎或复杂岩层。双护盾掘进机在遇到软岩时,软岩不能承受支撑板的压应力,由盾尾推进液压缸支撑在已拼装的预制衬砌块上或钢圈梁上,以推进刀盘破岩前进;遇到硬岩时,与敞开式掘进机的工作原理一样,靠支撑板撑紧洞壁,由主推进液压缸推进刀盘破岩前进。双护盾掘进机的一般结构如图 9 - 5 所示。

图 9 - 5 双护盾掘进机结构图

9.3 TBM 施工

9.3.1 掘进机破岩机理

掘进机的破岩机理是在掘进时切削刀盘上的滚刀沿岩石开挖面滚动,切削刀盘均匀地对每个滚刀施加压力,形成对岩面的滚动挤压,切削刀盘每转动一圈,就会贯入岩面一定深度,在滚刀刀刃与岩石接触处,岩石被挤压成粉末,从这个区域开始,裂缝向相邻的切割槽扩展,进而形成片状石碴,从而实现破岩,如图 9-6 所示。

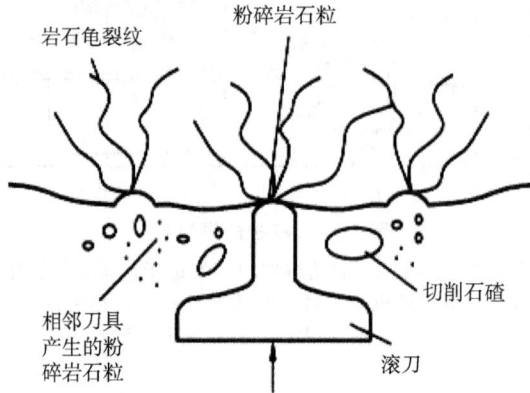

图 9-6 掘进机切削岩石示意图

不同的岩石需要不同的滚刀压入岩石的最低压强值,才能达到较理想的贯入深度。在坚硬的和裂隙很少的岩石中,贯入深度一般为 2.5～3.5 mm/转,在中等坚硬和裂隙较多的岩石中,一般为 5～9 mm/转。滚刀的刀间距要合适,如果刀间距太大,一把滚刀产生的压力达不到与相邻滚刀的影响范围相接,必定开挖不出片状石碴,从而使开挖效率降低。反之,如果刀间距太小,则会使石碴块太小,从而浪费了设备的功率。应该强调指出,用掘进机施工不仅要注意岩石的抗压强度,还要注意岩石的磨蚀性和岩体的裂隙程度,当岩体节理裂隙面间距越大时,切割也就会越困难。关于裂隙度与滚刀的磨损规律,我国还缺乏研究成果,有待于随着掘进机工点的增多来加以总结。

9.3.2 掘进作业

1. 掘进循环过程

以开敞式掘进机为例具体说明掘进机的掘进循环过程。图 9-7 是开敞式掘进机掘进作业循环过程示意图,掘进循环过程如下:

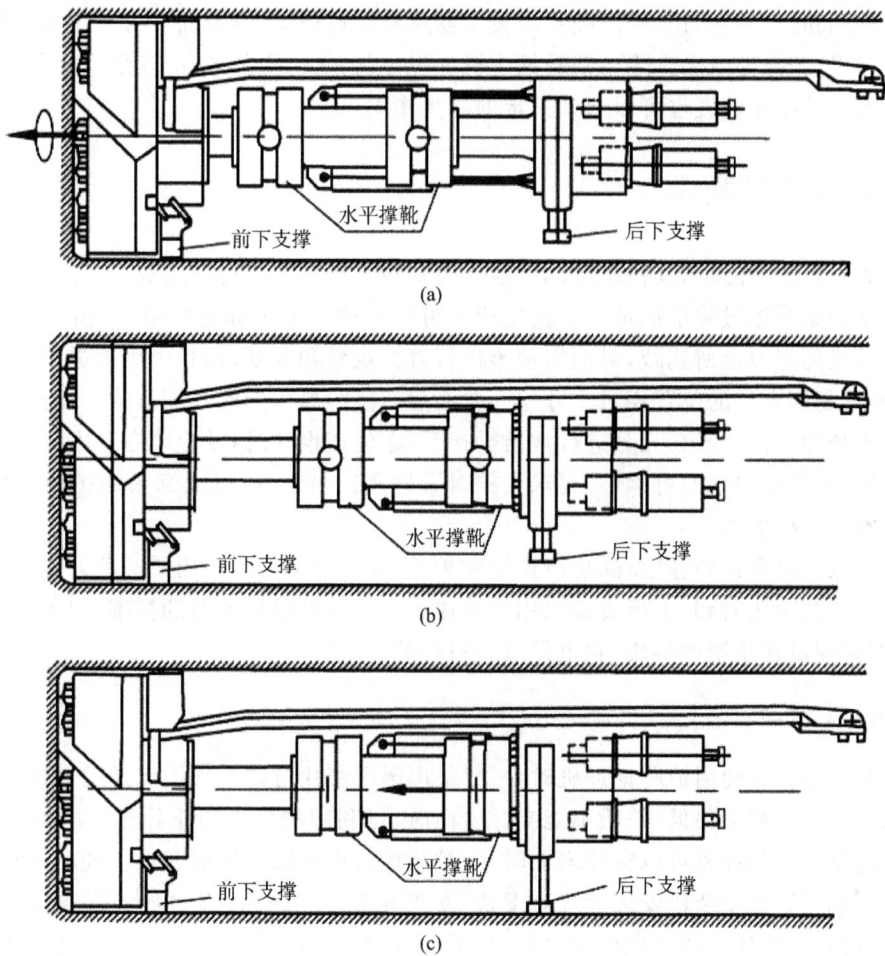

图 9-7 开敞式掘进机循环过程示意图

图 9-7a：掘进循环开始时，水平撑靴已移动到主机架的前端，将撑靴撑紧在洞壁上。前下支撑（即仰拱刮板）与底部的岩面轻微接触，收回后下支撑，此时切削刀盘可以转动，推进千斤顶将转动的切削刀盘向前推进一个行程，此即为掘进状态。

图 9-7b：在向前推进到达推进千斤顶行程终点处，结束开挖，切削刀盘停止转动，前下支撑支承切削刀盘。

图 9-7c：伸出后下支撑，此时整个机器的重量全部由前、后支撑支承。收回两对水平撑靴，移动水平撑靴到主机架的前端。由于掘进头部重，在掘进过程中，往往出现"栽头"的现象，此时，可以通过前、后下支撑来调整掘进机掘进的上、下方向。

又回到图 9-7a，当水平撑靴移到前端限位后，又重新撑紧在洞壁上。收回后下支撑，此时前下支撑与底部岩面又转换成浮动接触状态，然后开始下一个掘进循环。

2．出碴与除尘

沿着刀盘周围布置的刮板和铲斗，把切削下来的石碴从开挖断面的底部铲起，并在刀盘转动中随刀盘送到顶部，然后沿着刀盘内碴槽落到输送机上方的碴斗内，再通过皮带输送机送到后配套上的矿车中。掘进机只要一开动，皮带输送机就开始不停地运转。刀盘在切削岩石时

179

会产生大量的粉尘,切削刀盘的内腔室与集尘器风管相连通,将开挖面含有粉尘的空气收集于集尘器中,以达到除尘效果。除尘器是掘进机通风系统的一部分,它安装在后配套上。此外,用来冷却滚刀的喷水装置也可以起到一定的除尘作用。

9.4 TBM 支护技术

用掘进机施工的隧道,其衬砌结构一般是由初期支护和二次衬砌组成。

初期支护是开挖过程中保证围岩稳定所不可缺少的。采用掘进机施工,由于开挖工作面整个被掘进机切削刀盘所遮蔽,对围岩很难进行直接观察和判断,而且由于掘进机机身有一定的长度,使得初期支护的位置相对于开挖面要滞后一段距离。因此不同形式的掘进机,要求采用不同的支护形式。一般在充分进行地质勘探后,在隧道设计时,就应确定基本支护形式。例如引水隧道,为保证输水的可靠性,要求支护对围岩有密封性,所以大都采用护盾式掘进机进行管片衬砌的结构形式。

对于一般公路和铁路隧道,除进行初期支护外,视地质情况可采用二次喷射混凝土或二次模筑混凝土作为永久衬砌,也可直接采用管片衬砌。不管是哪种类型的衬砌,为了便于安放轨道运碴,都必须设置预制仰拱块,它也是最终衬砌的一部分。

9.4.1 管片式衬砌

见图 9-8 所示,使用护盾掘进机时,一般采用圆形管片衬砌。其优点是适合软弱围岩,特别是当围岩允许承载力很低、撑靴不能支撑岩面时,可利用尾部推力千斤顶,顶推已安装的管片获得推进反力。当撑靴可以支撑岩面时,双护盾掘进机可以使掘进和换步同时进行,提高了循环速度。利用管片安装机安装管片速度快,支护效果好,安全性强,但是它的造价高。管片衬砌一般分为5～7块,在洞内拼装而成。为了防水的需要,块与块之间必须安装止水带,并需在管片外壁和岩壁间隙中压入豆石和注浆。为了生产预制管片,需要有管片工厂,如工地施工场地允许,最好是设在现场,以方便运输,如秦岭铁路隧道就是如此。

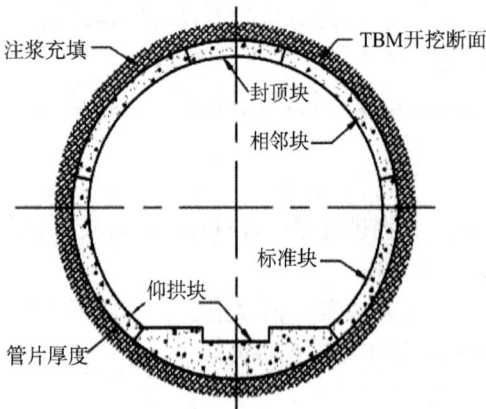

图 9-8 全周预制钢筋混凝土管片衬砌示意图

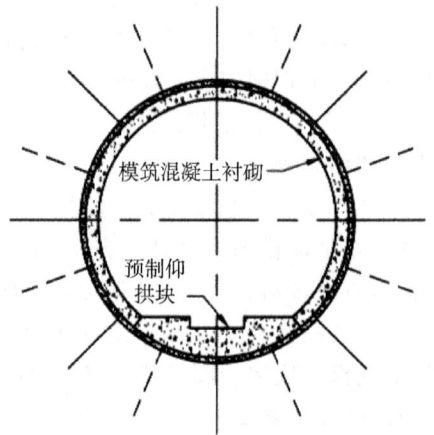

图 9-9 复合式衬砌示意图

9.4.2 复合式衬砌

使用开敞式掘进机,可以先施作初期支护,然后浇筑二次模筑混凝土永久性衬砌,即复合式衬砌,见图9-9所示,其底部为预制仰拱块。由于掘进机的掘进速度很快,不可能使二次模筑混凝土衬砌作业与开挖作业保持一样的进度,当衬砌作业落后较多时,就依靠初期支护来稳定围岩,地质条件好的隧道甚至可以等到贯通后再施作二次衬砌,如秦岭Ⅰ线铁路隧道就是这样处理的。初期支护以锚杆、挂网和喷混凝土支护为主,地质条件较差时还可设置钢拱架。喷射混凝土作业时要注意不要给掘进机设备造成混凝土污染。掘进机上可设置前后两排共4台锚杆钻机,以满足对围岩进行锚杆支护作业的需要。拱部的锚杆作业是非常必要的,锚杆作业应能与掘进开挖同时进行。

根据地质条件也有用喷射混凝土作为二次混凝土衬砌的,如瑞士弗尔艾那铁路单线隧道就是采用二次喷射混凝土作为永久衬砌,在喷射混凝土中安装了钢筋网,还加入了钢纤维。但普遍的做法是采用模筑混凝土衬砌作为二次衬砌,使用模板台车进行混凝土浇筑。

9.4.3 在软弱破碎地层中的辅助支护措施

一般而言,掘进机宜用于地质条件较好的隧道,如果地质条件太差,需要过多的辅助作业来保证掘进机施工时,就不能发挥掘进机速度快、效率高的优势。同时,由于掘进机堵塞了隧道,也给辅助作业的施工造成了困难,结果导致施工费用过高、工期延长,从而失去了掘进机施工的意义。但任何一座总体地质条件好的隧道,都有可能出现局部地质条件较差的地段,这就需要掘进机对这样的地质情况具有一定的处理能力。为了实现这一目的,可以在掘进机上安装一些辅助设备进行特殊功能的作业。

地质超前钻机安装在切削刀盘后部的主机顶部平台上,它在主机停机时进行掌子面前方约30 m的超前钻孔,以预报前方的地质情况,为掘进提供可靠信息。超前钻机还具备注浆和安装管棚的功能,使掘进机具备加固前方地层的能力,见图9-10所示。

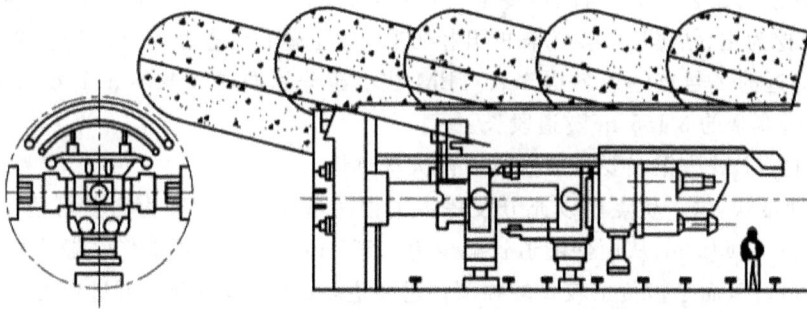

图9-10　从TBM内进行的超前支护示意图

紧靠刀盘的后部设有钢拱环安装器,利用工字钢拱环形成钢拱架支护,这种方法的优点是安装速度快、支护效果及时。钢拱环的间距应与掘进机的行程距离一致或成倍数关系,如果采用全断面钢拱架,则在预制仰拱块上要留有安放钢拱环的沟槽。

9.5 工程实例——天生桥水电站引水隧道工程

9.5.1 概述

1985年、1988年,在广西隆林天生桥二级水电站的引水隧道工程中,先后引进的两台美国罗宾斯公司 Φ10.8 m 开敞式 TBM,是中国第一条采用大断面 TBM 施工的隧道,是当时世界上最大的全断面硬岩 TBM。由于地质原因,且设备故障率较高,进度较慢,开工初期平均月进尺150 m,最高月进尺242 m,但后来,由于遇到了为数众多的溶洞、断层带和岩爆,砸坏或砸掉滚刀和刀座,斗唇严重磨损,TBM工况每况愈下,检修时间延长,加上管理不到位月平均进尺明显降低,后期平均月进尺仅60 m左右。虽然在天生桥水电站隧道工程施工中 TBM 的优越性未得到充分发挥,但机器本身的优点和对地质的针对性却得到证明。TBM在该工程中应用和探索过程所取得的经验是很宝贵的。

9.5.2 TBM 方案选择缘由

天生桥二级水电站为一引水电站,设计水头176 m,装机容量1 320 MW,引水隧道共3条,每条平均长9 555 m;内径8.7~9.8 m。从进口至亚岔沟附近8 105 m洞段穿过灰岩地层,多属Ⅴ~Ⅵ级类围岩,埋深300~760 m;亚岔沟以下至调压井1 450 m洞段穿过砂页岩地层,属Ⅲ~Ⅴ级类围岩,埋深150~300 m。3条隧道轴线相互平行,灰岩段间距为40 m,砂页岩段间距为50 m,隧道平均坡降3.31‰。

在初设阶段,隧道开挖方案始终是影响隧道设计的重大因素,决定着隧道轴线选择及隧道直径的最终确定。

1976年初设报告中隧道选用钻爆法开挖,隧道轴线布置为沿河弯的大折线方案,内径9 m,每条隧道长11.2 km,设置6条支隧道,以便于长隧道短打,1982年工程复工后引进 TBM 作为隧道开挖方案的比较方案,向国内专家咨询后,反复比较设计方案,历时近2年,最后确定了以 TBM 开挖为主、钻爆法开挖为辅的开挖方案,布置施工支隧道3条。1号、2号主隧道分别由亚岔沟附近的2号支隧道各进1台 TBM 往上游分别掘进6 400 m;1号、3号施工支隧道,钻爆法掘进剩余的3 155 m隧道段长。

当时,选择 TBM 方案主要考虑其具有两大优越性:

① 掘进速度快:这一优点可以充分发挥本工程河弯地形截弯取直布置隧道线的特点,每条隧道长可缩短1 645 m,从而使隧道长减少为9 555 m。尽管它不能像钻爆法那样多开工作面实行长隧道短打,而是担负了较长的独头掘进隧道段的施工,但因其掘进速度快从而仍能保证工期,并且节约了临建工程量。TBM开挖成本较钻爆法约高一倍,但因其掘进速度快从而抵消了这一不利因素。

② 对围岩扰动小,开挖质量高:一方面减少了超挖量(超挖在5 cm以内)及相应的混凝土超填量,另一方面可优化衬砌结构,初设方案按1/3混凝土衬砌、2/3锚喷混凝土衬砌考虑。1984年费用概算计算,TBM直线方案较钻爆法折线方案节约投资约1.45亿元。

9.5.3 TBM 施工工艺

本工程引进的是美国罗宾斯公司制造的 Φ10.8 m 开敞式 TBM,是当时世界上最大的全断面硬岩 TBM,曾在芝加哥污水处理工程中运用。具体 TBM 施工工艺如下:

TBM 主机长 16.6 m,在主机后 11 m 连接桥,连接桥之后由 16 节平台拖车,4 节斜坡拖车共同组成轨道式后配套拖车组(1 号机后配套拖车长 110 m,2 号机后配套拖车长 145 m),后配套拖车下部轮子置于隧道开挖轨道上并随 TBM 主机往前跟进。后配套拖车的平台上设置龙门架,从而使拖车分为上下两层。下层平台作装碴、调车之用,铺双轨,轨距 1 066 mm,平台尾部斜坡道上轨道与洞中铺设轨道相接,斜坡坡度不大于 5%,以便出碴车及运输车上下平台。上层平台布置转碴皮带机、变压设备及风管等,也是工作人员进入机器各部分的主要通道。

TBM 刀盘上装有 69 把盘形滚刀,切削下来的岩块由刀盘上的 12 只铲斗铲起倾入料槽转运至 107 cm(42 in)宽皮带机,再转入后配套拖车平台架上的转料皮带末端漏斗,卸入后由配套拖车下层平台上的矿车运出,每辆矿车容积 19.6 m³,每列车由 6~81 辆出碴矿车组成,由日本富士重工产 35 t 柴油机车牵引出隧道,在支洞口设有翻碴机,矿车进入翻碴机(可同时卸 2 辆)翻转 180°,石碴卸入碴坑,用装载机装入 20 t 自卸汽车运出。

TBM 的推进行程为 1.8 m,推力为 13 800 kN,作用于洞侧壁的水平支撑力每边 32 560 kN,刀盘驱动功率 1 790 kW,机器总重 734 t,最大重件(内刀盘支承)88.5 t,电压等级 480 V,频率 60 Hz。

9.5.4 TBM 组装

设计组装方案是在罗宾斯专用小车上组装,然后牵引进入洞内牵引段,在脱车槽内脱下小车,装上刀盘即可开始掘进,时间 3 个月。后由于从美国随主机买入 16 只海尔蒙(Hilman)滚柱,使组装方法有所不同。海尔蒙滚柱是一种安装重大机械设备短距离移动极其灵便的工具,适用于 TBM 组装。1 号 TBM 在隧道外组装,2 号 TBM 在隧道内组装。

(1) 1 号 TBM 组装

1 号 TBM 组装在 2 号支隧道口外进行。组装前先用钻爆法开挖 2 号支隧道,长 24 m,2 号支隧道断面衬砌较 TBM 开挖直径大 10 cm,距工作面 4 m 范围内为全圆形,之后在底板上设一长 0.6 m、深 0.6 m,宽 5 m 的脱柱槽,再往后,隧道断面渐变为城门洞型,隧道底板随之变为宽 8.6~10.9 m 的平底,居中浇 3 m 宽、厚 0.5 m 的底板混凝土并延伸至隧道外 30 m,在混凝土底板中纵向预埋 2 根 32 号工字钢,间距 2.28 m,作为海尔蒙滚柱组行走的轨道。另在底板混凝土纵向中轴线上按 1.5 m 间距、预埋深 30 cm、直径 10 cm 钢管,作为推进油缸固定孔,在此底板上的海尔蒙滚柱组上安装 TBM,由 1 台日本日立公司 KH－700 型 150 t 履带吊和 1 台 75 t 轮胎吊起吊,完毕后 220 t 推力的推进油缸推进隧道内,在脱柱槽处脱下海尔蒙滚柱组。组装时间 56 天,于 1985 年 3 月 18 日开始掘进 2 号支隧道。

(2) 2 号 TBM 组装

由于 1 号 TBM 在 2 号支隧道施工中,多次遇岩爆、溶洞和破碎带,经过临时支护后,部分隧道直径已小于 10.8 m 标准直径,个别地段单点向内缩小已达 50 cm 之多,使得 2 号 TBM 主机已无法整体通过。

通过方案论证，最后采取隧道内组装方式。利用支隧道与 2 号主隧道交岔段形成的自然空间，首先挖出长 12 m，宽 25.5 m，高 16.3 m 的安装洞室，并沿 2 号主隧道向上游用钻爆法以 11.2 m 直径向前开挖 187 m 的 TBM 就位段。然后在安装洞室和就位段用 20 号工字钢及 20 mm 厚钢板等预埋原地转向装置及 TBM 推进装置。在拆卸支隧道内的轨道并进行隧道内清理后，将已在隧道外组装好的部分主机（尚有 10 大件未装）用 7 天时间使其沿支隧道自行进入安装洞室，用 6 台 100 t 的电动液压千斤顶分别把机头和机尾顶起来，在前后支撑上共安装 10 个海尔蒙滚柱，移至原地转向装置。由于安装洞室地质条件不好，采用事先进隧道的 40 t 履带吊安装左侧和右侧支撑、顶护盾座、双侧和中间护盾、4 块外刀盘共 10 大件，最大部件重 29 t。主机装好后，通过原地转向装置转至 2 号主隧道就位段的预埋轨道上，采用 1 号 TBM 在隧道口的推进方式，将 2 号 TBM 推至 2 号主隧道工作面前就位。

因受地质条件限制，宽度已达 25.5 m 的交岔口轨道转弯半径只有 65 m，远远小于整个移动式出碴平台所需的 500 m 转弯半径的要求，因此采用卷扬机分节将平台车拖过交岔口至 2 号主隧道就位段，再同 TBM 整体连接组装。2 号 TBM 从隧道口推进至投入运行，历时 85 天，于 1988 年 7 月 3 日投入运转。

9.5.5　TBM 拆除

TBM 拆除方式有三种：一是 TBM 掘通山体在隧道外的出口拆除；二是整机从掘进原路自行退出隧道外，在进口拆除；三是在隧道内拆除。本工程隧道进口至 2 号支隧道间是由 TBM 和钻爆法相向掘进，在山体内贯通交会，TBM 掘进的部分隧道因支护已使隧道断面缩小，且 TBM 后面隧道衬砌混凝土已尾随进行，从而使通道堵塞，因此选择隧道内拆除方案。

拆除场设于靠近 TBM 掘进终点的钻爆法开挖段内，施工单位比较了 150 I 履带吊方案及桥吊方案，履带吊方案因拆除场开挖断面大（23 m 高，17 m 宽），且操作不便而舍去。施工采用桥吊方案，拆除场尺寸为长×宽×高＝31.5 m×12.2 m×19.4 m，起吊最重件为刀盘支承（88.5 t），拆除后装入平板拖车，1 号 TBM 拆除场上游附近的 7 号联通隧道（断面尺寸：宽×高＝8 m×6.5 m，转弯半径 9～17 m）进入 2 号主隧道，再往上游由 2 号支隧道口运出，历时 22 天，于 1992 年 2 月 23 日完成。而 2 号 TBM 则在拆除后直接由 2 号主隧道往上游转 1 号支隧道运出。

9.5.6　TBM 施工实施效果

1 号 TBM 包括 2 号支隧道在内共掘进 4.6 km（其中 1 号主隧道 3.3 km），历时 77 个月，平均月进尺为 60 m；2 号 TBM 掘进 2 号主隧道 3.1 km，历时 48 个月，平均月进尺为 65 m。两台 TBM 的平均月进尺均仅在 60～65 m，离初设 TBM 方案设计平均月进尺 200～250 m 差距较大，施工中只完成了设计规定的掘进长度的一半左右。TBM 的优越性由于恶劣地质的影响未能充分发挥出来。

本工程引进的两台全断面大直径硬岩 TBM，共掘进了 7.7 km 长隧道，这在当时属中国 TBM 施工中规模最大的，为以后 TBM 的推广积累了非常丰富的施工经验，是一次有益的探索和尝试。

施工实践证明了较高的掘进速度和对围岩很小的扰动是采用 TBM 的两个主要优点。从总体上说，该工程 TBM 的掘进速度是较低的，但最高月进尺达到 242 m（1986 年 2 月），因此高的掘进速度是可以实现的。另外隧道质量是相当高的,超挖均在 5 cm 以内,光洁度高。但同时也证明了 TBM 对地质特别敏感,难以应付恶劣地质。例如 1985 年 7 月 23 日在 2 号支隧道 0+619 桩号,出现一与隧道线基本正交的跨度 7.4 m 的溶洞,溶洞与水平约成 30° 夹角向右上方延伸约 200 m,内有黏土充填,滑动土体约 10 000 m³,处理了 174 天才通过。处理困难的原因是 TBM 堵塞了溶洞处与外界的通道,只有打旁通道才能进溶洞处进行处理。

9.5.7 TBM 优越性未发挥的原因分析

（1）地质因素

在天生桥二级水电站的引水隧道施工中,遇到了未能预见的、异常发育的喀斯特溶洞和岩爆,使 TBM 开挖常陷于困境,不能充分发挥 TBM 的机械效能。

1985 年 7 月 23 日—1986 年 1 月 11 日,处理 2 号支隧道 0+619 溶洞暗河道,1 号机停机 174 天,近 6 个月,完成管柱桩 4 根,长 7.3～18.5 m,浇注混凝土 150 m³,清黄泥 5 450 m³,架设钢支撑 50 t。

1986 年 2 月 21 日—4 月 9 日,2 号支隧道 0+935～0+980 段发生岩爆,清碴 421 m³,架设钢支撑 35.1 t,喷混凝土 161 m³,打设锚杆 624 根,造成 1 号机停机 48 天。

1986 年 4 月 12 日—7 月 10 日,2 号支隧道 0+984.3～1+002 段大溶洞,清黄泥 2 503 m³,架设钢支撑 49 t,喷混凝土 512 m³,打设锚杆 406 根,造成 1 号机停机 90 天。

TBM 施工的 1 号、2 号支隧道,Ⅳ～Ⅴ级类围岩占 89.3%,Ⅱ 级类围岩仅占 1.3%,不良地质隧道段主要有溶洞、破碎带、岩爆和漏水。TBM 掘进段除 2 号支隧道 0+619 溶洞充填蠕滑体难以处理外,其余所遇见溶洞基本充填的是密实黏土,影响了工期。隧道内岩爆频繁,由于其发生的随机性防不胜防,TBM 开挖对围岩扰动小,围岩周圈应力不能随开挖得到充分释放,故岩爆对施工的影响较之钻爆法段更大,据 1985 年 3 月至 1989 年 9 月统计,仅岩爆处理占工期的 24%。另外,涌水也对工期造成了不利影响。据统计,1 号 TBM 在历时 77 个月的施工中,因受溶洞、岩爆等地质影响而直接停机的时间占日历天数的 28.85%,特别是 1985 年至 1987 年 3 年中,TBM 遇到了严重的不良地质,停机年平均占时为 44.58%,1985 年则高达 56.83%。地质因素无疑是制约 TBM 开挖速度的一个重要因素。

（2）TBM 的匹配条件

从总体上看,尽管后 3 年因地质原因导致直接停机占时比前 3 年少,但遇到岩爆地段较多,岩爆落石砸坏滚刀或引起刀座变位,造成滚刀工作状况恶化,换刀频繁,占时增加。

由于刀具对地质不是很适应,刀具耗量大,平均耗刀量 0.32 把/m,因换刀而影响工期。1988 年后的正常停机占时大幅度增加,严重影响了 TBM 的作业效率。据统计,1 号 TBM 正常停机占时率在 1985 年为 10.49%,1986 年为 11.08%,1987 年为 19.34%,1988 年为 43.36%,1989 年高达 54.11%,1990 年为 33.86%。

引进的 TBM,电源频率与供电频率不配套（机器为美国制频率 60Hz）,功率不能充分发挥。因引进的是二手机,设备陈旧,电气故障在每年均占较大比重,机械故障波动起伏大,液压故障和润滑故障在施工中呈上升趋势,特别是后 3 年故障率较高,1988 年仅主机的故障占时率就高达 27.11%。

（3）TBM 组装及拆除耗费工时

1 号 TBM 隧道外组装 56 天,拆除时从拆卸洞室的开挖至机器拆除运出隧道外共花了

6.6 个月。2 号 TBM 隧道内组装洞室施工工期 8 个月，TBM 从隧道口推进至投入运行，历时 85 天，影响了 1 号 TBM 施工 70 天。

（4）管理水平和技术水平薄弱

TBM 机械化程度高，要求很高的管理水平和技术水平。施工单位由于首次使用 TBM，这方面还是薄弱环节。

由于地质灾害给隧道施工造成很大困难，应进一步加强地质勘察，加强对灾害的防治并做好地质预报工作，选用与地质条件相应的辅助施工方法，及时加固围岩，做好钢拱架支护、超前锚杆、超前管棚支护等工作。

思考题

1. 简述 TBM 隧道掘进机施工优缺点。
2. TBM 的掘进速度与哪些因素有关？
3. 简述采用 TBM 法的基本条件。

9-1 隧道掘进机法课件　　9-2 思考题答案

10 盾 构 法

盾构(Shield Machine)是一种用于隧道暗挖施工,具有金属外壳,壳内装有整机及辅助设备,在其掩护下进行土体开挖、土渣排运、整机推进和管片安装等作业,而使隧道一次成型的机械,如图 10 - 1 所示。

图 10 - 1 盾构外形

盾构属于隧道掘进的专业工程机械,现代盾构集机、电、液、传感、信息技术于一体,具有开挖切削土体、运送土渣、拼装隧道衬砌、测量导向纠偏等功能。盾构已广泛运用于地铁、铁路、公路、市政、水电隧道工程。

10.1 盾构机基本构造

盾构种类繁多,就盾构在施工中的功能而言,基本构造如图 10 - 2 所示。

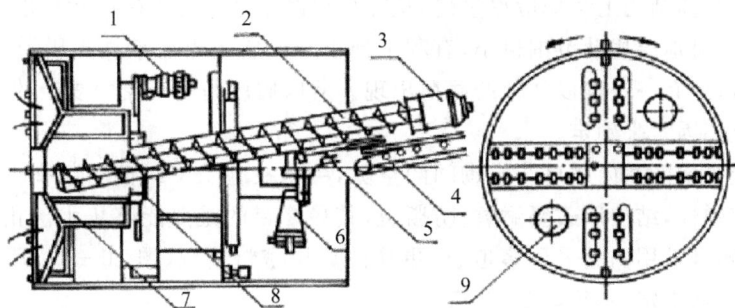

图 10 - 2 盾构基本构造示意图

1—刀盘驱动机;2—螺旋运输机;3—螺旋运输机电机;4—皮带运输机;
5—闸门千斤顶;6—管片拼装机;7—刀支架;8—隔板;9—紧急出入口

10.1.1 盾构壳体

所有盾构的形式,其本体从工作面开始均可分为切口环、支承环和盾尾三部分,借以外壳钢板联成整体。

1. 切口环

切口环部分是开挖和挡土部分,它位于盾构的最前端,施工时最先切入地层并掩护开挖作业,部分盾构切口环前端设有刃口以减少切入掘进时对地层的扰动。切口环保持着工作面的稳定,并作为把开挖下来的土砂向后方运输的通道,因此,采用机械化开挖式、土压式、泥水加压式盾构时,应根据开挖下来土砂的状态,确定切口环的形状、尺寸。

切口环的长度主要取决于盾构正面支承、开挖的方法,就手掘式盾构而言,考虑到正面施工人员的安全和挖土机具工作要有回旋的余地等因素,大部分手掘式盾构切口环的顶部比底部长,犹如帽檐,有的还设有千斤顶控制的活动前沿,以增加掩护长度;对于机械化盾构切口环内按不同的需要安装各种不同的机械设备,这些设备是用于正面土体的支护及开挖,而各类机械设备是由盾构种类而定的。

在局部气压、泥水加压、土压平衡等盾构中,因切口内压力高于隧道内常压,所以在切口环处还需布设密封隔板及人行仓的进出闸门。

2. 支承环

支承环是盾构的主体结构,是承受作用于盾构上全部荷载的骨架。它紧接于切口环,位于盾构中部,通常是一个刚性很好的圆形结构。地层压力、所有千斤顶的反作用力以及切口入土正面阻力、衬砌拼装时的施工荷载均由支承环来承受。

在支承环外沿布置有盾构千斤顶,中间布置拼装机及部分液压设备、动力设备、操纵控制台。当切口环压力高于常压时,在支承环内要布置人行加压仓、减压仓。

支承环的长度应不小于固定盾构千斤顶所需的长度,对于有刀盘的盾构还要考虑安装切削刀盘的轴承装置、驱动装置和排土装置的空间。

3. 盾尾

盾尾一般由盾构外壳钢板延伸构成,主要用于掩护隧道管片衬砌的安装工作。盾尾末端设有密封装置,以防止水、土及压注材料从盾尾与衬砌之间进入盾构内。盾尾密封装置损坏、失效时,在施工中途必须进行修理更换,所以盾尾长度要满足上述各项工作的进行。

盾尾厚度从整体结构上考虑应尽量薄,这样可以减小地层与衬砌间形成的建筑空隙,从而压浆工作量也少,对地层扰动范围也小,有利于施工。但盾尾也需承担土压力,在遇到纠偏及隧道曲线施工时,还有一些难以估计的载荷出现。所以盾尾是一个受力复杂的圆筒形薄壳体,其厚度应综合上述因素来确定。

盾尾密封装置要能适应盾尾与衬砌间的空隙,由于在施工中纠偏的频率很高,因此,要求密封材料要富有弹性,结构形式要耐磨、防撕裂,其最终目的是要能够止水。止水的形式有许多,目前较为理想且常用的是采用多道、可更换的盾尾密封装置(图 10-3),盾尾的数据根据隧道埋深、水位高低来定,一般取 2~3 道。

盾尾的长度必须根据管片宽度和形状及盾尾密封装置的道数来确定,对于机械化开挖式、土压式、泥水加压式盾构,还要根据盾尾密封的结构来确定,至少必须保证衬砌组装工作的进行。但也必须考虑在衬砌组装后因管片破损而需更换管片、修理盾构千斤顶和在曲线段进行

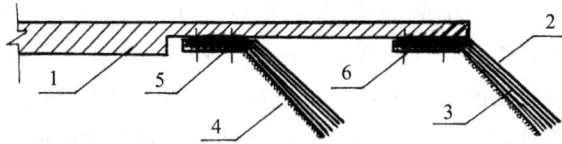

图 10 - 3　盾尾密封示意图

1—盾壳;2—弹簧钢板;3—钢丝束;4—密封油脂;5—压板;6—螺栓

施工等因素,故必须给予一些余裕量。

10.1.2　推进结构

盾构掘进的前进动力是靠液压系统带动若干个千斤顶工作所组成的推进机构,它是盾构重要的基本构造之一。

1. 盾构千斤顶的选择和配置

盾构千斤顶的选择和配置应根据盾构的灵活性、管片的构造、拼装衬砌的作业条件等来决定。选定盾构千斤顶必须注意以下事项:

(1)采用高液压系统,使千斤顶机构紧凑。目前使用的液压系统压力值为 30～40 MPa。

(2)千斤顶要尽可能地轻,且经久耐用,易于维修、保养和更换。

(3)千斤顶要均匀地配置在靠近盾构外壳处,使管片受力均匀。

(4)千斤顶应与盾构轴线平行。

2. 千斤顶数量

千斤顶的数量根据盾构直径、千斤顶推力、管片的结构、隧道轴线的情况综合考虑。一般情况下,中小型盾构每只千斤顶的推力为 600～1 500 kN,在大型盾构中每只千斤顶的推力多为 2 000～4 000 kN。

3. 千斤顶的行程

盾构千斤顶的行程应考虑到盾尾管片的拼装及曲线施工等因素,通常取管片宽度加上 100～200 mm 的余裕量。

另外,成环管片总有一块封顶块存在,若采用纵向全插入封顶成环时,在相应的封顶块位置应布置数只双节千斤顶,其行程大致是其他千斤顶的一倍,以满足拼装成环所需。

4. 千斤顶的速度

盾构千斤顶的速度必须根据地质条件和盾构形式来定,一般取 50 mm/min 左右,且可无级调速。为了提高工作效率,千斤顶的回缩速度要求越快越好。

5. 千斤顶块

盾构千斤顶活塞的前端必须安装顶块,顶块必须采用球面接头,以便将推力均匀分布在管片的环面。其次,根据管片材质的不同,还必须在顶块与管片的接触面上安装橡胶或其他柔性材料的垫板,对管片环面起到保护作用。

10.1.3　管片拼装机

管片拼装机俗称举重臂,是盾构的主要设备之一,常以液压为动力。为了能将管片按照所需要的位置安全、迅速地进行拼装,拼装机在钳捏住管片后,还必须具备沿径向伸缩、前后平移和 360°(左右叠加)旋转等功能。

拼装机的形式有环型、中空轴型、齿轮齿条型等，一般常用的是环型拼装机。这种拼装机安装在支承环后部，或者盾构千斤顶撑板附近的盾尾部，它如同一个可自由伸缩的支架，安装在具有支承滚轮的、能够转动的中空圆环上。该形式中间空间大，便于安装出土设备。

目前，欧洲国家生产盾构时，常采用真空吸盘装置，具有管片钳捏简便、拼装平稳及碎裂现象少等优点。在超大型盾构制造中，较多应用此类拼装机。

10.1.4 真圆保持器

盾构向前推进时管片就从盾尾脱出，管片受到自重和土压的作用会产生变形，当该变形量很大时，既成环和拼装环拼装时就会产生高低不平，给安装纵向螺栓带来困难。为了避免管片产生高低不平的现象，就有必要让管片保持真圆，该装置就是真圆保持器。真圆保持器支柱上装有上下可伸缩的千斤顶，上下装有圆弧形的支架，它在动力车架挑出的梁上是可以滑动的。当一环管片拼装成环后，就让真圆保持器移到该管片环内。支柱的千斤顶使支架圆弧面密贴管片后盾构就可进行下一环的推进。盾构推进后由于它的作用，圆环不易产生变形而保持着真圆状态。

10.2 盾构机类型及选型

10.2.1 盾构分类

1）按断面形状分类

盾构根据其断面形状可分为：单圆盾构（图 10-4）、复圆盾构（多圆盾构）、非圆盾构。其中复圆盾构可分为双圆盾构（图 10-5）和三圆盾构（图 10-6）。非圆盾构可分为椭圆形盾构、矩形盾构（图 10-7）、类矩形盾构、马蹄形盾构（图 10-8）、半圆形盾构。复圆盾构和非圆盾构统称为"异形盾构"。

图 10-4　单圆盾构机

图 10-5　双圆盾构机

图 10-6　三圆盾构机

图 10-7　矩形盾构机

图 10-8 马蹄形盾构机

2）按直径不同分类

根据盾构直径的不同,可分为以下几类:

盾构直径＜1 m,称为微型盾构;

盾构直径 1 m～3.5 m,称为小型盾构;

盾构直径 3.5～7 m,称为中型盾构;

盾构直径 7～12 m 称为大型盾构;

盾构直径 12～16 m 称为特大型盾构;

盾构直径大于 16 m 称为超大型盾构。

3）按支护地层的形式分类

盾构按支护地层的形式分类,主要分为自然支护式、机械支护式、压缩空气支护式、泥浆支护式、土压平衡式等五种类型。

4）按挖开面与作业室之间隔板的构造类型分类

盾构按挖开面与作业室之间隔板构造的不同,可分为全敞开式、部分敞开式及闭胸式三种,具体划分见图 10-9 所示。

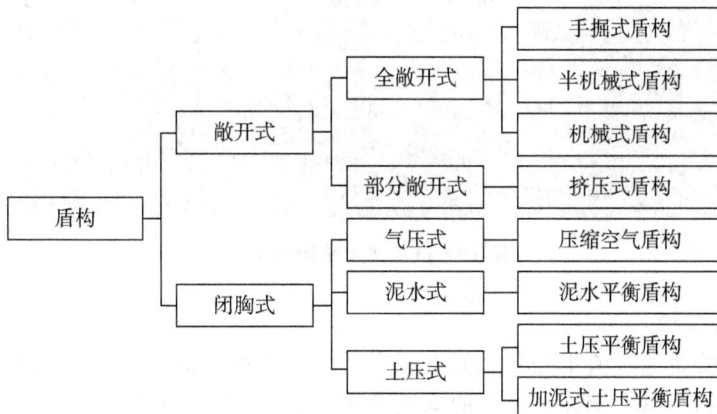
图 10-9 盾构的分类

下面主要介绍目前使用较多的泥水平衡盾构和土压平衡盾构。

1. 泥水平衡盾构

泥水平衡盾构是通过泥水仓内泥水压力平衡开挖面的土压力和水压力,以保持开挖面稳定的盾构。通过进浆管将泥水送入刀盘与隔板之间的泥水仓,通过调节进、排浆流量或气垫压力,使泥水压力平衡开挖面的水土压力,以保持开挖面的稳定,同时控制开挖面变形和地基沉降。

泥水在开挖面形成弱透水性泥膜,保持泥水压力有效作用于开挖面。盾构推进时,由刀盘切削下来的渣土搅拌后形成高浓度泥水,经排浆管输送至地面的泥水分离系统进行泥水分离,再将经过泥水分离的泥水重新送回泥水仓,如此循环完成掘进与排土。

泥水平衡盾构具有安全性高和施工环境好,对周围地层的扰动小,有利于控制地面沉降的优点,特别适合在河底、水底等高水压条件下施工。泥水平衡盾构最大的缺点是需要泥水分离设备(占用空间大、耗能大)。与其他施工方法相比,其经济性主要取决于泥水分离要求是否严格、地层的渗透性以及泥浆的质量(图 10-10、图 10-11)。

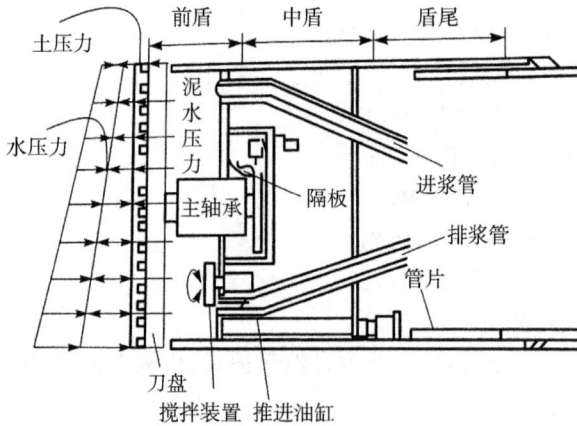

图 10-10 泥水平衡盾构工作原理

图 10-11 泥水平衡盾构机

2. 土压平衡盾构

土压平衡盾构是通过渣土仓内的泥土压力平衡开挖面处的地下水压和土压,以保持开挖稳定的盾构。盾构刀盘切削面与后面的承压隔板所形成的空间为渣土仓。刀盘切削下来的渣土通过刀盘上的开口进入刀盘与压力隔板之间的渣土仓,在渣土仓内搅拌混合或添加材料(泡沫剂或塑性泥浆)混合,形成具有良好塑性、流动性、内摩擦角小及渗透性小的泥土,螺旋输送机从压力隔板的底部开口进行排土(图 10-12、图 10-13)。

图 10 - 12　土压平衡盾构

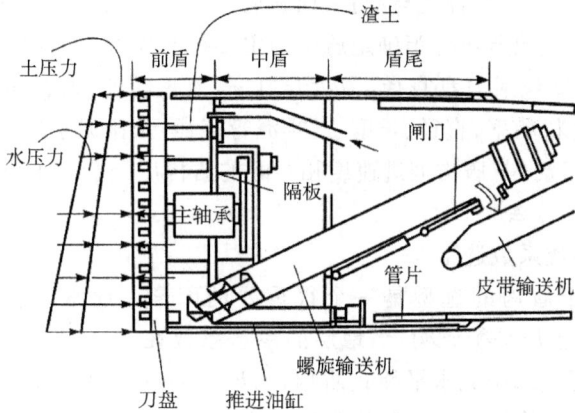

图 10 - 13　土压平衡盾构示意图

10.2.2　盾构选型

一般来说,用盾构法施工的地层都是复杂多变的,因此,对于复杂的地层要选定较为经济的盾构是当前的一个难题。

盾构选型是盾构法隧道能否安全、环保、优质、经济、快速建成的关键工作之一,盾构选型应从安全适应性(也称可靠性)、技术先进性、经济性等方面综合考虑,所选择的盾构形式要能尽量减少辅助施工法,并确保开挖面稳定和适应围岩条件,同时还要综合考虑以下因素:

(1)可以合理使用的辅助施工法,如降水法、气压法、冻结法和注浆法等。

(2)满足本工程隧道施工长度和线形的要求。

(3)后配套设备、始发设施等能与盾构的开挖能力配套。

(4)盾构的工作环境。

不同形式的盾构所适应的地质范围不同,盾构选型总的原则是安全性、适应性第一位,以确保盾构法施工的安全可靠;在安全可靠的情况下再考虑技术的先进性,即技术先进性第二位;然后再考虑盾构的价格,即经济性第三位。盾构施工时,施工沿线的地质条件可能变化较大,在选型时一般选择适合施工区大多数围岩的机型。

193

1. 盾构选型的依据

盾构选型应以工程地质、水文地质为主要依据,综合考虑周围环境条件、隧道断面尺寸、施工长度、埋深线路的曲率半径、沿线地形、地面及地下构筑物等环境条件,以及周围环境对地面变形的控制、工期、环保等因素,同时,参考国内外已有盾构工程实例及相关的盾构技术规范、施工规范及相关标准,对盾构类型、驱动方式功能要求、主要技术参数、辅助设备的配置等进行研究。

2. 盾构选型主要步骤

(1)在对工程地质、水文地质条件、周围环境、工期要求、经济性等充分研究的基础上选定盾构的类型,对敞开式、闭胸式盾构进行比选。

(2)在确定选用闭胸式盾构后,根据地层的渗透系数、颗粒级配、地下水压、环保、辅助施工方法、施工环境、安全等因素对土压平衡盾构和泥水平衡盾构进行比选。

(3)根据详细的地质勘探资料,对盾构各主要功能部件进行选择和设计(如刀盘驱动形式,刀盘结构形式、开口率,刀具种类与配置,螺旋输送机的形式与尺寸,破碎机的布置与形式,送泥管的直径等),并根据地质条件等确定盾构的主要技术参数。盾构的主要技术参数在选型时应进行详细计算,主要包括刀盘直径,刀盘开口率,刀盘转速,刀盘扭矩,刀盘驱动功率,推力,掘进速度,螺旋输送机功率、直径、长度,送排泥管直径,送排泥泵功率、扬程等。

(4)根据地质条件选择与盾构掘进速度相匹配的盾构后配套施工设备。

3. 盾构选型的主要方法

(1)根据地层的渗透系数选型

地层渗透系数对于盾构的选型是一个很重要的因素。通常,当地层的渗透系数小于 10^{-7} m/s时,可以选用土压平衡盾构;当地层的渗透系数在 $10^{-7} \sim 10^{-4}$ m/s之间时,既可以选用土压平衡盾构也可以选用泥水平衡式盾构;当地层的透水系数大于 10^{-4} m/s时,宜选用泥水平衡盾构。根据地层渗透系数与盾构类型的关系,若地层以各种级配富水的砂层、砂砾层为主时,宜选用泥水平衡盾构;其他地层宜选用土压平衡盾构。如图10-14所示。

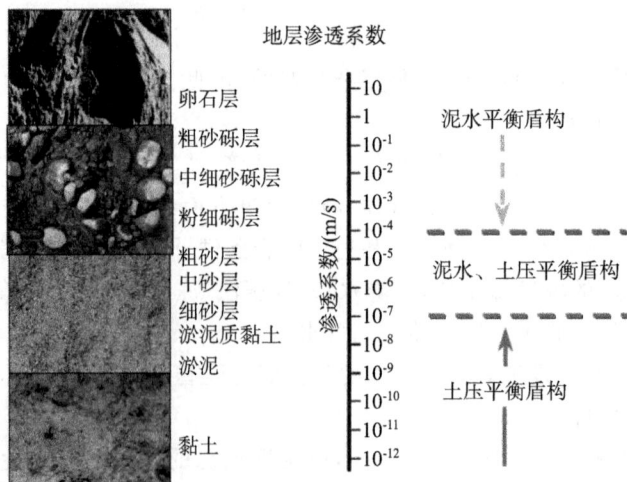

图 10-14 地层渗透性与盾构选型关系

194

（2）根据地层颗粒级配选型

土压平衡盾构主要适用于粉土、粉质黏土、淤泥质粉土、粉砂层等土的施工,在黏性土层中掘进时,由刀盘切削下来的土体进入土仓后由螺旋机输出,在螺旋机内形成压力梯降,保持土仓压力稳定,使开挖面土层处于稳定。一般来说,细颗粒含量多,渣土易形成不透水的流塑体,容易充满土仓的每个部位,在土仓中可以建立压力,来平衡开挖面的土体。

一般来说,当岩土中的粉粒和黏粒的总量达到 40% 以上时,通常宜选用土压平衡盾构,相反的情况选择泥水平衡盾构比较合适(图 10-15)。

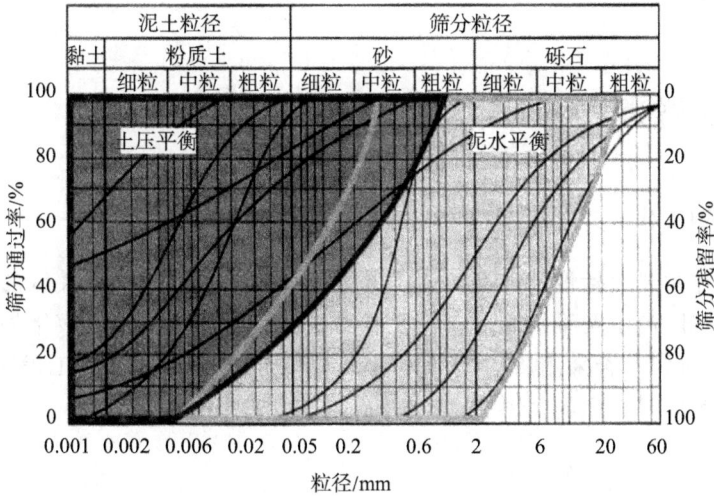

图 10-15　地层颗粒级配与盾构机选型关系

（3）根据地下水压选型

当水压大于 0.3 MPa 时,适宜采用泥水平衡盾构。如果采用土压平衡盾构,螺旋输送机难以形成有效的土塞效应,在螺旋输送机排土闸门处易发生渣土喷涌现象,引起土仓中土压力下降,导致开挖面坍塌。

当水压大于 0.3 MPa 时,如因地质原因需采用土压平衡盾构,则需增大螺旋输送机的长度或采用二级螺旋输送机,或采用保压泵。

（4）盾构选型时必须考虑的特殊因素

在实际实施时,还需解决理论的合理性与实际的可能性之间的矛盾。必须考虑环保、地质和安全因素。

① 环保因素

对泥水平衡盾构而言,虽然经过过筛、旋流、沉淀等程序,可以将弃土浆液中的一些粗颗粒分离出来,并通过汽车、船等工具运输弃渣,但泥浆中的悬浮或半悬浮状态的细土颗粒仍不能完全分离出来,而这些物质又不能随意处理,这就形成了使用泥水平衡盾构的一大困难。降低污染,保护环境是选择泥水平衡盾构面临的十分重要的课题,需要解决的是如何防止将这些泥浆弃置江河湖海等水体中造成范围更大、更严重的污染。

要将弃土泥浆处理成可以作为固体物料运输的程度也是可以做到的,国内外都有许多成功的实例,但做到这点并不容易,因为处理设备贵,增加了工程投资;用来安装这些处理设备需要的场地较大;处理时间较长。

② 工程地质因素

盾构施工段工程地质的复杂性主要反映在基础地质(主要是围岩岩性)和工程地质特性的多变方面。在一个盾构施工段或一个盾构合同标段中,某些部分的施工环境适合选用土压平衡盾构,但某些部分又很适合选用泥水平衡盾构。盾构选型时应综合考虑并对不同选择进行风险分析后择其优者。

③ 安全因素

从保持工作面的稳定、控制地面沉降的角度来看,当隧道断面较大时,使用泥水平衡盾构要比使用土压平衡盾构的效果好一些,特别是在河、湖等水体下,在密集的建筑物或构筑物下及上软下硬的地层中施工时。

10.3 盾构法隧道总体设计

10.3.1 设计前期工作

设计前期工作主要包括设计前期的调研、论证和筹备工作,其中最关键的是勘察,因为勘察是获取规划、设计、施工及维护管理各阶段所需基础资料的途径。勘察结果用途:选定隧道线路及平面位置,确定可否采用盾构法,进行环境保护措施的论证,决定工程的规模和内容,隧道竣工后还将成为维护管理的资料。

10.3.2 平面设计

盾构法隧道在进行隧道的平面布置时,要注意隧道的线路应根据隧道的使用目的、使用条件等因素进行规划,应尽可能选用直线或缓曲线,同时必须考虑地表情况、障碍物条件、围岩条件等施工因素。

对一般的曲线施工而言,盾构隧道的允许曲率半径 R 值因盾构直径的不同而不同。

大直径盾构隧道曲率半径 R 的最小值 R_{min} 可取为:

    盾构无中折机构 $R_{min}=300$ m

    盾构有中折机构 $R_{min}=150$ m

小直径盾构隧道曲率半径 R 的最小值 R_{min} 可取为:

    盾构无中折机构 $R_{min}=80$ m

    盾构有中折机构 $R_{min}=40$ m

10.3.3 纵断面设计

(1)覆土厚度

决定隧道的覆土厚度时,必须考虑地面和地下结构物的状况、围岩条件、开挖断面的大小、施工方法等。从施工效率看,隧道埋深小一些为好。但是埋深太浅易发生地层沉陷和爆喷等事故。通常选择 $H=(1-1.5D)$,其中 D 为盾构机的外径。

(2)坡度

隧道的坡度不仅取决于使用目的,还取决于河流、地下构造物及障碍物的分布状况。从隧道使用目的考虑,原则上设计成渗漏水可以自流排放的平缓坡度,以不低于 0.2% 为宜。从施工方面考虑,为了使施工时的涌水能够自流排放,使坡度提高到 0.2%~0.5% 为宜;坡度超过 2% 会降低盾构的推进以及出渣和运料等作业效率。

10.3.4 横断面设计

横断面设计由隧道功能决定,同时考虑施工因素。

铁路隧道选择矩形断面较为理想。

公路隧道的净空断面除依据对应于公路级别的建筑界限之外,一般还要加上规定的富余量和盾构施工误差。

下水道隧道一般采用圆形断面。

共同沟隧道是在同一隧道内设置上水道、下水道、电力电缆和通信电缆以及煤气管道等多条管道的隧道,断面尺寸必须保证必要的空间,以满足各种用途。

10.4 管片衬砌结构设计计算

10.4.1 管片的构造

1. 管环的构成

盾构隧道衬砌的主体是由管片拼装组成的管环。如图 10-16 所示,管环通常由 A 型管片(标准块)、B 型管片(邻接块)和 K 型管片(封顶块)构成,管片之间一般采用螺栓连接。封顶块 K 型管片根据管片拼装方式的不同,有从隧道内侧向半径方向插入的径向插入型(图 10-17)和从隧道轴向插入的轴向插入型(图 10-17)以及两者并用的类型。半径方向插入型为传统插入型,早期的施工实例很多。但在 B-K 管片之间的连接部,除了由弯曲引起的剪切力作用其上外,由于半径方向是锥形,作用于连接部的轴向力的分力也起剪切力的作用,从而使得 K 管片很容易落入隧道内侧。因此,不易脱落的轴向插入型 K 管片被越来越多地使用。这也与近来盾构隧道埋深加大,作用于管片上的轴向力比力矩更显著有关系。在使用轴向插入型 K 管片的情况下,需要推进油缸的行程要长些,因而盾尾长度要长些。有时在轴向和径向都使用锥形管片,将两种插入型 K 管片同时使用。径向插入型 K 管片为了缩小锥度系数,通常其弧长为 A、B 管片的 1/3~1/4;而轴向插入型 K 管片,其弧长可与 A、B 管片同样大小。

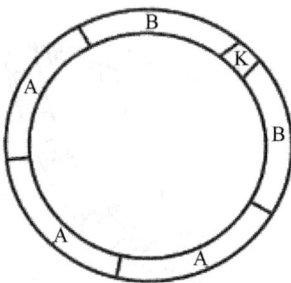

图 10-16 管环的构造

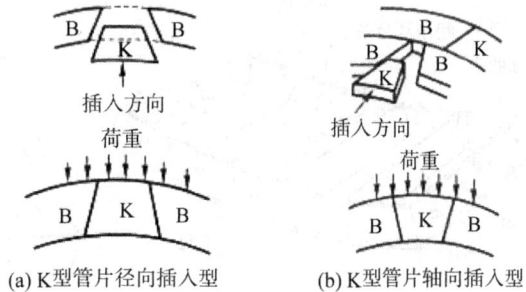

(a) K 型管片径向插入型   (b) K 型管片轴向插入型

图 10-17 K 型管片插入形式

2. 管环的分块

管环的分块数,从降低制作费用、加快拼装速度、提高防水性能角度看,是越少越好,但如果分块过少的话,单块管片的重量增加,从而导致管片在制作、搬运、洞内操作及拼装过程中出现各种各样的问题。因此在决定管片环分块时一定要经过充分研究。

管环的分块数应根据隧道的直径大小、螺栓安装位置的互换性(错缝拼装时)而定。

管环的分割数即管片数 n 为:

$$n = x + 2 + 1 \qquad (10-1)$$

式中 x ——标准块的数量;衬砌中有 2 块邻接块和 1 块封顶块。

x 与管片外经有关,外径大则 x 大,外径小则 x 小。

铁路隧道 x 一般取 3~5 块,对上下水道、电力和通信电缆隧道 x 一般取 0~4 块。

一般情况下,软土地层中小直径隧道管环以 4~6 块为宜(也有采用 3 块的,如内径 900~2 000 mm 的微型盾构隧道的管片,一般每环采用 3 块圆心角为 120°的管片),大直径以 8~10 块为多。地铁隧道常用的分块数为 6 块(3A+2B+K)和 7 块(4A+2B+K)。

封顶块有大、小两种,小封顶块的弧长 S 以 600~900 mm 为宜。封顶块的楔形量宜取 1/5 弧长左右,径向插入的封顶块楔形量可适当取大一些,此外每块管片的环向螺栓数量不得少于 2 根。

管环分块时需考虑相邻环纵缝和纵向螺栓的互换性,同时尽可能地考虑让管片的接缝安排在弯矩较小的位置。一般情况下,管片的最大弧长宜控制在 4 m 左右为宜。管环的最小分块数为 3 块,小于 3 块的管片无法在盾构内实施拼装。

管环的最大分块数虽无限制,但从造价以及防水角度考虑,分块过多也是不可取的。

3. 管片的种类

管片的分类方式主要包括以下几种:

(1) 按断面形式可以分为箱型(含中子型)、平板型等,如图 10-18 所示。箱型管片是具有主肋和接头板或纵向肋构成的凹形管片的总称,钢筋混凝土箱型管片又称为中子型管片。平板型管片是具有实心断面的平板管片,一般由钢筋混凝土制作,是目前盾构隧道中常用的管片形式。

(2) 按材质可以分为钢筋混凝土管片、铁制管片(铸铁管片、球墨铸铁管片)、钢管片、复合管片(几种材料组合而成)等类型,其中钢筋混凝土是目前最常见的管片材质。

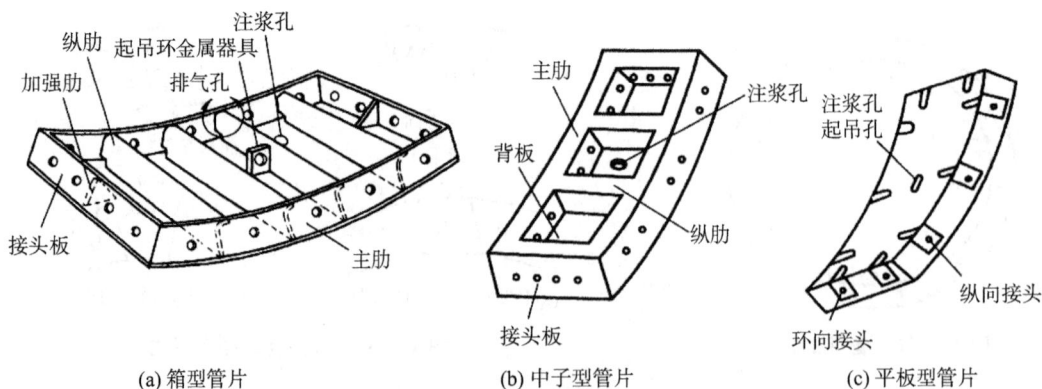

(a) 箱型管片   (b) 中子型管片   (c) 平板型管片

图 10-18 管片形式及构造

4. 管片厚度及宽度

盾构法隧道的管片不仅要承受长期作用于隧道的所有荷载、防止地下涌水,而且在施工过程中还必须承受盾构前进中推进油缸的推力及衬砌背后注浆时的压力。管片的厚度要根据盾构外径、土质条件、覆盖土荷载决定,但它必须首先能承受施工时推进油缸的推力。管片厚度过薄,极易在施工过程中损伤及引起结构不稳定,所以必须加以注意。

管片的宽度从拼装性、弯道施工性方面讲,越小越好;而从降低管片制作成本、提高施工速度、增强止水性能方面讲,则是越大越有利。国内地铁隧道的钢筋混凝土管片最常用的宽度是1 000 mm、1 200 mm、1 500 mm 三种。近年来,随着生产及吊运水平的提高,以及为节约防水材料、减少连接件等要求,国内大直径隧道的钢筋混凝土管片的宽度已扩大到 2 000 mm。但是需作说明的是,管片宽度加大后,推进油缸的行程需相应增长,从而造成盾尾增长,会直接影响盾构的灵敏度,因此管片也不是越宽越好。

管片的厚度一般需根据计算或工程类比而定。根据工程实践,管片厚度可取隧道外径的4%～6%,隧道直径大者取小值,小直径隧道取大值。

5. 管片的接头形式

管片衬砌环的拼接形式有错缝和通缝两种。错缝拼装可使接缝分布均匀,减少接缝及整个管环的变形,整体刚度大,是一种较为普遍采用的拼接形式。

管片接头上作用着弯矩、轴向力以及剪切力,但其结构性能根据接面的对接状态和紧固方法有很大的不同。有的拼接方法即使是不设紧固装置,也能抵抗基本的剪切力。传统上多使用全面拼对方式,但目前部分对接、楔式对接及转向对接的使用频率有日趋增长的趋势。

为了提高管片环的刚性,管片接头多用金属紧固件连接。为了达到管片拼装高效化、快速化的目的,开发了多种金属紧固件。

管片有环向接头和纵向接头。接头的构造形式有直螺栓、弯螺栓、斜插螺栓、榫槽加销轴等,如图 10-19 所示。

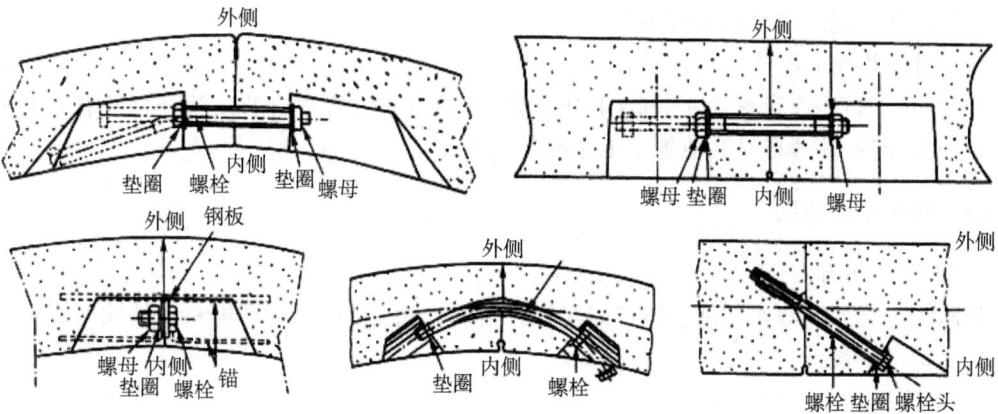

图 10-19 管片接头形式

直螺栓接头是最普通常用的接头形式,不仅用于箱型管片,也广泛用于平板型管片,直螺栓连接条件最为优越,在施工方面,该形式的螺栓就位、紧固等最能让施工人员接受,弯螺栓接头是在管片的必要位置上预留一定弧度的螺孔,拼装管片时把弯螺栓穿入弯孔,将管片连接起来。

斜插螺栓在欧洲是最常用的接头形式,因相邻环之间采用有效的榫槽错缝拼装形式,因此隧道掘进到 200 环以后,一般多是拆除所有的环向、纵向螺栓的,他们认为:拆除螺栓以后的隧道,能适应普通的荷载以及一定裂度(7 度)的地震荷载。环向的隧道接缝主要弯矩由相邻环的管片承担,另一部分由接头承担。斜插螺栓预埋螺母(螺栓套)的设计至关重要,其直接影响管片的拼装速度及施工质量。国内目前用于管片连接的斜插螺栓接头是一种改良型接头,该接头形式可避免管片大面积开孔,还可相应减少螺栓的用钢量。

环向接头的螺栓是把相邻分散的管片进行连接的主体结构,螺栓的数量与位置直接影响圆环的整体刚度和强度。我国环向接头多采用单排螺栓,布置在管片厚度 1/3 左右的位置(偏于内弧侧),每处接头的螺栓数量不少于 2 根。

10.4.2　管片设计需考虑的因素

管片从隧道施工开始到施工完毕后的很长时间内,都要担负着支承各种荷重和确保隧道安全的使命。管片衬砌的设计目的就是确认覆盖整个隧道的衬砌的安全性,同时找出最合理、最经济的衬砌结构。

但隧道结构应力由于施工条件、地质条件、环境条件等因素的不同,复杂多样,并且作用荷重也是一个不确定的因素,所以准确把握这些现象是非常困难的。因此在设计衬砌时,首先应对各种条件做充分勘查,然后再从经验和理论两个方面去设定荷重以及选择计算方法。管片设计时需要考虑的主要因素如下:

(1)确保隧道构造的安全

必须保证能够承受从开工到竣工后的长期使用阶段作用于隧道上的各种荷载(静、动荷载)作用。

(2)降低成本

就盾构法隧道而言,管片制作成本通常占盾构法隧道总造价的 30%～50%,合理地设计管片是降低盾构隧道造价的关键环节。

(3)制作及施工容易

管片设计时,还应考虑管片制造(制作工艺、养护方法)、管片拼装成管环以及管片衬砌连接施工的方便性,并考虑对其他施工工序的影响小。

10.4.3　管片设计原则

1. 边界条件确定

按施工工艺及工程水文地质特点确定设计荷载及边界条件,从结构和非结构两方面做出符合技术标准的设计。

2. 构造形式的选择

根据隧道的用途、土质条件及施工方法等因素选择管片的种类、构造、形式及强度。

中小直径的上、下水隧道,电力、电信隧道多采用钢筋混凝土管片和钢管片;对铁路、公路等大直径隧道而言,以选择钢筋混凝土管片为主,当然,偶尔也会使用铸铁管片和钢管片。无论什么地层都应先对钢筋混凝土箱型和平板型管片的适应性进行论证。当存在特殊荷载作用时也可考虑铸铁管片和钢管片的适用性。

在计算管环的断面应力时,应根据管片的种类、接头方式、接头的位置组合产生的接头效应等因素确切地评价衬砌构造特征。计算管环断面应力时,是把管环看作具有均质刚度的环,还是看作具有多个铰支环,或是看作具有转动弹簧和剪切弹簧环来考虑,应根据隧道的用途、地质土层、衬砌构造特征决定。

3. 按允许应力法设计计算

管片设计须在充分满足与用途相对应的构造安全性的基础上,进而在选用合格材料、合理施工方法的前提下,按允许应力法进行设计计算。

4. 技术经济性比较

全面考虑工程造价、使用年限、长期维修费用及运营中的经济效益,对设计做经济技术性的全面比选。

10.4.4 荷载计算

衬砌设计时所考虑的各种荷载,应根据不同的条件和设计方法进行设定,并根据隧道的用途组合这些荷载。管片设计时应考虑的荷载种类较多,具体设计时根据隧道用途的不同,这些荷载的作用组合也不同。衬砌所承受的荷载应根据施工和使用阶段可能出现的最不利情况进行组合。

作用在衬砌结构上的荷载,存在许多不确定的因素,所以必须根据每个施工阶段的变化及使用阶段荷载的变动,选择使衬砌结构的荷载效应为最大、工作状态为最不利荷载组合进行设计。

如表 10-1 所示,列出了管片设计所采用的荷载种类,主要荷载是管片设计时通常必须考虑的基本荷载。附加荷载是施工过程中和隧道完工后所承受的荷载,这是必须根据隧道用途加以考虑的荷载。此外,特殊荷载则是根据地层条件、隧道的使用条件等必须予以特别考虑的荷载。

表 10-1 管片设计所采用的荷载种类

序号	荷载类型		荷载名称
1	永久荷载		结构自重
2			地层压力
3			隧道上方和破坏棱体范围内的设施及建筑物压力
4			外水压力
5			预加应力
6			设备重量
7			地基下沉影响
8	可变荷载	基本可变荷载	地面超载和车辆荷载
9			隧道内部管道支架水平推力
10			隧道内人群荷载
11			隧道内车辆荷载及其动力作用
12			内水压力

序号	荷载类型		荷载名称
13	可变荷载	其他可变荷载	温度作用
14			冻胀力和膨胀力
15			施工荷载
16			水锤压力
17	偶然荷载		地震作用
18			人防荷载
19			沉船、抛锚或河道疏浚产生的撞击力等其他偶然荷载

盾构隧道主要荷载的设计状况见图 10-20 所示。

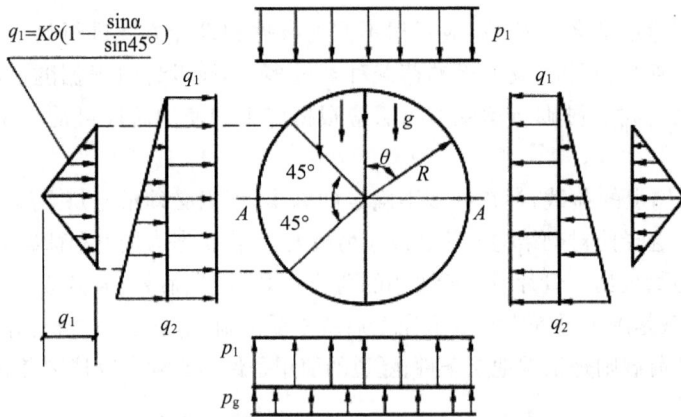

图 10-20 盾构隧道主要荷载的设计状况(自由变形圆环法的荷载)

$$p_1 = p_e + p_w \tag{10-2}$$

$$q_1 = q_{e1} + q_{w1} \tag{10-3}$$

$$q_2 = q_{e2} + q_{w2} - q_1 \tag{10-4}$$

$$q_r = k\delta \tag{10-5}$$

$$P_g = \pi g = \pi \times \frac{W}{2\pi R} = \frac{W}{2R} \tag{10-6}$$

式中　p_e、p_w——分别为垂直土压力和水压力/kPa;

q_{e1}、q_{e2}——水平土压力/kPa;

q_{w1}、q_{w2}——水平水压力/kPa;

q_r——水平向土抗力/kPa,分布在水平直径上下各 45°范围内;

K——水平土抗力系数/(kN/m³);

δ——A 点的水平位移/m;

P_g——结构自重反力/kPa;

R——隧道半径;

W——管环单位长度的重量/kN。

1）土压力

隧道中垂直土压力和水平土压力是确定设计计算用的土压力，与隧道的变形无关。此外，隧道底部的土压力可看作是反向土压力，作为地基反力处理。

计算土压力有两种方法：一种是将水压力作为土压力的一部分来考虑；另一种是将水压力与土压力分开计算，通常前者适用于黏性土，后者适用于砂质土。对于中间土来说，现在还没有明确的判断标准，但可以将渗透系数 $10^{-4} \sim 10^{-3}$ cm/s 作为分界值。土的重度，在水压和土压合算时，地下水位以上用天然重度，地下水位以下用饱和重度；在水压土压分算时地下水位以上用天然重度，地下水位以下用浮重度。

（1）垂直土压力

根据隧道位置和地基条件，垂直土压力有时采用总覆土压力，有时采用松动土压力。通常，覆土厚度都大于隧洞外径，在砂质土或硬黏土情况下，用松动土压力；在其他地层，因不能获得土的成拱效果，故采用总覆土压力。计算松动土压力时，通常采用太沙基松弛土压力公式。

（2）水平土压力

水平土压力与垂直土压力的情况相同，要准确地进行推算比较困难。设计中水平土压力值一般采用计算垂直土压力与侧向土压力系数相乘。

在无地基抗力的条件下，可以选择静止土压力系数作为侧向土压力系数。

在可以得到地基抗力的条件下，使用主动土压力系数作为侧向土压力系数，或者对静止土压力系数适当折减进行计算。侧向土压力系数不但应该考虑到土的性质，也要考虑与设计计算方法和施工方法的关系进行确定。但是要进行恰如其分的设定是非常困难的，可参考表10-2确定。

表 10-2　侧向土压力系数（λ）与地基抗力系数（k）

水压力计算	土的种类	λ	k /(kN/m³)	N 标贯击数值的大致范围
水土分算	密实砂性土	0.35～0.45	30～50	30＜N
	中密砂性土	0.45～0.55	10～30	15＜N≤30
	松散、稍密砂性土	0.50～0.60	0～10	N≤15
	固结黏性土	0.35～0.45	30～50	25≤N
	坚硬、硬塑黏性土	0.45～0.55	10～30	8≤N＜25
	可塑黏性土	0.50～0.65	0～10	4≤N＜8
水土合算	可塑黏性土	0.55～0.65	5～10	4≤N＜8
	软塑黏性土	0.65～0.75	0～5	2≤N＜4
	流塑黏性土	0.70～0.85	0	N＜2

管片的设计断面应力会由于垂直方向荷载和水平方向荷载之间微妙的平衡关系而发生变化，侧向土压力系数（λ）、地基抗力系数（k）要在充分考虑地基条件和隧道的用途之后，慎重地进行确定。

2）水压力

水压力是计算土压力时，考虑将水压和土压分开的情况下给定的，竖向水压力之差是作为浮力作用的，因此，需要根据其他荷载和衬砌顶部地基的状况，对隆起加以研究。

水压力可根据施工阶段以及长期使用过程中地下水位的变化确定水位，区分不同的地层条件，按静水压力计算或把水作为土的一部分计入土压力。

作用在隧道衬砌上的水压力，原则上采用孔隙水压力，但孔隙水压力的确定非常困难，从实用及偏于安全的角度考虑，水压力一般都按静水压力确定。

一般垂直方向的水压力按均布荷载计算，作用在衬砌顶部的水压力等于作用在其顶点的静水压力值，作用于底部的水压力等于作用在衬砌最低点上的静水压力；水平方向的水压力作为梯形分布荷载，其大小与静水压力相同。

另外，在隧道长期使用过程中由于自然或人为等因素的影响会使地下水位发生变动，确定地下水位也非常困难。在圆形盾构隧道的设计计算中，采用较高的地下水位并不等于一定是偏于安全的设计；相反采用较低的地下水位可能会是最不利的荷载组合工况。因此，在确定地下水位时，应分别按最高水位和最低水位进行计算。

3）土体抗力

土体抗力也称地层抗力或地基反力，土体抗力的确定一般有两种方法：一种是认为地层抗力与地层变形（位移）无关，是一种与作用荷载相平衡的反作用力；另一种是认为地层抗力与地层变形（位移）有关。在荷载作用下，衬砌结构的一部分会发生向着围岩方向的变形，由于隧道周边围岩具有一定的刚度，必然会对衬砌结构产生反作用力来抵制它的变形，这种反作用力即为地层抗力，目前多以"温克尔假定"为基础的局部变形理论确定。

地层抗力会随着所采用的计算模型及计算方法的不同而不同，常采用以下计算方法：

（1）日本惯用计算法

垂直方向的地基抗力按与地基位移无关考虑，取与垂直荷载相平衡的均布反力作为地基抗力。

水平方向的地基抗力考虑衬砌向围岩方向的变形，作用在衬砌水平直径上下各 45°中心角的范围内，假定以水平直径处为顶点，三角形分布，其中水平直径处的地层抗力最大，其大小可根据与衬砌向着围岩方向的水平变形成正比关系进行计算确定。地基抗力系数可根据地层条件，参考表 10 - 2 进行取值。

$$q_r = k\delta \qquad\qquad (10-7)$$

式中　k ——地基反力系数（水平土体抗力系数）/（kN/m^3）；

　　　δ ——衬砌的水平位移值/m。

（2）弹簧模型法

假定地层抗力沿衬砌环向、径向分布，将衬砌与地层间的相互作用通过弹簧来模拟，地基抗力考虑为管片向地基方向变形时所产生的反力。

在欧美各国多采用全周地基弹簧模型，日本多采用部分地基弹簧模型，而且多不考虑切线方向弹簧，只将半径方向弹簧作为有效弹簧，地基弹簧系数大多参考惯用计算法的地基抗力系数进行确定。

对于管片自重变形所产生的地基抗力,宜根据施工方式确定是否考虑。若壁后注浆材料有较好的早期强度,或管片脱出盾尾后真圆度保持较好(盾构采用真圆器或推进油缸推力控制较好),可以考虑由管片自重变形所产生的地基抗力。尤其是隧道外径较大时,与土水压力所产生的断面应力相比,自重所引起的断面应力要大得多($D \geqslant 12$ m 时,占 $60\% \sim 80\%$)。

4)管环自重

管片自重荷载是沿衬砌轴线分布的竖向荷载,一般按下式计算:

$$g = \frac{W}{2\pi R_c} \qquad (10-8)$$

式中　g ——管片自重荷载/kPa;

$\quad\quad$ W ——衬砌单位长度重量/(kN/m);

$\quad\quad$ R_c ——衬砌环半径/m。

5)内部荷载

内部荷载包括施工过程中作用的荷载和隧道完工后作用的荷载。

作为施工过程中所作用的内部荷载,有盾构的后配套拖车和出渣车等与施工有关的各种机械设备。当这些荷载作用于壁后注浆材料尚未硬化的管片环上时,必须检查管片环的稳定性,但是,在壁后注浆材料充分硬化之后,一般可以认为这些荷载是由周围地基支持的。因此,实践中并不对这些内部荷载进行研究,而是采取不将这些设备放置在壁后注浆材料尚未硬化的管片环上的方法。

此外,隧道完工后产生作用的内部荷载,因隧道的使用目的不同而异,例如铁路车辆、公路路基的反力、隧道内的悬挂设施和内水压力等。其中,像铁路车辆那样的作用于隧道底部的荷载,可以认为与施工过程中的内部荷载一样是由隧道周围地基直接承受的;但其他内部荷载对衬砌有影响,所以必须根据实际情况设定荷载并进行适当的研究。

6)施工荷载

盾构施工荷载是指从管片组装开始到盾尾建筑空隙中的壁后注浆材料硬化为止,作用在隧道衬砌上临时荷载的总称。盾构施工荷载包括推进油缸推力、壁后注浆压力、管片拼装机的操作荷载和其他施工荷载等。

施工荷载因围岩条件和施工条件的不同而异,须将施工荷载对管片的影响控制到最低程度以及合理地把施工荷载反映到设计中;另外,施工技术水平的高低对隧道衬砌的设计也是一个重要的影响因素。

7)特殊荷载

特殊荷载是根据周围地基条件、施工条件和隧道使用条件等必须特别考虑的荷载,主要包括地震影响、平行或交叉隧道设置的影响、近接施工的影响、地基沉降的影响等。

当隧道近距离平行设置时,应根据相互间的位置关系、地质条件、隧道外径、盾构形式、施工时序等条件,对施工和运营期间的相互干扰和相互影响进行论证,必要时应采取保护措施。

10.4.5　管片设计方法

管片设计方法大致可分成以下三种:

① 将管片环视作抗弯刚度均匀的圆环。

② 将管片环视作多铰圆环。

③ 将管片环视作具有旋转弹簧的圆环。

从具有代表性的设计方法来看,对于第①种,有惯用法和修正惯用法;对于第②种有多铰圆环解析法;对于第③种,则有梁-弹簧模型解析法。

一般认为,盾构掘进隧道的地基条件很重要,但还因断面形状和施工方法的不同,其力学性状也不相同。因此,必须根据这些特点对衬砌进行设计。从以往的实践情况看,绝大多数隧道都是圆形断面,本书主要介绍圆形断面的设计方法。

如前所述的三种管片的设计方法外,用剪切弹簧来评价交错拼接效果的设计方法也已进入实用阶段。

1. 惯用法

这是一种不考虑管片接头刚度降低而将其视作刚度均匀的圆环的设计方法。计算时,假定土体随管片环的变形而产生地基反力,解弹性方程,地基反力如图 10-20 所示,是以隧道的起拱点为顶点的等腰三角形;其大小与位移的大小成正比(温克尔线性假定)。

惯用法是当前我国常用的设计方法。表 10-3 列出了该设计方法的具体计算公式。

表 10-3 惯用法的管片截面荷载计算公式

	荷载	弯矩
管片截面弯矩计算公式	垂直荷载 $p_{e1} + p_{w1}$	$M = \dfrac{1}{4}(1 - 2\sin^2\theta) \times (p_{e1} + p_{w1})R_c^2$
	水平荷载 $q_{e1} + q_{w1}$	$M = \dfrac{1}{4}(1 - 3\cos^2\theta) \times (p_{e1} + p_{w1})R_c^2$
	水平三角形荷载 $q_{e2} + q_{w2} - p_{e1} - p_{w1}$	$M = \dfrac{1}{48}(6 - 3\cos\theta - 12\cos^2\theta + 4\cos^3\theta) \times$ $(q_{e2} + q_{w2} - q_{e1} - q_{w1})R_c^2$
	水平地基反力 $k\delta$	当 $0 \leqslant \theta \leqslant \dfrac{\pi}{4}$ 时 $M = (0.234\,6 - 0.353\,6\cos\theta)k\delta R_c^2$ 当 $\dfrac{\pi}{4} \leqslant \theta \leqslant \dfrac{\pi}{2}$ 时 $M = (-0.348\,7 + 0.5\sin^2\theta + 0.253\,7\cos^2\theta)k\delta R_c^2$
	自重 g	当 $0 \leqslant \theta \leqslant \dfrac{\pi}{2}$ 时 $M = \left(\dfrac{3}{8}\pi - \theta\sin\theta - \dfrac{5}{6}\cos\theta\right)gR_c^2$ 当 $\dfrac{\pi}{2} \leqslant \theta \leqslant \pi$ 时 $M = \left[-\dfrac{1}{8}\pi + (\pi - \theta)\sin\theta - \dfrac{5}{6}\cos\theta - \dfrac{1}{2}\pi\sin^2\theta\right]gR_c^2$
	管片环水平直径点的水平位移 δ	$\delta = \dfrac{[2(p_{e1} + p_{w1}) - (q_{e1} + q_{w1}) - (q_{e2} + q_{w2})]R_c^4}{24(\eta EI/h + 0.045\,4kR_c^4)}$

荷载	轴向力
垂直荷载 $p_{e1}+p_{w1}$	$N=(p_{e1}+p_{w1})R_c\sin^2\theta$
水平荷载 $q_{e1}+q_{w1}$	$N=(q_{e1}+q_{w1})R_c\cos^2\theta$
水平三角形荷载 $q_{e2}+q_{w2}-p_{e1}-p_{w1}$	$N=\dfrac{1}{16}(\cos\theta+8\cos^2\theta-4\cos^3\theta)\times$ $(q_{e2}+q_{w2}-q_{e1}-q_{w1})\times R_c$
水平地基反力 $k\delta$	当 $0\leqslant\theta\leqslant\dfrac{\pi}{4}$ 时 $N=0.353\ 6\cos\theta k\delta R_c$ 当 $\dfrac{\pi}{4}\leqslant\theta\leqslant\dfrac{\pi}{2}$ 时 $N=(-0.707\ 1\cos\theta+\cos^2\theta+0.707\ 1\sin^2\theta\cos\theta)k\delta R_c$
自重 g	当 $0\leqslant\theta\leqslant\dfrac{\pi}{2}$ 时 $N=\left(\theta\sin\theta-\dfrac{1}{6}\cos\theta\right)\times gR_c$ 当 $\dfrac{\pi}{2}\leqslant\theta\leqslant\pi$ 时 $N=\left[-\pi\sin\theta+\theta\sin\theta+\pi\sin^2\theta-\dfrac{1}{6}\cos\theta\right]gR_c$
管片环水平直径点的水平位移 δ	$\delta=\dfrac{[2(p_{e1}+p_{w1})-(q_{e1}+q_{w1})-(q_{e2}+q_{w2})]R_c^4}{24(\eta EI/h+0.045\ 4kR_c^4)}$

(左侧合并单元格标题：管片截面轴向力计算公式)

荷载	剪力
垂直荷载 $p_{e1}+p_{w1}$	$Q=-(p_{e1}\pm p_{w1})R_c\sin\theta\cos\theta$
水平荷载 $q_{e1}+q_{w1}$	$Q=(q_{e1}+q_{w1})R_c\sin\theta\cos\theta$
水平三角形荷载 $q_{e2}+q_{w2}-p_{e1}-p_{w1}$	$Q=\dfrac{1}{16}(\sin\theta+8\sin\theta\cos\theta-4\sin\theta\cos^2\theta)\times$ $(q_{e2}+q_{w2}-q_{e1}-q_{w1})\times R_c$
水平地基反力 $k\delta$	当 $0\leqslant\theta\leqslant\dfrac{\pi}{4}$ 时 $Q=0.353\ 6\sin\theta k\delta R_c$ 当 $\dfrac{\pi}{4}\leqslant\theta\leqslant\dfrac{\pi}{2}$ 时 $Q=(\sin\theta\cos\theta-0.707\ 1\cos^2\theta\sin\theta)\times k\delta R_c$
自重 g	当 $0\leqslant\theta\leqslant\dfrac{\pi}{2}$ 时 $Q=-\left(\theta\cos\theta+\dfrac{1}{6}\sin\theta\right)\times gR_c$ 当 $\dfrac{\pi}{2}\leqslant\theta\leqslant\pi$ 时 $Q=\left[(\pi-\theta)\cos\theta-\pi\sin\theta\cos\theta-\dfrac{1}{6}\sin\theta\right]\times gR_c$
管片环水平直径点的水平位移 δ	$\delta=\dfrac{[2(p_{e1}+p_{w1})-(q_{e1}+q_{w1})-(q_{e2}+q_{w2})]R_c^4}{24(\eta EI/h+0.045\ 4kR_c^4)}$

(左侧合并单元格标题：管片截面剪力计算公式)

2. 修正惯用法

管片环有接头,因而刚度有所降低,故在将其作为抗弯刚度均匀的圆环处理的情况下,考虑接头影响进行计算,这种方法称为修正惯用法。

即使把管片环相互交错拼接,因管片存在接头,因此修正常用设计法将管片环抗弯刚度假定为比管片整体抗弯刚度 EI 低的均匀抗弯刚度 ηEI($\eta \leqslant 1$)来计算圆环截面力(M、N、Q),参数 η 称为抗弯刚度的有效率。管片接头具有某些铰接特性,所以可以认为弯矩并非全部由管片接头传递,部分弯矩传给了交错拼接的相邻管片(图 10-21)。

修正常用设计法将管片环视作具有均匀抗弯刚度 ηEI 的圆环,求截面力时,仅加大弯矩,假定为$(1+\xi)M$,与轴向力 N 组合进行设计,这是合理的。参数 ξ 为传给相邻管片的弯矩与计算弯矩之比,称为弯矩加大率。此外,在这种情况下,管片接头的设计弯矩和轴向力可以分别假定为$(1-\xi)M$ 和$(1-\xi)N$。

参数 η 值和 ξ 值因管片种类、管片接头的结构形式、环相互交错拼接的方法和结构形式而有所不同,此外,受周边地层的影响也特别大,目前还未从理论建立计算方法。

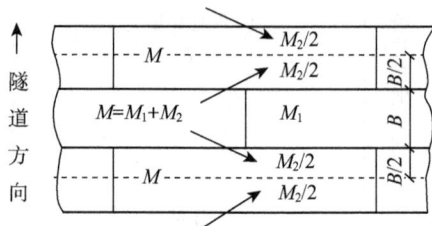

图 10-21 接头传递弯矩示意图

但是,据推测,这两个参数相互具有联系,若 η 值接近于 1,则 ξ 值就趋于 0。用修正惯用法计算截面力时,η 值取得过小,就会对地层的地基反力估计过高。同时会对管片环的截面力估计过小,因此这些参数的取值需要认真考虑。目前的实际情况是,参数 η 值和 ξ 值是根据试验结果和经验来确定的。

在《盾构隧道工程设计标准》(GB/T51438—2021)中,给出了 η 和 ξ 的建议值,见表 10-4。

表 10-4　η 与 ξ 的建议值

隧道外径/m	拼装方式	η	ξ
小于 5	—	1.0	0
5~8	—	0.6~0.8	0.3~0.5
8~14	通缝	0.5~0.7	0.2~0.4
	错缝	0.6~0.8	
大于 14	通缝	0.5~0.6	0.2~0.4
	错缝	0.6~0.7	

3. 多铰环解析法

多铰环解析法是一种确定地把接头作为铰接结构的解析法。多铰环本身是不稳定结构,但考虑到依靠隧道周边地层大面积的反力可以变为稳定结构物。假定沿圆环分布有均匀的径向地基反力。

采用这种计算方法时,因依赖隧道周边地层的反力,故需要注意选择合适的地基。此外,在管片拼装过程中和刚从尾盾脱出后地基反力尚未充分发挥作用时,为使管片环能够自承,需要研究采取辅助手段,或者使管片接头具有一定的刚度,自身能够保持环状。

由此可见,这种解析法通常用于地层条件较好的场合。

4. 弹性铰环法

由于盾构隧道的管片环是由多块预制的管片拼装而成,管片与管片之间可做成各种形状的接头,必要时加上螺栓连接。拼装接头不可能与整体现浇钢筋混凝土结构刚度相同。

事实上,各管片接头处存在一个能承担一部分弯矩的弹性铰,它既非刚接,也不是完全铰,其承担弯矩的多少与接头刚度 K 有关。内力计算时将管片环视作在管片接头处设置的弹性铰环状结构。接头刚度 K 一般由经验和试验确定。各截面内力值可由图 10-22 所示的基本结构用解析法求得。

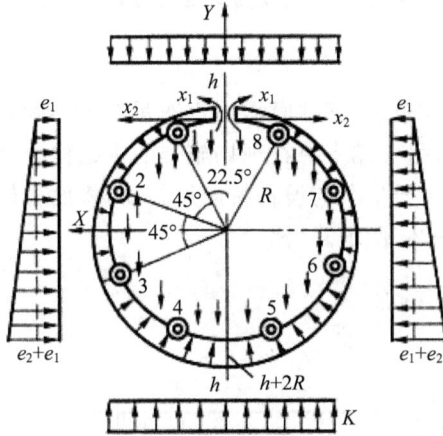

图 10-22 弹性铰环法基本结构

5. 梁-弹簧模型解析法

梁-弹簧模型解析方法的特点是将管片环模拟为梁的构架(直梁或曲梁),用旋转弹簧和剪切弹簧分别模拟管片接头和环间接头,将其弹性性能用有限元法进行构架分析,计算截面力。这种解析方法是一种解释管片环承载机理的有效方法。

采用这种方法时,在管片环对接、两环或三环交错联结的情况下,也可以计算截面力,并能直接求出环间的剪力。此外,当管片接头的旋转弹簧常数为 0 时,与多铰环相同;如果为无穷大,则与刚度均匀环相同。

10.5 盾构法隧道施工

10.5.1 盾构的现场组装与调试

1) 土压平衡盾构组装顺序

(1) 后配套拖车下井

各节拖车下井顺序为从后到前的顺序,如盾构有 4 节拖车时,其下井顺序为:4 号拖车→3 号拖车→2 号拖车→1 号拖车。拖车下井后,组装拖车内的设备及其相应管线,由电瓶机车牵引至指定的区域,拖车间由连接杆连接在一起,见图 10-23 所示。

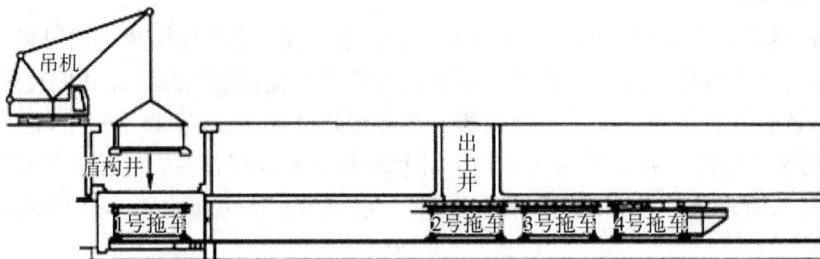

图 10-23 后配套拖车及设备桥下井

（2）设备桥下井

设备桥（也称连接桥）长度较长，下井时需由汽车吊与履带吊配合着倾斜下井。下井后其一端与 1 号拖车由销子连接，另一端支撑在现场施焊的钢结构上，然后将上端的吊机缓缓放下后移走吊具。用电瓶机车将 1 号拖车与设备桥向后拖动，将设备桥移出盾构组装竖井，1 号拖车与 2 号拖车连接，见图 10-24 所示。

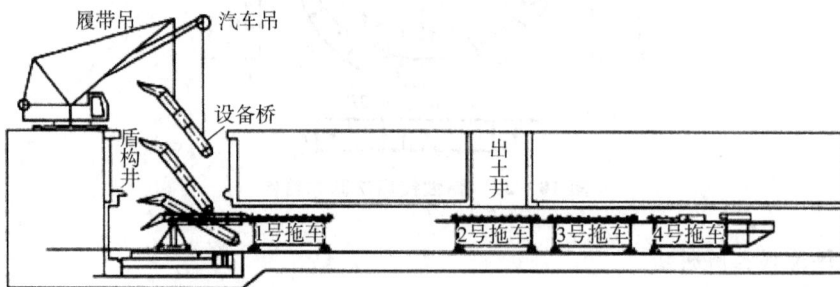

图 10-24 设备桥下井

（3）螺旋输送机下井

螺旋输送机长度较长，下井时须由汽车吊与履带吊配合着倾斜下井。2 台吊机通过起、落臂杆和旋转臂杆使螺旋输送机就位。螺旋输送机下井后，拖至指定区域，见图 10-25 所示。

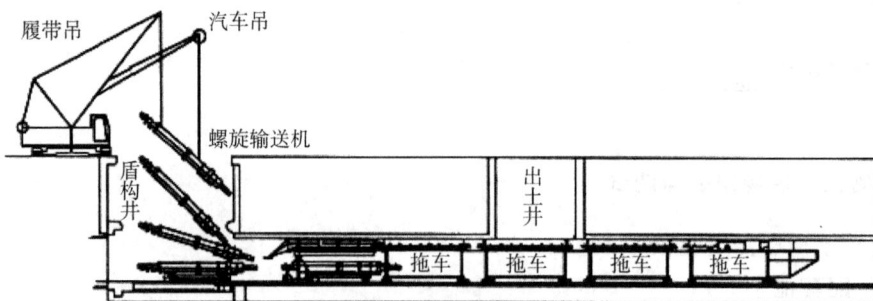

图 10-25 螺旋输送机下井

（4）中盾下井

中盾在下井前将两根软绳系在其两侧，向下吊运时，由人工缓慢拖着，防止中盾扭动，吊机缓慢下钩，使中盾自然下垂，由平放翻转至立放状态送到始发基座上，见图 10-26 所示。

210

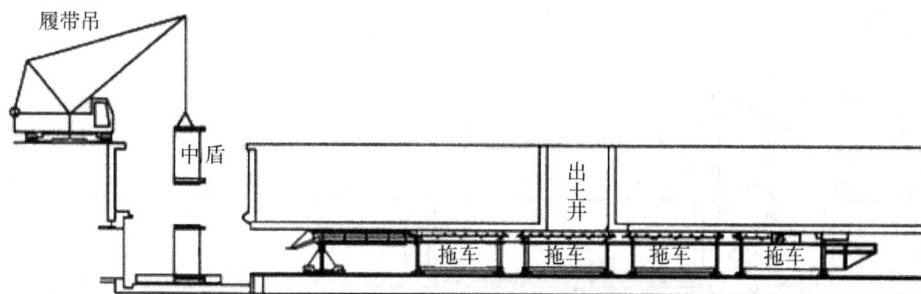

图 10 - 26　中盾下井安装

（5）前盾下井

前盾翻转及下井同中盾，送到始发基座上后进行与中盾的对位，安装与中盾的连接螺栓。

（6）安装刀盘

刀盘翻转及下井同中盾，送到始发基座上后安装密封圈及连接螺栓，见图 10 - 27 所示。

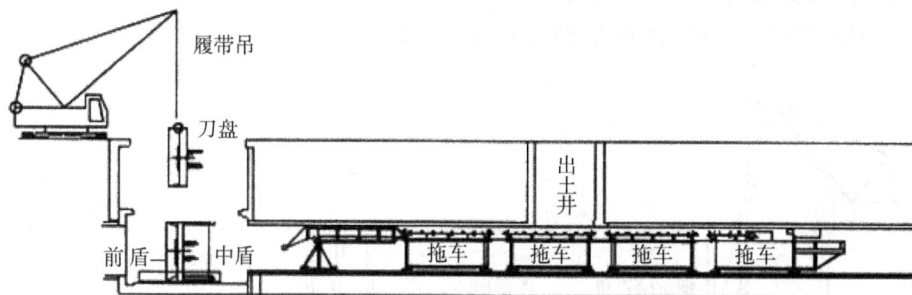

图 10 - 27　刀盘下井安装

（7）主机前移

主机前移，使刀盘顶到掌子面。在始发基座两侧的盾构外壳上焊接顶推支座，前移一般由两个液压千斤顶完成。

（8）安装管片安装机

管片安装机翻转及下井同中盾，下井安装后再进行两个端梁的安装，见图 10 - 28 所示。

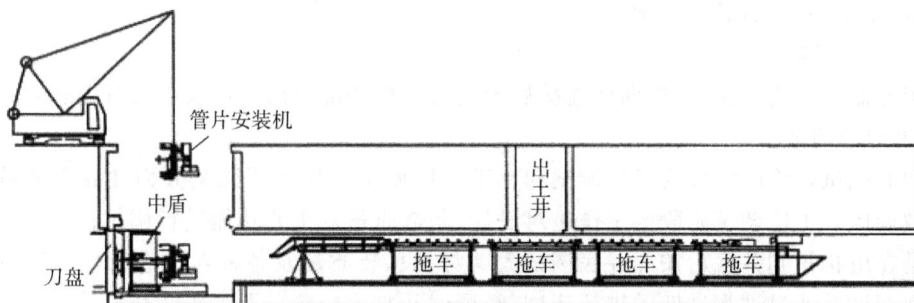

图 10 - 28　管片安装机的下井安装

（9）盾尾下井

盾尾焊接完成后，在汽车吊与履带吊配合下，倾斜着将盾尾穿入管片安装机梁，并与中盾

211

对接,见图 10-29 所示。

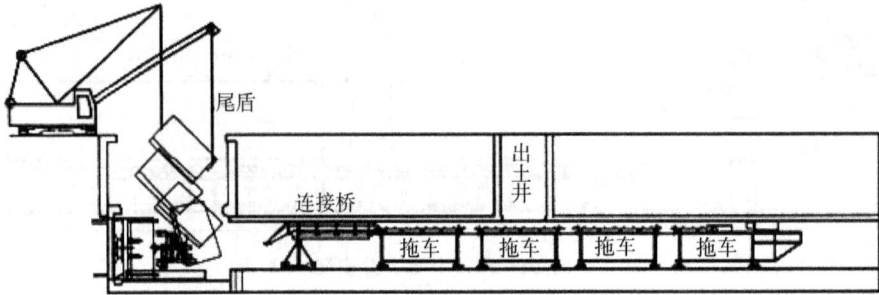

图 10-29　盾尾下井安装

（10）安装螺旋输送机

延伸铺设轨道至盾尾内部,将螺旋输送机与矿车底盘一起推进盾壳内。螺旋输送机前端用倒链拉起,使螺旋输送机前端通过管片安装机中空插到中盾内部。螺旋输送机与前盾连接处密封安装要求紧固,中盾与螺旋输送机固定好,见图 10-30 所示。

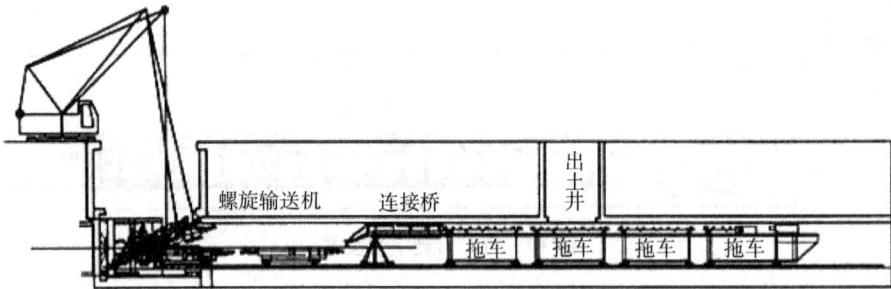

图 10-30　安装螺旋输送机

（11）反力架及负环钢管片的安装

在盾构主机与后配套连接之前,开始进行反力架的安装。反力架端面应与始发基座水平轴垂直,以便盾构轴线与隧道设计轴线保持平行。反力架与盾构井结构连接部位的间隙要垫实,保证反力架的安全稳定,见图 10-31 所示。

（12）管路连接

连接电器和液压管路,从后向前连接后配套与主机各部位的液压及电气管路。

2）盾构的调试

盾构的调试按阶段划分为工厂调试和施工现场调试。现场调试又分为井底空载调试、试掘进负载调试。工厂调试阶段的工作是对设计、制造质量及主要功能进行调试;井底调试阶段的工作是在盾构吊到井底后按照井底调试大纲对其总装质量及各种功能进行检查和调试;试掘进负载调试是通过试掘进期间进行调试,经调试并验收合格后即可正式交付使用。

（1）空载调试

盾构组装完毕后,即可进行空载调试。空载调试的目的主要是检查盾构各系统和设备是否能正常运转,并与工厂组装时的空载调试记录进行比较,从而检查各系统运行是否按要求运

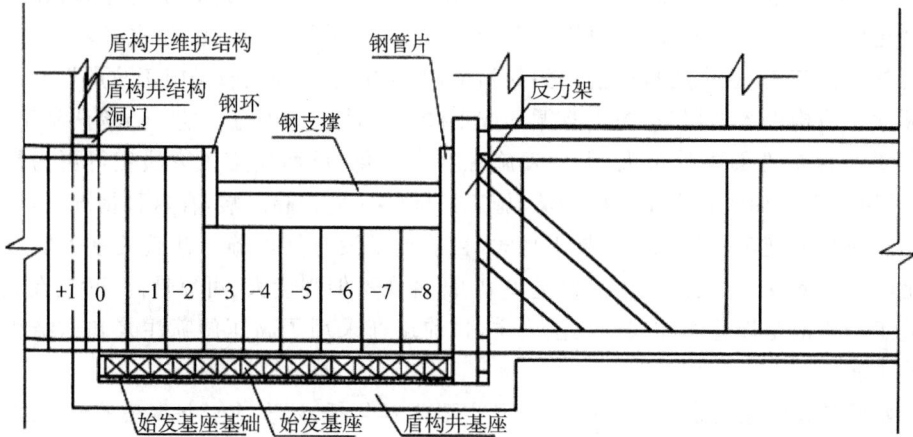

图 10 - 31　反力架及负环钢管片

转,速度是否满足要求,对不满足要求的,要查找原因。主要调试内容为:配电系统、液压系统、润滑系统、冷却系统、控制系统、注浆系统以及各种仪表的校正。

盾构设备经空载试验,确认各项性能达到设计要求后,方可进行试掘进施工。

(2)负载调试

通过空载调试证明盾构具有工作能力后,即可进行盾构的负载调试。负载调试的主要目的是检查各种管线及密封设备的负载能力,对空载调试不能完成的调试工作进一步完善,以使盾构的各个工作系统及其辅助系统达到满足正常施工要求的工作状态。通常试掘进时间即为对设备负载调试时间。

10.5.2　盾构的现场验收

盾构设备在现场组装和调试完成后,应进行验收。验收组由盾构设备的买方、卖方及设备使用单位的技术人员以及有关专家联合组成。验收组按照技术文件和图纸,共同进行检查和试验,并由买方和卖方的双方代表签署盾构设备的组装证书,以及单机和系列机械与设备的调试证书。如果调试成功,盾构组装符合技术文件的要求,双方代表应签署竣工安装证书。验收合格后,进行盾构的始发与试掘进,试掘进长度按盾构采购合同的规定,试掘进完成后进行盾构设备的最终验收。最终验收的内容包括验收盾构的制造质量、设备性能、安全、环保等几方面。最终验收合格后,由买方和卖方的双方代表签署最终验收证书。

盾构的最终验收是盾构管理责任由制造商向使用单位完全转移的标志,是盾构掘进管理的重要环节。

盾构验收前盾构制造商需提供主要部件出厂合格证书、盾构检验证书、工厂调试报告、工地验收文件清单及相关表格、合同中规定的图纸和技术资料、验收标准等文件。合同设备应在规定的考核期内,实现全部保证指标和相关条款,则表示最终验收合格。

10.5.3　盾构始发流程

盾构始发是指利用反力架和负环管片,将始发基座上的盾构,由始发竖井推入地层,开始沿设计线路掘进的一系列作业。盾构工程中的始发施工,在施工中占有相当重要的位置。在

20世纪60年代,手掘式盾构施工法鼎盛,始发施工方法是用来部分拆除竖井的临时墙等,顺次建设挡土墙以防止地层崩塌,同时进行开挖。进入20世纪70年代,泥水式、土压式等闭胸型盾构得到广泛应用,这类盾构的前面为封闭结构,不能像手掘式盾构施工法那样施工,为此,必须全断面让盾构贯入地层,通过泥浆循环或土砂的塑性流动进行开挖。盾构法施工的进步,在对地层进行保护方面贡献很大,但始发施工并未简化,反而使施工方法变得更为复杂。目前,盾构隧道有埋深加大且大型化的趋势,施工周围的环境日趋严峻,在这种情况下,盾构工程的始发施工对辅助施工法的依赖性越来越大,目前到了没有辅助施工法就几乎不能进行始发施工的地步。与此相应,辅助施工法也进步显著,现在不但强度大、可靠性高,而且在大深度场所也能施工。以前是以化学注浆施工法为主,目前逐渐采用了高压旋喷注浆和冻结法等更为安全的施工法。

盾构始发是盾构施工的关键环节之一,其主要内容包括:始发前竖井端头的地层加固、安装盾构始发基座、盾构组装及试运转、安装反力架、凿除洞门临时墙和围护结构、安装洞门密封、盾构姿态复核、拼装负环管片、盾构贯入作业面建立土压和试掘进等。盾构始发流程见图10-32所示。

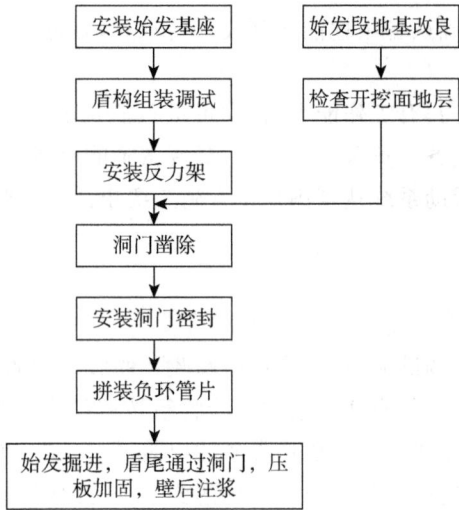

图10-32 盾构始发流程图

10.5.4 盾构掘进技术

1) 土压平衡盾构

土压平衡盾构掘进机一般不需辅助技术措施,本身具备改善土体的性能,通过对各种土体的改良,能适应多种环境和地层的要求。可在砂砾、砂、粉砂、黏土等压密程度低、软、硬相间的地层以及砾层、砂层等地层中使用。

土压平衡式盾构可以分为两类:一类是在黏性土地层中将开挖下来的土体直接充填在切削腔内,用螺旋输送机调整土压,使土仓内土体与开挖面水土压平衡;另一类是在砂性土地层中向开挖下来的土砂中加入适量的水或泥浆、添加剂等,通过搅拌以匀质、具有流动性的土体充填土仓和螺旋机,达到工作面的稳定。

土压平衡盾构掘进机是利用安装在盾构最前面的全断面切削刀盘,将正面土体切削下来进入刀盘后面的贮留密封仓内,并使仓内具有适当压力与开挖面水土压力平衡,以减少盾构推进对地层土体的扰动,从而控制地表沉降,在出土时由安装在密封仓下部的螺旋运输机向排土口连续的将土渣排出。

螺旋运输机是靠转速控制来掌握出土量,出土量要密切配合刀盘切削速度,以保持密封仓内始终充满泥土而又不致过于饱满。这种盾构避免了局部气压盾构的主要缺点,也省略了泥水加压盾构投资较大的控制系统、泥水输送系统和泥水处理等设备。土压平衡式盾构施工工艺流程见图 10-33 所示。

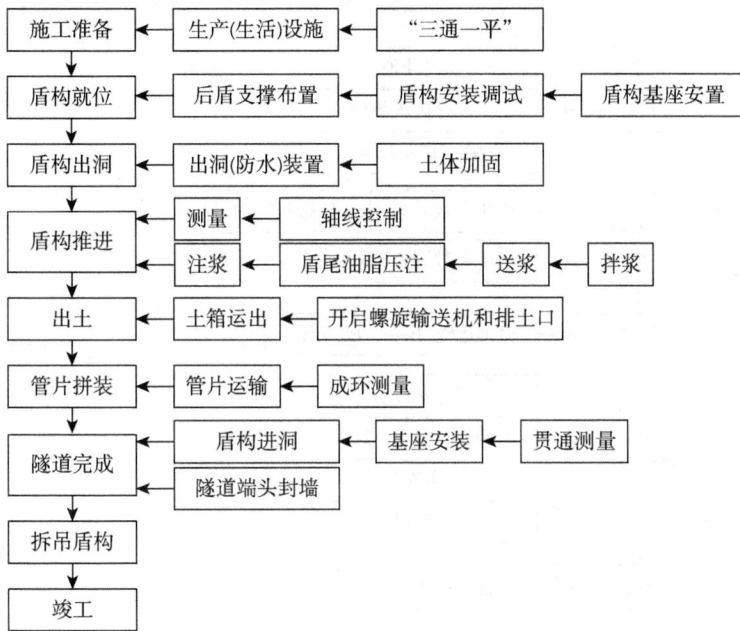

图 10-33　土压平衡式盾构施工工艺流程

2）泥水平衡盾构

泥水平衡盾构适用于软弱的淤泥质黏土层、松散的砂土层、砂砾层、卵石砂砾层、砂砾和硬土的互层等地层,尤其适用于地层含水量大、上方有大水体的越江隧道和海底隧道的施工。在处于恶劣的市政施工环境和存在地下水尤其是高承压水砂性土层等不良工况条件下,亦能使用本工法进行施工。随着施工技术的不断进步,泥水平衡盾构适用的范围不断扩大,泥水平衡盾构工法被认为几乎能适用于除硬岩以外的所有地层。选用泥水加压平衡盾构工法施工需要大量的水,因此,施工场地应尽量靠近水源充足的地域。其次,还需要一套泥水处理系统来辅助施工。

泥水平衡盾构是通过在支承环前面装置隔板的密封仓中,注入适当压力的泥浆使其在开挖面形成泥膜,支承正面土体,并由安装在正面的大刀盘切削土体表层泥膜,与泥水混合后,形成高密度泥浆,由排泥泵及管道输送至地面处理,整个过程通过建立在地面中央控制室内的泥水平衡自动控制系统统一管理。盾构掘进机设有操作步骤设定,各操作步骤间设有联锁装置,制约因误操作而引起的事故,施工安全可靠。泥水平衡式盾构施工工艺流程见图 10-34 所示。

施工准备 —
- 泥水系统设备安装
- 泥水处理系统设备安装
- 同步注浆设备安装
- 中央控制室布置

盾构就位 ← 后盾支撑布置 ← 盾构安装调试 ← 盾构基座安装

系统总调试 —
- 泥水平衡系统调试
- 泥水处理系统调试 ← 泥水预造浆 ← 泥水配方试验
- 同步注浆系统调试 ← A液、B液准备 ← 双液浆配方试验

盾构进洞 —
- 洞门处理
- 始发井排水装置
- 堵漏准备工作

盾构推进 同步注浆 —
- 施工参数采集 → 数据反馈
- 施工参数调整

出土

泥水调整

管片拼装 ← 衬砌运输 ← 成环测量

盾构出洞 —
- 洞门处理
- 接收井排水装置
- 基座安装
- 贯通测量

泥水处理 → 劣浆外运

拆除盾构、车架及其他设备

竣工

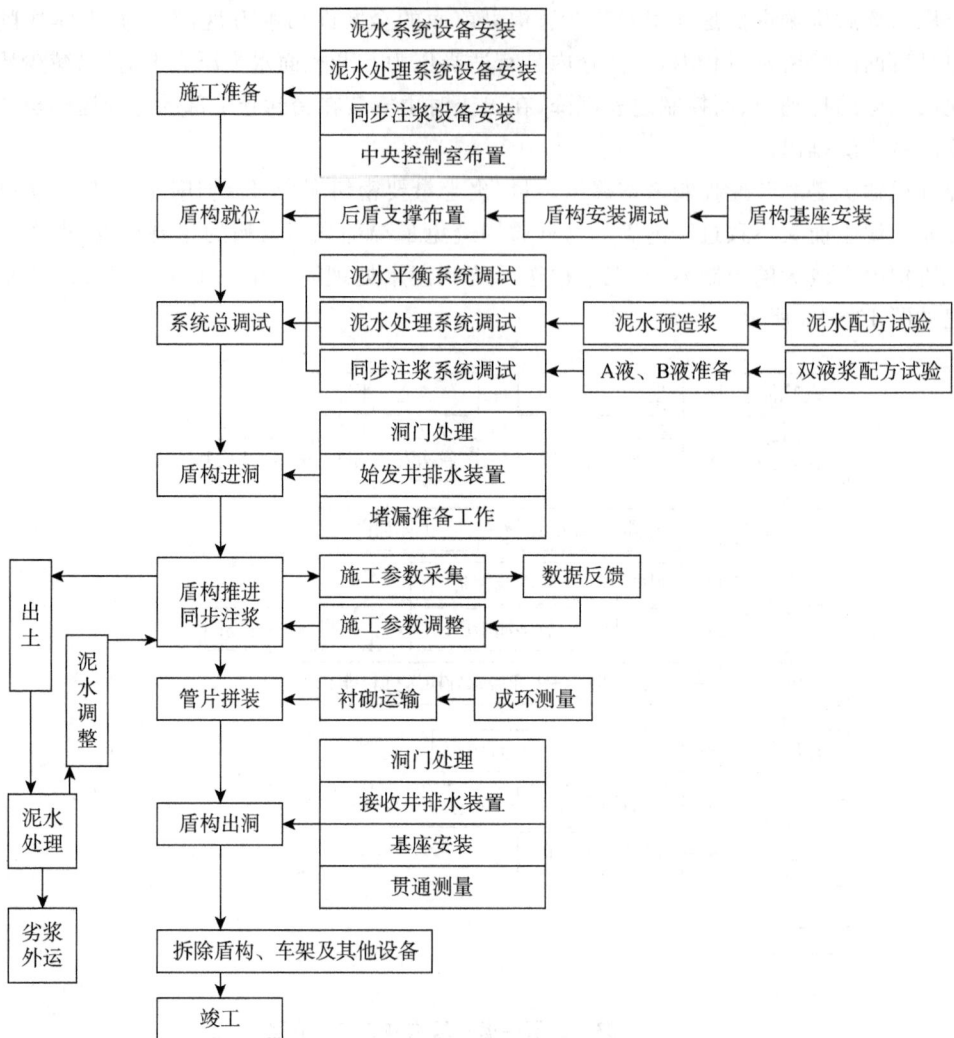

图 10-34 泥水平衡式盾构施工工艺流程

10.5.5 管片拼装技术

管片的拼装从隧道底部开始,先安装标准块,依次安装相邻块,最后安装封顶块。安装封顶块时先径向搭接约 2/3 管片宽度,调整位置后缓慢纵向顶推。管片安装到位后,及时伸出相应位置的推进油缸顶紧管片,然后移开管片安装机。

管片每安装一片,先人工初步紧固连接螺栓;安装完一环后,用风动扳手对所有管片螺栓进行紧固;管片脱出盾尾后,重新用风动扳手进行紧固。拼装要点如下:

① 管片拼装应按拼装工艺要求逐块进行,安装时必须从隧道底部开始,然后依次安装相邻块,最后安装封顶块。每安装一块管片,立即将管片纵环向连接螺栓插入连接,并戴上螺帽用电动扳手紧固。

② 封顶块安装前,对止水条进行润滑处理,安装时先径向插入,调整位置后缓慢纵向顶推。

216

③ 在管片拼装过程中,应严格控制盾构推进油缸的压力和伸缩量,使盾构位置保持不变,管片安装到位后,应及时伸出相应位置的推进油缸顶紧管片,其顶推力应大于稳定管片所需力,然后方可移开管片安装机。

④ 管片连接螺栓紧固质量应符合设计要求。

⑤ 拼装管片时应防止管片及防水密封条的损坏,安装管片后顶出推进油缸,扭紧连接螺栓,保证防水密封条接缝紧密,防止由于相邻两片管片在盾构推进过程中发生错动,防水密封条接缝增大和错动,影响止水效果。

⑥ 对已拼装成环的管片环作椭圆度的抽查,确保拼装精度。

⑦ 曲线段管片拼装时,应注意使各种管片在环向定位准确,保证隧道轴线符合设计要求。

⑧ 同步注浆压力必须得到有效控制,注浆压力不得超过限值。

10.5.6　壁后注浆技术

管片壁后注浆按与盾构推进的时间和注浆目的不同,可分为同步注浆、二次补强注浆和堵水注浆。

同步注浆:同步注浆与盾构掘进同时进行,是通过同步注浆系统及盾尾的注浆管,在盾构向前推进盾尾空隙形成的同时进行,浆液在盾尾空隙形成的瞬间及时起到充填作用,使周围岩体获得及时的支撑,可有效防止岩体的坍塌,控制地表的沉降。

二次补强注浆:管片背后二次补强注浆则是在同步注浆结束以后,通过管片的吊装孔对管片背后进行补强注浆,以提高同步注浆的效果,补充部分末充填的空腔,提高管片背后土体的密实度。二次注浆其浆液充填时间滞后于掘进一定的时间,对围岩起到加固和止水的作用。

堵水注浆:为提高背衬注浆层的防水性及密实度,在富水地区考虑前期注浆受地下水影响以及浆液固结率的影响,必要时在二次注浆结束后进行堵水注浆。

盾构推进时,盾尾空隙在围岩坍落前及时地进行压浆,充填空隙,稳定地层,不但可防止地面沉降,而且有利于隧道衬砌的防水,选择合适的浆液(初始黏度低、微膨胀,后期强度高)、注浆参数、注浆工艺,在管片外围形成稳定的固结层,将管片包围起来,形成一个保护圈,防止地下水侵入隧道中。

壁后注浆的目的如下:

① 使管片与周围岩体的环形空隙尽早建立注浆体的支撑体系,防止洞室岩壁坍陷与地下水流失造成地层损失,控制地面沉降值。

② 尽快获得注浆体的固结强度,确保管片衬砌的早期稳定性。防止长距离的管片衬砌背后处于无支承力的浆液环境内,致使管片发生移位变形。

③ 作为隧道衬砌结构加强层,具有耐久性和一定强度。充填密实的注浆体将地下水与管片相隔离,避免或大大减少地下水直接与管片的接触,从而作为管片的保护层,避免或减缓了地下水对管片的侵蚀,提高管片衬砌的耐久性。

10.5.7　施工测量

盾构隧道施工测量的目的是保证盾构隧道掘进和管片拼装按隧道设计轴线施工;建立隧道贯通段两端地面控制网之间的直接联系,并将地面上的坐标、方位和高程适时导入地下测量,作为后续工程(铺轨、设备安装等)的测量依据。

盾构施工测量应根据施工环境、工程地质条件、水文地质条件、掘进指标等确定施工测量与控制方案。盾构施工测量的内容主要应包括:隧道环境监控量测、隧道结构监控量测、盾构掘进测量、盾构贯通测量、盾构隧道竣工测量等。

10.5.8 盾构带压进仓技术

带压进仓技术用于盾构在特殊环境下的换刀作业与紧急情况下的维修作业,工作气压可达 7×10^5 Pa 以上。盾构带压进仓采用饱和潜水技术和混合气体呼吸技术。

1) 一般要求

① 人仓的操作应由受过训练的人仓管理员执行。

② 只有通过了体检和带压测试并经过相关培训的人员才能带压进仓。

③ 要做好带压进仓的技术交底工作。

④ 必须遵守所有人仓前部和内部的警示和信息标志。

⑤ 必须定期检查人仓所有部件(显示仪、条形记录器、加热系统、钟、温度计、密封和阀)的功能。

⑥ 必须定期检查电话和紧急电话设备是否能按照规定要求工作。

⑦ 检查门密封和密封面是否干净或损坏,必要时更换密封。

⑧ 使用人仓时测试条形记录器是否能正常工作,供纸是否充足。

2) 主仓升压

① 主仓未升压前应检查显示仪、条形记录器、加热系统、钟、温度计、电话、紧急电话和阀,密封是否干净。检查并保证主仓上的双倍条形记录器能正常工作,纸张充足。检查主仓和中隔板上的密封门是否关闭并正确锁好。

② 人仓管理员要通过电话一直与空气仓中的人员联系。人仓管理员通过操作门阀使主仓室的压力值达到规定的操作压力。为保证人仓内人员的健康安全,应逐渐升高人仓的压力,将压力缓慢上升到操作压力值。人仓管理员应随时监测人仓中各人员的健康状况。一旦有人员出现任何微小的不适现象,立即切断压缩空气中断人仓升压,并按操作程序减压,同时准备医疗救援。

③ 主仓室内的人员可按照要求调节加热系统。人仓和土仓(即开挖仓)之间的密封门只有在二者压力达到平衡时才可被打开。当人员进入土仓后人仓管理员停止条形记录器。

3) 主仓降压

① 准备降压的人员离开土仓进入人仓后应立即关闭压力挡板上的小窗和压力补偿用的门阀。降压前应仔细检查人仓内的各密封门是否已关好。

② 人仓内的人员通过电话向人仓管理员报告人员情况。人仓管理员通过操作门阀逐渐降低人仓中的压力,同时应注意观察测压计和流速计的读数是否正常。与此同时,人仓管理员通过调节门阀开始向人仓通风。

③ 通过调节门阀使压力稳定而缓慢的下降,直到压力仓内的压力变为正常为止。在降压过程中人仓内人员可打开加热系统以适应环境温度,推荐的温度范围在 $15℃ \sim 28℃$。

④ 降压完毕后人仓管理员停止条形记录器,将人仓的使用过程(日期、时间、压力、人数等)输入人仓手册。

10.5.9 刀具的检查更换

刀具在掘进过程中,刀刃因磨耗超限或脱落、缺损、偏磨时,必须进行刀具更换。刀具可分为切刀、刮刀、撕裂刀和滚刀等,并分别适用于不同的地质条件。当地质条件发生变化时,为保证盾构施工安全和加快施工进度,亦应更换适应于该地层条件的刀具。盾构运行时,刀盘上不同位置的滚刀磨损量不一样,因此在刀具检查中,根据磨损程度的不同,可进行位置的更换,以节约施工成本。

(1)刀具检查与更换的安全要点

刀具的检查与更换必须在确保安全的前提下进行。刀具更换是一项较复杂的工序,首先除去压力仓中的泥水残土,清除刀具上黏附的泥砂,确认要更换的刀具,运入工具,设置脚手架,然后拆去旧刀具,换上新刀具。更换刀具停机时间比较长,容易造成盾构整体沉降,从而引起地层及地表沉降,损坏地表及埋设建(构)筑物,危及工程安全。为此,更换前应做好准备工作,尽量减少停机时间。更换作业尽量选择在中间竖井或地质条件较好、地层较稳定的地段进行。如必须在地质条件较差的地层进行时,必须带压更换或对地层进行预加固,确保开挖工作面及基底的稳定。

刀具更换时必须确保作业人员的安全。更换刀具的人员必须系安全带,刀具的吊装和定位必须使用吊装工具。尤其是在更换滚刀时要使用抓紧钳和吊装工具。所有用于吊装刀具的吊具和工具都必须经过严格的检验,以确保人员和设备的安全。需转动刀盘时,必须使进仓人员撤离至安全区域,由专人操作,任何人不得擅自启动。

换刀前要制定详细的换刀方案、步骤和要求,并做好技术交底和人员培训。同时,还要制定详细的应急预案。

(2)常压换刀程序

当盾构在硬岩或自稳能力较强的地段(整体性较好的中风化、微风化地层)掘进时,不需带压进仓,这种情况下可在无压下直接进入刀盘作业。刀具更换程序应为:刀盘清理→刀具检查和磨损量的测量→制订换刀计划→刀具拆除→安装新的刀具→做好详细的刀具更换记录→整体检查。

(3)带压换刀作业要点

在需要带压进仓换刀时,严格按照带压进仓作业程序进行,制定详细的升压、减压作业细则。人仓升压与减压按国家标准《空气潜水减压技术要求》(GB/T 12521—2008)所规定的原则进行,不得随意调整。

10.5.10 隧道的防水施工技术

1)盾构隧道防水标准

盾构隧道防水标准如表10-5所示。

表 10-5 盾构隧道防水标准

等级	管片	隧道上部	隧道下部	渗水量 $L/(m^2 \cdot d)$
一级	无渗漏、无湿渍	无渗漏	无渗漏、可有偶见湿渍	0.05

等级	管片	隧道上部	隧道下部	渗水量 $L/(m^2 \cdot d)$
二级	无渗漏、 无湿渍	无渗漏、 可有偶见湿渍	少量渗漏水	0.1

盾构隧道防水应注意和隧道防腐一并考虑，并应满足环境保护的要求。盾构隧道防水以管片自防水为基础，以接缝防水为重点，辅以对特殊部位的防水处理，形成一套完整的防水体系。盾构隧道的防水包括管片防水、管片接缝防水、螺栓孔防水、注浆孔防水及渗漏处理等，同时应加强对隧道与洞门及联络通道之间的防水处理。

隧道管片接缝防水的构造形式、截面尺寸和材料性能，是根据隧道纵向变形允许值，计算出的管片环缝张开值确定的，故接缝防水密封条的防水效果是盾构隧道的防水重点。

管片螺栓孔的防水按设计要求和构造尺寸制成环状垫圈，依靠紧固螺栓而达到防水目的。必要时，应按设计要求进行螺栓孔注浆。隧道变形缝和柔性接头是变形集中、变形量大的特殊部位，因此防水处理和结构施工应严格按设计要求实施，以达到隧道整体防水的目的。

2）管片防水

管片强度和抗渗等级以及各项质量指标必须符合设计要求，管片的所有预埋件、钻孔、连接螺栓孔等，应按设计要求进行防水、防腐处理。管片堆放、运输中应加强管理和检查，防止管片开裂或在运输中碰掉边角。盾构推进过程中，避免让拼装好的管片产生纵向或环向裂纹，影响管片防水能力。

3）管片接缝防水

管片接缝防水密封条的构造形式、材料的性能与尺寸必须符合设计要求。管片接缝防水材料必须按设计图纸要求选择。施工前应注意做好如下工作：所采用的防水材料，必须按设计要求和生产厂的质量指标分批进行抽检；采用水膨胀橡胶防水材料时，运输和存放须采取防潮措施，并设专门库房存放。

管片采用嵌缝防水材料，槽缝应清洗干净，使用专用工具填塞平整密实。封顶块和邻接块管片的止水条采用弹性较高、便于粘贴牢固、不易损伤的遇水膨胀弹性橡胶密封条。

变形缝、柔性接头等特殊部位，除按图进行结构施工外，还必须严格按图纸的防水处理要求实施。

盾构隧道始发段，以及到达段设置变形缝，变形缝的环缝弹性密封条采用三元乙丙复合遇水膨胀橡胶密封条，以加强密封效果。

4）管片螺栓孔防水

管片的每一个连接螺栓两端均设置一个"O"形遇水膨胀橡胶圈防水。橡胶圈设置时紧靠管片混凝土，然后垫片和管片螺母压紧。

5）联络通道防水

联络通道在铺设防水层前，应将基面清理干净，混凝土作业时应捣实，防止收缩变形产生开裂。使用合格防水卷材，用专用热合连接成幅且无钉悬挂铺设。

10.5.11 盾构到达技术

盾构到达是指盾构沿设计线路，在区间隧道贯通前 100 m 至车站的整个施工过程。

盾构到达一般按下列程序进行:洞门凿除→接收基座的安装定位→洞门密封安装→到达段掘进→盾构接收,如图10-35所示。

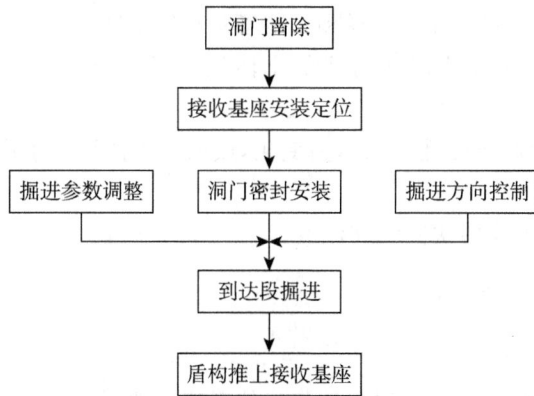

图 10-35　盾构到达施工程序

到达设施包括盾构接收基座(也称接收架)、洞门密封装置。接收架一般采用盾构始发架。
盾构到达施工主要内容包括:
① 到达端头地层加固。
② 在盾构贯通之前100 m、50 m处分两次对盾构姿态进行人工复核测量。
③ 到达洞门位置及轮廓复核测量。
④ 根据前两项复测结果确定盾构姿态控制方案,并进行盾构姿态调整。
⑤ 到达洞门凿除。
⑥ 盾构接收架准备。
⑦ 靠近洞门最后10~15环管片拉紧。
⑧ 贯通后刀盘前部渣土清理。
⑨ 盾构接收架就位、加固。
⑩ 洞门防水装置安装及盾构推出隧道。
⑪ 洞门注浆堵水处理。
⑫ 制作连接桥支撑小车、分离盾构主机和后配套机械结构连接件。

10.6　盾构掘进引起的地层变形

盾构法施工技术随着盾构性能的改进有很大发展,但施工引起的地层变形仍不可避免。
在市区地下施工时,为防止危及地表建筑物和各类地下管线等各类设施,对地表的沉降量应严
格地控制。因此,从某种意义上讲,能否有效控制地层位移(主要为地面沉降)是盾构法施工的
成败关键。

10.6.1　地层位移的原因

盾构法修建隧道引起地层位移的主要原因是施工过程中的地层损失、地层原始应力状态
的改变、土体的固结、土体的蠕变效应、衬砌结构的变形等,主要表现在以下几个方面:

① 因开挖造成地层原始应力状态的改变,从而引起地层位移。

② 因地层损失引起地层位移。

地层损失包括建筑空隙,以及超挖、欠挖或其他土层流失,具体为:盾构工作面前方土体的挤入,盾构上方土体挤入因盾构外壳直径和拼装管片直径不同产生的建筑空隙,盾构纠偏所引起的土体超挖,盾构推进有曲率时所造成的土体损失,盾构推进时切口环上的突缘引起的超挖。

③ 因盾构的推进,引起土体孔隙水压力变化,或因降水使地下水位下降,引起土体的固结沉降。

④ 管片结构变形及土体的次固结和流变。

10.6.2 地层位移的影响因素

1) 隧道埋深的影响

实测和实验研究表明:隧道埋深对地层位移的影响因地层情况各异,Attewell 得出如下关系式:

$$\frac{i}{R} = k\left(\frac{h}{2R}\right)^n \tag{10-9}$$

式中　R ——隧道半径;

　　　h ——隧道埋深;

　　　i ——隧道轴线到地面沉陷槽曲线反弯点的距离;

　　　k、n ——与地层特性及施工因素有关的常数。

2) 隧道介质种类和环境的影响

T. Ito 等指出:盾构法施工地面沉陷槽宽度主要取决于最接近隧道拱顶的那一层土的状况,这意味着如果隧道完全位于地下水位下,那么紧挨隧道上方的承压水土层对沉陷槽有重大影响。

3) 上部荷载的影响

隧道上方的竖直压力对地层沉陷的影响极大,Broms 和 Bennermark 提出用稳定比 N_s 表示隧道施工的难易程度和地层位移的程度:

$$N_s = \frac{\sigma_z - \sigma_r}{c_u} \tag{10-10}$$

式中　σ_z ——隧道中心埋深处的总竖直压力;

　　　σ_r ——隧道的支护压力(包括气压);

　　　c_u ——土体的不排水抗剪强度。

Peck 指出,在塑性黏土中,当隧道埋深不小于两倍隧道直径时,N_s 将不大于 6,这时隧道的施工将不会有多大困难,在盾构法施工中 N_s 值越大,黏土侵入盾尾间隙的可能性越大;当 N_s 接近 7 时,盾构将变得难以控制。支护压力很大时,往往造成地表隆起,并使后期沉陷量增大,故稳定比应根据地层情况控制在一定范围内。

4) 土体性质的影响

土体的压缩性、强度性质对地层位移有重要的影响。

5）盾构性能的影响

开挖面水压及土压不平衡，切削能力减弱，推进力下降等因素将引起开挖面坍塌、超挖，隧道开挖出现偏差会引起尾部空隙增大，开挖面切削转矩及盾构推力过大会引起地层扰动。

6）回填注浆质量和操作质量的影响

回填注浆是否充足、及时，管片拼装质量是否完善，土压是否适当，盾构推进时姿态控制是否良好，是否发生偏差、蛇行，施工工序是否合理，施工人员操作是否熟练，经验是否丰富等均影响到地层位移。

10.6.3 地层位移预测

对地层位移预测的主要方法有：经验公式、数值模拟、模型试验研究、专家系统和灰色理论等。专家系统和灰色理论为近年来热点研究课题，是一种对变形预测的新思路，但该法考虑因素繁多，模型复杂，在工程上应用较困难；模型试验方法费用高，可控性差。根据国外的地铁实际量测数据和我国上海地铁一号线盾构法施工的量测资料统计表明，以实际量测资料统计分析为基础的经验估计法尽管模型简单，但比较实用，能够在设计阶段大致估计出可能产生的变形的大小，对施工有较好的指导作用。

在研究隧道开挖地层位移规律中，数值模拟占据了重要地位。通过详尽的数值分析，总结出地层位移的规律，是一种有效的方法。

经验预估法主要通过对地表沉陷进行观测，将观测数据进行数学处理后用数学形式对沉陷规律加以表现，进而对地表最大沉陷量和沉陷分布进行理论上和经验上的推断。

工程实践中实用的是 Peck 公式和一系列修正的 Peck 公式。Peck 假定施工引起的地面沉降是在不排水的情况下发生的，所以沉降槽体积等于地层损失的体积。地层损失在隧道长度上是均匀分布的。地面沉降的横向分布类似正态分布曲线，如图 10 - 36 所示。

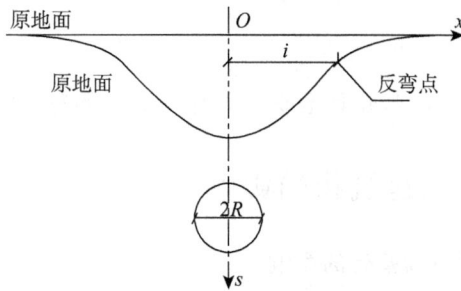

图 10 - 36　隧道上部沉降槽形状

Peck 横向分布公式为：

$$s_x = s_{max} \times \exp\left(-\frac{x^2}{2i^2}\right) \tag{10-11}$$

$$s_{max} = \frac{V_s}{\sqrt{2\pi} \times i} \approx \frac{V_s}{2.5i} \tag{10-12}$$

式中　s_x——距离隧道中线处的地面沉降量；

$s_{\max}$ ——隧道中线的地面沉降量；

x ——距离隧道中线的距离；

V_s ——隧道单位长度的地层损失量；

i ——沉降槽的宽度系数。

$$i = \frac{z}{\sqrt{2\pi} \times \tan\left(45° - \dfrac{\varphi}{2}\right)} \qquad (10-13)$$

式中 z——隧道中心到地面距离；

φ ——隧道周围地层的内摩擦角。

地面沉降槽宽度 $B \approx 2.5i$ 。

Attewell 对宽度系数 i 进行了修正，提出横向沉降槽宽度系数 i 取决于接近地表的地层强度、隧道埋深和隧道半径，可近似写为：

$$\frac{i}{R} = k \times \left(\frac{z}{2R}\right)^n \qquad (10-14)$$

式中 R ——盾构外半径；

k 、n ——试验系数；

英国的 Clough 和 Schmidt 提出饱和含水塑性黏土中沉降槽宽度系数 i 的计算公式为：

$$\frac{i}{R} = \left(\frac{z}{2R}\right)^{0.8} \qquad (10-15)$$

O'Reilly-New 对英国黏性地层中的 11 处 19 例及砂性土和回填土层的 6 处 16 例的最大沉降值、沉降槽容积、反弯点距离的实测值进行分析，假定沉降槽形状为正态分布曲线，认为对黏性土层，有

$$i = kz \qquad (10-16)$$

对于硬黏土，式中的 k 取 0.4，软黏土取 0.7，中等软硬的黏土则取 0.5。

10.7 盾构施工对邻近建筑物的影响

10.7.1 盾构隧道施工对建筑物基础的影响

盾构法隧道施工时盾构掘进前行过程中不可避免地产生土体扰动，会使得土体应力状态改变，若隧道沿线周围有已建建筑物，则土体的扰动作用会对建筑物的地基和基础产生影响，带动建筑物的上部结构发生应力变化和产生位移。同时，建筑物的存在也会对盾构隧道施工时产生的地层沉降有一定的影响，所以隧道、土体、建筑物三者之间的影响是不可分割开来的，需要对三者全面综合考虑。隧道施工对建筑物的影响会依据建筑物的基础形式、建筑物与隧道的距离、建筑物的结构形式、覆土条件不同等而不同，表现在建筑物的沉降、倾斜或者变形方面。我们将建筑物基础按埋置深度进行分类，分为浅基础和深基础两类（一般情况下基础埋深大于等于 5 m，且采用了特殊的结构形式和施工方法的为深基础，埋深小于 5 m 的为浅基础）。

由于隧道施工时土体应力释放、土体负载造成的弹塑性变形、土体力学性状、长期蠕变的固结沉降都会引起建筑物的地基反力大小和分布的变化，使得建筑物改变原来的状态。在隧道施工时，对上述两类基础的建筑物的影响有以下两点：

（1）基础埋深较浅的建筑物

可认为隧道施工引起周围土体的地表沉降近似等于浅基础建筑物所在位置的沉降值，只考虑建筑物基础底部的土体变形，忽略基础四周的土体变形，即认为浅基础建筑物地基变形和地表变形一致。这种沉降影响建筑物基础的竖向承载力，会使得建筑物发生整体沉降。

（2）基础埋深较深的建筑物

建筑物的沉降不单单只有地基土体的变形还与基础四周的土体变形有关。对于桩基础的建筑而言，隧道施工引起桩底部土体沉降过大时，会影响桩端承载力，使得其部分甚至全部丧失，造成桩基础的内力变化和沉降。隧道施工引起桩周围土体变形时，当桩周土体发生侧向移动，会造成桩基础产生侧向水平位移，从而产生桩的附加弯矩。当桩周土体发生竖向沉降时，土和桩的接触会产生桩侧的摩擦阻力，对桩有不利影响，可能造成桩基础的附加沉降和附加内力的增大。

10.7.2　盾构隧道施工对建筑物上部结构的影响

无论何种基础形式，盾构隧道施工过程使得周围土体应力场发生改变，不可避免地对邻近建筑物地基和基础产生扰动影响，随着地层应力状态的改变，上部结构的应力平衡状态受到破坏，发生应力重分布，结构构件的内力状态变化，从而影响建筑物的平衡和稳定。隧道施工对建筑物上部结构的主要破坏形式有：地表沉降破坏、地表曲率破坏和地表水平变形破坏。

1）地表沉降破坏

地表沉降分为均匀沉降和不均匀沉降两种。一般而言，均匀沉降不会使建筑物内部产生附加应力，不超过限值的均匀沉降对建筑物的稳定和结构不会产生太大的危害，如果建筑物所在位置处地下水位较高，建筑物沉降量过大，会使得建筑物的基础处于长期受潮和积水的状态，随着时间效应，地基基础强度会降低，建筑物耐久性变差，仍会对建筑物造成损害，影响使用。

不均匀沉降是特别需要我们警惕的，过量的不均匀沉降会使得建筑物的基础发生变形，甚至导致基础开裂，最终导致上部结构的损坏。对于砌体结构建筑物而言，沉降值超过容许安全值，会对结构产生破坏，形成水平裂缝。当砌体结构建筑物底部产生不均匀沉降时，会使得上部结构受拉、受剪、受扭，砌体结构的建筑物构件主要以抗压为主，这样的不均匀沉降对其来说是致命的损伤。对于建筑高度较大而且建筑底面积较小的建筑物而言，不均匀沉降会造成建筑物的倾斜，重心偏移又会使建筑物结构内部应力重分布，产生附加应力，附加应力又会促进建筑物不均匀沉降进一步加剧，甚至造成失稳破坏。

2）地表曲率破坏

地表曲率就是指地层发生扰动之后，地表形成一个曲面。地表曲面可分为两种，一种地表下凹形成负地表曲率，一种地表上凸形成正地表曲率。若建筑物所在位置形成了负地表曲率，建筑物基础底部形状由原来的平面支撑状态变成下凹的曲面支撑状态，则会使得建筑物中间悬空，在重力的作用下，建筑物墙体会从建筑物两端底部产生裂缝向墙体的上部中间位置延伸,形成"八"字形状的裂缝,如果损坏的情况严重,建筑物从底部发生断裂破坏。相反,建筑物位于正地表曲率处,基础底部由原来的平面支撑状态发展成上凸的曲面支撑状态,建筑物两端部分会悬空,建筑物会产生倒"八"字裂缝,损坏情况严重时会出现屋架或梁的端部从墙体或者柱内抽离出来,对建筑物造成破坏。

3)地表水平变形破坏

地表水平变形也分为两种:水平拉伸变形和水平压缩变形。砌体结构、混凝土结构等主要以抗压能力为主的结构形式的建筑,对拉伸作用非常敏感。当这些建筑物遭遇拉伸作用发生变形时,其基础底面受到地基的向拉伸方向的摩擦力,基础侧面受到沿拉伸方向的水平推力,建筑物容易沿高度方向开裂,造成破坏。地表水平压缩变形的作用机理与拉伸变形一样,只是建筑物基础的受力方向与拉伸相反,基础底面受到地基沿压缩方向的摩擦力,基础侧面受到沿压缩方向的水平推力。虽然大部分结构形式的建筑物对拉伸作用敏感,抗压能力比较强,但是过量的压缩变形会使建筑物发生挤碎性破坏。

隧道施工无论对建筑结构造成哪种破坏模式,都不利于建筑物的安全和稳定,都会使得建筑物产生裂缝,发生破坏,所以必须严格控制地表变形,将隧道施工对建筑物的影响控制到最小,确保建筑物的安全和稳定。

10.8 工程实例

上海地铁 2 号线西延伸工程 2 标段施工实例

1)工程概况

(1)工程范围

上海地铁 2 号线西延伸工程 2 标段为威宁路站—古北路区间。工程主要由一组双线单圆盾构区间隧道组成,区间隧道上行线 1 353.9 m,下行线 1 296.75 m,合计为 2 650.65 m。主要附属工程有联络通道与泵房 1 座。

区间隧道共有二组平面曲线,其中第一组曲线半径下行线为 1 999.956 m、上行线为 1 999.963 m,而第二组曲线半径下行线为 999.919 m、上行线为 1 999.907 m。左右线最大线间距(中轴线间距)13.2 m,最小线间距 12.0 m。

区间隧道纵坡为"V"形坡。线路最大坡度为 2.2%,最小坡度 0.52%。隧道顶部覆土厚度 6.7~14.3 m,属中浅埋盾构隧道。

(2)工程地质

工程区域内地势基本平坦,地表高程在 3.26~4.17 m 之间。工程区域内主要为河口滨海和滨海沼泽相地层,上部浅层有人工填土层出现,主要岩层特性分述如下:

①$_1$人工填土:沿线均匀分布,以杂填土为主,含煤屑碎石、垃圾。层厚 1.3~2.5 m。

②$_1$褐黄色黏土:均匀分布,饱和,可塑,含铁锰质结核及氧化铁斑点,局部为粉质黏土。层厚 0.8~2.5 m。

②$_3$灰色黏质粉土:欠均匀,湿,稍密,中压缩性,局部夹砂质粉土。层厚 1~3.3 m。

③$_1$灰色淤泥质粉质黏土:均匀分布,饱和,流塑,夹有少量薄层粉砂或团状粉砂,欠均匀,层理紊乱,中压缩性,层厚 0.9~5.0 m。

③₂灰色黏质粉土:呈不连续分布,湿、稍密,尚均匀,含少量云母片,局部段夹砂质粉土,中压缩性,层厚0.5~3.5 m。

④ 灰色淤泥质黏土:均匀分布,饱和,流塑,夹少量薄层粉砂,具水平层理,层底见贝壳碎层,常有沼气溢出,高压缩性,层厚6.5~10.5 m,为隧道的主要组成地层之一,主要位于隧道的中上部。

⑤₁₋₁灰色黏土:均匀分布,饱和,软塑,含少量腐质根茎,高压缩性。层厚3.6~7.3 m,是隧道的主要组成地层之一。

⑤₁₋₂灰色粉质黏土:均匀分布,饱和,软塑,含少量钙质结核及半腐质根茎,高压缩性。层厚大于2.2 m。

⑤₃₋₁灰色粉质黏土:均匀分布,饱和,软塑至可塑,局部夹薄层粉砂,含少量腐殖物及钙质姜块,中压缩性,层厚大于2.2 m。

隧道掘进范围内主要为灰色淤泥质黏土④层和灰色黏土⑤₁₋₁层为主,土性较均匀;土质呈饱和至软流塑状,具有高压缩性,低透水性,是盾构掘进的良好地层,但由于其高含水量、大孔隙比和强度低等特点,又极易产生流变。土层的黏粒含量均大于10%,施工中不存在液化现象,但由于其高黏粒含量的特点,容易在刀盘产生泥饼。在古北路以西5个地质详勘探孔中有沼气溢出,喷出高度最大达11 m,燃烧持续时间最长达20 min,估计沼气溢出压力达$17×10^5$ Pa。而根据提供的钻孔资料,该区段内各探孔的地层起伏变化不大,地层土质差异较小,因此从仅有个别孔沼气溢出可以说明,沼气在地层中呈不规则透镜体或在薄夹层中存在。

(3)水文地质

根据钻探揭示的地层结构,工程区域内受影响的地下水为潜水。补给来源主要为大气降水与城市人工活动排泄水,水位动态为气象型。渗透系数参见表10-6所示,从表中可以看出,除③₂黏质粉土层为中等透水外,其他各层渗透性均较弱。

表10-6　地层渗透系数

土层序号	土层名称	渗透系数	
		K_{v20}/(m/s)	K_{v20}/(m/s)
③₁	灰色淤泥质粉质黏土	$2.17×10^{-9}$	$6.25×10^{-9}$
③₂	灰色黏质粉土	$1.72×10^{-9}$	$2.67×10^{-9}$
④	灰色淤泥质黏土	$1.18×10^{-9}$	$1.22×10^{-9}$
⑤₁₋₂	灰色粉质黏土	$4.05×10^{-9}$	$4.72×10^{-9}$

(4)地面建筑物及地下管线情况

隧道线路基本分布在与隧道线路平行的天山路路面下,下行线偶尔穿越天山路北侧人行道或部分临街建筑物。受影响的建筑物主要集中在天山路北侧。

根据调查资料显示,在本标段工程中,受盾构掘进影响的区域内管线设施密集,涉及种类较多,主要为给水、雨水、污水合流、煤气、信息、电力、路灯照明管线。这些管线按与隧道轴线平行和横交两类划分,其中沿天山路的管线属平行类管线,而其他管线主要属横交类管线。其中在芙蓉江路路口有一南北走向直径为3 600 mm的污水管道,管底埋深达8.4 m,是施工控制的重点。

2）施工概述

上海地铁 2 号线西延伸工程 2 标段威宁路站—古北路区间隧道采用 1 台德国海瑞克公司制造的直径为 6.39 m 土压平衡盾构施工（刀盘为中铁隧道自主制造）。盾构自威宁路站始发（出洞），先行掘进下行线，在古北路进行盾构调头后进入上行线进行第二次出洞，然后掘进上行线至威宁站后吊出、拆卸。

盾构隧道采用管片装配式单层衬砌结构，管片环宽 1.2 m，通缝拼装，管片之间采用高弹性复合膨胀材料三元乙丙弹性橡胶密封圈，以获得高弹性和遇水膨胀的双重止水效果。

管片由上海市建筑构件制品公司制作和运输，为满足工程总体进度要求，共投入 6 套管片模具，左右转弯环模具各 1 套，标准模具 4 套，管片制作采用蒸汽养护以提高管片质量。

管片与围岩之间的环形间隙采用微膨胀可硬性水泥砂浆进行同步注浆回填，砂浆采用粉煤灰作填料，并添加一定量的具有膨胀与硬化性能的专用复合材料，以使管片背衬空隙充填密实，同时具有加固管片和增强防水的双重效果。

盾构区间隧道水平运输采用 24 kg/m 钢轨铺设单线、25 t 变频电力机车牵引重载大编组列车，使得每环掘进的进出料实现一组列车一次性运进（出），从而提高推进效率。垂直运输由 1 台 32 t 龙门吊负责卸渣和所有进洞材料的供应。整个盾构施工过程采用监控量测跟踪，实施信息化施工，对掘进参数实施动态管理，以有效控制地层变形和确保施工安全。

3）盾构法施工

（1）端头土体加固

区间隧道端头穿越的地层为淤泥质黏土层和黏土层，需进行端头土体加固，施工中采用了深层搅拌法。

加固范围为出洞端头纵向 6.0 m，进洞端头纵向 3.5 m，横向为隧道轮廓范围外 3 m。采用双轴搅拌桩机施工，桩径 700 mm，间距 50 mm×50 mm，梅花形布置；对于搅拌桩加固区和车站围护结构之间的加固盲区，采用分层劈裂注浆加固。

端头地质及加固断面范围详见图 10-37 所示。深层搅拌加固时，严格控制水灰比，一般为 0.45～0.55，充分拌和水泥浆，每次投料后拌和时间不得少于 3 min。深层搅拌桩的 7 天无侧限抗压强度为 0.3～0.5 MPa；浆液黏度 80～90 s；双液浆在黏性土中劈裂注浆浆液凝固时间一般为 1～2 h。

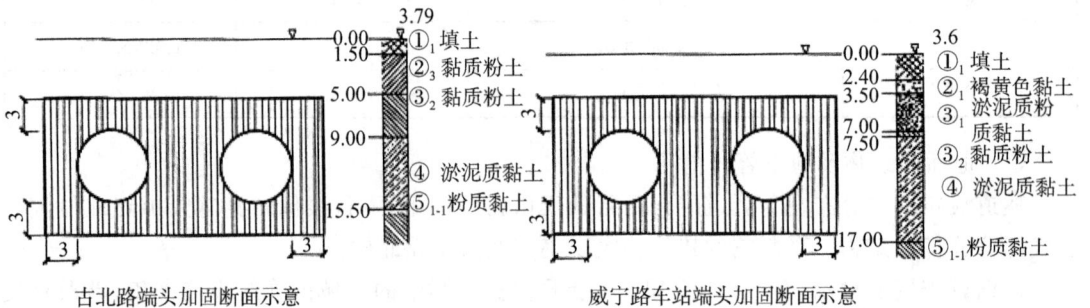

图 10-37　端头地质及加固断面示意图（单位：m）

分层双液注浆时，注浆孔布置在连续墙与搅拌桩搭接处，孔间距为 0.8 m，使注浆加固后的土体在加固范围内连成一个完整的帷幕；在出洞口搅拌桩加固区外布置一排注浆孔，孔间距

1.0 m,以保证有效加固范围。

采用取芯进行强度试验的方法进行检验,保证加固土体的强度在 0.8 MPa 以上。每个洞门取一组岩芯进行检验,钻孔位避开隧道轮廓。加固后的土体应具有良好的防水性,以确保盾构在土压平衡状态未建立阶段的施工安全。土体加固完后,在预留洞门处将车站连续墙凿九个孔,透水量小于 0.03 m³/d。

(2)工程重难点及对策

第一,深埋管线段施工:

芙蓉路路口有一路南北向的合流污水管,管径 3 600 mm,在盾构施工影响区范围仅有一个窨井,井深 9.2 m,其管底深 8.4 m。由于这条管线埋深较深,盾构推进中如何控制对管线的影响,确保施工安全是本工程的重点。在施工过程中采用下列措施:

① 为了保证盾构安全、顺利地通过管线,在盾构进入管线影响范围内之前,对盾构及配套设施进行全面的检查和保养,确保在通过此管线时不出现因盾构故障而引起停机及地表沉降。

② 严格控制盾构掘进参数,减小地层沉降值。及时对环形空隙进行充填,并做好二次补压浆工作。

③ 加强地面沉降监测,尤其是对管线分布点监测并及时分析评估施工对管线的影响,根据施工和变位情况调节观测的频率,及时反馈监测信息并指导施工。

④ 在盾构进入管线重要影响范围内以前,以通过段所得到的地层变形实际监测结果为基础,再次对管线区内的地面沉降作出进一步预测,以准确反映实际情况并据此作出正确的管线保护方案。

⑤ 在盾构到达雨污合流管影响范围内时,对地面情况进行巡视,一有异常及时通知值班工程师、主驾驶员,以采取必要措施。

第二,局部存在沼气储气层:

地层中有沼气(有害气体)储气层,盾构推进穿越该层时如何防止有害气体的影响是本工程的重点,施工中采取如下对策:

① 盾构推进全过程采用光干涉型甲烷探测仪(AQG-I 型)对洞内气体进行全过程检测,并作好记录。

② 加强施工通风,确保盾构掘进过程中隧道内送入新鲜空气。

③ 盾构施工过程中,严禁明火。

④ 在管片拼装前仔细检查止水条,确保管片止水条外表面的清洁。加强管片拼装质量控制,确保隧道防水效果的同时,防止土层内的气体通过管片接缝渗入隧道内,以确保隧道建成后运营的安全。

4)地表监测及沉降控制

盾构法隧道施工,会引起土层的扰动而导致不同程度的沉降与位移,通过对周围环境等的监测,掌握由盾构施工引起的周围地层和房屋沉降变化数据,分析出周围环境的变形规律和发展趋势,及时采取必要的技术措施改进施工工艺,将施工引起的环境变形减小到最低程度,确保盾构法施工隧道影响范围内的地下管线、建(构)筑物的安全;与此同时,隧道也会发生相应的变形和位移,必须加以监测,以确保盾构法隧道的结构免遭破坏。由于盾构穿越地层有沼气储气层的存在,因此在隧道掘进时进行了 CH_4 气体的监测与预报工作。

（1）主要监测项目

上海地铁 2 号线西延伸工程 2 标段施工开展的现场监测项目如下：

① 地表沉降和地下管线安全监测。

② 地面建筑物监测。

③ 隧道管片变形监测。

④ 盾构掘进过程有害气体监测。

测试仪器及量测频率见表 10-7 所示。

表 10-7　上海地铁 2 号线西延伸工程 2 标段监测项目

监测项目	监测仪器	频率
地面沉降	精密水准仪、钢钢尺	盾构前 20 m，盾构尾 50 m：1~2 次/d；盾构尾过 50 m：1~2 次/周；基本稳定或盾构掘进完成后 1~2 次/月，直至竣工
建筑物沉降、倾斜、裂缝	精密水准仪、钢钢尺、经纬仪、测缝仪	
地下管线沉降	精密水准仪、钢钢尺	
隧道沉降、水平收敛	精密水准仪、钢钢尺、坑道收敛计	

（2）监测基准值

依据经验、工程类比结构计算结果，管线状况、材质，有关规范、规程和设计要求，制定了监控量测管理基准值，见表 10-8 所示。

表 10-8　监测量测管理基准值

监测项目	监测报警值（控制标准）/mm		标准来源
	累计报警值	单次报警值	
地面隆陷	+10/-30	+3/-3	上海地铁技术标准
建筑物沉降	-30，差异沉降 1/800	+5	上海地铁技术标准及经验
地下管线安全监测	+10/-30	+3/-3	有关规范
隧道沉降与收敛	+30/-30	+5/-5	上海地铁技术标准及经验

（3）测点布置

① 地表沉降和地下管线安全监测

地表沉降点沿隧道轴线按 5 m 间距埋设，地表横向沉陷测点按 50 m 间距埋设。沿区间隧道施工影响范围内（距隧道边线约 15 m）的主要地下管线上方地表纵向每隔 30 m 布置一个测点。

② 地面建筑物监测

在区间隧道两侧距隧道边线约 15 m，特别是对隧道两侧 10 m 范围内地面建筑物进行监测，测点主要布置在建筑物基础或承重柱上。

③ 隧道管片变形监测

隧道管片变形监测，含拱顶下沉测点与水平收敛测点等，管片变形测点布置见图 10-38 所示。

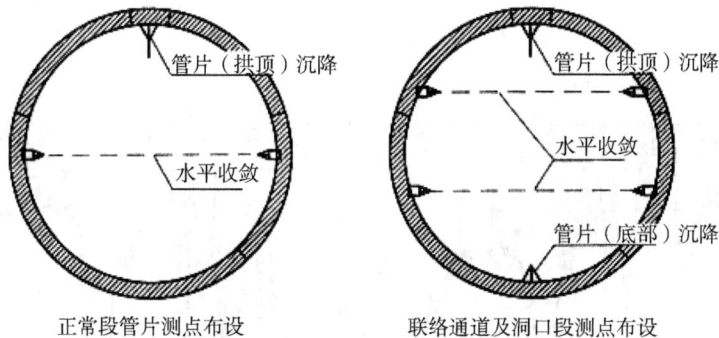

正常段管片测点布设   联络通道及洞口段测点布设

图 10-38 隧道沉降及水平收敛测点布置图

在盾构进出洞 50 m 范围内、曲线段及联络通道处每 6 m 布置 1 个测试断面,其他地段按 50 m 间距布设测量断面。

④ 盾构掘进过程有害气体监测

用 AQG-Ⅰ型甲烷探测仪在螺旋输送机出渣口固定监测。

(4) 盾构掘进监测结果及分析

① 纵向地表沉降

上海地铁 2 号线西延伸工程 2 标段,盾构主要在灰色淤泥质黏土中掘进,上行线地表沉降 在 17.08～-63.59 mm 间,多数沉降稳定在-30 mm 左右,见图 10-39 所示。

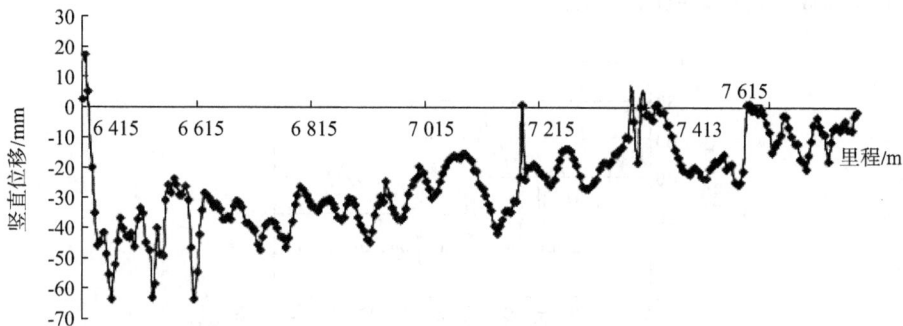

图 10-39 上行线地表沉降曲线(mm)

地表沉降最大的地段分布在威宁路站端头井附近及芙蓉江路附近。

威宁路站端头沉降较大的原因:其一,盾构进站时调整盾构姿态的需要,导致了地表的沉降 过大;其二,由于附近给水管线的施工导致沉降过大;其三是地质勘探孔的冒浆导致地层损失。

芙蓉江路地段地表沉降较大主要是因为该地段的地质情况较差,多为流塑状黏土,流变性 强,受扰动后沉降较大。

作为本工程施工重点的芙蓉江路下部的大型合流污水管线沉降控制较好,最大沉降量仅 为-27.16 mm,对管线安全没有影响,主要取决于在盾构掘进至此管线下部时,采取了积极有 效的施工措施,合理调整了注浆施工参数,控制了掘进速度。

下行线地表沉降变化在 11.4～-53.3 mm 间,多数沉降值稳定在-30 mm 左右,见图 10-40 所示。

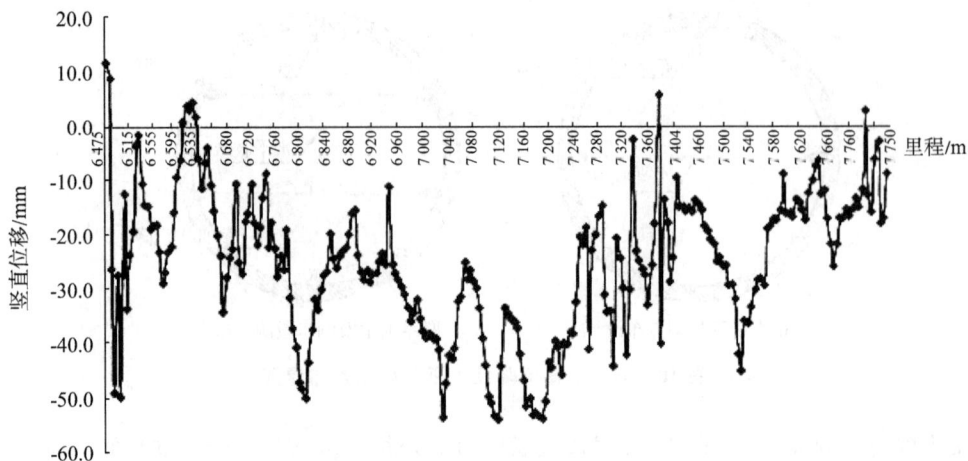

图 10-40　下行线地表沉降曲线(mm)

② 地面建筑沉降

地面建筑物的沉降比较小,控制在 −25～+3 mm 之间。

③ 管片沉降

下行线管片沉降如图 10-41 所示:从图上可以看出,管片上浮最高达到了 81 mm,远远大于设计允许值。管片上浮的主要原因是地层中有沼气储气层的存在。对管片上浮作了相应处理,进行了底部放浆、顶部注浆的措施。

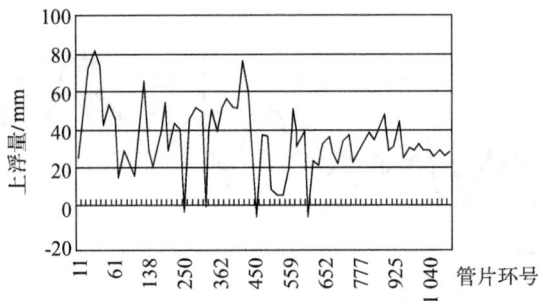

图 10-41　下行线管片上浮图(mm)

④ 地下管线沉降

管线监测主要有煤气管线、大型合流污水管和给水管。煤气管线的沉降变化在 −38.5～1.87 mm 之间,最大沉降虽然达到了 −38.5 mm,但煤气管为钢管,仍然小于控制值。合流污水管的沉降变化在 −23～1.86 mm 之间。给水管沉降变化在 −20.97～−8.01 mm 之间。管线沉降控制较好,沉降规律与地表基本一致,在盾构掘进主要影响区内的管线沉降大,主要影响区外的沉降较小。

思考题

1. 盾构机的工作原理是什么?

2. 盾构机工作面的稳定方式有哪些?

3. 常用的盾构机分为哪几种？各有什么特点？

4. 盾构法隧道设计时需要考虑哪些荷载？

5. 盾构管片结构模型有哪些？

10-1　盾构法课件　　　　　10-2　思考题答案　　　　　10-3　冻结法视频

11 沉 管 法

11.1 沉管隧道的特点及分类

对于饱和软土地层中的水底隧道施工,目前在工程实践中常采用盾构法和沉管法施工,沉管法是指将预制好的管节通过浮运、沉放、水下对接成一个整体的隧道修建方法。20 世纪 50 年代后期,随着水力压接法(水下连接)和压浆法(基础处理)两项关键技术取得突破性进展,沉管法在世界各国水底隧道建设中的应用日益广泛。

沉管法修建隧道的施工方法越来越广泛地得到应用,我国的广州、宁波、上海、香港和台湾地区已先后建成多座沉管隧道。沉管隧道自 1910 年在美国首次兴建以来,世界各国,特别是美国、荷兰、日本等几个国家在沉管技术领域已有了长足的进展。近年来,我国在沉管隧道技术方面取得了显著进展。例如,港珠澳大桥的 8 万 t 沉管技术令世界震撼,中国仅用了 4 年时间就从零起步,成为全球沉管隧道建设能力强大的国家之一。此外,深中通道海底隧道作为世界最长、最宽的海底钢壳混凝土沉管隧道,全长 6 845 m,采用双向八车道设计,展示了中国在特长双向八车道海底沉管隧道技术方面的领先地位。

11.1.1 沉管法优缺点

在跨越江海及海湾(峡)方案的比选中,沉管法通常与盾构法和桥梁进行比选。采用沉管法修建的沉管隧道有以下优点:

(1)对地质水文条件适应能力强

由于沉管法在隧址的基槽开挖较浅,基槽开挖和基础处理的施工技术比较简单,而且沉管受到水浮力的作用,作用于地基的荷载较小,因而对各种地质条件适应能力较强。由于管节采用先预制再浮运后沉放的方法施工,避免了难度很大的水下作业,故可在深水中施工,而且对于潮差和流速的适应能力也强。

(2)可浅埋,与两岸道路衔接容易

由于沉管隧道可浅埋,与埋深较大的盾构隧道相比,沉管隧道路面标高可抬高,这样与岸上道路很容易衔接,无需做较长的引道,线形也较好。

(3)沉管隧道防水性能好

由于每节预制管节很长,一般约 100 m(而盾构隧道预制管片环宽仅为 1 m 左右),因而沉管隧道的管节接缝数量很少,管段漏水的机会与盾构管片相比明显减小。而且沉管接头采用水力压接法后,可达到滴水不漏的程度,这一特点对水底隧道的营运至关重要。

(4)沉管法施工工期短

由于每节预制管节很长,一条沉管隧道只用几节预制管节就可完成,而且管节预制和基槽开挖可同时进行,管节浮运沉放也较快,这就使沉管隧道的施工工期与其他施工方法相比要短得多,特别是管节预制不在隧址,使隧址受施工干扰的时间相对较短,这对于在运输繁忙的航道上建设水底隧道十分重要。

（5）沉管隧道造价低

由于沉管隧道水底开挖基槽的土方数量少，而且比地下挖土单价低，管节预制与盾构隧道管片预制相比所需费用也低。管节接缝少，接缝处理费用就低。因此，沉管隧道与盾构隧道相比，每延米单价较低。而且由于沉管隧道可浅埋，隧道全长相对埋深大的盾构隧道要短得多，这样工程总造价可大幅度降低，从而节省大量建设资金。

（6）施工条件好

沉管隧道施工时，不论预制管节还是浮运沉放管节等，主要工序大部分在水上进行，水下作业极少，除了少数潜水工外，工人们都在水上操作，也无须气压作业。因此，施工条件好，施工较为安全。

（7）沉管隧道可做成大断面多车道结构

由于采用先预制后浮运沉放的施工方法，故可将隧道横向尺寸做大，一个隧道横断面可同时容纳4~8个车道，而盾构隧道施工时受盾构尺寸的影响不可能将隧道横断面做得很大，一般为双车道。

沉管法的缺点：

制作管节时，混凝土工艺中要求采用一系列严格的技术措施，以保证干舷（管段浮在水上时，露出水面以上的高度）和抗浮安全系数；普通的混凝土管段难以防水，因此需采取有效的防水措施。

当隧道管跨度较大（隧管中车道较多）时，则浮运到位后沉放作业的水、土压力较大，达到0.3~0.4 MPa时，沉管结构的底、顶板受到的剪力相当大，这时如不采用预应力，就必须放大支托，但放大后的支托又不容许侵入多车道净空建筑限界，因此只能相应增加沉管结构的高度（常需为此而增高1.0~1.5 m）。而增加沉管高度的负面结果是必然导致以下几点：

（1）增加沉管的排水量和相应地增加压载混凝土的工程数量，才能保证规定的安全系数。

（2）增加水底基槽的开挖深度，即增加了疏浚挖土方数量。

（3）增加沉管隧道引道的深度，会使引道的支挡结构受到更大的土压力，相应地要增加这部分结构的工程数量。

（4）增加沉管隧道全长和总工程数量及隧道工程总造价等。在此情况下，仅在江河中水深最大处的部分采用预应力混凝土管节，其余的管节仍用普通钢筋混凝土结构。

11.1.2　沉管隧道分类

按管身材料，沉管隧道大致分为两类：钢壳隧道和钢筋混凝土隧道。北美多用前者，欧亚多用后者。

（1）钢壳沉管

钢壳隧道断面内部形状通常为圆形，顶部天花板以上和底部车道板以下的空腔用作排气和通风。车道较少时用单孔管道，例如美国弗吉尼亚汉普顿的第二隧道（内径11 m）。车道较多时则用双孔并联，例如美国旧金山的穿湾隧道（每孔1条地铁线，孔径5.2 m）；或多条双孔并联管道，如美国巴尔的摩市的福特麦克亨利隧道（两条双孔管道并靠共4孔8车道）。钢壳隧道又分为单层钢壳和双层钢壳两种。

单层钢壳隧道：其钢壳通常采用10 mm厚的钢板焊制，既作为管身的永久防水（通常用阴极保护系统或喷浆防腐)又作为受力构件。钢壳内侧布置加劲系统,施工时钢壳皆作浇捣内衬钢筋混凝土的外模。混凝土浇筑后形成钢混凝土的组合结构,管顶加混凝土或块石压重。对此种形式的结构需特别注意在浮运和沉放作业中的稳定性。

双层钢壳隧道:其内层钢壳常用 8 mm 左右厚的钢板焊接而成,加劲系统布置于内层钢壳的外侧,其内侧再衬以钢筋混凝土。外层钢壳常用 6 mm 钢板焊制,管顶不封闭,以导管浇筑混凝土充填内外层钢壳间的空隙,用以产生必要的压重并保护作为永久防水的内壳不受腐蚀。内壳连同内衬钢筋混凝土形成与单壳隧道类似的钢混凝土组合结构(图 11-1)。

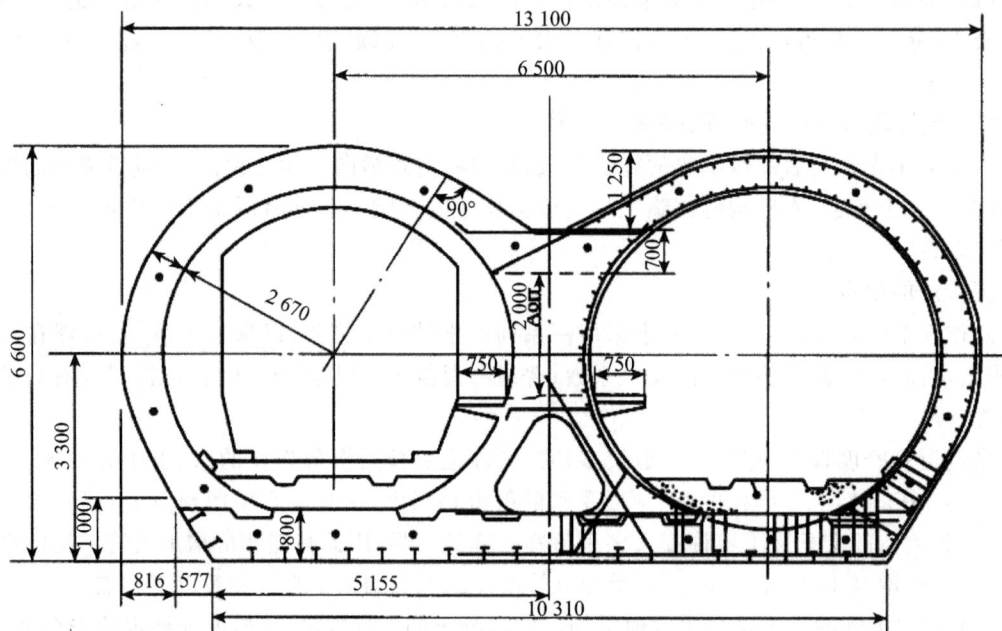

图 11-1 香港地铁尖沙咀至湾仔双层钢壳隧道(mm)

钢壳隧道管段自重较小,通常在造船厂预制,可长途拖运。钢壳管段在工厂制造完毕时,应经过严格的水密性试验。

(2) 混凝土沉管

混凝土沉管隧道在欧洲建造较多,断面多呈矩形,对 4 车道以上的公路隧道尤为适用。通风排气孔道常设于管道两侧,以减少基槽的开挖深度。混凝土沉管一般在接近工地的干坞或临时的预制场内制作,干坞充水使管段上浮,拖运至安装地点沉放。混凝土沉管因其重量较大,对预制场的地基有一定要求。

矩形断面的混凝土沉管的顶板、底板和边墙均为大体积钢筋混凝土结构。结构设计受混凝土抗裂要求、施工温控、收缩和徐变控制。为提高混凝土的不透水性,需对混凝土的用料,如水泥用量、水泥和骨料的品质进行严格的监控。施工时还需采取一些必要的辅助措施,如减少浇筑块内各部分间的温差,跳仓浇筑及设置必要的施工缝等。

11.2 沉管结构设计

11.2.1 沉管的浮运设计

由于沉管结构浮运施工的特殊性,要求在设计之初对浮运过程的安全性和可行性进行充分考虑,为此,要确定浮运过程中的干舷高度,控制沉没阶段的抗浮安全系数,综合确定沉管的几何轮廓尺寸。

1. 确定干舷高度

管节浮运阶段,应依靠管节两端的封堵实现自浮,浮运过程中管节露出水面以上的高度称为干舷。

矩形断面的管节,干舷高度一般保持在 10～15 cm。若干舷高度过小,对管节预制的精度要求过高,则难以施工;若干舷高度过大,则在沉没阶段,消除干舷所需的压载很大,也不经济。具有一定干舷高度的管节,在遇到风浪作用时会自动产生反倾覆力矩使管节保持稳定。

在管节制作时,混凝土的容重和模壳尺寸,虽然都采取了特殊措施严格控制,但总难免有一定程度的变动和误差。同时,在涨潮、落潮以及各施工阶段,水的比重也会有一定幅度的变化,所以,在进行干舷高度计算时,应按照混凝土体积和容重的误差上限、水容重的误差下限来计算干舷高度。

对于矩形断面的管节,如图 11-2a 所示:

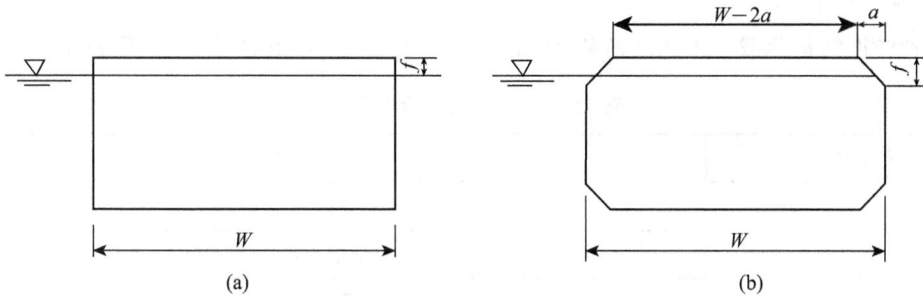

图 11-2　矩形断面和带倒角矩形断面的干舷高度 f

根据浮力平衡的原则有:

$$B - G = WL\gamma_w f \qquad (11-1)$$

$$f = \frac{B-G}{WL\gamma_w} \qquad (11-2)$$

式中　f——干舷高度;

　　　W——管节全宽;

　　　L——管节全长;

　　　γ_w——水的容重;

　　　B——管节总排水量,即全浸没后的总浮力;

　　　G——管节重量。

对于顶面带有倒角的矩形断面管节,如图 11-2b 所示:

其浮力平衡方程为:

$$B - G = (W - 2a + f)fL\gamma_w \tag{11-3}$$

即

$$f^2 + (W - 2a)f - \frac{B-G}{L\gamma_w} = 0 \tag{11-4}$$

式中 a——管节顶面倒角宽度。

2. 确定抗浮安全系数

在管节沉没阶段,抗浮安全系数一般采用 1.05~1.1。在管节沉没完毕,进行抛土回填时,周围的水体比重会因一时混浊而大于原来的比重,浮力亦发生增加。因此,本阶段的抗浮安全系数,必须保持在 1.05 以上,防止发生"复浮"。为此,在覆土前临时安装在管节上的施工设备(如索具、定位塔、出入筒等)的重量均可不计。

在覆土完毕后的使用阶段,应采用 1.3~1.5 的安全系数。计算使用阶段安全系数时,应按混凝土体积和容重的误差下限、水容重的误差上限来计算。两侧填土的负摩擦力也可适当计入。

11.2.2 沉管结构分析与设计

沉管隧道在管节预制、起浮、浮运、沉放和运营过程中的受力过程复杂,存在多次结构体系的转换,因此设计中应考虑各种施工阶段的不同受力工况,采用相应的计算模型和荷载组合,并根据所使用的规范采用不同的荷载组合系数或安全系数。

1. 荷载及其组合

沉管隧道结构荷载分为永久荷载、可变荷载(含临时荷载)和偶然荷载,见表 11-1 所示。

表 11-1 沉管隧道荷载分类表

荷载分类		荷载名称
永久荷载		结构自重
		地层土压力
		静水压力
		混凝土徐变和收缩效应
		结构上部建筑物及设施压力荷载
		地基及基础差异沉降影响
		设备及压载混凝土等荷载
可变荷载	基本可变荷载	隧道内部车辆荷载
		水压力变化
		温差作用
		工后差异沉降作用
		人群荷载
		地面超载

荷载分类		荷载名称
可变荷载	其他可变荷载	系缆力
		水流作用、波浪力
		沉放吊点荷载
		维修荷载
		压仓荷载
偶然荷载		地震作用
		隧道内车辆爆炸荷载
		车辆撞击荷载
		人防荷载
		沉船、锚击等荷载
		火灾作用

荷载应根据隧道功能、地质特征、埋置深度、结构特征环境条件和施工方法等因素确定。

1）永久荷载

隧道结构自重应按结构设计尺寸、压舱混凝土厚度、防锚层厚度及材料重度标准值计算。隧道结构自重应包括结构墙（板）自重、隧道内压舱混凝土自重、顶板防锚击混凝土层自重、隧道内装修材料自重、固定设备自重等。

隧道顶板以上覆土压力应按覆土厚度按全土柱重计算，侧向地层压力应按静止土压力计算，土体重度应按有效重度取值。

静水压力根据历史观测记录的常水位计算确定，水压力变化值根据最低、最高水位与常水位的变化幅度值确定，而最低、最高水位可根据隧道设计基准期内可能出现的极端情况值确定。

2）可变荷载

基本可变荷载主要是运营期隧道承受的可变荷载，而其他可变荷载属于施工过程的施工荷载。可变荷载标准值应按下列规定计算：

隧道内部车辆荷载、车辆对隧道侧墙或隔墙的撞击力应根据隧道使用性质分别按相关标准的规定确定。

变动水压力应根据设计水位与常水位差计算。

温度应力应根据常年气象和水温统计资料确定的温差变化数据计算。隧道的温差作用表现在如下两个方面：一是结构纵向温差作用，表现在管节预制阶段与运营期的温差作用；二是横向温差作用，表现在隧道沉放后，结构内外侧环境温度是不同的，隧道内侧温度高，隧道外侧温度低。

如隧道内设有非机动车道或人行道，考虑到高峰时段人群集中因素，人群荷载可按 $4 \text{ kN/m}^2 \sim 6 \text{ kN/m}^2$ 考虑。

地面超载是指隧道岸上段结构除考虑覆土压力外的其他荷载，如隧道位于道路下方时的地面车辆行人荷载或受地面临近建（构）筑物基础扩散压应力影响时的扩散压应力。

其他可变荷载中的水流力、系缆力大小可参照现行行业标准《港口工程荷载规范》JTS144-1采用。

3）偶然荷载

爆炸荷载应仅计算一辆车自身油箱燃油爆炸作用。隧道内车辆爆炸荷载属于特殊偶然荷载，目前国外仅考虑公路沉管法隧道任一交通洞内发生一次独立爆炸的影响，且隧道内车辆爆炸荷载仅考虑车辆碰撞等因素引起的车辆自身油箱燃油爆炸作用，不考虑运输爆炸物品等特种车辆或车队爆炸引起的爆炸作用，荷载大小一般可按 $50 \text{ kN/m}^2 \sim 100 \text{ kN/m}^2$ 取值。

车辆撞击荷载大小及作用位置高度应按现行国家相关标准确定。

沉船荷载和锚击应根据规划航道等级、隧道顶板覆土厚度、水深等因素确定。对沉船荷载需同时考虑沉舶吨位及沉管法隧道顶板覆土厚度或水深的缓冲作用，如广州珠江沉管隧道规划通航为 5 000 t 级，沉船荷载按 50 kN/m^2 取值；日本东京港沉管法隧道规划通航为 70 000 t 级，沉船荷载按 130 kN/m^2 取值；港珠澳沉管法隧道根据沉舶吨位及沉管法隧道顶板覆土厚度或水深分别按 58.5 kN 和 95 kN/m^2 取值；在进行沉管法隧道横向计算时，沉船荷载应按左右单洞最不利布置，进行整体计算时可按管节长度跨中均匀布置。

船舶搁浅或靠泊时的锚击荷载与船型、浪高、吃水深度等多种因素有关，锚击荷载应按局部荷载考虑。当无船锚资料时，其作用范围可按如下考虑：万吨级船的作用范围为 $1 \text{ m} \times 1 \text{ m}$，10 万吨级为 $2.5 \text{ m} \times 2.5 \text{ m}$，10 万吨以上级为 $4 \text{ m} \times 4 \text{ m}$；也可参考国外做法按 $30 \text{ kN/m}^2 \sim 50 \text{ kN/m}^2$ 取值。

偶然荷载为小概率事件，多个偶然荷载同时发生更是极小概率事件，因此荷载组合时可仅选取作用效应最大者参与组合。

沉管法隧道一般不作为人防工程，但当需要作为人防设施时，须按人防部门要求的人防等级计算人防荷载。

结构设计时，荷载代表值应按下列方法选取：

① 永久荷载应采用标准值作为代表值；

② 可变荷载应根据设计要求采用标准值、组合值、频遇值或准永久值作为其代表值；

③ 偶然荷载应根据沉管法隧道使用功能确定其代表值。

承载能力极限状态或正常使用极限状态按标准组合设计时，对可变荷载应采用荷载组合值或标准值作为其荷载代表值，可变荷载组合值应为可变荷载标准值乘以荷载组合值系数。

正常使用极限状态按频遇组合设计时，应采用可变荷载频遇值或准永久值作为其荷载代表值；按准永久组合设计时，应采用可变荷载准永久值作为其荷载代表值。可变荷载频遇值应为可变荷载标准值乘以频遇值系数；可变荷载准永久值应为可变荷载标准值乘以准永久值系数。沉管法隧道均布可变荷载组合值系数、频遇值系数及准永久值系数应按表 11-2 采用。

表 11-2　沉管法隧道均布可变荷载组合值系数、频遇值系数及准永久值系数

荷载	系数		
	组合值系数 ψ_c	频遇值系数 ψ_f	准永久值系数 ψ_q
隧道内车辆荷载	0.70	0.7	0.6
水压力变化值	0.75	1.0	1.0
温差作用	0.75	0.8	0.8
人群荷载	0.70	0.6	0.5
地面超载	0.70	0.6	0.4

荷载	系数		
	组合值系数 ψ_c	频遇值系数 ψ_f	准永久值系数 ψ_q
其他可变荷载	0.50	0.3	0

2. 横向内力分析

沉管的横截面结构形式多为多孔(单孔的极少)箱形框架。由于荷载组合的种类较多,所以箱形框架的结构分析必须经过"假定构件尺寸—分析内力—修正尺寸—复算内力"的多次循环。

受纵坡和河底标高变化的影响,各处截面所受水、土压力也不同,尤其是接近岸边时荷载往往急剧变化,所以应分段进行各管节的横向内力分析。管节横向分析宜采用平面应变模型进行计算,以支承弹簧模拟基底反力,如图 11-3 所示。

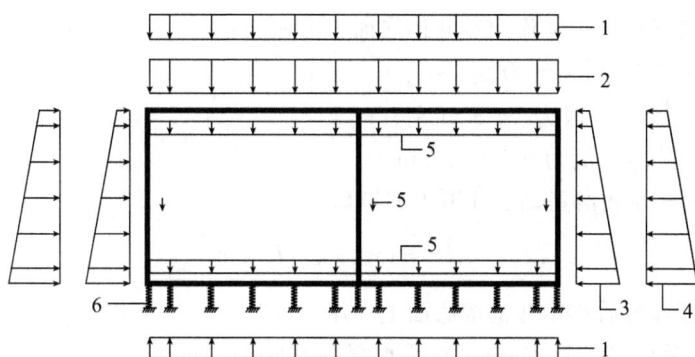

图 11-3 管节横向内力计算简图

1—水压力 2—覆土荷载 3—侧向土压力 4—侧向水压力 5—结构自重 6—基底支承弹簧

3. 纵向内力分析

施工阶段管节纵向结构分析应根据管节结构形式、施工工艺、波浪力、水流力从等因素进行计算;运营期管节纵向结构分析宜采用考虑接头刚度的弹性地基梁模型进行计算,如图 11-4 所示,对于受力状态复杂的施工工况宜采用三维数值计算方法进行结构分析。

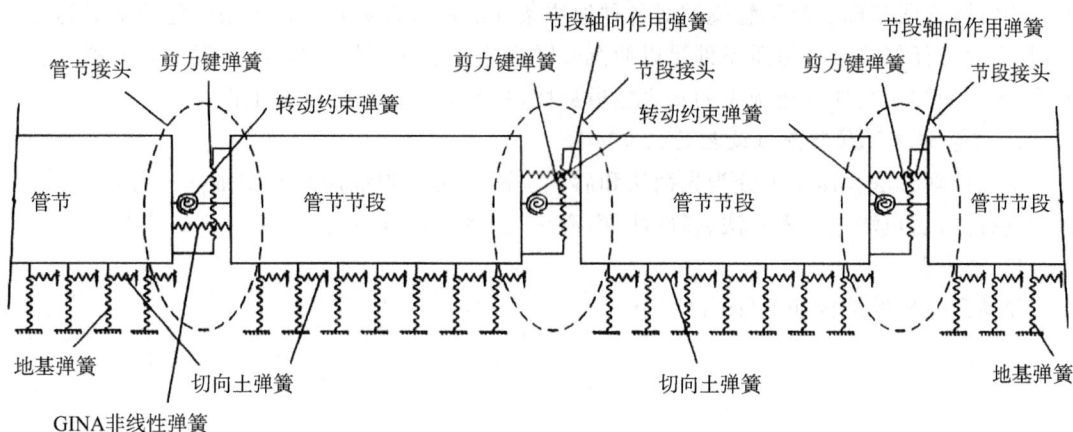

图 11-4 弹性地基梁模型

11.2.3 沉管基础设计与基础处理方法选择

沉管隧道沉管段基础设计及处理是沉管隧道的关键技术之一,具有如下特点:沉管隧道水中的沉管段对基础的要求不高,因为在长期运营工况下其抗浮系数仅为1.1。可以说,沉管段是怕浮起,而不是重点考虑其对基础承载能力的要求。

在一般地面建筑施工中,如地基的工程地质条件较差,就必须建造适当的基础,不然就可能发生有害沉降,甚至出现坍塌危险。如遇有流砂,施工时还须采取疏干或其他特殊措施,否则就难免发生意外。而在水底的沉管隧道的沉管段施工中,情况就截然不同。首先不会产生由于土体剪切或压缩而引起的沉降,因为放置管节后作用在基槽底面的应力要比原始应力小得多。从下述的比较中就可看出:

$$P_1 = \gamma_s(H + h) \tag{11-5}$$

式中　P_1——基槽开挖前土体作用在基槽底面上的压力;

　　　γ_s——土的浮重度,一般为 $0.5 \sim 0.9$ t/m^3;

　　　H——管节全高,一般为 $7 \sim 8$ m 左右;

　　　h——覆土厚度,一般为 $0.5 \sim 1.0$ m。

管节沉放搁置在基槽基础上并覆土完毕后:

$$P_2 = (\gamma_t - 1)H' \tag{11-6}$$

式中　P_2——放置管节后作用在基槽底面上的压力;

　　　γ_t——竣工后管节的容重(覆土重量折算在内);

　　　H'——管节加覆土的总高度。

因此,

$$P_2 - P_1 = (\gamma_t - 1)H' - \gamma_s(H + h) \tag{11-7}$$

假设,$\gamma_s = 0.5$ t/m^3,$\gamma_t = 1.5$ t/m^3,$H = 8$ m,$h = 0.5$ m,则该式结果为0,这就意味着在沉管隧道沉管段中构筑人工基础,沉降问题在一般情况下就不会发生。

有些国家(如日本)更明确规定,当地基容许承载力$[R] \geqslant 2$ t/m^2,标准贯入度 $N \geqslant 1$ 时,不必构筑沉管段基础。故沉管隧道对各种地质条件的适应性远较其他工法修建的水下隧道为强,几乎没有任何复杂的地质条件足以使沉管隧道施工遭遇麻烦。故此,一般水底沉管隧道施工前,不必如同用其他方法施工的水底隧道那样,进行大量的水下钻探工作。

1. 沉管隧道沉管段基础处理的主要方法

基础处理方法大体上可分为先铺法和后填法两大类。先铺法只有刮铺法一种,包括刮砂法和刮石法;后填法包括灌砂法、喷砂法、灌囊法、压浆法和压砂法。

1) 先铺法

简易刮铺机的结构如下(图 11-5):

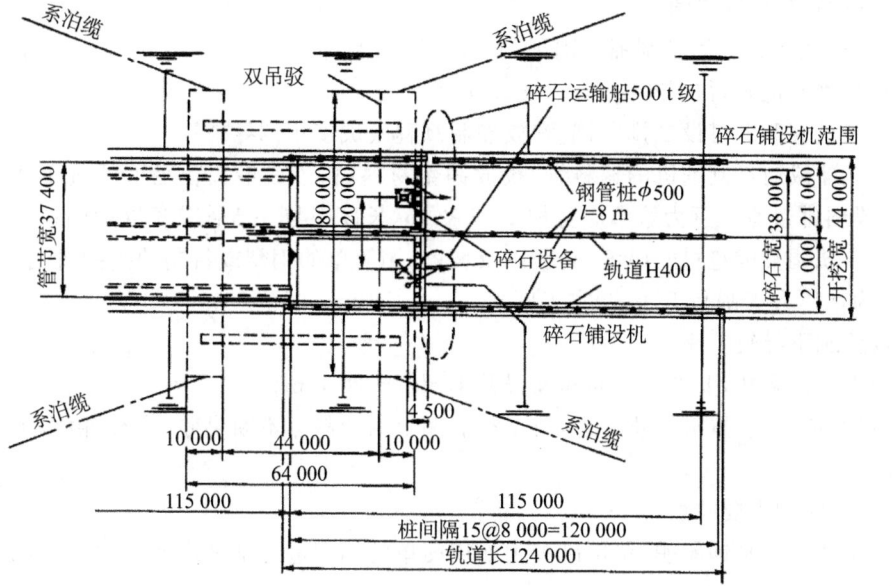

平面图

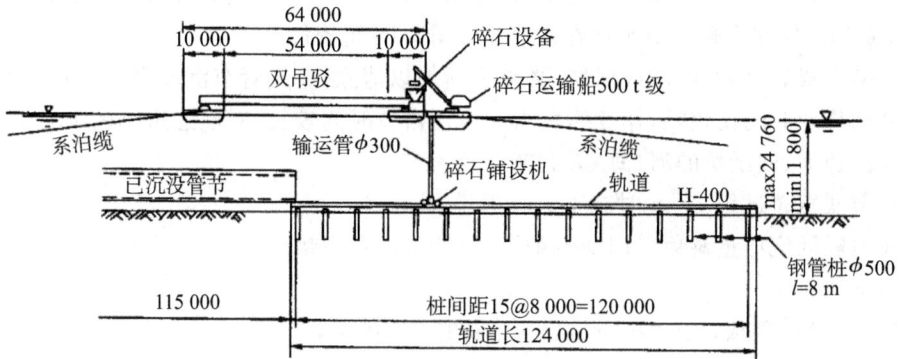

纵剖面图

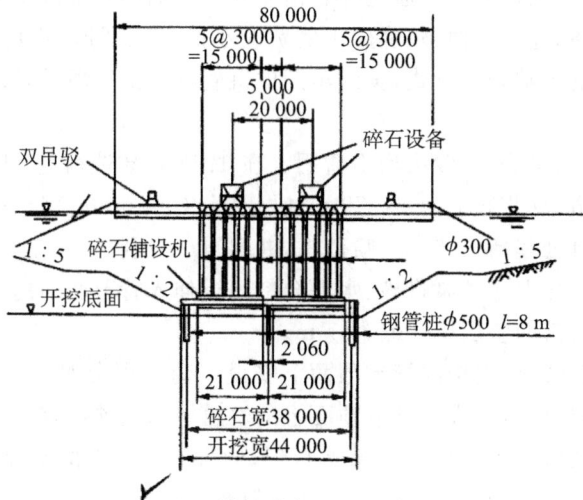

横断面图

图 11-5 简易刮铺机

243

(1) 两种较简单的先铺法

其一是采用上述的简易刮铺机刮平,基本工序如下:

① 在基槽开挖时,往下超挖 60～80 cm;

② 在基槽底两侧打设二排短桩,安放控制高程及坡度用的导轨;

③ 用抓斗或通过刮铺机的输料管,投放铺垫材料(粗砂或最大粒径不超过 100 mm 的碎石),每次投料铺垫宽度可为管节底宽加 1.5～2 m,长度则与一节管节长度相同;

④ 按导轨调整铺垫料的厚度、高程以及坡度,用简单的钢犁或特制的刮铺机刮平。

其二为水下人工刮平工法,基本工序如下:

① 设置水下导轨支座;

② 铺设行走导轨,要求导轨面标高误差不超过 ±20 mm;

③ 给砂(或石)装置沿导轨行进,由工程船舶上的给料斗不断供砂(或石)由潜水员在水下人工刮平。

(2) 先铺法的主要缺点

① 须制造专用刮铺船舶,费用昂贵。如用简单的钢犁进行刮平作业,则精度较难控制,作业时间亦较长。

② 须按设计高程、坡度以及厚度要求,在水底架设导轨。导轨的安装须具有较高的精度,否则会造成基础处理失败。潜水员在水底架设导轨时间较长。

③ 刮铺完成后,仍有回淤或坍坡,必须不断加以清除,直到管节沉放完毕为止。

④ 刮铺作业时间比较长,作业船在水上停留占位时间较长,对航运影响较大。

⑤ 在流速大、回淤快的河(海)道上施工较困难。

⑥ 管节底宽超过约 15 m 时施工比较困难。

⑦ 在地震区应尽量避免采用刮砂垫层,只能采用刮石垫层。

2) 后填法

后填法包括灌砂法、喷砂法、灌囊法、压浆法和压砂法。

① 灌砂法

管节沉放完毕后,从工程船舶上通过导管沿着管节侧面向管节底部灌填粗砂,构成纵向垫层。此法不需专用设备,施工方便,较适用于底宽较小的钢壳圆形、八角形或花篮形管节。这是一种最早的后填法的基础处理方式,美国早期的沉管隧道沉管段的基础处理常用此法。

② 喷砂法

管节宽度较大时,先铺法、灌砂法均不适用。在 1942 年建造荷兰 Mass 河隧道(世界上第一条矩形断面沉管隧道,管节底宽为 24.79 m)时,丹麦 Christiani-Nielsen 公司为此研究成功了一种新的后填法基础处理新工艺——喷砂法,并取得了专利。

喷砂法主要是在水面上用砂泵将砂、水混合料通过伸入管节底面的喷管向管节底部喷注,以填满其空隙。喷砂所筑的垫层厚一般为 1 m。

喷砂作业之前,需在沉放完毕的管节顶面上安设一套专用台架。台架在水面以上的部分作为施工工作平台,台架可沿铺设在管节顶面上的轨道作纵向前后移动。在台架的外侧,吊着一组由三根钢管组成的管组。管组下端弯成 L 形,伸入管节底下的空隙中去。管组中间的一根为喷管,直径为 10 cm。其侧为两根吸管,直径为 8 cm,在喷砂、水的同时,经两根吸管抽汲回水,根据回水的含砂量确定喷填的密实程度(图 11－6)。

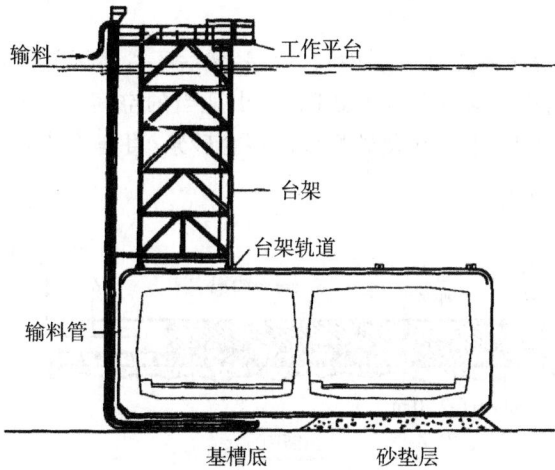

图 11-6 喷砂法

　　喷砂作业时,先从管节的前端开始,逐步喷填到管节后端,然后用浮吊将台架吊移到管节的另一侧,再从后端向前端喷填。喷砂作业的施工速度约为 200 m^3/h。当管节底面积为 3 000~4 000 m^2 时,喷砂作业所需时间约为 15~20 h,一般 2 d 可完成。

　　喷砂法的特点之一是在喷砂开始前,可利用吸砂设备将基槽底面上的回淤土或松散的土块清除干净。

　　喷砂完毕后,随即将支撑在临时支座上的千斤顶卸荷,使管节全部(包括压重层)重量压到砂垫层上使之压密,此时产生的沉降量一般在 5 mm 以内。竣工、通车后的最终沉降量,一般在 15 mm 以内。此法在欧洲用得较多,特别是一些管节宽度较大的沉管隧道,德国的易北河隧道(管节底宽 41.5 m)等,均用此法作基础处理。

　　喷砂法到了 20 世纪 60 年代,已发展到在管节底面下的空隙中设置一套能纵向(沿管节纵向)移动的导架,导架上放置横向往复移动的喷砂机械手,由水面工程船舶通过输砂管输砂,导架由水面工程船舶拖曳纵向移动。采用水下闭路电视监视喷砂充填空隙的效果,如图 11-7 所示:

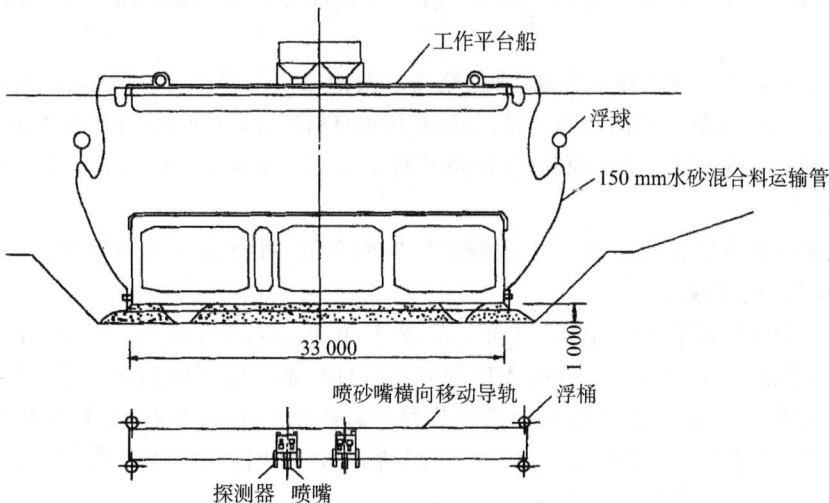

图 11-7　新喷砂法(香港东区隧道曾采用此法)(mm)

245

③ 灌囊法

首先在开挖好的基槽底面先铺一层砂、石垫层,然后于管节沉放前在管节底面下事先系扣上空囊袋一并下沉,先铺垫层与管节底面之间,留出适当的空间。待管节沉放完毕后,从工程船舶上向囊袋内灌注由黏土、水泥和黄砂配成的混合砂浆,直至管节底面以下的空隙被全部充填满为止,如图 11 - 8 所示。

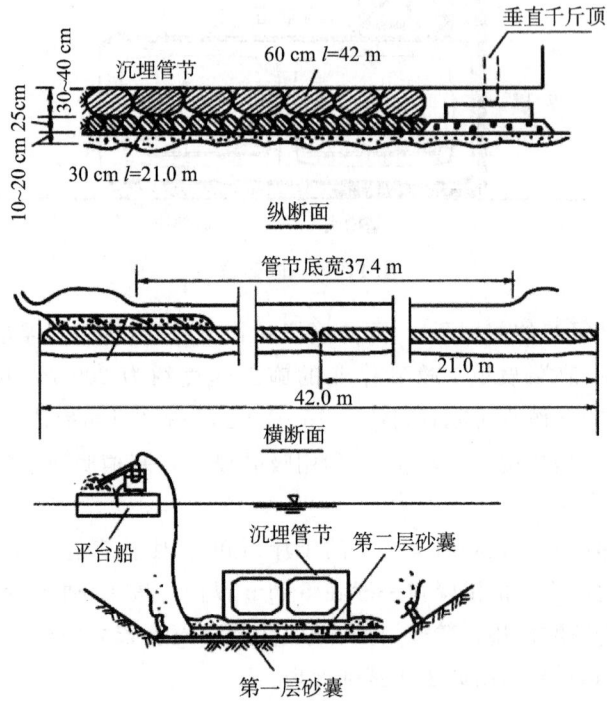

图 11 - 8 灌囊法

囊袋的尺度按一次灌注量而定,一般不宜过大,以能容纳 5~6 m³ 为宜。制造囊袋的材料要有一定结实度,并有较好的透水性和透气性,以便灌注砂浆时顺利地排出囊袋中的水和空气。

混合砂浆的强度(标号)要求不高,只须略高于基槽原状土即可,但其流动度应较大。灌浆时,从水面通过 100 mm 直径的消防软管,靠砂浆自重自行灌注,而不加压(所以不称为"压浆")。灌注时须采取适当措施防止管节顶起,除密切观测外,还可采取间隔(跳档)轮灌等措施。

④ 压浆法

压浆法是在灌囊法基础上进一步改进和发展而来的,可省去较贵的囊袋、繁复的安装工艺、水上作业和潜水作业。

采用压浆法时,沉管段基槽亦须向下超挖 1 m 左右,然后摊铺一层碎石(厚约 40~50 cm),但不必刮平,再堆设作为临时支座的碎石(道碴)堆。管节沉放对接结束后,沿着管节两侧边及后端底边抛填砂、石混合料至离管节底面标高以上 1 m 左右,以封闭管节周边。然后从管节内部,用通常的压浆设备,经预埋在管节底板上带单向阀的压浆孔(直径 80 mm),向管节底部空隙压注混合砂浆,如图 11 - 9 所示。

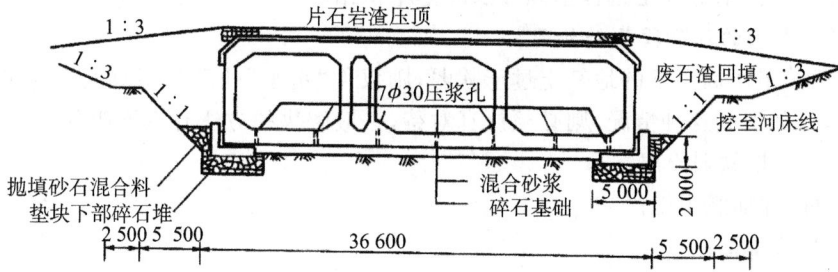

图 11-9 压浆法(mm)

压浆所用混合砂浆是由水泥、蒙脱土、砂和适量缓凝剂配成。蒙脱土亦可用黏土代替,其掺用目的是增加砂浆的流动性,同时又节约水泥。混合砂浆的强度只要在 5 MPa 左右,且不低于地基原状土体的强度便可。压浆时所用压力不宜过高,以防顶起管节,一般比水压力大 0.1～0.2 MPa 即可。

⑤ 压砂法

压砂法亦称为砂流法,与压浆法颇多相似。该法首先用于荷兰 1975 年的 Vlake 沉管隧道,以后该国的许多隧道如 Botlek 隧道等,均采用此法进行基础处理。砂流法是从管节内向管节底面以下的空隙压注砂、水混合物。混合料由沉管隧道一端经管道(一般为直径 200 mm 的钢管),以 284 kPa 压力输入管节内(流速约为 3 m/s),再经预埋在管节底板上的压砂孔(带有单向阀),注入管节底面以下的空隙,如图 11-10 所示:

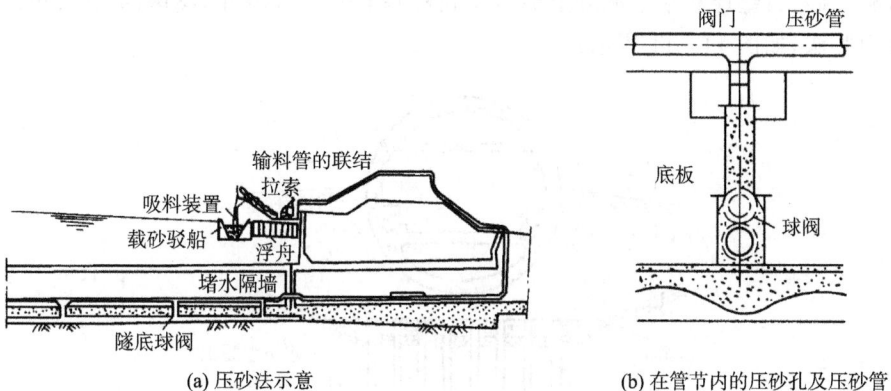

(a) 压砂法示意   (b) 在管节内的压砂孔及压砂管

图 11-10 压砂法

后填法的主要优点:

① 临时支座小而少,因而设置临时支座的潜水工作量远比先铺法少。

② 高程调节简便,精度易于达到要求。

③ 作业时,施工设备占用河道时间短,对航运的干扰少。

3) 选择基础处理方法的依据

(1) 沉管段基槽底的工程地质条件。

(2) 抗震设防要求、航道通航及封航要求、管节尺寸(主要是管节底宽尺寸)、沉管隧道所在地区充填料供应条件、沉管隧道所在地区现有可供施工选择的工程船舶配备条件、河(海)水深,工期及经济性要求等都是选择基础方法的基本依据。

2. 软弱土层上的沉管段基础处理

如沉管段管节底面以下的地基土过于软弱,则仅作"垫平"处理是不够的。这虽在实际工程中不多见,但如遇到这种情况,则必须认真对待,一般解决的方法有以下四种:

① 以粗砂置换软弱土层;

② 打砂桩,并加载预压;

③ 减轻管节重量;

④ 采用桩基。

在以上各法中,第①种方法会增加很多工程费用,且在地震区有液化的危险。第②种方法除增加工料费外,且不论加载多少,使地基土达到固结密实需要的时间也很长,对工期影响太大,故一般不用。第③种方法对减少地基荷载固然有效果,但管节抗浮安全系数原本不大,故此法并不实用。比较适宜的方法是第④种方法,即沿沉管隧道纵向每隔一定距离打入若干排钢筋混凝土或钢桩。

在沉管段中采用桩基时,会遇到一个地面建筑所碰不到的特殊问题,即桩群的桩顶标高在实际施工中不可能达到绝对的齐平,而管节又是在干坞预制的,管节沉没后,无法保证各桩均与管节底面接触,所以必须采取一些措施以使各桩均匀受力。在各国的沉管隧道中,曾采用过的方法主要有以下三种:

(1) 水下混凝土传力法

基桩打设好后,先浇一二层水下混凝土,将桩顶裹住,然后再于其上设置刮砂或碎石垫层,使管节荷载经砂、石垫层和水下混凝土层传递到桩基上去。1940 年,美国的 Bankhead 道路沉管隧道曾用此法,如图 11-11 所示:

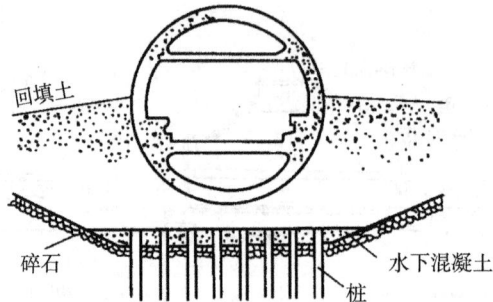

图 11-11 水下混凝土传力法

(2) 灌囊传力法

在管节底面与桩群顶部之间,用灌囊法(即后填法之一)填实。瑞典 Tingstad 沉管隧道曾用此法(图 11-12)。

(3) 活动桩顶法

在所有的桩上设一小段预制混凝土活动桩顶。活动桩顶与预制混凝土桩之间,留有一空腔,周围用尼龙布(织物、能排水与气)裹住,形成一个囊袋。管节沉放后,向囊袋里灌注水泥砂浆,将活动桩顶升起,使之与管节底面密贴接触。待砂浆强度达到要求后,卸除支承千斤顶,管节荷载便能均匀地传到桩群上去。在使用此法时,预制混凝土桩不能直接打入土中,因顶部空

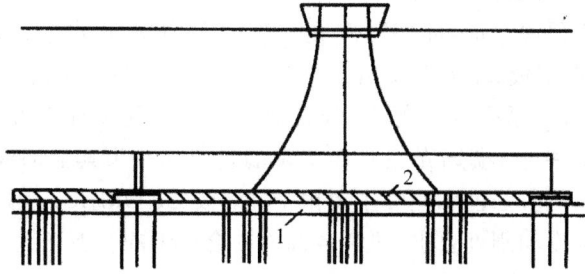

图 11 - 12 灌囊传力法

1—砂石垫层;2—砂浆囊袋

腔不能承受锤击,故须先打入钢管作为套管,然后在套管中插入预制混凝土桩,荷兰鹿特丹地下铁道沉管隧道曾用此法(图 11 - 13)。

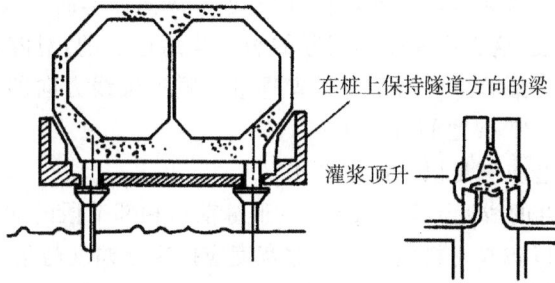

图 11 - 13 活动桩顶法

11.2.4 管节接头设计

(1)接头分类

根据接头刚度的大小,可将接头分为柔性接头、刚性接头和半柔半刚接头。柔性接头主要由 GINA 止水带和 OMEGA 止水带及剪切键组成。止水带均为橡胶材料,柔性好,能较好地吸收由于温差、混凝土收缩、不均匀沉降及地震引起的变形。刚性接头指管节经水力压接后,用相应的钢构件和钢筋混凝土结构连接,使其刚度和强度接近管节本体。半柔半刚接头是在柔性接头的基础上附加一定的钢构件,适当增加接头的刚度,以满足接头受力要求。

接头是沉管结构及防水的关键部位,因而接头设计应考虑沉管的水密性、施工性,同时还应考虑温度变化、混凝土收缩、不均匀沉降、地震等所引起的变形和内力。接头方案的选择应针对具体的地层条件,通过纵向计算得出不同接头形式对沉管结构的影响,并结合施工进行技术和经济比较后确定。通常在沉管的两端宜采用柔性接头或具有一定柔性的接头,而在地震区则宜采用半柔半刚接头,使其具有一定的抗拉、抗压、抗剪和抗弯的综合能力。

(2)接头部件

管节接头应具有以下功能和要求:一是水密性要求,即要求在施工和运营各阶段均不漏水;二是接头应具有抵抗各种荷载作用和变形的能力;三是接头的各构件功能明确,造价适度;

249

四是接头的施工性好,施工质量能够保证并尽量做到能检修。

常用的接头由 6 大部件组成,即 GINA 止水带、OMEGA 止水带、水平剪切键、竖直剪切键、PC 钢缆或 OMEGA 钢板、端钢壳及相应的连接件。其中 GINA 止水带和 OMEGA 止水带起防水作用,水平剪切键可承受水平剪力,竖直剪切键可承受竖直剪力,PC 钢缆和 OMEGA 钢板可限制接头的张开变形,端钢壳主要起安装端封门和接头其他部件、调整隧道纵坡的作用。接头的抗拉、抗弯、抗剪强度和刚度主要由 PC 钢板(或 OMEGA 钢板)和剪切键来保证,因此应根据接头处的强度和刚度要求,研究各部件的合理组配。剪切键可以是钢制的,也可以采用钢筋混凝土制作,应视具体情况而定。

11.3 防水措施

11.3.1 变形缝的布置与构造

钢筋混凝土沉管结构若无合适措施,容易因隧道的纵向变形而导致开裂。此外,不均匀沉降等影响也易致管段开裂,这类纵向变形引起的裂缝是通透性的,对隧道防水极为不利,必须采取适当措施加以防止。最有效的措施是设置垂直于隧道轴线方向的变形缝,每节管节分割成若干节段,一般在 15～20 m 之间(图 11 - 14)。

节段间的变形缝构造应满足以下四点要求:

(1) 能适应一定幅度的线变形与角变形,变形缝前后相邻节段的端面之间留一小段间隙,以便张、合活动,间隙中以防水材料填充。间隙宽度应按变温幅度与角度适应量来决定。

(2) 在浮运、沉放时能传递纵向弯矩。可将管段侧壁、顶板和底部中的纵向钢筋在变形缝中采取构造措施,即外排纵向钢筋全部切断,而内排纵向钢筋则暂时不予切断,任其跨越变形缝,连贯于管段全长以承受浮运、沉放时的纵向弯矩。待沉放完毕后再将内排纵向钢筋切断,因此须在浮运之前安设临时的纵向预应力筋,待沉放完毕后再撤去。

(3) 在任何情况下能传递剪力。

(4) 变形前后均能防水,一般均在变形缝处设置一道或二道止水缝带。

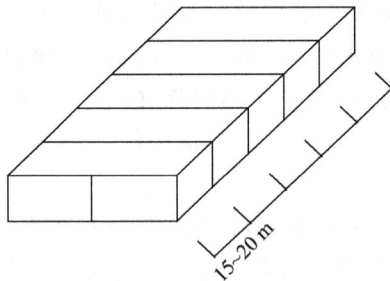

图 11 - 14 变形缝示意图

变形缝构造示意见图 11 - 15 所示:

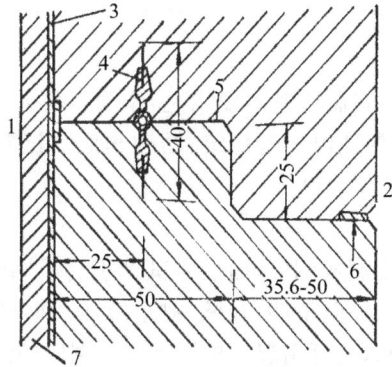

图 11-15 变形缝构造示意图
1—沉管外侧； 2—沉管内侧； 3—卷材防水层； 4—钢边橡胶止水带；
5—沥青防水； 6—沥青填料； 7—钢筋混凝土保护层

11.3.2 止水带

止水带的种类与形式很多,有铜片止水带、塑料止水带,使用较普遍的是橡胶止水带和钢边橡胶止水带。

橡胶止水带可用天然橡胶(含胶率70%)制成,亦可用合成橡胶(如氯丁橡胶等)制成,其使用特点为适合潮湿、无日照及温度较低等环境。地下工程中的橡胶止水带的耐用寿命应在六十年以上,经老化加速实验亦可断定其安全年限超过100年。

钢边橡胶止水带是在橡胶止水带两侧锚着部中加镶一段薄钢板,其厚度仅0.7 mm左右,最初在荷兰的凡尔逊水底隧道试验成功后,现已经在各国广泛应用。

11.3.3 钢壳与钢板防水

在沉管的三面(底和两侧)甚至四面(包括顶面)用钢板包覆的防水,耗钢量大、焊缝防水可靠性不高、钢材防锈问题仍未切实解决。

11.3.4 卷材防水

卷材防水层是用胶料黏结多层沥青卷材或合成橡胶类卷材而成的黏结式防水层。沥青类卷材一般采用焦油摊铺法黏结,卷材黏结完毕后需在外边加设保护层。保护层构成视部位不同而异。管段底板下用卷材防水层时,可在干坞底面上先铺设一层混凝土砖,后铺50～60 mm的素混凝土作为保护层,再在混凝土保护层上摊铺3～6层卷材。

卷材防水的主要缺点是施工工艺较烦琐,而且在施工操作过程中稍有不慎就会因起壳而导致返工,返工耗时耗力,若在管段沉放过程中发现防水层起壳,根本无法补救。

11.4 沉管隧道施工过程

沉管隧道的施工,大体上可以分为管段制作、沉管隧道段施工、竖井及引道施工等。

11.4.1　管节制作

管节作为隧道的主体工程,其制作基本要求是:本身不漏水,承受最大水压时也不漏水;管节本身是均质的,重量对称,以保证浮运时稳定、结构牢固。沉管管节制作方式分为船台方式和干坞方式。

（1）船台方式

船台方式是先在船厂船台上制成钢壳,而后将其牵引、停泊在悬浮状态下,灌注内部混凝土而成。钢壳由外壳、横向桁架、纵向桁架、仓壁、衬垫组成。钢壳制作完成后即可下水,下水方式可与船同样的方法经滑道下水,也可用起重机吊下水。钢壳的浮运由船拖拉或推进,直到将其浮运到隧址水面。在随后的混凝土衬砌施工时,通常要在钢壳面上预留两个材料出入口,由此送入衬砌的混凝土材料及钢筋等。一般采用混凝土泵,并严格控制每一次浇筑量和浇筑顺序,做到对称施工,待浇筑完毕,搬出各种临时材料后,封闭顶面上的预留出入口,这样,管段制作完毕。

（2）干坞方式

与船台方式不同,此时管节是在管节制作码头制作,完成后牵引,在装配码头处搭载各种沉设设备。一般来说,在这种情况下,管节的制作是几个管节同时进行的。因此,干坞的规模要求很大。

在干坞制作矩形混凝土管节的基本工艺,与地面制作类似的钢筋混凝土结构的施工工艺大致相同,但由于采用浮运沉设施工方法,而且最终沉设在河底水中,因此对材料均匀性和水密性要求特别高,这是一般地面土建工程中没有的。因而制作沉管除了从构造方面采取措施外,必须在混凝土选材、温控、模板等方面采取特殊措施。为了保证管节的水密性,在制作中,管节混凝土的防裂问题非常突出,因此对施工缝、变形缝的布置须慎重安排。管节纵向施工缝需采取防水措施。

为防止发生横向通透性裂缝,通常可把横向施工缝做成变形缝,每节管节由变形缝分为若干段。

干坞灌水前必须在管节两端面 500～100 cm 处设置临时封墙,临时封墙可用木料、钢材或钢筋混凝土支承,封墙设计按静水压力计算。

11.4.2　沟槽施工

沉管管节沉放前要先在欲沉放地点开挖沟槽。沟槽开挖比通常的航道疏浚开挖深度要深,而且对面的平整精度要求较高。因此,要仔细选择疏通方法,一般使用各种疏浚船进行施工。特别要注意的是,不要扰动海底沟槽面的土质,在沉放过程中始终保持良好的状态。疏通断面的坡面坡度视土质和波浪的影响等决定。基础底面为保证平整,应用砾石等铺设均匀。

沟槽施工的费用通常占总费用的很小一部分,但航道的变更、管体泊位以及拖航水路的疏浚等的处理量是很大的。因此要规划各阶段的疏浚土量和弃渣场,选择疏浚方法和作业设备。

11.4.3　管节浮运与沉放

管节在干坞内预制完成后,就可在干坞内灌水使预制管节逐渐浮起,浮起的过程中利用在干坞四周预先为管节浮运布设的锚位,用地锚绳索固定上浮的管节,然后通过在干坞坞顶布置的绞车将管节逐节牵引出坞。管节出坞后,先在坞口系泊。当分批预制管节时,也可在临时拖运航道边选一个具备条件的水域临时抛锚系泊,这样可使管节未沉放前都可以出坞,而不会影响下批管节按期预制。

当管节浮运就位后,需将管节沉放到水底,在事先开挖的基槽中与相邻管节对接。管节沉放是沉管隧道施工的重要环节,它受到气象、水流、地形等自然条件的直接影响,还受到航运条件的制约。因此在施工时需根据自然条件、航道条件、沉管本身的规模以及沉管的设备条件,因地制宜选用合适的沉放方法,详细制定水中作业方案,安全稳定地将管节沉放到设计位置(图 11 - 16)。

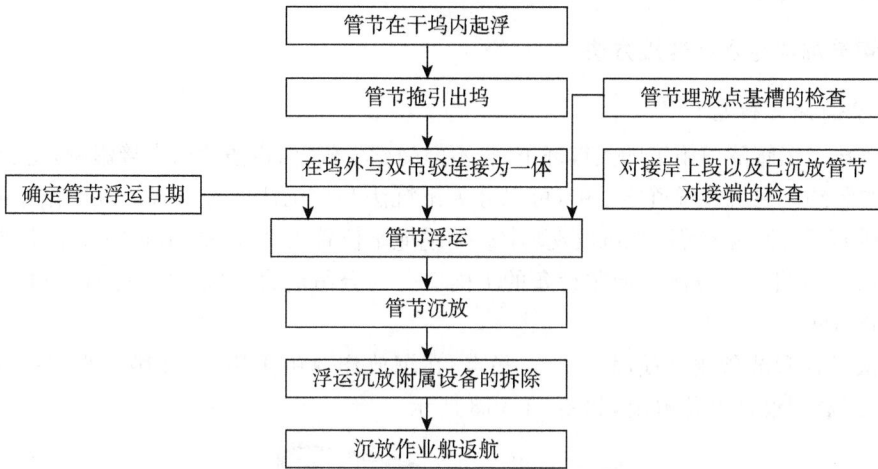

图 11 - 16 管节浮运、沉放施工流程图

管节浮运与沉放施工流程如下:

(1)管节出坞。管节在干坞内预制施工完毕后,安装了全部浮运、沉放及水下对接的施工附属设备及设施后,向干坞内灌水,管节在坞内起浮,直到坞内外水位平衡为止,打开坞门(或破坞堤),管节出坞,如图 11 - 17 所示。

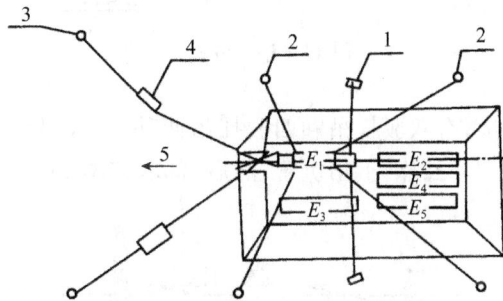

图 11 - 17 管节拖运出坞(宁波甬江沉管隧道)

1—绞车;2—地锚;3—沉埋锚;4—工作驳;5—出坞牵引缆

(2)浮运。将管节浮运至沉放位置,转向(或平移)对准隧道中线。

(3)沉放。向管节压载水仓内注水产生负浮力,使管节下沉至设计标高,用鼻式托座或定位梁进行垂直、横向方向定位,通过支承在临时支座上的油压千斤顶,调整管节的纵坡。

(4)水下对接。管节就位后,把拉合千斤顶吊入水中,卡住两端拉合座进行拉合,使GINA 橡胶止水带形成初密封。抽掉隔仓的水,利用另一端产生的水压力压缩 GINA 橡胶止水带,使水下接头具有水密封性。打开端封墙人孔,检查水下对接情况。

（5）接头处理。打（割）掉形成隔仓的两端封墙,安装 OMEGA 橡胶止水带,安装纵向预应力拉索或纵向 OMEGA（或 W 型）钢板,安装垂直、水平剪切键,接头最终完成。

沉管沉放就位对接后,沉管段的总体精度要求:管节中线水平误差为±1 cm,管节顶面高程误差为±5 cm,管节中线长度误差为±2 cm。管节安装相对误差要求:管节横向容许误差为±2 cm,管节纵向容许误差为±2 cm,相邻管节对接端面水平转角开度为±1 cm（按弧长计）。

11.4.4　管节沉放与水下连接方法

1. 管节的沉放作业

管节沉放是沉管隧道施工的关键环节,它不但受到气候、河道条件的直接影响,还受到航道、设备条件的制约。在沉管隧道施工中,可以分为吊沉法和拉沉法两种形式。沉埋作业的主要环节可以概括如下:① 拖运管段到沉放现场;② 用缆绳定位管段,以便精确沉放;③ 施加下沉力。

吊沉法中根据施工方法和起重设备的不同又分为分吊法、扛吊法、骑吊法以及拉沉法等。

（1）分吊法

分吊法是在管节预制时预埋 3～4 个吊点,在沉放作业中采用 2～4 艘起重船提着各个吊点,将管节沉放到设计的位置上,如图 11-18 所示。

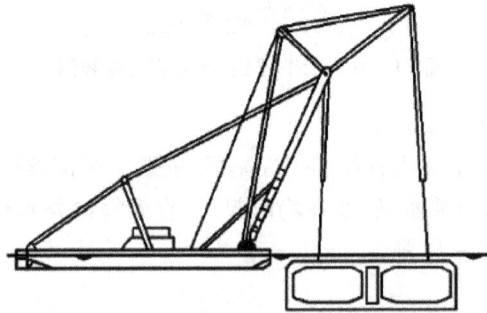

图 11-18　分吊法

（2）扛吊法

扛吊法又称为驳扛吊法,有双驳扛吊和四驳扛吊两种,具体做法是将驳分布在管节左右,左右驳之间加设两根"扛棒","扛棒"下吊沉管,然后沉放,如图 11-19 所示。

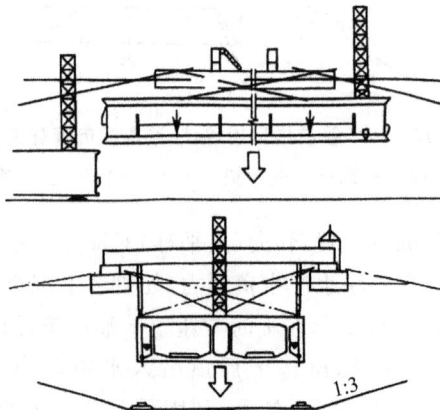

图 11-19　扛吊法

（3）骑吊法

骑吊法是用水上作业平台"骑"于管段上方，将其慢慢地吊放沉放，如图 11-20 所示，其平台部分实际就是一个浮箱，反复调整浮箱内水压进行定位。这种方法适用于水面宽阔，而不易用缆索固定管节的水面。其优点在于无须抛锚，作业时对航道影响较小，但设备费用大，故较少采用。

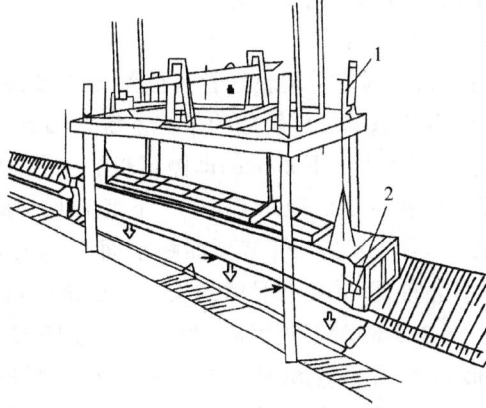

图 11-20　骑吊法

（4）拉沉法

拉沉法的主要特点在于既不用浮吊、方驳，也不用浮箱、浮筒，管节沉放时，不是向管节内灌注水，而是利用预先设置在水底沟槽底板上的水下桩墩，通过设在管节顶面的钢撬架上的卷扬机和扣在水下桩墩上的钢索，将管节慢慢拉下水，沉放到桩墩上，如图 11-21 所示，使用此法必须设置水底桩墩，因费用较大而较少使用。

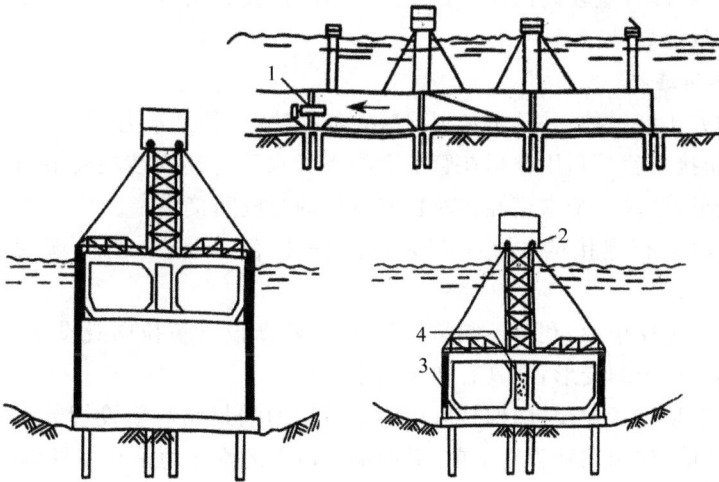

图 11-21　拉沉法
1—拉合千斤顶；2—拉沉卷扬机；3—拉沉索；4—压载水

沉放、对接过程中，管节将不可避免地受到风、浪、流等外力的作用，要保证沉放对接过程中管节的稳定，必须对管节进行牢固的定位。定位作业主要由锚碇系统完成，常用的锚碇方式

255

有"八字形"和"双三角形"。

（5）沉放作业

管节应在高潮位时下沉就位，若一个潮期不能沉放好，要使管节保持在基槽内，以减少水流对管节的影响，待下一个潮期再沉放，但应力争在一个潮期沉放完毕。因此，管节锚泊系统的锚泊力应能抗拒大于模型试验所确定的最大水流速度时整个系统的总阻力。

管节下沉过程一般分为三个阶段：

① 当管节完成吊挂作业，利用调节缆调整好管节位置，开始强制灌水作业，管内压载水仓的注水由值班人员控制，负浮力状态由沉放船舶的吊挂系统上的测力计反映，加载过程与沉放过程是一个连续工况，管节顶面沉入水面下 20 cm，即停止初始负浮力的加载，这一过程在一小时内完成。根据模型试验负浮力控制在 200～400 t 范围。下沉速度一般为 0.3～0.5 m/min，在平潮期下沉速度可能小于 0.025 m/s。下沉至管节顶面距水面 4 m 时，管节受力状态最为复杂，各种作用力变化很大，必须引起重视，并要有足够的安全保证措施，以防万一。

② 管节底面距基槽底 2～2.5 m 时停止沉放，利用沉放船舶的吊挂系统对管节进行调坡（即基本上与设计坡度相似），然后平移沉放船舶，使两个管节的对接端面相距 600 mm ±30 mm，初步调整各项误差，再连续下沉至距设计标高 500 mm 处，用对接定位装置（鼻式托座或导向定位梁）进行水平定位，定位范围为 ±170 mm。

③ 精确就位，利用对接定位装置不断减少管节的横向摆幅，并自然对中，以提高安装精度，管节继续缓慢下沉，后支撑装置较对接定位装置提早着地（高差 100 mm），后临时支撑即开始起作用；当管节基本稳定后，管节对接端继续下沉至对接定位装置起垂直导向作用为止。此时通过测量校正误差，使管节的左右误差小于 ±20 mm，高程误差小于 ±20 mm。

在沉放过程中，要注意管节底面下的河（海）水的容重将随着管底与基槽间隙的减少而逐渐加大，尤其是在泥砂含量较高的江、河中更为明显，需及时调整负浮力或采取其他措施，保证管节能继续下沉就位。

2. 管节的水下连接

水下连接的方法有两种，一种是水下混凝土连接法，一种是水力压接法。目前采用水力压接法较多，水力压接法就是利用作用在管节上的巨大水压力使安装在管节前端周边上的一圈胶垫发生压缩变形，形成一个水密性相对良好可靠的管段间接头。

用水力压接法进行连接的主要工序是：对位—拉合—压接—拆除端封墙，如图 11 - 22 所示。

在管节下沉就位完毕后，利用预制鼻托定位，先将新设管节拉向既设管节并紧密靠上，这时胶垫产生了第一次压缩变形，并具有初步止水作用。

采用拉合千斤顶进行封闭，随即将既设管节后端的端封墙与新设管节前端的端封墙之间的水排走，排水之前，作用在新设管节前、后两端封墙上的水压力是相互平衡的。排水之后，作用在前端封墙上的水压力变成大气压力。

压接是利用自然的水压力，作用在后端封墙上的巨大水压力（数万 kN）就将管节推向前方，使胶垫产生第二次压缩变形。经二次压缩变形后的胶垫，使管节接头具有非常可靠的水密性。压接结束后，即可从已设管节内拆除刚对接的两道端封墙，沉放对接作业即告结束。

水力压接法具有工艺简单、施工方便、质量可靠、节省工料费等优点，目前在各国水底隧道中普遍采用（图 11 - 22）。

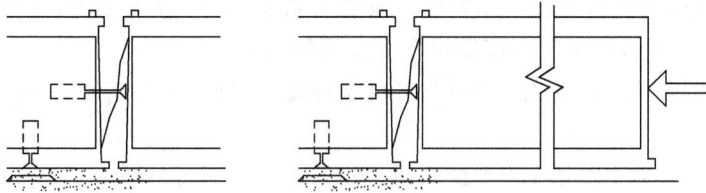

图 11 - 22 水力压接法示意图

11.5 工程实例

港珠澳大桥沉管隧道段

1. 工程概况

港珠澳大桥全长 55 km,其中 26 km 的连接线由广东、香港、澳门分别建设,29 km 的海中段由三地合作建设,后者穿过多条航道。因为该区域发展的预留、珠江口阻水率的要求,以及香港机场的限高,海中段采用了桥－岛－隧组合方案。港珠澳大桥岛隧工程是整个通道的控制性工程(图 11 - 23),建设内容包括两个 1×10^5 m^2 人工岛、岛上的建筑、一条 6.7 km 长的沉管隧道(包括隧道的内装),以及沉管管节预制厂。隧道建设标准双向 6 车道,100 km/h 时速,对应断面形式两管一廊。沉管段长 5.664 km 由 33 个管节和一个最终接头组成。标准管节长 180 m,重 76 000 t。

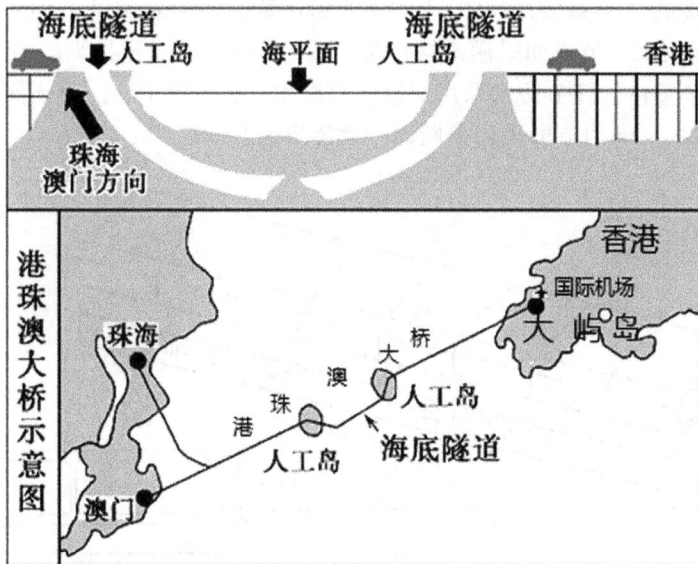

图 11 - 23 港珠澳大桥施工平面示意图

2. 工程特点及难点

(1) 工程处于伶仃洋外海,岛隧工程所处的海域附近受热带气旋、强雷暴等恶劣天气影响大;工程处于白海豚核心保护区;施工海域的水上交通繁忙。

257

（2）与常规沉管法隧道相比，该工程具有管节数量多、埋置深度大、基槽浚挖量大、受恶劣气象条件影响大、航运组织和环境保护要求高等特点。

（3）工程总体规模宏大，海象、地质与环境条件复杂；且施工工期紧迫，综合技术难度与风险世界罕有。

- 管节预制难度高，采用自防水全断面预制工艺。管节的早期裂缝控制、预制尺寸精度、钢端壳安装精度，以及混凝土重度控制等技术要求高。
- 水文气象条件复杂。全部 33 节管节的浮运安装，需要经历多个台风季节；施工水域水流受人工岛和基槽施工的影响，流态复杂。在整个管节沉放过程中，需对气象窗口进行精确的分析和准确的预测、预报。
- 施工作业环境差。岛隧工程施工区航道交叉，属于航道运输最繁忙水域之一，也是水上交通安全事故频发的敏感区域。管节浮运沉放期间，需精心组织临时海上交通，确保施工期间的航运畅通。
- 管节浮运沉放技术难点多。如在恶劣气象、复杂水流和航运条件下的管节浮运；深水条件水下测量定位、管节沉放及定位调整；管节安装轴线精度控制等。
- 施工工期具有挑战性。与国内外类似工程相比，该工程沉管段隧道的总体工期十分紧迫，全部管节在 3 年内完成沉放、安装，具有很大的挑战性。

3. 管节设计

1）结构设计

预制沉管节共分 33 节管节（E1～E33），最终接头设置于 E29 和 E30 之间，长度为 2.5 m，采用水下止水板方式施工。

横断面采用 2 孔 1 管廊形式如图 11-24 所示，宽 37.95 m、高 11.4 m；标准管节由 8 个长 22.5 m 的节段组成。节段间采用柔性连接。施工期间，通过张拉纵向临时预应力索，将 8 个节段连接成一个整体。管节防水采用混凝土自防水，抗渗等 P12。为确保管节预制质量和控裂效果，每个 22.5 m 的节段采用全断面一次浇筑工艺。

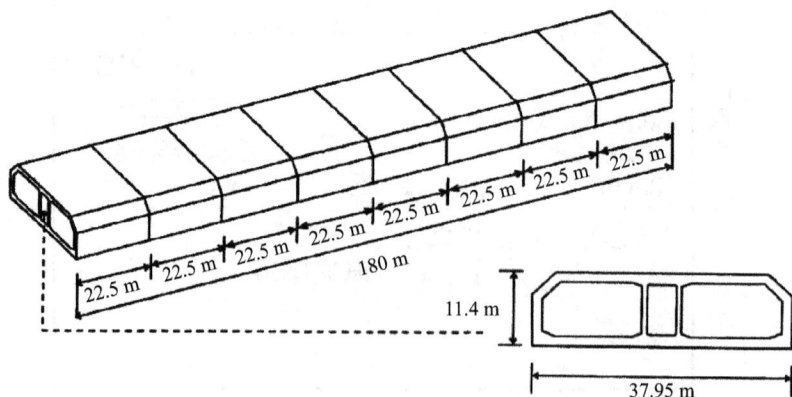

图 11-24　管道横断面及连成整体的示意图

2）创新性结构

工程沉管隧道管节节段接头的竖向剪力键因差异沉降而损坏的可能性大。隧道被置于从浅到深的基槽里，在运营期，隧道上方会被 20 m 厚的回淤覆盖（即深埋）。部分回淤在远期可能由于航道的规划而被再次挖除，而且隧道下方的地层是沿着隧道纵向 0～30 m 不等厚的软土。沉管管节结构的原方案是节段式，每隔 22.5 m 的节段接头部位有竖向混凝土剪力键。但由于深埋，节段接头剪力键的承载力不足。

工程设计师提出了半刚性管节结构来解决这个问题，从而不需要减载。这个方案可以减少大量的海上作业，而且该方案与原节段式管节的设计方案的主要变化只是在管节安装后不解除沉管隧道的临时预应力，而是将它们永久地使用。

半刚性管节是一种节段式的管节结构。该结构利用节段接头端面的摩擦力抵抗（部分）剪力，从而加强节段接头的抗剪能力。足量摩擦力的保证是通过合理的设置纵向预应力钢筋，从而得到足够的节段接头的正压力。并且，当管节受到更不利的作用时，比如管节上覆荷载与地基刚度不均匀的不利组合，半刚性管节允许节段之间发生一定量的转动以使得管节结构能够通过纵向的变形来适应地基。总之，半刚性沉管管节是一种利用拉力与摩擦力并保留结构的纵向的柔性来提高鲁棒性（robustness）与整体性（integrity）的管节结构。

半刚性管节较节段式管节由于保留了预应力筋，接头不容易张开，因此整体性得到了提高，获得的优势如下：

（1）提高了节段接头特别是其中的可注浆止水带的止水效果。后者的中部是橡胶，随着节段接头的张开而拉伸、变薄，从而产生渗漏通道。

（2）降低了路面出现反射裂缝的可能。

3）管节预制

管节预制的速度需要与管节安装速度匹配，后者为每月 1 节。通过设置 2 条预制生产线平行作业，每 2 个月生产 2 节管节来与之匹配。生产线上的关键线路是钢筋绑扎、模板安装与混凝土浇筑。其中，钢筋绑扎工序是控制程序，因此将它分拆为底板、侧墙、顶板三个单元以实现流水作业。沉管管节壁厚 1.5 m，单个节段一次浇筑方量 3 400 m³，采用全断面同时浇筑，并且创新地采用了标准化自然控裂方案，实现了在不采用冷却水管条件下，近百万方混凝土的浇筑无裂缝，管节预制厂平面图如 11-25 所示，全断面浇筑如图 11-26 所示。

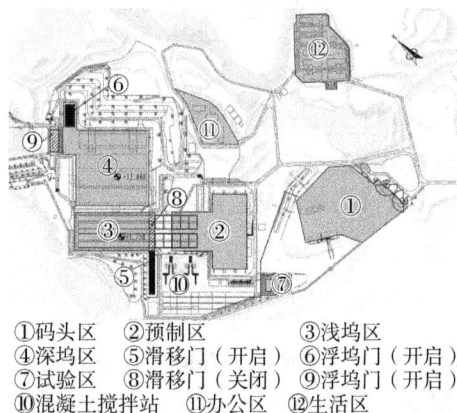

①码头区　②预制区　③浅坞区
④深坞区　⑤滑移门（开启）⑥浮坞门（开启）
⑦试验区　⑧滑移门（关闭）⑨浮坞门（开启）
⑩混凝土搅拌站 ⑪办公区　⑫生活区

图 11-25　管节预制厂平面图

图 11-26　全断面浇筑

每个节段混凝土浇筑完成后下道工序是顶推，最终需要将重达 $7.6×10^4$ t 的管节向前整体顶推约 120 m 以到达浅坞区。

4. 基础处理

原先方案是沉管隧道从两端支撑桩到减沉桩并逐渐过渡到中间段的天然地基。该方案已经开始施工的筹备,然而,在一次桩顶与碎石垫层的设计参数取值试验中发现沉降的规律复杂,而且沉降随着荷载级度的增加不收敛,因此原先的方案被放弃了,而重新设计沉管隧道的基础。

为了保证基础施工质量,控制沉降,最终实施的沉管隧道基础方案是"组合基床",即水下堆载预压,与地基改良(主要是挤密砂桩)的组合。组合基床,即在碎石垫层的下方再额外铺设一层块石,目的是消除地基表层沉降的不确定性。

最终的工艺如图 11-27 所示:

- 打挤密砂桩,改良软土地层;
- 水下超载预压,消除挤密砂桩的预压沉降;
- 基底清淤(局部与整体清淤);
- 铺设块石层;
- 铺设碎石垫层(为防止回淤,应在铺设阶段不断局部清淤)。

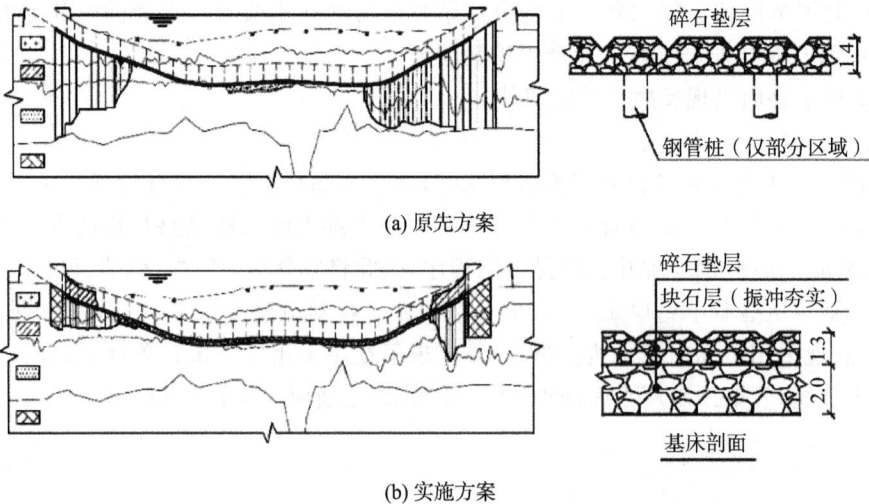

(a) 原先方案

(b) 实施方案

图例

(地质)　▦ 淤泥　▨ 粉质黏土　▦ 砂层　▨ 基岩

(原先方案)　▥ 嵌岩桩　▥ 减沉桩　▨ 开挖换填砂

(实施方案)　▨ PHC桩复合地基　▥ 挤密砂桩　▨ 堆载预压

图 11-27　隧道地基处理

5. 管节浮运

采用由 10 余艘海事艇护航,以及 4+8 艘拖轮的拖运方案。其中 4 艘拖轮与管节直接连接,前后各 2 艘;额外 8 艘拖轮随航,在出现较大的横流时通过顶推管节上方的安装船方式来协助控制管节的姿态。此外,开发了浮运导航系统,在拖运过程中实时监测管节以及所有拖轮的位置,并且将数据显示在安装船的拖运指挥室以及所有拖轮上。

6. 管节接头施工

港珠澳沉管隧道遇到的突出问题是深水基坑开挖施工和长期运营中的严重回淤。尽管不断清淤,回淤土仍有可能回到原高度且分布不均匀,导致深厚软基土产生很大的沿隧道纵向的不均匀差异沉降,因此选择了柔性接头的管节构造形式。

港珠澳大桥沉管隧道管节接头防水分为管节接头防水、节段接头防水和辅助防水。

(1)管节接头防水

管节接头主要由 GINA 止水带和 OMEGA 止水带组成。

(2)节段接头防水

沉管隧道管节采用分节浇捣,节段交接处设有接缝,接头采用 4 道防水措施,分别为厚 2 mm 喷涂型聚脲防水涂料、遇水膨胀橡胶条、中埋式可注浆止水带和 OMEGA 止水带,4 道止水措施配合水平向剪力键与竖向剪力键形成节段接头防水。同时工程在节段接缝外侧设计了一道钢挡板,如节段接头因地震张开后又迅速闭合,因钢挡板的存在,不会对聚脲防水涂料造成损伤,确保了防水效果。

(3)辅助防水

① 为了加强节段接头的防水,设计人员在施工现场充分调研了整个施工工艺,发现节段接头恰好处于轮轨间隙的中部,所以可对接头的顶底板及侧墙施作外包防水层。

② 中埋式可注浆止水带主要由中埋式止水带与注浆管组成,在压浆时可使注浆液从海绵中顺利压出填充止水带和混凝土之间的缝隙,从而实现防水。

工程开发了"可折叠"的最终接头技术,把最终接头做成一个整体,运输与沉放时,其纵向尺寸小于其最终状态的尺寸,对接时,其自身能沿纵向展开直至接触相邻的管节。构造组成如图 11-28 所示

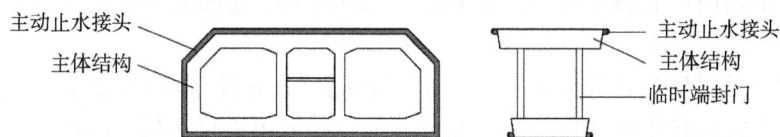

图 11-28 最终接头构造示意图

最终接头的结构设置两个可伸缩的小梁来实现与相邻管节的接触与必要时的分离。该小梁被设置在主体结构的外缘,以给隧道内部的永久连接结构留出充裕的施工空间。并且,接头的端部设置止水系统以实现永久连接结构施工时的干环境。

思考题

1. 简述沉管隧道的施工工序。
2. 沉管隧道的地基处理方法有哪些?
3. 沉管隧道具有哪些优缺点?
4. 沉管结构设计时需要考虑哪些荷载?
5. 沉管结构管段接头方式有哪几种?

11-1 沉管法课件   11-2 思考题答案

12 隧道运营和养护

在隧道运营阶段,为保证洞内的运营环境,提供良好的维修养护条件,减少灾害事故(主要是火灾)对人员安全的影响,隧道内需要设置完善的通风、照明、防灾救援设施;此外,为了维持隧道结构良好的服役状态,也需要定期对隧道结构开展检测和维修工作。

隧道运营的通风和照明详见本书第 4 章。

12.1 隧道的防灾救援

隧道在运营期间可能发生多种灾害,其中以火灾发生较为常见。隧道火灾发生后,具有燃烧速度快、温度高、产生大量烟雾和有毒气体难以排出、人员疏散和扑救困难等特点,造成损失严重,因此需要针对运营隧道火灾设置相应的防灾救援设施。

12.1.1 隧道火灾特性

以道路隧道为例,火灾不但会导致整条线路交通的瘫痪,极大地影响人们正常的生产和生活,导致社会经济的损失,也会带来严重的社会负面影响,降低公众对隧道安全性的信任度。此外,火灾后的损伤评估、修复加固以及正常使用功能的恢复都会耗费相当数量的人力、物力和财力。

通过对国内外道路隧道火灾事故的分析,道路隧道火灾具有以下特点:

(1) 隧道火灾具有升温快的特点,一般在 $2\sim15$ min 内即可达到最高温度,对应的升温速率为 $75℃\sim300℃/min$。

(2) 隧道内一旦发生火灾,由于烟囱效应,高温烟气会迅速向上下游蔓延。炽热的空气流经途中可把它的热量传递到任何易燃或可分解的材料上,形成火从一个着火点"跳跃"一个长度而引燃下一个燃料火源的现象。

(3) 隧道火灾极大地影响隧道内空气压力的分布,而隧道空气压力的变化可导致通风气流流动速度的变化,比如加减速,或者完全逆向流动。隧道火灾由于有强烈的热,只能从逆风端去救火。然而,烟的这种逆向流动将会阻碍救火工作的进行。

(4) 隧道火灾安全疏散困难,由于拥挤及混乱极易引起次生灾害。

(5) 隧道火灾升温速度快(具有热冲击的特点)、达到的最高温度高($1\,000℃$ 以上)、持续时间长、温度在隧道断面上分布不均匀,大火除了会对隧道内的人员、设备造成巨大伤害外,还会对衬砌结构产生不同程度的损伤,严重降低衬砌结构的安全性。

12.1.2 隧道火灾的通风控制

隧道内发生火灾时,会产生大量的高温烟气,需要进行通风对烟气的流动和扩散进行控制,为人员的疏散和火灾扑救创造条件。总的来说,在发生火灾的情况下从安全的角度考虑,在设计中应采取如下原则:控制烟气蔓延,尽可能使人们在无烟状态疏散。在任何情况下,人们必须能够在合理的短时间内以及合理短的距离到达安全的地方,通风系统必须能够保证逃生路线和待援点无烟流污染。在发生汽油燃烧的情况下,必须避免由于不完全燃烧所造成的间接爆炸,因此通风系统必须能够提供充足的空气,使其充分燃烧,或者稀释爆炸性气体。

以隧道纵向通风方式为例,在通风风速较高的条件下,高温烟气会在很短的时间内(20~30 s)充满整个隧道断面,使隧道内的能见度降到 1 m 左右。当隧道内通风风速过小,而火灾规模较大时,在火灾过程中会出现烟气与风流分层流动的现象。在火区附近,烟气沿着顶板,逆着风流流动一段距离,这种现象被称为烟气逆流(图 12-1)。当隧道内通风风速过大,一方面将使火灾向下游扩散速度加快,另一方面浮力作用所产生的升力将无法带动烟气向上流动,在火灾下游,烟气处于亲流状态,烟气出现底层化现象,即烟气主要在隧道下部流动(图 12-2)。因此,火灾时需要将隧道内通风风速控制在一个合理的范围内,即存在一个临界风速。在该风速条件下,隧道内将不会出现烟气逆流,此时,火灾下游烟气层下方有干净且可供呼吸的空气,给疏散救援带来方便。

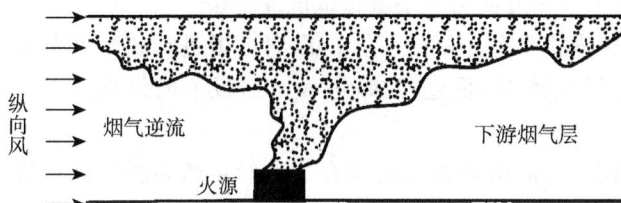

图 12-1　通风速度过小时烟气逆流

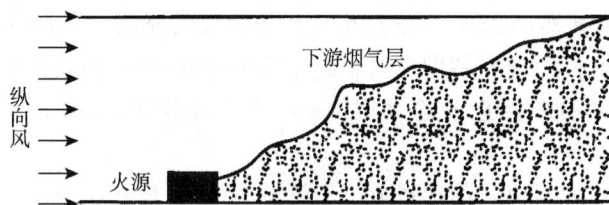

图 12-2　通风速度过大时烟气底层化

目前临界风速的确定方法较多,较为常用的计算方法包括世界道路协会(PIARC)的推荐计算公式、Kennedy 计算公式,以及在此基础上修正的一些计算公式等。以下简要介绍世界道路协会的推荐公式,即

$$v_c = k_1 k_2 \left[\frac{gHQ}{\rho_m C_p A \left(\frac{Q}{\rho_m C_p A} + T_m \right)} \right]^{1/3} \qquad (12-1)$$

式中　k_1、k_2——常数;

　　　g——重力加速度/(m/s^2);

　　　H——隧道高度/m;

　　　Q——火场火灾热释放率/MW;

　　　A——隧道横截面面积/m^2;

C_p ——空气比热，837J/(kg·K)；

ρ_m ——周围空气密度/(kg/m³)；

T_m ——周围空气温度/℃。

一般条件下（小型火灾），将隧道内纵向风速控制在2~3 m/s可避免回流现象发生，防止火灾范围扩大。因此，隧道火灾场景的通风烟流控制标准为：风流方向为纵向，由火区上游流向火区下流，风速控制在2~3 m/s。我国铁路隧道防灾通风的临界风速要求不小于2 m/s。

12.1.3 隧道火灾的疏散救援

道路隧道作为组成复杂、使用寿命长、具有动态交通流的复杂系统，火灾时的疏散救援是隧道运营中面临的关键难题和重大挑战。火灾时，道路隧道采用的疏散救援模式一般有横向、纵向及纵横向结合三种：

（1）横向疏散救援模式是当隧道发生火灾时司乘人员或消防人员利用两条隧道间设置的横通道（图12-3），由事故隧道向另一条隧道疏散或救援。

（2）纵向疏散救援模式是利用隧道下方的纵向通道进行疏散和救援。火灾时，人员通过隧道内设置的逃生滑梯或楼梯（垂直爬梯）进入车道板下的纵向疏散通道逃生，如图12-4所示。

（3）纵横向结合模式是前两种模式的综合。一般在两条隧道间设置大间距的横通道，同时，在隧道内设置逃生楼梯或滑梯，利用车道板下的纵向通道作为火灾工况下人员疏散及消防救援的通道。

目前，单层道路隧道一般采用横向或纵横向结合的疏散救援模式。对于双层道路隧道，通过设置上下层间的连通楼梯，火灾时上下层可互相作为人员疏散、消防救援的通道（图12-5）。此外，考虑到横通道的施工风险（特别是对于越江盾构隧道）及后期差异变形，部分单层道路隧道取消了两条隧道之间的横通道，完全采用单一的纵向疏散方式（如上海虹梅南路越江隧道、长江西路越江隧道等）。

道路隧道具体疏散救援模式的选择取决于隧道特征、工程建设条件、配套设施水平等综合因素。近年来，在城市道路隧道的建设中，逐步重视纵向通道在火灾疏散救援中的重要作用。

图12-3 横通道

图 12 - 4　疏散逃生楼梯

图 12 - 5　双层隧道上下层间的连接楼梯

12.2　隧道结构养护

隧道施工期间可能会因为施工质量原因造成衬砌强度和厚度不足，背后脱空等质量缺陷；运营期间因围岩压力、围岩膨胀性或冻胀性压力、腐蚀性等作用使衬砌开裂、剥落、掉块甚至坍塌等裂损及病害；在地下水丰富时，往往会同时产生衬砌渗漏水等病害。为维持隧道结构的正常使用功能，隧道运营期间的结构检查和维修等养护工作非常必要。

12.2.1　隧道结构检查与评价

公路隧道和铁路隧道在隧道结构的检查上工作流程都大同小异，所采用的仪器和方法也基本一致。此处以公路隧道为例，介绍隧道结构的检查与评价。

1）隧道结构检查

隧道结构检查是运营期间对隧道结构进行养护的第一步。隧道结构的养护工作包括日常巡查、清洁、结构检查与技术状况评定、保养维修和病害处治等内容，其中结构检查包括经常检查、定期检查、应急检查和专项检查，见表 12 - 1 所示。

隧道结构检查的范围包括洞口、洞门、衬砌、路面、检修道、排水设施、顶棚及各种预埋件、内装饰、标志标线及轮廓标线这 9 个分项。

表 12-1　隧道土建结构检查工作形式分类

类型	目的	检查手段
经常检查	对土建结构的外观状况进行的一般性定性检查	人工观察、记录
定期检查	按规定频率对土建结构的技术状况进行全面检查	人工观察为主,辅以简单工具量测
应急检查	在隧道遭遇自然灾害、发生交通事故或出现其他异常事件后对遭受影响的结构进行详细检查	与定期检查相同,部分情况下采用专用仪器设备和试验测试
专项检查	根据经常检查、定期检查和应急检查的结果,对于需要进一步查明缺损或病害的详细情况的隧道,进行更深入的专门检测、分析等工作	专用仪器设备为主,结合人工观察和量测,并需要做部分试验测试

2) 技术状况评定

隧道土建结构一般情况下,宜每年检查 1 次,最长不得超过 3 年。通过定期检查,收集了隧道土建结构的缺损或病害的详细资料以后,需要对隧道结构进行技术状况评定,为制订隧道结构养护工作计划提供依据。目前公路隧道结构的技术状况评定方法已经从定性方法向定量方法过渡,在《公路隧道养护技术规范》(JTG H12—2015)中提出了隧道土建结构技术状况评分指标 JGCI 计算的方法,即

$$JGCI = 100 \times \left[1 - \frac{1}{4} \sum_{i=1}^{n} \left(JGCI_i \times \frac{w_i}{\sum_{i=1}^{n} w_i} \right) \right] \qquad (12-2)$$

式中　w_i——分项权重;

　　$JGCI$——分项状况值,值域 0~4。

其中 $JGCI_i = \max(JGCI_{ij})$,$JGCI_{ij}$ 为各分项检查段落状况值,i 为分项检查内容的序号(包括如前所述的 9 项分项检查内容),j 为隧道检查分段的段落编号。

根据式(12-2)的计算结果,可以将隧道土建结构的技术状况结果分为 1~5 类。不同的评定类别隧道,采取不同的养护对策,见表 12-2 所示。

表 12-2　隧道土建结构技术状况评定类别及养护对策

类别	评分界限值	评定类别描述	养护对策
1	≥85	完好状态:无异常情况,或异常情况轻微,对交通安全无影响	正常养护
2	≥70,<85	轻微破损:存在轻微破损,现阶段趋于稳定,对交通安全不会有影响	应对结构破损部位进行监测或检查,必要时实施保养维修
3	≥55,<70	中等破损:存在破坏,发展缓慢,可能会影响行人、行车安全	应对结构破损部位进行重点监测,并对局部实施病害处治

类别	评分界限值	评定类别描述	养护对策
4	≥40,<55	严重破损:存在较严重破坏,发展较快,已影响行人、行车安全	应尽快实施结构病害处治措施,并应及时实施交通管制
5	<40	危险状态:存在严重破坏,发展迅速,已危及行人、行车安全	应及时关闭隧道,实施病害处治,特殊情况需进行局部重建或改建

12.2.2 隧道结构养护措施

隧道结构养护措施主要分为保养维修和病害处治两个层次的措施。根据隧道结构检查的结果,结合隧道的设计与施工技术资料、地质资料和病害发生过程做综合分析和研究,选定合适的养护措施。

1) 隧道维修管理的基本理念

对运营条件下的隧道衬砌进行维修时应以充分利用既有衬砌结构的承载能力、改善衬砌结构的受力状态、恢复衬砌结构的功能为目的,采用可分步实施的可靠性高、安全有保障的维修方案,运用操作性强、合适的施工工艺保证施工质量,从而高效地对隧道衬砌进行维修,减少对隧道运营和行车的影响。目前已经形成了运营隧道维修管理的基本理念为"预防为主"、"早期发现"、"及时维护"和"对症下药"。

(1)预防为主:预防措施维修管理是在劣化发生之前通过详细的检查并采取必要的对策不让劣化发生,是最经济的维修管理方法。

(2)早期发现:隧道变异的发生一般都是有前兆的,早期发现这些前兆,并做出正确的判定,及时处理可能发生的变异,是当前各国进行隧道维修管理的基本前提。

(3)及时维护:在隧道变异发生的初期阶段只采取一些简单的措施就可解决问题,但在发展过程中则必须采取强有力的措施,即隧道出现变异及时维修会达到事半功倍的效果。

(4)对症下药:隧道的变异是各种各样的,整治的方法也是各种各样。必须了解变异和各种整治对策的相互对应关系,以期获得最好的治理效果。

2) 隧道结构保养维修

隧道结构的保养维修包括经常性或预防性的保养和轻微缺损部分的维修等内容,目的是在隧道结构轻微破损的情况下,恢复和保持结构的正常使用状况,一般在分项检查内容技术状况评分指标为2以下的状况下采用。保养维修所采取的措施相对有限和简单,主要包括清除杂物、渗水引排、疏通排水边沟、修补盖板和标志标线、跟踪观测衬砌裂缝发展等。

3) 隧道结构病害处治

当隧道被评为3类及以下类别时,需要实施局部或段落病害处治,目的是修复破损结构、消除结构病害、恢复结构物设计标准、维持良好的技术功能状态。选定隧道结构病害治理方法,重要的是正确把握病害产生的原因。隧道结构病害往往是几种原因重复出现造成的结果,设计的欠缺、材料性质和施工不当,都会引起隧道结构的病害。表12-3列出了常用的隧道结构病害治理方法,可根据病害情况和需要进行选择。

表 12-3 隧道结构病害治理方法选择表

治理方法	病害原因												病害现象特征
	外力引起的变化							材料劣化	渗漏水	其他			
	松弛压力	偏压	地层滑坡	膨胀性压力	承载力不足	静水压力	冻胀力			衬砌背面空隙	衬砌厚度不足	无仰拱	
衬砌背后注浆	★	★	★	★	★	★	★		○	★	★		① 衬砌裂纹、剥离、剥落；② 支护结构有脱空
防护网								★					
喷射混凝土	○	☆		☆	☆	○	○	☆			☆		① 衬砌裂纹、剥离、剥落；② 衬砌材料劣化
施作钢带					☆			○			☆		
锚杆加固	☆	★	☆	★	★	○	☆	○			☆	★	① 拱部混凝土和侧壁混凝土裂纹，侧壁混凝土挤出；② 路面裂缝，路基膨胀
排水止水	○	○	☆	○	○	★	★	○	★				① 衬砌裂纹或施工缝漏水增加；② 随衬砌内漏水流出大量砂土
凿槽嵌拱或直接增设钢拱	★	★	★	★	★	★	★	○					① 衬砌裂纹、剥离、剥落；② 衬砌材料劣化
套拱	○	☆	☆	☆	☆	○	○	☆			★		
隔热保温							★						① 拱部混凝土和侧壁混凝土裂纹，侧壁混凝土挤出；② 随季节变化而变动
滑坡整治		☆	★										① 衬砌裂缝，净空宽度缩小；② 路面裂缝，路基膨胀
围岩压浆	○	○				○	○	○	☆	☆	☆	☆	① 拱部混凝土和侧壁混凝土裂纹，侧壁混凝土挤出；② 路面裂缝，路基膨胀
灌浆锚固	☆	★	★	★	★						○	★	
隧底加固		★	○	★	★		☆					★	
更换衬砌	☆	☆	☆	☆	☆	○	○	★	☆	☆	★	★	

注：① 符号说明："★"表示对病害处治非常有效的方法；"☆"表示对病害处治较有效的方法；"○"表示对病害处治有些效果的方法。

② 松弛压力中包括突发性崩溃。

思考题

1. 隧道运营管理与养护的意义是什么？
2. 简述隧道养护工作的范围与内容。
3. 请说明隧道火灾通风控制措施。
4. 公路隧道人员疏散模式有哪几种？

12-1 隧道运营和养护课件　　12-2 思考题答案

主要参考文献

[1] 蒋雅君.隧道工程[M].北京:机械工业出版社,2021.

[2] 交通运输部.公路隧道设计规范:第一册 土建工程:JTG 3370.1—2018[S].北京:人民交通出版社,2018.

[3] 覃仁辉.隧道工程[M].3版.重庆:重庆大学出版社,2012.

[4] 陈秋南,安永林,李松.隧道工程[M].3版.北京:机械工业出版社,2024.

[5] 穆保岗,陶津.地下结构工程[M].3版.南京:东南大学出版社,2016.

[6] 卢纳尔迪.隧道设计与施工:岩土控制变形分析法(ADECO—RS)[M].铁道部工程管理中心,中铁西南科学研究院,译.北京:中国铁道出版社,2011.

[7] 住房和城乡建设部.盾构隧道工程设计标准:GB/T 51438—2021[S].北京:中国建筑工业出版社,2021.

[8] 陈馈,洪开荣,焦胜军.盾构施工技术[M].2版.北京:人民交通出版社,2016.

[9] 肖明清.水下隧道设计技术[M].北京:中国铁道出版社,2016.

[10] 住房和城乡建设部.沉管法隧道设计标准:GB/T 51318—2019[S].北京:中国建筑工业出版社,2019.

[11] 赵勇,等.隧道设计理论与方法[M].北京:人民交通出版社,2019.

[12] 施成华,雷明峰,贾朝军.隧道力学[M].长沙:中南大学出版社,2022.

[13] 朱合华,等.地下建筑结构[M].3版.北京:中国建筑工业出版社,2021.

[14] 闫富有.地下工程施工[M].2版.郑州:黄河水利出版社,2018.

[15] 冯紫良,章曾焕.新奥法设计施工与管理[M].北京:中国建筑工业出版社,2015.

[16] 王吉云.港珠澳大桥岛隧工程沉管隧道施工新技术介绍[J].地下工程与隧道,2011(1):22-26.

[17] 林鸣,刘晓东,林巍,等.沉管隧道与人工岛的理念与实现:港珠澳大桥岛隧工程[J].水道港口,2018,39(S2):23-31.

[18] 巩江峰,王伟,王芳,等.截至2023年底中国铁路隧道情况统计及2023年新开通重点项目隧道情况介绍[J].隧道建设(中英文),2024,44(2):377-392.

[19] 陈绍华,李志平,马栋.青藏铁路新关角隧道[J].隧道建设,2017,37(7):907-911.